수퍼비전
: 조력 전문가를 위한 일곱 눈 모델

Supervision in the Helping Professions
4th edition

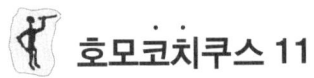 호모코치쿠스 11

수퍼비전
: 조력 전문가를 위한 일곱 눈 모델

Supervision in the Helping Professions
4th edition

피터 호킨스Peter Hawkins, 로빈 쇼헤트Robin Shohet 지음
주디 라이드Judy Ryde와 조안 윌모트Joan Wilmot의 기고로 공저

이신애, 김상복 옮김

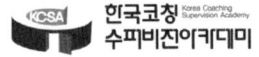

이 도서의 국립중앙도서관 출판예정도서목록(CIP)은 서지정보유통지원시스템 홈페이지(http://seoji.nl.go.kr)와 국가자료종합목록 구축시스템(http://kolis-net.nl.go.kr)에서 이용하실 수 있습니다. (CIP제어번호 : CIP2019029593)

SUPERVISION IN THE HELPING PROFESSIONS
ⓒ 2012 Open International Publishing Limitied. All rights reserved.

Korean Translation Copyright ⓒ 2019 by Korea Coaching Supervision Academy
Korean edition is published by arrangement with Open International Publishing Limitied.
through Imprima Korea Agency

이 책의 한국어판 저작권은 Imprima Korea Agency를 통해
Open International Publishing Limitied.와의 독점 계약으로 한국코칭수퍼비전아카데미에 있습니다.
저작권법에 의해 한국 내에서 보호를 받는 저작물이므로 무단전재와 무단복제를 금합니다.

"이 책은 여전히 영향력 있는 수퍼비전 교재다. 4판에서 저자는 수퍼바이저로서 우리 작업의 상황적, 문화적 맥락을 폭 넓게 강조하면서 수퍼비전의 현대적 관점을 제시한다. 나는 저자들이 글로벌 문화에서 수퍼바이저로서 우리가 맞닥뜨리는 도전을 '두려움 없는 연민'으로 다루고, 아울러 매우 이해하기 쉬운 수퍼비전 모델로 '감정적인 사람들과 이성적인 사람들, 개인과 조직 사람들'의 통합을 강조해온 것에 감사한다."

마리아 길버트Maria Gilbert 교수
영국, 런던 서부, 메타노이아협회Metanoia Institute

"『수퍼비전: 조력 전문가를 위한 일곱 눈 모델Supervision in the Helping Professions』은 여전히 우리 교육과정의 핵심 교재이다. 이번에 윤리와 다양성에 더 초점을 두고, 온라인화된 수퍼비전 모드와 연구에 대한 검토를 포함하여 출간된 개정판을 환영한다. 저자들이 '초보자의 마음가짐'으로 계속 주제에 접근하고, 지칠 줄 모르는 탐구 열정으로 첨단 학습에 계속 헌신한다는 사실은 학생들과 훈련자와 프랙티셔너들에게 큰 힘이 된다.

이번 4판은 수퍼바이저를 영국 심리치료협의회United Kingdom Council for Psychotherapy(UKCP)에 첫 전문가로 등록하는 것과 때를 맞춰 출간되었다. 저자들은 수퍼비전 발전을 위해 많은 일을 했다. 미래의 모든 수퍼비전 전문가 교육이 그들의 지혜와 경험에 의존할 것이다. 이번 4판의 핵심 단어는 지속 가능성, 자원 조달, 그리고 심층적인 자기 성찰이다. 즉 우리가 개인의 변화뿐만 아니라 사회 변화에 어떻게 영향을 미칠 수 있는지 물으면서, 점차 외연을 확장하는 우리 직업의 움직임을 보여주는 것이다."

트리 스톤튼Tree Staunton,
바스 심리치료와 상담센터Bath Centre for Psychotherapy and Counselling 연구소장,
UKCP 인문학 통합 칼리지 회장

목 차

역자 서문 ……… 8
서문 ……… 10
감사의 글 ……… 14
머리말 ……… 16

1부: 수퍼바이지의 관점

  1장. '충분히 좋은' 수퍼비전과 우리 시대의 도전 ……… 23
  2장. 성찰적 프랙티스의 5가지 수용력 ……… 35
  3장. 동기와 핵심 신념 성찰하기 ……… 57
  4장. 유능한 수퍼바이지 되기 ……… 67

2부: 수퍼바이저 되기 그리고 수퍼비전 프로세스

  5장. 수퍼바이저 되기 ……… 87
  6장. 지도, 모델 그리고 수퍼비전 프로세스 ……… 101
  7장. 수퍼비전 일곱 눈 모델 ……… 139
  8장. 차이 다루기 - 초문화 수퍼비전 ……… 177
  9장. 윤리와 도전 직면하기 그리고 복잡한 수퍼비전 상황 ……… 203
  10장. 수퍼바이저 훈련과 개발 ……… 233

3부: 그룹, 팀, 동료 - 그룹 수퍼비전

  11장. 그룹과 동료 - 그룹 수퍼비전 ……… 269
  12장. 팀과 팀 개발 수퍼비전하기 ……… 295

4부: 조직적 접근법

    13장. 네트워크 수퍼비전하기 ········ 323

    14장. 학습 문화를 향하여 ········ 335

    15장. 조직의 수퍼비전 정책과 프랙티스 개발하기 ········ 357

    16장. 결론: 열린 생각과 마음으로 일하기 ········ 369

용어사전 ········ 378

참고문헌 ········ 383

색인 ········ 394

발간사 ········ 405

역자 서문

처음 이 책을 만났을 때 수퍼비전은 막연하고 뭔가 거대하게만 보였다. 친숙하지 않고 경외심마저 들어 멀게만 느껴졌던 수퍼비전이 실은 얼마나 필요하고 중요한지 번역하면서 알게 되고, 그 학문적 깊이와 넓이와 실용성에 감탄하며 이제는 한발 다가선 느낌이다. 생각해보면 내 삶의 모든 경험이 나를 수퍼비전이라는 영역으로 이끌었던 것 같다. 사람을 돕는 직업이 제도적, 심리적 지지가 없이는 효율적이지 않고 위험할 수도 있는데, 이 책을 만나 수퍼비전이라는 대안을 알게 되고 새로운 비전을 품게 되었다.

코칭이 단순히 대화 기술이며, 몇 가지 대화 모델로 사람을 변화시키는 직업이라고 생각하면 이는 겉모습만 보는 것이다. 다른 이를 돕는 사람은 누가 도울까? 조력 전문가의 전문성은 자격증이면 충분할까? 이러한 질문을 품고 있는 사람이라면 이 책이 도움이 될 것이다. 코칭뿐만 아니라 상담, 교육, 의료, 사회복지, 또 그 밖에 사람을 돕는 일을 하는 모든 사람이 자신을 스스로를 충전하고 회복하며 더욱더 사람에 대한 이해가 깊어질 수 있도록 돕는 수퍼비전이 코칭의 전문성을 지지하는 장치이다. 전문가라는 타이틀에 취해 자신도 도움이 필요한 취약한 사람이라는 사실을 망각하지 않도록 일곱 가지 관점으로 봐주는 수퍼바이저가 필요하다.

사람을 돕는 일은 사람에 대한 이해가 근간이 된다. 사람을 이해하는 데 있어 그 사람이 지내온 사회·문화적 배경을 이해하는 것이 중요하다는 깨달음이 있었다. 문화는 우리의 삶에 스며들어 우리의 살과 피가 되어 무의식 영역에 자리 잡고 있기 때문이다. 이 책 2장의 문화적 차이를 다루는 수퍼비전에 관한 내용에 이러한 문화에 대한 통찰이 담겨있다. 대학원에서 한국문화를 공부하던 시간이 나에 대한 성찰과 더불어 사람에 대한 이해로 이어지며 깨달음을 주었다. 이렇게 코칭과 수퍼비전 공부의 첫 번째 수혜자는 바로 나 자신이었다.

코칭 공부를 시작한 지 얼마 안 되어 공부하려는 욕심에 덜컥 번역에 뛰어든 어리고 부족한 새내기 코치에게 좋은 길잡이이자 수퍼바이저가 되어 주시고, 번역의 기회를 주시며 가르쳐 주신 김상복 코치님께 감사드린다. 섬세한 번역을 위해 의견과 조언을 주시며 오랫동안 기다려 주시고, 수없이 다듬어가는 과정을 함께 해주신 덕분에 해낼 수 있었다. 이 책이 조력 전문가에게 조금이라도 좋은 영향을 준다면 모든 영광은 김상복 코치님의 몫이다. 수없이 다듬고 공부해 가며 번역에 애를 썼지만 여러 학문영역에 두루 걸쳐있는 수퍼비전의 특성상 드넓은 학문의 우주에서 놓치거나 온전히 확인하지 못하여 생긴 오류가 있다면 이는 온전히 내 몫이다. 독자들의 피드백을 겸허히 받고 계속 성찰하고 탐구하여 더 다듬어야 할 부분이 있다면 개정판에 반영할 것을 스스로 약속하며 내놓는다.

이 책의 독자는 조력 전문직에서 일하며 공부하는 사람들이라고 생각해 학습에 도움이 되도록 각 학문영역의 전문용어들을 존중하고, 이해를 돕기 위해 다수의 영어표현을 함께 적었으며, 매끄러운 의역보다는 각기 다른 분야의 학습자들이 이해하기에 모호하지 않도록 약간 번역 투로 느껴지더라도 분명한 번역을 지향하였다. 이 책이 출판된다는 사실만으로도 아마 무척 감격스럽겠지만, 욕심을 부려본다면 이 책이 영국이나 이 분야에 앞선 여러 나라처럼 모든 조력 전문가를 지원하는 좋은 교과서이자 지침서가 되길 간절히 바란다. 더 나아가 수퍼비전이 우리나라에, 특별히 교육계를 포함해 모든 조력 전문가를 지지하고 건강한 풍토를 만드는 데 근본 토대가 되길 꿈꿔 본다.

아프고 힘들었던 시간들을 지나며 공부할 수 있었고, 이는 가족의 지지가 없었으면 불가능했다. 번역하며 공부하느라 책을 들어다보던 그 모든 시간을 지지하며 함께해준 남편 JH와 사랑하는 두 자녀 J, J에게 감사와 사랑을 전한다.

2019년 6월 이신애

서문

이제 이 책의 3판이 나온 지 6년이 지났으며 초판이 나온 지도 23년이 되었다. 이 책이 많이 팔렸다는 사실과 함께 전 세계에서 다양한 전문직에 종사하면서 그리스어, 스웨덴어, 일본어, 체코어 등 수많은 다른 언어로 번역되기를 고대하는 사람들이 보내온 많은 편지와 반응으로 우리는 언제나 즐거웠다. 또 동료인 조안 윌모트Joan Wilmot와 주디 라이드Judy Ride와 함께 새로운 환경에 맞는 수퍼비전 훈련을 받아들였다. 초판의 내용이 대부분 심리치료, 상담, 사회복지에 초점을 두었다면, 제2판은 결혼상담, 지방정부, 보호관찰 그리고 병원 등의 영역에서 더 널리 교육 자료로 사용되고 있다. 그 뒤로 교육, 코칭, 컨설팅 조직, 경찰, 그리고 여러 전문 분야에서 더욱 많은 수퍼비전 교육과 훈련을 하고 있다. 아울러 우리는 스웨덴, 아일랜드, 호주, 뉴질랜드, 남아프리카, 싱가포르 등 여러 다른 나라와 난민과 망명 신청자들과 함께 일하는 다양한 문화 속에서 훈련과정을 운영해 오고 있다. 제3판 출간 이후로 피터 호킨스Peter Hawkins, 로빈 쇼헤트Robin Shohet, 주디 라이드 그리고 조안 윌모트는 모두 다양한 수퍼비전 방식을 다룬 책을 냈다. 이렇게 풍부한 경험들을 이번 판에 새롭게 자료로 반영하였다.

이렇듯 새롭고 다양한 환경에서 새로운 질문과 이슈가 제기되었다. 시간이 지나면서 처음 세 번의 출판에서 누락된 부분과 오류와 한계를 알게 되었고, 우리와 수퍼비전 세계가 함께 성장하고 있다는 사실을 깨달았다. 책 한 권의 개정판을 쓰는 일은 수퍼비전을 받는 것과 매우 비슷하다. 누구나 새로운 관점으로 자신의 이전 작업을 되돌아볼 기회가 있다. 자신이 한 실수를 발견하고서 '아이쿠' 하기도 하고, 그 뒤 이런 실패를 자신과 다른 이들을 위해 새롭게 배울 기회로 바꿀 수도 있었다. 또 전에 누가 말했거나 했던 일에서 그때는 다 이해하지 못했지만 이제 새로운 차원의 의미를 발견하며 기뻐하기도 하고, 어떤 맥락에서 배운 것을 새 시대와 새 환경에 적용할 수도 있었다. 독자 모두에게 그리고 우리가 인정하지 못했거나 부지불식간에 잘못 전한 분들께 이번 판과 이전 판에서의 실수와 오류를 사과한다.

특히 지난 몇 년 동안 수퍼비전의 중요성이 얼마나 인정받고 있는지 확인할 수 있어서 감격스러웠다. 이는 수퍼비전이 꼭 있어야 하는 분야로 폭넓게 받아들여지고 있기 때문이며, 사람을 돌보는 - 교육이든 복지나 개발이든 - 전문가를 위한 수퍼비전의 중요성을 더욱 크게 인식했기 때문이다. 수퍼비전 교육과정은 그 종류와 범위가 증가했다. 다수의 전문가 협회들이 윤리규정, 인증 시스템 그리고 전문가 기준을 만들어 반영하고 있다. 특히 수퍼바이저들을 위해 많은 전문단체들이 설립되어 수퍼비전은 그 자체가 별도의 전문직이 되었다. 그동안 연구논문과 수퍼비전 책들이 봇물 터지듯이 쏟아져 나왔다.

꾸준한 학습과 개발, 극적으로 증가하는 관심, 연구, 논문, 그리고 우리가 받은 피드백을 결합하여 4판을 집필했다. 또 다른 요인이 있다면 그것은 사회적, 정치적 상황의 변화이다. 지방정부나 보건사회복지부 자원은 줄어드는 데 반해 수퍼비전 수요는 더욱 증가하고 있다. 일부 지역에서는 원래 서비스 제공을 강조했으나, 다른 곳에서 흔히 제공하던 서비스 의뢰와 등록으로 역할이 바뀌었다. 보건부 역시 계속 변화했다. 영국에서는 임상위원회가 의료 공급자Health Trusts(HT)와 일차 의료 공급자Primary Care Trusts(PCT)를 개발하고, 변경하고 현재도 재배치하고 있다. 다른 곳에서는 정부가 의료 서비스의 질과 효율성을 높이려는 수많은 시도가 있었다. 직업에서 전문화가 점점 더 확산하면서 전문가의 책임이 더욱 중요해졌다. 이것은 책임과 직업 전문화를 강조해온 수퍼비전의 주장과 일치하는 현상이다.

이 책은 이전 책과 같은 구성, 즉 개인, 그룹, 조직 접근법을 유지하고 있다. 이전 판 내용의 일부를 유지하며 동시에 최신 경험으로 내용을 확대하고, 오늘날 너무나 다양한 세계에서 현재 진행되는 맥락을 고려하여 원래의 글을 수정했지만, 한편으로는 1980년대에 썼던 일부 글이 아직도 타당하다는 점을 발견했다.

이번 4판에서 피터 호킨스는 한걸음 물러나 처음 이 책이 나온 뒤로 조력 전문가가 일하는 세계의 상황이 얼마나 극적으로 변화하였는지 그리고 이 시대가 극복해야 할 과제가 수퍼비전을 얼마나 더 필수적이고 한층 도전적이게 만드는지를 고려하며 1장을 새로 썼다. 이는 이번 판에 새로운 자료가 많다는 것을 시사한다.

또 피터 호킨스가 새로 쓴 2장에서는 일하면서 어떻게 수퍼비전이 성찰적 프랙티스를 기반으로 하고, 지지하는지를 탐구하며 여러 종류의 성찰을 함께 살펴보았다. 2장은 '일하면서 배우고 발전하기'에 대해 썼던 3판 3장 내용 일부를 포함하고 있다.

완전히 새로 쓴 장은 주디 라이드와 피터 호킨스가 쓴 9장 '윤리와 도전에 직면하기 그리고 복잡한 수퍼비전 상황'인데, 윤리가 수퍼비전의 중심 구성요소로서 얼마나 중요한지 더욱 잘 알게 되었고, 수퍼비전이 다루어야 할 일부 복잡한 상황들에 대한 지침을 더 달라는 독자들과 수퍼바이저 교육생들의 요청이 많아서 쓰게 되었다.

수퍼비전 지도map, 모델, 프로세스에 관한 6장에는 새로운 단락이 많다. 하나는 조안 윌모트가 기고한 e-수퍼비전에 관한 것으로, 수퍼비전이 점점 면대면뿐만 아니라 전화, 이메일, 그리고 화상회의로도 실행된다는 것을 보여준다. 또 하나는 수퍼바이저가 미래 행동을 생각하고, 계획하고, 예행 연습하거나 관찰하는 전前 숙고 방법들과 마찬가지로 이런(회상, 문서로 된 축어록, 녹음된 세션이나 수퍼바이저가 실황을 관찰한) 자료를 수퍼비전에 어떻게 가져오는지에 대한 피터 호킨스의 다양한 성찰적 접근법을 보여주는 단락이다. 또 수퍼비전 연구 단락을 고치고 확대했으며 수퍼비전을 정의하는 새로운 단락을 제공했다.

주디 라이드는 8장 '차이 다루기 - 초문화 수퍼비전'을 수정했는데 상당 부분은 본래 2판에 기고했던 것이다. 마찬가지로 피터 호킨스도 '수퍼비전에 대한 수퍼비전' 내용을 포함하는 새로운 단락으로 10장 '수퍼바이저 훈련과 개발'을 수정했다. 다른 곳에서 피터 호킨스는 부분적으로 그것들에 더 일관성을 유지하기 위해, 그리고 그의 책 『Leadership Team Coaching: Developing Collective Transformational Leadership』(2011)에 쓴 팀 개발과 팀 코칭수퍼비전에 대한 새로운 내용을 포함하기 위해 그룹 수퍼비전과 팀 수퍼비전, 그리고 팀 코칭수퍼비전에 대한 장을 재구성했다. 호킨스는 그 외 다른 장들도 모두 고치고 정정했다.

타티아나 바키로바Tatiana Bachkirova, 피터 잭슨Peter Jackson 그리고 데이비드 클러터벅David Clutterbuck이 쓴 새 책 『Coaching and Mentoring Supervision』과 에릭 드 한Erik de Haan의 『Coaching Supervision in Action』, 그리고 메그 본드Meg Bond와 스티비 홀랜드Stevie Holland가 쓴 『Skills of Clinical Supervision for Nurses』의 2판 등 Supervision in Context 시리즈의 새 책을 포함해 지난 6년간 출판된 30개 이상의 새로운 수퍼비전 책을 재검토했다.

우리 모두에게 변함없는 것은 수퍼비전과 수퍼비전 교육이 우리 삶의 중요한 부분이고, 우리가 계속 사람들과 일하는 한 여전히 그럴 것이라는 사실이다. 우리의 애정과 열정 그리고 우리와 다른 사람들이 함께 발전하면서 얻는 기쁨이 이번 개정판의 이론, 모델, 이야기들을 통해 그대로 전해지기를 바란다.

피터 호킨스Peter Hawkins
2012년 1월

감사의 글

이 책을 쓰는 데 처음으로 아이디어를 준 고故 브라이언 웨이드Brian Wade에게 먼저 감사드린다. 바스 컨설팅 그룹Bath Consultancy Group(이하 '바스 그룹')이 조직 안에서 코칭수퍼비전을 시도했고 산하에 바스 심리치료와 상담센터Bath Centre for Psychotherapy and Counselling를 시작하며 발전시킨 피터 호킨스Peter Hawkins와 주디 라이드Judy Ride의 작업이 모든 것의 출발이었다. 이 책의 기초가 된 자료의 상당 부분은 수퍼비전과 팀 개발센터Center for Supervision and Team Development(이하 'CSTD')에서 운영해온 수퍼비전 교육과정 작업이며 지난 35년 이상 해온 것이다. CSTD의 동료인 주디 라이드와 조안 윌모트가 이 책의 각 개정판에 더 많이 이바지했기에 이번 책 표지에 감사를 표시할 수 있어 더 기쁘게 생각한다. 그들의 기여와 동료애는 가치를 따질 수 없을 만큼 귀하다. 또 우리와 함께 가르쳤던 사람들과 영국에서 또 해외에서 우리로 하여금 많이 배우게 해준 수많은 과정 참가자들에게도 감사드린다.

초판에서 많은 동료들, 특별히 고 프랭크 케블린Frank Kevlin, 앨릭스 피라니Alix Pirani, 브리짓 프록터Brigid Procter, 헬렌 데이비스Helen Davis, 테리 쿠퍼Terry Cooper 그리고 하이미 와이즈Hymie Wise 등이 자기 아이디어와 수퍼비전 경험을 잘 써주었다. 메리 파커Mary Parker와 마이클 캐롤Michael Carroll은 수퍼비전에 관한 미국 논문을 피해갈 방법을 찾도록 도와주었다.

2판도 이 출판사에서 나온 책을 쓴 저자들, 앨런 브라운Allan Browne과 이언 본Iain Bourne, 메그 본드Meg Bond와 스티비 홀랜드Stevie Holland, 그리고 마리아 길버트Maria Gilbert와 켄 에반스Ken Evans에게 큰 도움을 받았다.

3판에는 또한 닉 스미스Nick Smith의 소중한 기고가 있었다. 그는 길 슈웽크Gil Schwenk, 힐러리 라인스Hilary Lines 그리고 피터 빈스Peter Binns를 비롯해 바스 그룹에 있는 다른 동료들과 마찬가지로 피터 호킨스와 함께 『코칭, 멘토링 그리고 조직 컨설팅: 그들의 수퍼비전과 개발Coaching, Mentoring and Organizational Consultancy: Their Supervision and Development』을 공동 집필했다. 3판에서 호킨스와 스미스(2006), 그리고 바스 자문회사 그룹의 자료가 포함된 몇몇 자료를 충분히 인정하지 않았던 점을 사과하고 싶다. 이번 개정판에서 이 부분이 완전히 수정되었기를 바란다.

4판에서 절친한 친구이자 동료이며, 다양한 여러 전문가를 위한 수퍼비전을 개발하는 일에 동지였던 마이클 캐롤Michael Carroll이 머리말을 써 주어 매우 기쁘게 생각한다. 4판을 위해 책을 다시 고쳐 쓰면서 새로운 장(윤리와 도전 직면하기 그리고 수퍼비전의 복잡한 상황)을 공동 집필한 주디 라이드Judy Ride와 일부 새로운 수퍼비전 논문을 검토하고 조언하고 수정하며 몇 개의 원고에 새 자료를 첨가하는 등 주디 라이드와 조안 윌모트 두 사람이 피터 호킨스에게 매우 큰 도움을 주었다.

머리말

영국 시인 필립 라킨Philip Larkin은 성性sex이 1963년에 시작되었다고 노래했다. 그가 수퍼비전에 대해 얘기했다면, 영국에서 1989년에 시작되었다고 말했을 것이다. 물론 내가 알기로 1963년 이전부터 오랫동안 성이 존재해 왔던 것처럼 수퍼비전 역시 그 이전부터 있었다. 성이 1960년대에 해방된 것처럼 수퍼비전도 이 책 초판과 함께 영국에서 진가를 발휘하기 시작했다. 처음으로 영국의 수퍼비전에 관한 연구, 최신 논문 그리고 기술과 실천이 결합된 한 권의 책이 나온 것인데, 독창적이며 잘 쓰였고 훌륭하다고 자평한다. 그 전에 수퍼비전 책으로 상을 받았던 주요 경쟁자들은 미국의 상담심리 단체 출신들이었다. 1부 리그(또는 프리미어리그) 수퍼비전 선수들은 모두 미국에 살았고 대부분 대학교수들이었으며 그들의 관심사는 주로 연구였다. 1980년대까지 영국의 수퍼비전 연구는 거의 주목받지 못했지만 프랙티스는 달랐다. 영국 수퍼비전이 사촌격인 미국 수퍼비전과 항상 구별되었던 점은 영국인들은 프랙티스를 강조했다는 것이다. 프랙티스와 그 공헌의 풍부함, 깊이, 가치에서 나온 영국의 수퍼비전 논문은 유용하다고 입증된 효과적인 이론들을 담고 있다. 상담 분야의 브리짓 프록터와 프란체스카 인스킵Francesca Inskipp, 사회복지 분야의 토니 모리슨Tony Morrison 그리고 심리치료와 정신보건사회복지의 피터 호킨스와 로빈 쇼헤트 모두 프랙티스를 중점적으로 다루며 글을 썼다.

『수퍼비전: 조력 전문가를 위한 일곱 눈 모델Supervision in the Helping Professions』은 최초의 수퍼비전 책이었다. 달리 보면, 그 책은 1989년에 나온 것 치고는 꽤 독특하고 통상적이지 않은 그런 책이었다. 과감하게 직업의 경계를 넘어 한 맥락과 한 가지 직업 이상에 적용 가능한 포괄적인 수퍼비전 모델을 제시했기 때문이다. 사회복지사, 심리치료사, 간호사, 임원코치, 목회자, 특히 심리학자들이 사용하면서 모두 이 모델이 유용하고 탄력적이어서 자신들의 일에 충분히 적용할 수 있다는 것을 깨달았다. 왜일까? 어떤 점 때문에 다양한 직업군의 다양한 전문가들이 이 책에 제시된 수퍼비전 모델에 동질감을 느끼는 것일까? 그것은 수퍼비전 일곱 눈 프로세스 모델seven-eyed process model로 알려졌다. 1989년 이후 존경받을 만한 거의 모든 수퍼비전 문헌이 일곱 눈의 수퍼바이저를 언급했다. 제대로 훈련한다면서 프랙티스의 기초인 일곱 눈 모델이 없다는 것은 상상도 할 수 없었다. 이 책은 수퍼비전 교육에서 주요 교과서 가운데 하나가 되었고 지금도 거의 언제나 필독서 목록에 있다.

『수퍼비전: 조력 전문가를 위한 일곱 눈 모델』은 프랙티스에 바탕을 둘 뿐만 아니라, 이론과 연구와 프랙티스를 결합하였고 여러 분야의 전문직에서 흥미를 불러일으켰으며 모르는 사이에 더욱 진보했다. 이 책은 영국에서 다른 책이 나오도록 고무하는 결과를 낳았다. 1952년에 마魔의 4분 벽 기록을 깬 육상 선수 로저 배니스터Roger Bannister처럼 말이다. 그 육상 선수가 놀라운 위업을 달성한 그해에, 10명 이상이 그와 같이 기록을 깼으며 그 다음 해에는 그 수가 300명 이상으로 늘어났다. 갑자기 이 모든 사람이 몇 주 만에 근력이 더 좋아진 것일까? 아니다. 심리적 장벽이 무너져서 할 수 없다고 여기던 일이 이제 가능해진 것이다. 이 책은 영국에서 수퍼비전 논문의 수문을 열었고 그 뒤 10년 이내에 한 다스의 수퍼비전 책들이 출간되었다. 이는 마치 잠들어 있던 수퍼비전 정신이 깨어나고 우리 영국인들이 쓴 심오한 수퍼비전 책은 없다는 가정을 깨버린 것이다.

이 책은 초판 이후 23년간 수퍼비전을 제대로 배우려는 학생들에게 랜드마크 교과서가 되었고 지금도 여전히 그렇다. 1989년 이후 세계가 계속 진보한 것처럼 수퍼비전도 성장했다. 이번 판은 세계의 움직임뿐만 아니라 수퍼비전의 수많은 새로운 이론과 연구 못지않게 많은 전문직의 변화, 적응, 통찰을 따라잡았다. 2판이 다양성 위에 새로운 장을 추가했던 것처럼 3판과 4판도 계속해서 현재 드러나는 주제를 발전시켰고 새로운 것을 추가했다. 정말 새로운 장을 추가하고 개정한 이전 자료까지 완전히 변화되었다는 것을 알 수 있을 것이다. 생활의 글로벌한 측면과 그것이 수퍼비전에 주는 영향, 효과적인 수퍼비전의 본질적인 요소를 상호책임으로 파악하고, 현대 과학기술(스카이프와 전화로 하는 e-수퍼비전)의 발전에 따라 수퍼비전의 형태 변화를 검토하는 것, 수퍼비전의 우수성 척도를 윤리와 윤리적 의사결정에 두는 것 등을 새롭게 강조한다. 수퍼비전의 학습 방법론으로써 성찰에 대한 새로운 장을 덧붙였다.

『수퍼비전: 조력 전문가를 위한 일곱 눈 모델』 이전 판에 관해 언급한 이들 가운데 조안 맥리오드Joan McLeod는 이 책이 근본적으로 수퍼비전과 그 훈련에 대해 사람들이 생각하는 방식을 바꾼 책이라고 썼다. 그렇다. 근본적인 사고방식의 전환이 있었다. 이 책은 숙련된 전문가가 자동으로 수퍼바이저가 되는 '역할 상속'이던 수퍼비전이 자체 훈련과 특정한 기술과 능력이 요구되는 전문직으로 인식되게 했다. 더는 수퍼바이저가 귀족일 수 없다. 그들도 이제 수퍼비전할 권리를 얻어야 한다.

만약 이전의 여러 판본들의 특징이 '태도적 전환attitudinal shift'이라면 특이하게 4판에 급진전하거나 선회한 것은 무엇일까? 숀Schon(1983)이 지칭한 '질퍽한 저지대와 같은 프랙티스 현장'에 여전히 기반을 두지만 새로운 수퍼바이저와 수퍼바이지는 이제 새롭게 출현하는 (수퍼비전) 세계로 눈을 돌려야 한다. 그렇다, 수퍼비전은 수퍼바이지와 고객들과 시스템을 위해 여전히 지속하고 있으나 이제 새로운 도전이 몰려오고 있다. 전 세계 무대로 나아가거나 아니면 화석이 되라! 호킨스Hawkins와 쇼헤트Shohet는 노골적으로 이렇게 말한다. 수퍼비전을 현시대와 당대의 도전에 대한 성찰적 대응으로 버젓이 내세우지만 '이 책이 처음 나올 때까지 했던 방식으로는 결코 수퍼비전할 수 없다…….' 새로운 해법은 새로운 맥락, 즉 수퍼비전이 자리 잡은 세계적 맥락에서 가능하다.

자동차가 오랜 시간에 걸쳐 극적으로 변화하여 현대 생활의 필요를 충족하게 된 것처럼 수퍼비전 책들 역시 그렇다. 이 책 초판이 독창적이고 멋진 모습의 튼튼하고 믿음직한 포드라면 이번 4판은 확실히 터보 엔진이 장착된, 매끈하고, 기대에 부응하는 성능을 보여주는 포르쉐이다.

마이클 캐롤Michael Carroll
2012년 1월

우리의 모든 수퍼바이저와 수퍼바이지에게, 특히 리치몬드협회의 성 찰스 하우스 치료공동체에서 우리의 형성기를 함께 보낸 사람들에게 이 책을 바칩니다.

'Qui custodiet ipsos custodes?'
(누가 돌보는 자를 돌보고 보호할 것인가?)
유베날리스, 풍자, 6장 347-8

1부

수퍼바이지의 관점

1장. '충분히 좋은' 수퍼비전과 우리 시대의 도전

> 서론
> '충분히 좋은' 수퍼비전
> '충분함'을 넘어서: 수퍼비전의 새로운 도전
>   더 큰 요구
>   서비스 질에 대한 더 높은 기대
>   더 적은 자원
>   대붕괴
> 어떻게 응답할 것인가?
> 결론

서론

당신은 어떤 일을 하는가? 아마도 학교에서 다루기 힘들고 제멋대로인 학생들을 돕거나, 트라우마로 우울하고 실존적으로 자포자기하는 사람을 만나고 있을 것이다. 또 정신적으로 아픈 사람들의 정서적 불안과, 불안하고 깨어진 가족을 만나거나, 환자들과 죽어가는 사람들, 분노 범죄자나 노숙자, 빈곤한 사람들의 감정적 고뇌를 다루고 있는가? 당신은 조력 전문가의 일부이며, 이 책은 학습, 개발, 그리고 50여 년의 경력을 통해 질적으로 매우 수준 높은 작업을 하는 당신들 모두를 지원하기 위해 십필되었다.

  다양한 나라에서 더욱 다양해지는 조력 전문가들과 함께 일하면서, 우리는 개인 전문가에 의한 질적 작업은 혼자 지탱할 수 없다는 것을 점점 더 크게 인식해왔다. 우리는 양성 과정에서 배웠던 것에만 의존할 수 없다. 개인과 가족의 필요를 위해 지역사회와 조력 단체들이 지속해서 변화해야 하는 것처럼 전문가에 대한 기대치와 최적의 프랙티스도 마찬가지로 변화해야 한다. 우리는 계속해서 배워야 한다. 새로운 지식이나 기술

뿐만 아니라 우리 개인적인 능력 개발을 위해서라도 그래야 한다. 우리 존재 자체가 모두 일하는 데 쓰는 가장 중요한 자원이기 때문이다. 또 우리는 계속 지원받으면서 광범위하게 감정적으로 연관된 사람들의 요구와 필요에 열린 상태를 유지해야 한다. 동료들과 솔직하게 대화를 나누면서 우리가 작업 중에 저마다 어떻게 착각, 망상, 공모에 빠지는지, 그리고 복잡하고 상충하는 요구에 어떻게 대응할지를 지속해서 다루기 위해 윤리적 수용력을 개발해야 한다. 이런 질적 작업은 단독으로 지탱할 수 없다.

첫 번째 장에서는 초판 이후부터 변함없던 토대나 생각을 계속 제기하고자 한다. 후반부는 이어서 극적으로 변화한 세계를 다룬다. 온 세계가 불가피하게 더 변덕스럽고, 더 불안하면서 서로 연결되어 있는 이때, 조력 전문가는 자원이 더욱 부족한데도 동시에 도움의 질에 대한 기대는 더 높아지고 요구도 더 많아지는 세상에 존재한다. 이제는 '성장 한계점'에 다다랐다. 이미 알고 있듯이 경제적, 생태학적인 인간의 위기는 서로 결합하여 인간의 삶에 '극심한 붕괴'와 거대한 도전을 일으키고 있다.

'충분히 좋은' 수퍼비전

소아과 의사이자 정신분석가였던 고故 도날드 위니캇Donald Winnicott은 '충분히 좋은good enough 어머니' - 즉 자녀가 어머니 등에 음식을 던질 때, 자신에 대한 공격으로 느껴 과민 반응하거나 좌절하거나 죄의식에 빠지지 않고, 자녀가 일시적으로 외부 세계에 적절히 대응하지 못한 것이라고 이해할 수 있는 어머니 - 라는 개념을 소개했다. 위니캇은 어떤 어머니라도 아이 아버지나 또 다른 도와주는 어른이 받쳐주고 지지해 주지 않는 한 충분히 좋은 어머니가 되는 것은 매우 어렵다고 지적한다. 이것은 '양육 3인조'를 규정하는 것으로 아이가 징징대거나 고함을 지르며 화를 낼 때도 받아들여질 수 있어야 한다는 것을 의미한다.

이 개념은 '충분히 좋은' 상담사나 심리치료사 또는 다른 조력 전문가가 수퍼비전 관계 안에서 받아들여지는 힘 덕분에 고객의 불평이나 비난 공세에도 견딜 수 있다는 점에서 수퍼비전을 이해하는 매우 유용한 시사점을 제공한다. 우리는 흔히 매우 유능한 작업자가 고객에게서 고통, 불안정, 그리고 불안을 흡수함으로써 자기 자신과 일에서 기능하는 자기 능력을 오히려 심각하게 의심하며 움츠르드는 것을 보았다. 수퍼바이저의 역할은 수퍼바이지를 안심시킬 뿐만 아니라 수퍼비전 관계라는 더 안전한 환경에서 살아남을 수 있고 성찰하고 배우는 관계 안에서 감정적 불안을 느낄 수 있도록 기회를 주는 것이다. 수퍼비전은 이렇게 '치유 3인조therapeutic triad' 안에서 돕는 관계를 수용하는 그릇을 제공한다.

누군가를 돕겠다고 결심하면 우리 역할은 그 사람의 필요에 주목하며 평범한 사람들과는 다른, 또 평상시와는 다른 관계로 들어가게 된다. 때로는 그 일이 별로 가치 있게 느껴지지 않는 때가 있다. 아마 우리가 역경에 맞서 싸우느라 또는 고객이 감사할 줄 모르는 것 같아서, 아니면 맥이 빠지고 보아하니 줄 것이 아무것도 남아 있지 않다는 느낌 때문에 그럴 것이다. 스트레스 상황에서 때로 조심하며 '하던 거나 계속하기'는 쉽지만 자기를 돌아볼 시간을 갖기는 어렵다. 조직, 팀 그리고 개개인은 외부 압력과 자기 약점이 드러나지 않을까 하는 심리적 두려움 등 다양한 이유 때문에 적당한 태도로 담합할 수 있다.

이런 때 수퍼비전이 매우 중요하다. 수퍼비전은 한걸음 물러서서 성찰할 기회를 준다. 다른 이들 - 고객, 동료, 조직, '사회' 또는 심지어 자신을 비난하는 손 쉬운 타개책으로 빠지지 않도록 피할 기회를 준다. 새로운 대안을 찾기 위해 뛰어들고, 가장 어려운 상황에서 배울 것을 찾아내며, 지지를 구하는 기회를 줄 수도 있다. 우리는 믿는다. 만약 좋은 수퍼비전의 가치와 경험을 누군가 전문직에 들어서는 초반부터 깨닫는다면, 그리고 그 뒤 좋은 수퍼비전을 받는 '습관'이 직장 생활의 필수적인 부분이 된다면 그 사람은 정말로 계속해서 발전할 것이다.

지난 35년간 여러 조력 전문직 분야에서 상담은 물론 다른 심리치료적 접근법을 사용하는 경우가 상당히 늘어났다. 이것은 요양시설보다 더 흔히 집에서 노인을 부양하는 것 같은, 도움과 지원이 필요한 사람들을 위한 '사회적 (자가) 보호'에 대한 제도적 견제를 비롯하여 더 전통적인 방법에서 벗어나려는 움직임에 부분적으로 힘입었다. 이런 움직임은 가족이나 친척뿐만 아니라, 일하면서 겪는 고통, 불안, 불안정을 이해하는 새로운 방법을 배워야 하는 전체 조력 전문가들의 증가하는 요구로 이어졌다. 동시에 삶의 어떤 단계에서는 우리 모두 일종의 상담, 코칭 또는 전문적 지원이 필요하다는 인식이 일반 대중에게 확산되었다. 상담과 심리치료는 물론 다른 사람에 대한 다양한 조력 활동을 하는 전문 영역에서 이런 급증하는 변화는 수퍼비전을 통해서 큰 도움을 받아야 한다는 인식이 확산되는 계기가 되었다. 6장(102쪽)에서 우리는 수퍼비전을 다음과 같이 정의한다.

수퍼비전은 프랙티셔너가 수퍼바이저의 도움으로 고객, 고객 관계의 일부인 프랙티셔너 자신, 그리고 전체 체계의 맥락을 돌보는 공동의 노력이다. 이를 통해 작업 수준을 높이고 고객 관계를 변화시키며, 그들 자신과 프랙티스를 지속해서 개발하고 전문성을 확대한다.

따라서 수퍼바이저는 지지자로서의 존재와 교육자로서 개발하는 역할을 통합해야 하고 대부분의 경우 고객에 대한 수퍼바이지의 작업 수준을 보장한다. 이 세 가지 기능이 항상 잘 어울리는 것은 아니다(6장 참조). 그리고 많은 수퍼바이저들이 이러한 통합을 시도하기보다 하나의 역할로 숨어버릴 수 있다. 어떤 수퍼바이저는 수퍼바이지에게 준상담사 또는 코치가 되고, 또 어떤 수퍼바이저는 수퍼비전을 고객의 역동에 집중하는 2인 사례 발표회로 바꾸기도 하며, 또 다른 이들은 경영자의 체크리스트를 가지고 수퍼바이지의 고객 관리를 '확인'하기도 한다. 이 책을 쓴 목적은 수퍼바이저가 수퍼비전의 통합된 스타일을 개발하게 하는 것이다. 우리는 개발하고 지지하는 통합과 질적인 기능뿐만 아니라 관계 기반의 수퍼비전 접근법을 주장한다.

이따금 최선의 수퍼비전 관계조차 막히고 경계하며 심지어 회피하게 되는 경우가 있다. 이런저런 이유로, 두려움과 소극적인 태도가 생길 수 있지만 당사자들이 이것을 인정하고, 겪어내, 마침내 벗어나는 요령을 알게 되면 그것은 좋은 경험이 된다. 이 책은 수퍼바이저와 수퍼바이지 둘 다를 위한 것이다. 양쪽 모두 수퍼비전의 질에 일정 책임이 있고, 업무의 질을 위한 동일한 시스템의 구성원이기 때문이다. 우리가 주장하는 수퍼비전 관계에 대한 공동 책임의 일환으로서, 특히 업무 관계에서 초기 계약서 양식을 중심으로 프로세스를 점검하는 가이드라인을 체결한다. 이 업무 계약서 working contract는 두 사람이 참조할 수 있는 경계와 기준을 이루기 때문에 매우 중요하다. 관계가 시작되면 계약이 자동으로 시작되거나 심지어 각 회기 시작으로 그냥 당연히 생기는 것이 아니라 지속해서 재탐색해야 하는 프로세스라는 것을 우리는 강조한다.

그렇지만 이 관계에 들어가기 전에 우리는 수퍼비전이 성찰적 프랙티셔너 되기와 셀프-수퍼비전의 형태로 시작해야 한다고 생각한다. 성찰적 프랙티스는 조력자로서 현재의 작업만이 아니라 자기 핵심 신념과 동기를 성찰하는 것이다. 이렇게 함으로써 고객을 단지 아무런 자원도 없고, 아프고, 애정에 굶주린 사람들로 보면서, 그들은 정당한 요구를 할 수 없다고 믿고 마는 식의 때때로 일어날 수 있는 조력자 내면의 균열을 최소화할 수 있다. 마가렛 리오치Margaret Rioch가 말했듯이 '만약 학생들이 자신도 잠재적인 살인자나 사기꾼이나 강도라고 생각하지 않는다면, 고객의 이런 잠재 상태를 치료적으로 다루지 못할 것이다'(Rioch 외 1976:3).

우리는 수퍼비전이 누군가를 돌보며 새로운 학습에 늘 열려있는 상태에 있게 하고, 조력자의 행복well-being에 없어서는 안 되는 매우 중요한 부분이며, 지속적인 자기계발이자 자기 인식, 전문성 개발에 대한 약속이라는 것을 경험으로 안다. 그렇지만 어떤 직업에서는 자격을 취득한 뒤 수퍼비전을 사실상 무시하고 있다. 너무 많이 헌신하도록 요구받는 직업에서 쉽게 일어나는 부패와 경직성과 수동적인 태도는 수퍼비전이 없어서 생길 수 있다고 생각한다. 극한 상태에서 부패와 수동적 태도는 여러 저자가 '번아웃'이라 부르는 신드롬의 원인이 된다. 수퍼비전은 탈진감의 사이클을 깨서 이런 과정을 완화할 수 있는데, 그 탈진감은 죄책감과 부적응을 야기하는 업무 기준의 하락을 초래하는 원인이고 심지어 그로 말미암아 한층 더 하락하는 악순환을 불러온다. 수퍼비전은 스트레스와 번아웃을 예방할 뿐만 아니라 수퍼바이지로 하여금 지속해서 배우며 성장하게 하고, 그럼으로써 그 밖의 가능한 것보다 더 많은 시간을 최상의 상태에서 일할 수 있게 한다.

수퍼비전은 조력 활동처럼 수월한 과정이 아니며 고객과의 작업보다 훨씬 복잡하다. 비록 최근 몇 년간 성과에 관한 연구가 많이 있었지만 그 효율성을 엄격하게 평가할 수 있는 명백한 결과나 최소한의 증거는 없다(6장 참조). 한 사람이 다른 사람에게 고객을 데려오는데, 대개 수퍼바이저가 한 번도 본 적이 없는 사람이고 작업 측면을 매우 선택적으로 보고한다. 게다가, 한쪽 또는 양쪽 모두가 다양하고 상이한 주제에 집중하려 하면 두 사람이 속한 직업, 조직 또는 사회에서 온갖 압력이 있을 수 있다. 그래서 질문으로 고객을 다루는 것뿐만 아니라, 수퍼비전 관계와 두 사람이 일하는 더 넓은 시스템에 모두 주목해야 한다. 복잡한 정도에 따라 마치 어느 발을 먼저 움직였는지 물어보면 갑자기 못 움직이는 지네처럼 수퍼바이지와 수퍼바이저 둘 다 어찌할 줄 모르고 압도될 위험이 있다.

'충분함'을 넘어서: 수퍼비전의 새로운 도전

피터 호킨스는Peter Hawkins 수퍼비전을 21세기의 도전이라는 맥락에서 보기 위해 이 부분을 썼다. 수퍼비전에 대한 우리의 기본 입장은, 위에 대략 썼듯이, 25년 전 처음 수퍼비전에 대해 쓸 때 정리했다. 오늘날 그것은 아직도 우리가 제공하는 훈련과 작업의 근간을 이루고 있다. 수퍼바이지의 지지와 계발과 같이 양질의 고객 작업을 다루는 수퍼비전은 우리가 믿기로, 교육받을 때나 새로 자격증을 취득했을 때뿐만 아니라 온전한 자기 경력을 위해서도, 조력 전문가에게는 필수적이다. 모든 교육과 경력이 꼭 필요하긴 하지만 그것만으로는 충분하지 않다.

지난 25년간 세계가 급진적으로 변화했다는 것을 인정할 것이다. 초판을 쓰기 시작한 1980년대 중반에는 경제가 계속 성장할 수 있다고, 또 그와 함께 계속 조력 직업에 필요한 자원이 늘어나고 모두의 삶의 질이 개선될 거라고 믿는 세상에 살고 있었다. 비록 몇몇 탁월한 선견지명을 가진 현명하고 용기 있는 작가들이 어렴풋이 다가오는 생태학적 위기(예를 들어, 레이첼 카슨Rachel Carson의 『침묵의 봄Silent Spring』 1962, 베이트슨Bateson 1972)를 이미 경고하고 있었지만 우리는 그것이 상당히 동떨어진 얘기이며, 아마 인간의 독창성과 과학이 피할 길을 찾을 거라고 여전히 주장했다. 그러나 2020년대에는 더는 부인할 수 없다. 에덴프로젝트의 설립자 팀 스미트Tim Smit는 다가오는 30년이 전인류 역사에서 살기에 가장 흥미진진한 때일 거라고 했다. 왜냐하면 그때 우리는 '사람Homo이 진정 사피엔스Sapiens인지' 아니면 화석 기록에 우리가 합류할지 알아낼 것이기 때문이다. 칼럼니스트 토마스 프리드먼Thomas Freidman은 경제위기 한가운데에서 뉴욕타임스(2008년 3월 7일자)에 이렇게 썼다.

> 2008년의 위기가 깊은 불황보다 더 근본적인 것을 나타내는 거라면 어떻게 할 것인가? 지난 50년 이상 이룩한 전체 성장모델이 그야말로 경제적으로, 생태학적으로 지속 불가능하고 그 2008년은 우리가 한계에 도달했던, 즉 대자연과 업계가 '더는 안 돼'라고 했던 그때였다면?

경제학자 케네스 불딩Kenneth Boulding(Gilding 2011:64에 인용됨)은 더 나아가 이렇게 썼다. '이 유한한 세상에서 기하급수적 성장이 영원할 수 있다고 믿는 사람은 미친놈이거나 경제학자다.'

경제적, 생태학적 위기를 경제학자, 은행가, 정부 또는 규제기관들의 탓으로 돌릴 수만은 없다. 우리 모두 성장에 중독되거나 의존함으로써 그 위기를 야기했으며, 우리의 기대 그리고 삶과 삶의 방식에 꼭 필요한 거대한 변화를 만들 때까지는 예측 가능한 미래의 생태학적, 경제적 위기에 얽힌 채 살아가고 있을 것이다. 조력 전문가에게 이것은 무슨 의미인가? 현재와 미래 수십년 동안 조력 전문가의 맥락을 이루게 될 다음과 같은 확실한 흐름 4가지가 있다.

- 더 큰 요구
- 서비스 질에 대한 더 높은 기대
- 더 적은 자원
- 대붕괴

더 큰 요구

전 세계 인구는 여전히 기하급수적으로 증가하고 있다. 나 피터 호킨스가 1950년에 태어났을 때 세계 인구는 25억에 불과했다. 2011년에 인구는 마침내 70억에 도달했다. 국제연합(UN)은 인구가 1년에 0.7%씩 계속 증가하여, 2050년에 90억이 될 거라고 예견했다. 아마도 내 생전에 인구가 3배 이상 될 것 같다. 어떤 이들은 개발도상국에서 출생률이 떨어지고 있다고 하지만 이런 국가에서 기대 수명이 기하급수적으로 늘고 있어 여전히 성장을 부채질하고 있다. 더 중요한 것은 70세 이상의 노인들은 조력 전문가의 최대 고객이라는 사실이다. 정치적으로 허풍이 좀 있지만 이주는 계속 늘 것이다. 세계에서 가장 가난한 이들은 자신과 부유한 나라 사이의 생활 수준 격차를 점점 더 알 수 있게 되고, 생태학적 위기는 불균형하게 세계의 가장 가난한 지역에서 심각한 고난을 불러올 것이다.

서비스 질에 대한 더 높은 기대

도움이 필요한 사람들이 더 많아졌을 뿐만 아니라 모든 조력 전문가의 고객들 기대가 기하급수적으로 커지고 있다. 토마스 프리드먼Thomas Freidman(2008)은 세계가 점점 더 '근접하고', '복잡할' 뿐만 아니라, '정보 격차가 사라지고' 있으며, 모두 그 사실을 알고 있다고 썼다. 심지어 전 세계의 휴대전화 수가 세계 인구보다 먼저 70억에 도달했다. 세계에서 경제적으로 가장 가난한 곳에서도 휴대전화로 인터넷에 접속할 수 있으니 이제 우리는 새로운 방식으로 서로 연결되어 있다. 이 사실은 조력 전문가에게 두 가지 큰 영향을 준다. 직업적인 전문지식이 이제 대중화되고 해방되어서, 고객들은 여러 영역의 전문가들보다 더 박식해질 수도 있고, 다른 사람들이 그 나라나 세계의 여러 지역에서 경험하는 것을 알 수도 있다. 점점 더 모두에게 최선을 요구하며 돌봄 서비스가 잘못되기라도 하면 미디어와 인터넷으로 누구나 그것을 알 수 있다.

더 적은 자원

현재의 경기 침체가 번영과 계속되는 경제성장에서 불가피한 일시적 퇴보 현상이라고 여전히 믿는 사람들이 많다. 그렇지만 과학적 증거의 무게는 이것이 일종의 위험한 집단적 거부라는 것을 말해준다. 과학자들은 현재와 같이 인간의 삶을 유지하려면 세계 자원의 1.4배 이상이 든다고 지적한다. 이는 세계 가용 자원의 140%를 연간 사용하고 있거나, 다른 말로 하면 매년 기초 자원을 말살하고 있으며 어떤 면에서는 지속할 수 없다는 뜻이다. 인구 증가와 세계 소비에 관한 경제 전망은 2050년까지 세계가 연간 그 용량의 500~700%를 소비할 것이라고 예견한다(Gilding 2011:51). 우리의 부와 번영은 근본적으로 우리가 사는 세상에서 비롯되었으나 엄청나게 초과 사용하여 기초 자본을 서서히 고갈시키고 있다. 이와 관련해 유럽과 북미의 쇠퇴라든지 BRICs(브라질, 러시아, 인디아, 중국)의 경제와 N11(21세기 경제를 이끄는 현재의 G7[1])을 추월할 수 있는 Next 11)의 급성장 같은 경제 대국의 대축척 이동이 예상된다. 경제성장이 남쪽과 동쪽으로 이동하고 있다. 먼저 자원을 탕진해버린 선진국의 수요 증가에 따른 자원 부족은 어쩌면 당연하다. 우리는 이렇게 사는 데 적응하는 법을 배워야 한다.

대★붕괴

『대붕괴The Great Disruption』는 호주의 환경 전문가 폴 길딩Paul Gilding(2011)의 책 제목으로, 저자는 모든 영역에서 세계가 전례 없는 도전의 시대를 맞고 있다는 반박할 수 없는 일련의 증거를 내놓고 있다. 기후 변화는 더는 위협이 아니라 현실이고, 20세기 비난 받는 생태학자들이 경고한 것보다 더 빨리 진행되고 있다. 지구온난화로 늘어나는 홍수, 가뭄, 무더위, 그리고 혹한 등, 기후가 급격히 변하고 있다. 여러 지역이 다양하게

---

[1] G7: 선진 7개국 경제정상회담 - 미국, 일본, 영국, 프랑스, 독일, 이탈리아, 캐나다 등. 2008년 이후 G20으로 확대됨

그리고 때로 예측 불가능하게 영향을 받을 것이다. 우리가 성장 한계점에 이를 때 전 세계의 상호의존적 경제로 인해 경제 변동성은 불가피하다. 기초식품, 에너지 그리고 나무, 섬유, 콘크리트, 미네랄 같은 원자재 가격이 소득보다 더 빠르게 계속 치솟을 것이다. 정치적 도전은 점점 더 국가가 해결하지 못할 것이고, 그 도전을 다룰 수 있는 세계적인 지배기구가 없다. 다만 그 규모를 인식하기 위해 전 세계 환경 문제 정상회담이나 유럽 경제위기나 이스라엘-팔레스타인 분쟁 실패를 살펴보아야 한다.

이는 인간의 혼란, 불안, 고통 그리고 불안정이 불가피하게 증가했다는 것을 의미한다. 그리고 인간의 중요성은 어디서 가장 잘 느낄 수 있는가? 그것은 매일 우리의 학교, 병원, 교도소, 보육시설에서, 거리에서 그리고 우리의 일터에서 나타날 것이다. 조력 전문가는 그들이 더 적은 자원과 더 큰 요구에 적응해야 하는 동시에 인간의 중요성을 다루는 최전방에 서기도 해야 한다.

어떻게 응답할 것인가?

몇 년 전에 나는 선진사회 곳곳에서 온 교사협의회에서 강연했다. 학급은 더 커지고, 학생들의 성적은 전년보다 향상시켜야 하며, 아이들과 부모들의 요구는 많아지는데 마땅히 받아야 할 존경은 더 줄어들고 그러면서 자원은 여전히 부족한 상태 등 자신들에게 가중되는 요구에 대해 모두가 불평했다. 불평하면 할수록 더욱 힘이 빠졌다. 그 무기력하고 서로 공감하는 분위기에 도전하기로 하고 몇몇 사람이 인구학적, 경제적, 그리고 과학적 예측을 내놓았다. 그리고 이렇게 말하며 연설을 끝냈다. "여러분이 더 혼란스럽고 불안한 세상에서 더 적은 자원으로 작년보다 더 수준 높은 일을 더 많이 하라고 요구받는 것은 불가피하다. 문제는 우리가 함께 무엇을 해서 이 도전에 맞설 수 있는가이다."

그 세계적 도전에 대해 우리가 선택하는 대응이 부정이나 무력감이라고 생각하지 않는다. 반대로 영웅처럼 더 많은 일을 하는 것이나, 더 큰 압박 속에서 더 안간힘을 쓰는 것이 지속할 수 있을 것으로 생각하지도 않는다. 그 도전들은 개개인의 리더십이나 대처 메커니즘을 넘어선다. 우리는 함께 노력해야 하고 그 어느 때보다 더 높은 수준의 협업과 연합으로 대처해야 한다. 수퍼비전, 팀워크 그리고 직원들의 지지가 이전보다 더 중요해졌지만, 그 역시 어느 때보다 더 빠르게 개발하고 발전해야 한다. 우리는 이 책이 처음 나왔을 때 했던 방식으로 팀을 수퍼비전하거나 지도하거나 관리할 수 없다. 그때 나는 수퍼바이지에게 수퍼비전에서 원하는 것을 물어보고, 팀에는 그들의 팀 컨설턴트에게서 요구받는 것을 물어보곤 했다. 이제 개개인을 수퍼비전할 때 나는 이렇게 묻는다. '당신에게 나서라고 요구하는 당신의 세계는 무엇이고, 당신이 대응하려고 고군분투하는 영역은 어디인가?' 팀과 함께 일할 때는 다음과 같이 묻는다. '여러분에게 공동으로 나서라고 요청하는데 아직 공동으로 대응할 방법을 찾지 못한, 여러분의 세계는 무엇인가? 작업 계약을 어디서부터 시작해야 하는가?' 저마다의 필요와 지난 주 문제에서 시작하기보다는 뒤집어보기outside-in와 미래 관점으로 되돌아보기future-back에 더 초점을 두는 것으로 이동해야 한다.

   세계는 진화하고 변화하는 인류를 요구한다. 필요한 것은, 인간 의식, 생각하고 행동하고 공감하는 방식, 그리고 서로에게와 '인간 세계 이상'의 큰 변화이다(Abrams 1996). 조력 전문가의 수퍼비전이 제 역할을 해야 한다. 조력 전문가들은 지속해서 그들의 개인적, 집단적 대처 능력을 높여야 하고, 수퍼비전은 고객의 지난달 작업에 대한 품질 보장뿐만 아니라 내일도 증가하는 요구를 다룰 수 있는 인간적 수용력을 계발해야 한다. 2장에서는 이 시대의 큰 도전에 충분히 대응할 수 있는 조력 전문가가 되기 위해 개발해야 하는 5가지 기초 수용력을 다루었다. 수퍼비전은 수퍼바이저에게서 얻을 수 있고 또 얻어야 하는 것에 대해 더 잘 아는 수퍼바이지들로 인해 높아진 압력에 직면할 것이고, 또 다양한 이해당사자들의 모순된 요구에도 응답해야 할 것이다(9장 참조).

결론

초판에서 위니캇과 기타 여러 연구에 의지하여 조력 전문가 고객과의 깊은 정서적 작업의 도전들이 혼자 힘으로 얼마나 대처하기 힘든지를 보여주었다. 우리는 여러분이 지속해서 배우고 자기 능력을 개발하고 스스로 버티고 지지받는 것이 꼭 필요하다는 것을 안다. 이제 25년이 지나 4판에서, 그 도전은 근본적으로 더 커졌다. 수퍼비전이 교육받는 사람들뿐만 아니라 새로 자격증을 취득한 사람들과 모든 조력 전문가들에게 필수적이라는 논쟁은 이제 결론이 나야 한다. 더 많은 요구가 있는 이 때에, 더 높은 수준으로, 더 적은 자원으로 명백한 몰락과 함께 '대붕괴'의 한가운데서, 어떻게 개개인, 팀, 조직을 지원할 것인지에 대한 더 큰 의문으로 나아가야 한다. 내가 어렸을 때, 어린이들은 자기 할아버지가 살아 있다면 이렇게 묻곤 했다. '할아버지, 제1차 세계대전 때 뭐하셨어요?'라고 말이다. 그러나 이제 우리의 손주들은 '대붕괴 시대에 뭐하셨어요?'라고 물을 것이다. 우리는 그 아이들에게 대답할 의무가 있다. 확실히 앞에 놓인 과제는 우리를 겁먹게 하지만, 할 일이 많기 때문에 비겁해질 수는 없다. 이번 4판으로 이 시대의 도전에 대처하는 우리 각자의 불안정한 발걸음이 힘을 얻을 수 있기를 바란다.

2장. 성찰적 프랙티스의 5가지 수용력

> 서론
> 학습과 학습 해소
> 성찰하기
> 공감하기
> 상호협력하기
> 회복탄력성 유지하기
> 결론

서론

앞장에서 조력 전문가에 대한 증가하는 도전 과제와 모든 프랙티셔너가 지속해서 배우고 저마다 전문성 개발에 지속해서 힘써야 할 필요성을 설명했다. 이번 장에서는 우수한 프랙티스의 핵심이자 수퍼비전에 필수적이며 결국 수퍼비전의 지원을 받아 개발해야 할 5가지 핵심 수용력key capacities을 탐구한다. 5가지 핵심 수용력은 아래와 같다.

1. **학습과 학습 해소**
2. **성찰하기**
3. **공감하기**
4. **상호협력하기**
5. **회복탄력성 유지하기**

이러한 수용력들은 우리 생각에 영향을 미치는 5가지 역량capabilities(Parlett 2000, 2003)에 대해 말콤 팔렛Malcolm Parlett이 쓴 글에서 전개한 것들과 다소 비슷하다. 팔렛은 잘 사는 기술에 요구되는 5가지 능력을 다음과 같이 썼다. (1) 대응하기responding (2) 상호 관계맺기interrelating (3) 자기 인식self-recognizing (4) 구체화하기embodying (5) 검증하기experimenting. 지속해서 개발될 수 있는 인간의 자질에 수용력capacities이라는 용어를 쓴다(6장 참조).

학습Learning과 학습해소Unlearning

전통적으로 학습은 행동에 선행하는 것으로 간주되었다. 학습은 어린이를 위한 것이고 독립적인 삶을 시작하기 전 학교에서 하는 것이었다. 학습은 제대로 수련하기 위해 인증받기 전 '교육 중인 사람들'을 위한 것이었다. 먼저 배우고, 그 다음에 일하라. 이런 사고방식은 지난 50년간 근본적으로 바뀌었지만, 일부 직업에는 여전히 남아 있다. 많은 의사와 교사들이 여전히 수퍼비전을 교육 중에 받는 것이라며 제대로 자격을 갖추거나 숙련된 전문가들에겐 필요하지 않다고 생각한다.

변화 초기의 개척자들 가운데 한 사람은 '액션 러닝Action Learning'의 창시자인 레그 레반스Reg Revans로, 그는 1940년대에는 탄광산업에, 그 뒤에는 공공 의료 서비스에 액션 러닝을 도입했다. 그는 관리자가 이론에서 배운 것과 나중에 실제로 맞닥뜨릴 때의 차이에 충격받았다. 또 변화에 가속도가 붙어서 교육에서 배운 내용 상당수는 불과 몇 년 뒤면 업계와 관련성이 없다는 것을 깨달았다. 그는 이렇게 도전적인 공식을 썼다.

$$L \geq E.C.(학습 \geq 환경. 변화)$$

이것은 학습이 환경 변화 속도와 같거나 더 커야 한다는 것을 나타낸다. 만약 조직이 변화하는 주변 세계보다 더 빠르게 배우지 않는다면 그 조직은 없어질 것이다. 즉 일종의 조직 생존의 다윈법칙이다! 개개인에게도 마찬가지다. 조력 전문가들이 더 오래 수련한다고 해서 더 좋은 프랙티셔너가 되는 것은 아니다. 그들이 일하는 세상의 변화보다 계속해서 더 빨리 배워야만 직장에서 성장하고 잠재력을 최대한 발휘할 수 있다.

대부분 직업들이 이제 지속적인 전문성 개발continuing professional development(이하 'CPD')의 중요성을 받아들인다. 그런데 많은 경우 이는 기술과 지식을 업데이트하는 데에만 초점을 맞춘다. 더 진보적인 전문가는 조력 전문가로서 일의 핵심이 업무에서 자신을 활용하는 데 있고, CPD는 CPPD, 즉 지속적인 자기계발과 전문성 개발continuing personal and professional development(이하 'CPPD')이 되어야 한다는 것을 인식하고 있다(Hawkins & Chesterman 2006).

교육과 CPPD가 워크숍이나 교육 행사에 참가할 때만 하는 것만이 아니라 직장 생활에 내재하여야 한다는 것을 인식하는 중요한 변화가 있었다(Hawkins 1986, 2012). 많은 조직들이 70:20:10 원리를 받아들이기 시작했다. 이는 전문성 개발의 70%는 직업에서, 10%는 강좌를 수강함으로써, 그리고 20%는 경험에서 배운 것과 공식적인 교육에서 배운 것을 연결하는 수퍼비전이나 코칭에서 발생한다는 것이다(Hawkins 2012 참조).

콜브Kolb(1984)는 학습 주기 개념을 개발했는데, 이는 성인학습이 어떻게 이해되는지, 그리고 그 활동이 교실 학습에만 과도하게 집중하던 데서 벗어나 현재 하는 일과 관련해 일하면서 배움에 더 주력하도록 하는 데 지대한 영향을 미쳤다. 우리는 주치Juch(1983)와 호킨스Hawkins(1991)의 후기 연구에 기반을 둔 간략한 버전의 콜브Kolb 학습 주기를 사용한다. 학습은 전체 주기의 연결에서 그리고 학습 주기의 주요 네 지점에서 일어난다([그림 2.1] 참조).

각 개인은 모두 다양한 학습 스타일을 가지고 있고, 매우 다른 방식으로 배우며, 이는 그들이 학습 주기에서 가장 편안하게 시작하는 지점에 영향을 준다. 어떤 이는 실제 활동에서 시작하기를 선호하고 그 뒤 성찰을 통해 무엇이 작용하고 무엇이 그렇지 않는지를 되돌아본다. 또 다른 이들은 그 모델을 실전에 적용할 계획을 수립하기 전에 이론과 설명을 먼저 알고 싶어한다. 허니와 멈포드Honey & Mumford(1992)는 수많은 방법론을 개발해 사람들이 자기 학습 스타일을 확인하고, 우선순위나 선호도를 활용하며, 다양한 레퍼토리로 학습 기회를 확대하는 방법을 탐구했다.

이 책을 읽을 때, 일부 독자는 수퍼비전 모델이 마음에 들기도 하고 그 분야에 관한 새로운 생각의 지평을 열어준다고 생각할 것이다. 그렇지만 어떤 사람에게는 그 모델이 도저히 이해되지 않을 수도 있다. 그래서 이야기와 쉽게 이해를 돕는 짧은 예화를 넣었다. 또 다른 독자에게는 주어진 내용을 가지고 혼자 힘으로 연습하는 모델이 될 수도 있다. 어떤 사람들은 이 책을 읽을 때보다 다른 사람들에게 내용을 이야기해주면서 가장 잘 배울 것이다.

자기 학습 스타일을 아는 것은 매우 유익하다. 그렇지 않으면 어떤 유형의 학습 상황에서 다른 사람들이 당신보다 훨씬 빨리 배운다는 사실을 알게 될 때 너무 쉽게 자신이 부족하다고 느낄 수 있다. 누구나 다른 사람들도 내가 배운 방식으로 배운다고 생각하곤 한다. 그래서 필자 가운데 한 사람인 피터 호킨스는 대부분 사람이 소화할 수 있는 것보다 많은 틀을 제공하고, 로빈 쇼헤트Robin Shohet는 이것이 어떻게 더 폭넓은 이론과 연결되는지 알고 싶어 하는 상태로 일부를 놓아둔 채 이야기를 할 것이다(Ryan 2004 참조).

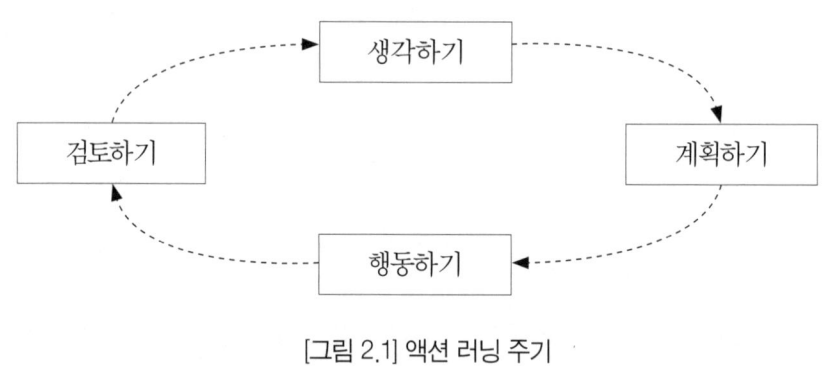

[그림 2.1] 액션 러닝 주기

당신의 학습 스타일은 선호하는 지배적 감각 모드와 연관이 있다(4장 참조). 읽기를 배울 때 어떤 사람들은 전체 단어를 봄으로써 배우고(시각적), 다른 이들은 발음으로(청각적), 또 다른 이들은 단어를 움직임 또는 느낌에 관련지어 생각함으로써(운동 감각적) 배운다. 그래서 다음 질문에 대한 대답이 중요하다. '어떻게 할 때 당신은 가장 잘 배우는가?' 그리고 '최고의 학습경험은 무엇인가?' 허니와 멈포드(1992)는 사람들이 자기 학습 스타일을 확인하고, 지배적 선호도를 이용하며 학습 가능성의 레퍼토리를 확장하는 법을 탐구하는 방법론을 많이 개발했다. 이 연구를 활용하여 우리는 수퍼바이지뿐만 아니라 자신의 막힌 학습 패턴을 더 잘 알기 위해 조력 전문가로서 훈련 중인 사람들을 돕는 단기 학습곡선learning short circuit 모델을 개발했다. 우리가 발견한 5가지 주요한 제한적 학습 스타일은 다음과 같다([그림 2.2] 참조).

1. 소방관 - 강박적인 실무가

이는 계획-실행-계획-실행 도식으로 '만약 계획한 것이 효과가 없다면, 다른 것을 계획하고 실행하라'는 모토를 가지고 있다. 그러나 학습은 시행착오 단계에 머무른다. 이런 사람은 성찰하지 않는다. 반 오이옌Van Ooijen(2013:114)은 다음과 같이 썼다.

> 경험한 것을 성찰하지도 않고 그저 배우기 위해 경험을 쌓는 것만으로는 충분하지 않다. 우리 대부분은 아마도 오랫동안 그 직업에 종사했으면서도 자기 경험을 좀처럼 되돌아보지 않는 사람들을 떠올릴 수 있을 것이다. 그 결과로 그들은 상당히 많이 배운 것처럼 보이지도 않고 일하는 방식도 경직되어 보인다. 그들은 습관적으로 행동하는 것처럼 보이고, 도전받을 때에 '우리는 항상 이렇게 해 왔어'라고 말할 것이다.

2. 사후분석가

이것은 행동-반성-행동-반성 도식으로 그 모토는 이렇다. '잘못된 것을 되돌아보고 고쳐라.' 그렇지만 여기서 학습은 오류 수정으로 제한된다.

3. 한 가지에 몰두한 이론가

이것은 성찰-이론화-성찰-이론화 도식으로 그 모토는 이렇다. '어떻게 상황이 나

아질 수 있는지 철저히 생각하지만 절대로 자기 이론을 시험대에 올리지 않는다.'

4. 분석에 의한 마비
이것은 분석-계획-그다음-조금 더 분석 도식으로 그 모토는 이렇다. '당신이 뛰어내리기 전에 생각하고 어떻게 할 것인지 계획하고 조금 더 생각하라.' 그러나 학습은 잘못되거나 위험을 감수해야 하는 두려움 때문에 제한된다.

5. 전체주의자
이것은 이론화-행동 도식으로 그 모토는 '은밀히 해결한 뒤 그것을 사람들에게 강요하라'는 것이다.

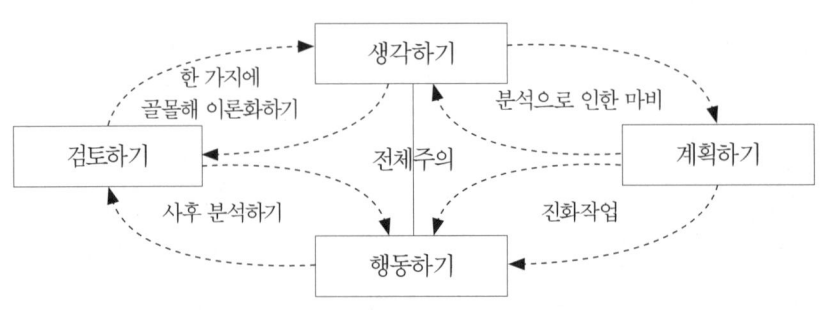

[그림 2.2] 학습 주기 단락

성찰하기

수퍼비전은 성찰적 프랙티스의 풍부한 토양에서 발달한다. 결국 사람을 다루는 것이기에 개인, 그룹, 조직에서 조력 전문가로 일하는 모든 사람의 성찰적 프랙티스를 지원하고 발전시키는 핵심요소가 되었다.

좋은 수퍼바이지가 되기 위해서는 수퍼비전 받을 때만이 아니라 일하는 내내 성찰적 프랙티셔너가 되기 위한 수용력을 개발해야 한다. 이것은 고객과 만남 전후에 성찰하는 자세와 한 걸음 물러나 내부적으로 고객, 자신, 둘의 관계와 더 넓은 체계적 맥락과의 연관성에서 발생하는 패턴에 주목하는 한편, 당면한 관계에서 양쪽 모두에게 있을 수 있는 도전적인 만남 하나를 성찰하는 능력을 점진적으로 개발하는 것을 포함한다. 수퍼비전의 주된 유익 가운데 하나는 '내면의 수퍼바이저'나 내면의 목격자를 개발하는 것이다. 이는 어려운 만남에서 받는 중압감에 반응하지 않고, 실행했던 프로세스를 성찰하고 더 사려 깊은 반응을 보일 수 있게 우리를 지지한다.

처음 성찰적 프랙티스를 장려한 주요 저자 가운데 한 사람인 도널드 숀Donald Schon(1983)은 그것을 '지속적인 학습 과정에 참여하도록 행동을 성찰하는 수용력'이라고 정의했으며 이는 '전문적 프랙티스의 결정적인 특성 가운데 하나'라고 했다. 숀Schon은 행동에 대한 성찰reflection-on-action과 행동하면서 성찰reflection-in-action하는 것을 구별했다. 전자는 그들이 수행한 일을 숙고하고, 고객의 상호작용, 작업이 그들에게 도화선이 되거나 불러일으킨 것, 어떻게 그들이 더 잘 다룰 수 있는지를 더 잘 이해하도록 프랙티셔너를 지원하는 모든 활동을 말한다. 이는 결국 후자인 행동하면서 성찰하는 것을 지원하는 데, 그것은 순발력 있게 대처하며 작업에 함께 관여하는 동시에 그들 가운데 일부가 되어 상호작용을 목격하고, 이해하며, 그들이 어떻게 진행하는지 알려주는 프랙티셔너의 능력이다.

이론과 실천으로서의 성찰적 프랙티스는 숀Schon(1983)의 글과 콜브Kolb의 액션 러닝에 관한 글(1984), 전환 학습transformational learning에 관한 메지로우Mezirow의 글(1991) 그리고 행동연구에 관한 리즌과 브래드버리Reason & Bradbury(2004)의 글에 따른 것이다.

행동에서 성찰로

성찰적 프랙티셔너가 되는 첫걸음은 대개 꽉 찬 업무 스케줄 안에 여백을 만드는 것이다. 그것은 우리로 하여금 뒤로 물러나 성찰하고 우리의 행동과 관계들을 정밀하게 살피는 기회를 준다. 성찰할 여백이 없다면 일은 특정 패턴에 길들고 프랙티셔너는 고객에게 친절하고 사려 깊게 대응하기보다 뻔하게 반응할 가능성이 크다. 수퍼비전은 그런 성찰이 일어날 수 있는 보호받는 공간을 제공한다. 성찰적 프랙티스에는 여러 단계와 측면aspect이 있다. 피터 호킨스Peter Hawkins는 이런 여러 단계와 측면들을 설계한 성찰적 프랙티스 모델을 제시했다([표 2.1] 참조).

[표 2.1] 성찰 측면과 단계

측면 단계	외적 성찰	내적 성찰	관계 성찰	시스템 성찰
현상에 주목하기				
연결된 패턴 인식하기				
패턴 이해하기				
인식구조 전환하기				
내재된 신념체계 전환하기				

첫 번째 측면은 외적 성찰로, 초점이 주로 고객에게 있다. 여기서 성찰적 프랙티셔너는 고객이 그 만남에서 어떤 모습으로 있었는지 자기 오감으로 감지했던 내용과 고객이 이야기했던 내용을 다시 들여다보는 공간을 택한다. 그 뒤 이렇게 성찰한 내용을 이미 알았던 고객의 내력과 상황에 연관 지어본다.

두 번째 측면은 내적 성찰로, 고객과의 관계에서 자신에게 관심을 돌리는 것이다. 자신이 무엇을 느끼고, 무슨 생각을 하고, 어떻게 행동했는지 그리고 그것이 얼마나 익숙한 느낌이었는지 또는 다른 고객들과는 어떻게 다른지를 간파한다. 흔히 고객과 대화할 때 그들의 얘기를 경청하고 그 내용을 이해하며 다음에 어떻게 개입할까를 고민하는 생각으로 우리 관심이 빨려 들어간다. 자신을 성찰하는 시간이 너무 적어서 더 미세한 내면의 변화를 감지하기가 어렵다는 뜻이다. 나중에 우리가 멈추고 돌아볼 때라야 우리 관심을 내면으로 돌릴 수 있는 여백이 생긴다.

세 번째 측면은 관계 성찰로, 고객과 프랙티셔너의 상호작용과 관계를 성찰한다. 이는 오로지 고객과 나 자신을 대상으로 놓고 성찰할 때 가능하다. 여기서 성찰은 관계에 대한 두 사람 사이의 상호작용과 공동 창작한 춤과 그 패턴을 알아차리는 데에 있다.

네 번째 측면은 시스템 성찰로, 관계가 포함된 더 넓은 시스템을 성찰한다. 이는 고객의 가족관계라든지, 사회적, 경제적 맥락이나 문화적 맥락을 돌아보고, 만나는 고객이 처한 직업과 조직의 맥락도 돌아보며, 그 관계의 내력과 초문화적 역동까지, 그리고 이 관계에서 무슨 일이 일어나는지 관심을 갖고 보는 많은 이해당사자까지 성찰한다.

이러한 4가지 측면은 중요한 훈련이 되고, 다소 정서-인지 근육 같은 성찰적 수용력의 발달을 요구하는데, 우리는 그 수용력을 사용하여 우리가 성찰하는 측면과 틀을 더 넓은 맥락에서 저기 밖에서 여기-안으로in-here, 그 '사이-공간space-between'으로 전환한다.

아울러 다른 관점으로 보며 성찰하는 수용력을 요구하는 또 다른 전인적인 차원의 성찰이 있다. 성찰의 각 측면에는 몇몇 가능한 수준의 성찰이 있기 때문이다. 이는 다음 내용을 포함한다.

1. **현상 인지하기**

   이것은 판단이나 해석하지 않고 일어난 일에 감정적으로 반응하지 않은 채 보고 듣고 느끼는 등 사람의 모든 감각을 사용하는 중요한 훈련이 필요하다.

2. **그 현상의 다른 측면과 연결된 패턴 인식하기**

   우리가 현상과 데이터에서 판단으로 이동하는 것이 아니라 다양한 현상의 점들을 잇고 그 패턴을 보는 것으로 이동해야 한다.

3. **패턴 이해하기**

   연결 패턴을 보기 시작할 때 비로소 무엇이 떠오르는지 이해하는 것이 합리적이다. 그 패턴은 각 4분면 안에 존재하고 가장 중요하게는 측면들을 가로질러 연결함으로써 우리가 고객, 자기 자신, 관계, 그리고 더 넓은 맥락에 발생하는 상호관계를 볼 수 있다.

4. 인식의 틀 전환하기

메지로우Mezirow(1991)는 성찰이라는 말을 '비판적 성찰'이라는 용어로 바꾸는 것이 전환 학습을 창출하는 비결이라고 주장한다. 즉 '학습자는 원래 의미 있는 것으로 이해하던 것과는 다른 개념적 틀이나 의미 체계에 대한 경험을 고찰해야 한다.' 이것은 다음 3단계 학습의 구분과 연결된다. 학습레벨 0-데이터의 습득, 학습레벨 1-한 사람의 현재 참조 체계frame of reference안에서 선택하기, 학습레벨 2-새로운 참조 체계를 개발할 수 있는 학습(Bateson1972; Argyris & Schon 1978; Hawkins 1991, 2004).

5. 한 사람의 내재된 신념체계 전환하기

전환 학습보다 그리고 자신과 일을 보는 인식 지평을 성찰하는 능력보다 더욱 깊은 성찰이 있다. 이는 당신의 핵심 신념과 동기를 성찰하고, 또 무의식과 당연하게 여기는 많은 것들을 성찰하는 수용력이다. 우리가 세상에 어떻게 관여하고 또 이해하는지 그 토대를 알려준다. 다음 장에서 이런 성찰모드를 훨씬 더 폭넓게 탐구할 것이다.

성찰reflection에서 행동으로 가는 선先숙고preflection까지

성찰적 프랙티스와 수퍼비전은 검토하는 지점에 국한되지 않고 바로 액션 러닝 주기와 즉시 연결하는 통로로 보아야 한다. 성찰하는 데 시간을 투자했으므로, 이는 새로운 사고방식으로 이어져야 한다. 왜냐하면 배우고 개발하는 전문가로서, 우리가 프랙티스를 이해하는 방식대로 정보를 받아들이고 조심스러운 성찰을 통해 설계된 자기 실천에서 배움으로써 변화해가야만 한다.

이런 새로운 생각은 이후 우리의 현재 또는 미래의 고객들과 앞으로의 만남에 어떻게 적용할지 상상함으로써 창의적으로 시험해 볼 수 있다. 이는 내적으로 또는 수퍼비전이나 교육 세션 안에서 하나의 가능성으로 시험적으로 개입해 볼 수 있다(6장 선숙고와 '고속 진행 리허설' 참조).

관계맺기 Relating

다른 사람과 관계맺고 관여하는 수용력 높이기

모든 조력 전문가의 핵심에 다른 사람과 관계 맺는 수용력이 있다. 다른 사람들이란 모두 우리와 다른 배경에서 왔고, 아주 다르게 세상을 경험한 사람들일 것이다. 8장에서 필자는 수퍼비전에서 차이difference를 다루는 방법을 언급하겠지만 이것은 고객, 환자, 학생, 코치들과 하는 작업에 똑같이 적용된다. 타인은 관계맺고 관여하는 우리의 수용력을 확장하는 새로운 방법을 발견하는 데 좋은 선생님이 된다. 우리 가족과 아이들 그리고 친구들도 특히 우리가 그들을 힘들게 경험할 때 새로운 관계 방식으로 우리의 선생님이 될 수 있다.

피터 호킨스는 우선 교사들의 교육적 수용력에 대한 연구(Hawkins & Chesterman 2005b)에 근거하며, 그 뒤에 모든 계층 사람들의 리더십 수용력을 검토하는 방법으로 개발된 관계 맺기의 4가지 차원에 관하여 집필했다(Hawkins & Smith 2006; Hawkins 2011b). 이것은 우리가 지속해서 자기 관계 수용력relational capacity을 넓힐 수 있는 방법에 대한 생각의 틀을 제공한다.

그 첫 번째는 우리가 라포를 형성할 수 있는 사람들의 범위를 넓히는 능력이다. 호킨스는 라포를 이렇게 정의한다. 라포란 다른 사람이 느끼기에 당신이 사람들의 이야기를 이해하고 있으며, 상대 입장에 선다는 것이 무엇인지 이해한다고 느끼는 그 지점에 도달하는 것이다. 우리 대부분은 사회적, 문화적, 심리적으로 우리와 비슷한 사람들과 친밀감을 가질 수 있으나, 유능한 프랙티셔너가 되려면 성별, 나이, 문화 그리고 성격유형을 포함해 폭넓고 다양한 배경의 사람들에게도 잘 공감하려고 애써야 한다(8장 참조).

두 번째 차원은 관계가 어려운 감정으로 가득할 때도 그에 대한 반응을 보이지 않고 사람들과의 관계를 계속 유지하는 능력이다. 당신은 그들의 고통이나 불안에 의해 말로 공격받거나 다시 자극받을지도 모른다. 이는 충분히 좋은 수퍼바이저와 충분히 좋은 작업자에 대해 언급한 첫 번째 장과 밀접한 관련이 있다. 그들은 고객에게 반응하거나 낙담하지 않고 고객의 이야기를 들을 수 있다.

세 번째 차원은 깊이에 관여하는 능력이다. 호킨스와 스미스(2006)에서 지적하듯이, 그러한 능력은 고객과 그들의 문제에 관여할 뿐만 아니라 문제의 일부이자 당신과 대화 중에도 존재하는 그들의 행동과 사고방식이나 태도, 그들의 느낌과 상황에 대한 반응을 검토하고, 그들의 근본적인 동기나 핵심 신념도 중요하게 다루는 것이다.

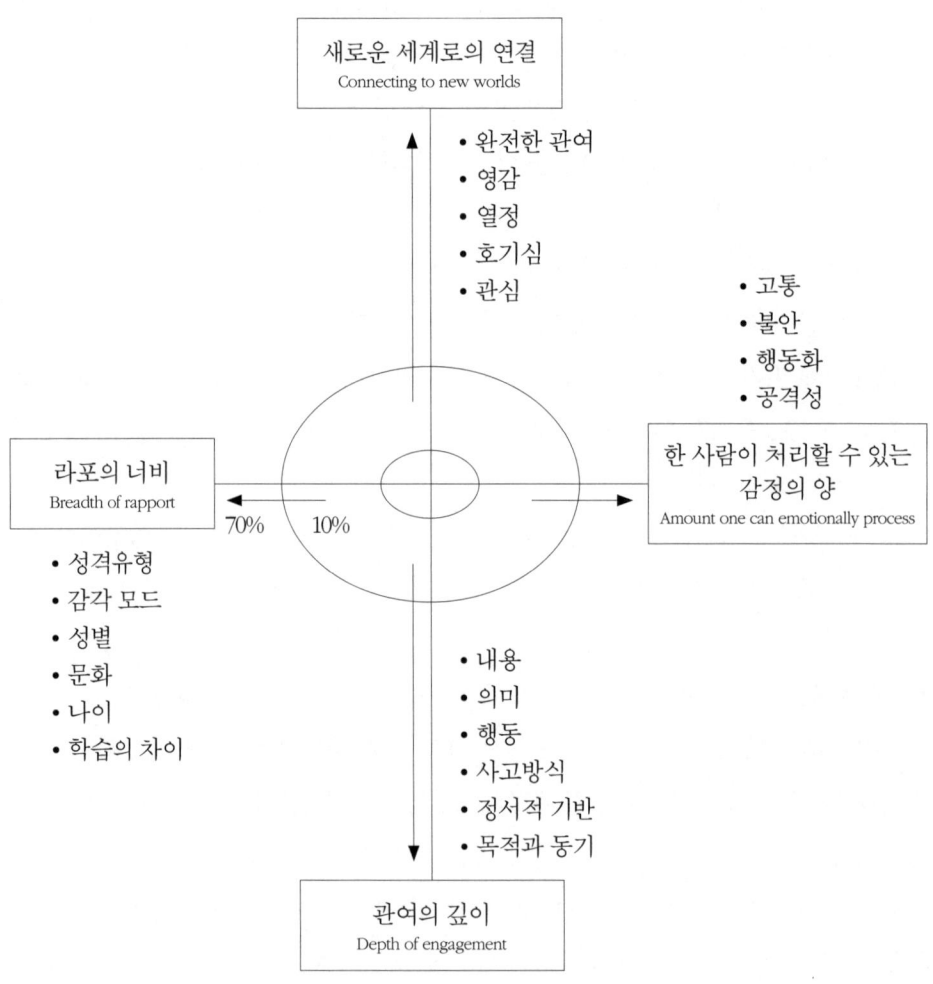

[그림 2.3] 관계맺기의 4가지 차원

마지막 차원은 다른 사람들에게 새로운 창과 문을 열고 새로운 세계와 가능성을 그들과 연결하는 능력이다. 최저 수준에서 이것은 다른 아이디어를 생각할 수 있는 능력이다. 이런 수용력은 다른 사람들에게 새로운 가능성에 대한 흥미를 일으키고, 새로운 방향에 대해 열정을 불러일으키고, 새로운 행동을 하거나 자기 업무에 관여하는 방법에서 마음과 생각의 변화를 일으키도록 고무시키는 것을 통해 생긴다. ([그림 2.3] 참조)

상호협력하기 Collaborating

> 빨리 가고 싶으면 혼자 가라. 멀리 가기를 원하면 함께 가라.
>
> 월모트 Willmott(2011)가 인용한 아프리카 격언

어떤 사람들은 자기 일에서 일어나는 것과 그것을 해결하는 방법을 이미 알고 있다고 생각하면서 수퍼비전에 찾아온다. 그래서 그들의 수퍼바이저는 줄 것이 없거나 그들이 이미 알고 있는 것을 입증해 줄 뿐이다. 또 어떤 사람들은 혼란스럽고 무능한 느낌으로 찾아와 수퍼바이저가 자신에게 일어나는 일과 대응 방법을 말해주기를 원한다. 그러나 수퍼비전은 수퍼바이지가 자기 기량 competence과 중립적 앎 unattached knowing을 가져와야 하는 상호협력적인 노력이다. 동시에 탐구와 성찰과 수퍼바이저와의 대화에서 더 많은 것을 발견할 준비가 되어 있어야 하고 개방적이어야 한다. 이것은 옳든 아니든, 타당하든 아니든 수퍼바이저의 경험과 일에 대한 견해를 수용하는 것을 수반한다.

우리가 아는 것은 항상 우리의 관점에서 온다. 이 관점은 우리의 성격, 역할, 교육, 문화에 의해 채색되고, 현재의 핵심 신념, 그리고 세상과 세상에서의 경험에 대한 우리의 생각으로 만들어진 것이다. 그 체계는 항상 많은 다른 관점과 진실을 담고 있으며 그것은 똑같이 유효하고 똑같이 진실하다. 우리가 동료나 상사나 수퍼바이저와 협력할 때, 우리의 관점을 듣고 인정해 달라고 요청하는 동시에 그 시스템 내의 다른 위

치에서 보는 관점과 다른 사고방식으로 인하여 생기는 또 다른 관점을 우리에게 소개해주기를 요청하는 것이다. 동료와 수퍼바이저가 우리를 돕기 위해 '더 잘 알' 필요는 없다. 수퍼바이저는 외부인 됨의 특권을 가지고 있다. 그들은 우리가 아니며, 우리의 역할을 가진 것도 아니고 대개 고객과 직접 연관되어 있지도 않다. 그들은 또 우리가 하는 일의 유형에 더 오래, 더 폭넓고 더 깊이 있는 경험을 갖고 있을 수도 있지만 이런 추가적인 유익 없이도 그들은 우리에게 대단한 가치가 있다.

상호협력 없이는 함께 생산적으로 대화할 수 없다. 상호협력은 두 사람 사이의 흐름에서 생기는, 공동 탐구 이전에는 둘 중 누구에게도 없던 새로운 이해, 새로운 지식 그리고 새로운 역량new capability을 생성하는 방식으로 함께 듣고 탐구하는 공동의 새로운 수용력joint capacity이다(15장 참조).

조력 전문가로서 우리는 그 어느 때보다도 더 협력해야 한다. 이는 우리가 수많은 이슈와 문제들, 또는 도전들이 어느 한 부분이나 개개인이 아니라 그것들의 연결에 있으며, 점점 복잡해지고, 서로 연결되어 있는, 상호의존하는 세계에 살면서 일하고 있기 때문이다. 개개인이 더 잘 이해하고 더 노력한다고 해서 저절로 그러한 문제들이 해결되지는 않을 것이다.

여러 해 동안 조력 전문가로 활발하게 활동해온 사람들은 대부분 소수의 엄선한 동료들에게 고마움을 표시한다. 비공식적 만남도 있지만 정기적으로 만나 작업과 성장에 있어 서로 지지하고 도전하고 인정해 주는 동료 그룹이 있다. 동성으로 구성된 그룹이나 혼성 그룹도 있으며, 일부는 같은 직업군이 아니라 다양한 직업적 배경을 가진 그룹도 있다. 상호 협력은 개인의 수퍼비전이나 동료의 지지를 위해 필수적일 뿐만 아니라 효과적인 팀워크를 위해 필요하다. 12장에서는 팀이 '학습 포럼'과 감정의 수용체가 되어야 하며 개개인이 노력한 총합계보다 더 높은 수준의 일을 창조하는 능력을 가질 수 있는 방법을 살펴볼 것이다. 이것이 요구하는 것은 공동의 노력을 달성하는 데 더 잘 협력하기 위해 팀원들이 자기 자주성을 기꺼이 포기할 수 있어야 할 뿐만 아니라 공동의 상호 노력에 대해서도 명확히 알아야 한다.

회복탄력성 유지하기

콜린스Collins(2007:256)는 매우 중요한 질문을 던진다. '병들어서 마침내 그 직업을 그만두는 다른 사람들과 비교해볼 때, 어떤 사람이 일을 지속하고 견뎌내고 성공하게 만드는 것은 무엇일까?' 콜린스Collins(2007:255)는 3가지 주요 대처전략이 얼마나 중요한지를 보여준다. 즉 '긍정적인 평가, 목표지향적/문제 집중적인 일 그리고 평범한 일상에 의미 불어넣기'가 그것이다. 또 최근의 많은 연구에 근거하여 회복탄력성이 희망, 낙관주의, 균형감각 그리고 미래 지향성 자질과 관련되어 있다는 것을 보여준 연구도 있다(Davys & Beddoe 2010:191-195 참조). 푸레디Furedi(2009:658)는 회복탄력성이 개인의 현상이라기보다는 '공동체의 일상과 불가분하게 얽혀있는' 사회적인 현상이라고 주장한다. 루치Ruch는 팀이 개인적이고 집단적인 회복탄력성을 형성하는 데 중요한 역할을 할 수 있다고 주장하는데 이 주제는 이 책 후반부에서 다시 다룰 것이다. 조력 전문가로 일하는 모든 사람에게 그들의 개인적인 회복탄력성과 스트레스를 관리하는 방법을 훈련함으로써, 스스로 자원을 공급하는 자신만의 방법을 찾는 것이 중요하다.

스트레스

자신을 새롭게 하는 다양한 방법이 있지만, 조력 전문직에 있는 대부분의 사람은 그들이 일하는 동안 때때로 스트레스를 받는다. 만약 우리가 자신을 잘 돌본다면 이것은 일어날 가능성이 작지만, 몇 가지 증상이나 스트레스 원인을 설명하는 것은 필요하다고 생각한다.

우리가 처리할 수 있는 것보다 더 많은 불안, 고통, 불편함을 우리의 고객과 환자들에게서 흡수하게 될 때 우리는 스트레스를 받는다. 우리는 그 일 때문에 과중한 부담을 느낀다. 스트레스는 고객에게서 흡수될 뿐만 아니라 우리가 일하는 조직이나 일의 다른 측면에서 올 수도 있다. 이러한 스트레스 요인은 결국 우리 자신의 성격과 일 외에 우리 삶 속에서 현재 발생하는 스트레스 요인들과 상호작용하는 것이다. 우리는 스트레스의 부정적 사이클에 사로잡혀 효율성이 떨어지면 스트레스를 더 받게 된다.

해결되지도, 해소되지도 않은 스트레스는 몸 안에 남아있으며 신체적, 정신적 또는 정서적 증상으로 나타날 수 있다. 스트레스에 반응하는 자기 성향을 아는 것이 중요하다. 그러면 당신은 긴장이 커지기 전에 스스로 알 수 있다. [표 2.2]에서 가장 흔한 스트레스 증상의 예를 제시하지만 그보다 자신이 과잉 스트레스를 받았다는 것을 알려주는 증상을 느끼면 멈추어서 메모할 것을 제안한다. 또 같이 일하는 사람들에게 당신이 스트레스를 받고 있다는 사실을 어떻게 눈치챘는지 물어볼 수도 있다.

스트레스 증상은 여러 가지 형태로 나타난다. 불면증 같은 증상은 아주 큰 경고음이다. 음주나 과식 또는 과도한 흡연 같은 것은 직장생활에서 지배적인 문화의 일부분인 것처럼 가장할 수 있다. '여기 있는 모든 사람이 자주 술을 마십니다. 이게 우리가 스트레스에 대처할 수 있는 유일한 방법이에요'라고 말하며 그 속에 숨게 된다. 어떤 고객이나 동료 또는 상황을 걱정하는 척하거나 피하는 사람들은 때로 증상이 드러나지 않을 수도 있다. 이따금 우리는 모두 고객 그룹을 너무 방임하거나 회피하거나 싫어할 수 있는 특정한 단계를 거칠 수 있다는 점을 분명히 말해두고 싶다. 모두 연극하는 단계를 거친다. 항상 똑같아야 한다고 느끼는 것은 비현실적이다. 그리고 우리가 피하려던 바로 그 부적절한 방식으로 행동하게 만드는 것이 분명히 있다. 이것은 새로운 배움에 마음을 열게 되는 능력과 창의성, 에너지를 무너뜨리는 인간 본성이나 일에 대한 만성적 냉소, 절망, 분개를 말한다.

[표 2.2] 스트레스 증상

신체적 증상
- 편두통 또는 두통
- 설사, 소화불량, 변비
- 심한 피로
- 식욕부진 또는 폭식증

정신적 증상
- 집중력 상실
- 강박적 염려
- 편집증적 사고, 피해의식

행동 방식
- 신경 쓰는 척하고, 돌보는 역할을 하지만 행동과 감정이 맞지 않음
- 고객, 동료, 상황 피하기
- 음주, 과식, 과도한 흡연

감정적 증상
- 갑작스러운 감정 변화
- 아침에 일어나고 싶지 않음
- 유동성 불안
- 고객 싫어하기

위 표는 조직에서 발생하는 집단적 스트레스를 나타내는데, 같은 상황에서 개인적으로 다양하게 대응하는 예가 있다.

> 필자 가운데 로빈Robin은 고등교육 기관인 대학에서 중간 관리자 그룹과 팀 수퍼바이저로 일했다. 많은 이들이 비용 절감 때문에 그들의 일자리를 잃을 것 같아 상당한 스트레스와 걱정이 있었으나 그 어떤 것도 아직 확실하지 않았다. 로빈은 불확실성 때문에 꽤 많은 스트레스가 있을 거라고 추측한다고 자기 생각을 말하며 세션을 시작했다. 이어서 그는 참석자들이 스트레스를 다루는 습관적인 방법, 예를 들면 공격, 금단 증상, 알코올, 일 중독, 과잉 책임감, 비난, 기타 등을 기꺼이 나누고자 하는 마음이 있는지에도 관심을 보였다. 그들은 시간이 지나면서 점차 마음을 터놓게 되었고 자신만의 패턴에 이름을

> 붙일 뿐만 아니라 서로 다른 사람의 대처 방식도 알게 되었다. 이렇게 상대의 방식을 이해함에 따라 그룹 신뢰 단계는 높아지기 시작했다. 이윽고 그들은 불안에 관해 서로 구체적인 이야기를 하게 되고 변화에 필요한 기간에 주목하고 상호협력적 전략을 만들었다.

번아웃

번아웃이라는 용어는 조력 전문가에게는 영국군대가 '전쟁신경증Shellshock'이라 부르는 것 또는 미국인들이 '전쟁 피로증Battle Fatigue'이라고 부르는 것과 맞먹는 것이다. 이 단어는 우리가 대처하지 못한다는 의미의 어구가 되어버렸다. 번아웃은 당신이 알아차릴 수 있는 병도 아니고 인지할 수 있는 사건이나 상태도 아니다. 왜냐하면 조력자로서 직장 생활 초기에 경험할 수 있는 과정이기 때문이다. 사실 그 씨앗은 수많은 조력 전문가의 신념체계에 그리고 그 직업에 끌리는 사람들의 성격에 내재하여 있을지도 모른다(다음 장 참조). 파인스Pines 등(1981:4)은 번아웃을 이렇게 정의한다.

> 오랜 기간 사람들과 긴밀한 관계를 맺고 지속적이고 반복적으로 감정적 압박감을 갖게 된 결과다. 그러한 긴밀한 관계는 건강, 교육, 사회적인 서비스 직업군에서 특히 일반적인데, 그들은 다른 사람들의 심리적, 사회적, 신체적 문제를 돌보는 일을 '소명으로' 갖고 있기 때문이다. 번아웃은 도움이 필요한 사람들을 더는 도울 수 없고, 그들에게 줄 것이 아무 것도 남아있지 않음을 알게 되는 고통스러운 깨달음이다.

파인만Fineman(1985)은 번아웃에 대한 매슬래시Maslash(1982)의 주장을 지지한다. 그에 따르면 번아웃은 다음 상태를 나타낸다. (a) 일에 대한 관심의 결핍과 함께 오는 감정적, 신체적 고갈상태, 그리고 다른 사람에 대한 낮은 신뢰도 (b) 고객의 객관화(비인격화), 상냥함의 소실과 그들을 향한 냉소 (c) 자기 비하와 사기 저하 그리고 깊은 실패감이 그것이다.

우리는 번아웃에 주의를 기울이기 가장 좋을 때가 그것이 발생하기 전이라고 주장한다. 먼저 다음 내용을 살펴보자. 당신이 조력 전문직에 종사하게 된 일말의 동기 살펴보기, 스트레스 증상을 관찰하고 건강한 지지 시스템 만들기, 그리고 당신이 돕는 자helper로서의 역할 외에도 다른 의미 있고 즐겁고 신체적으로 활기찬 삶을 갖고 있다는 점을 점검해 보기 등이다.

이전의 연구에서 호킨스는 대부분 연구논문에서 간과했던 또 다른 번아웃 양상을 연구했는데, 그것은 중도에 학습과 개발을 중단하는 조력 전문가들에게서 볼 수 있는 냉담과 무관심한 태도다. 그들은 고객과 환자에 관련된 일련의 패턴에 의존하며 새로운 고객을 마치 직장 생활 초기에 만났던 고객이나 환자들이 되풀이되는 듯한 사람으로 취급하기 시작한다. 이런 점에서 볼 때 번아웃의 예방적 접근법은 조력 전문가의 경력을 이어갈 수 있는 학습환경을 조성하는 것이다.

에델비치와 브로드스키Edelwich & Brodsky(1980)는 성취에 대해 비현실적으로 높은 기대 때문에 나중에 환멸과 냉담 기반이 만들어질 수 있는 배경을 탐구하였다. 많은 전문가들 또한 수련생들이 자신을 강하고 행복하게 유지하는 동시에 사람들의 문제를 해결하고 그들의 고통을 공감하며 요구를 충족하는 등 지속해서 공급할 수 있는 영웅적 조력자로서의 자기 이미지 개발을 권장한다. 그러한 일에 끌리는 사람들은 고통을 자기 안에 담아두고 항상 가족 안에서 희생하는 사람들일 수 있다.

우리가 모든 이를 도울 수 있다는 잘못된 사고방식의 한 가지 사례를 로빈 쇼헤트가 의학저널 편집자와 그가 편집 중인 책과 관련하여 인터뷰했을 때 분명히 보여주었다. 그는 의사늘의 번아웃 비율이 높나는 사실에 흥미를 느꼈다. 그 편집자의 말을 살펴보면 여러 이유가 있겠지만 한 가지만 꼽자면 의사의 수련 과정 탓일 수 있다. 의사들은 환자의 치료에 책임이 있다. 그래서 어떠한 실패도 의사의 잘못이라는 생각에 스스로 결탁하게 된다. 과학은 무엇이든지 치료할 수 있다는 생각과 이 신념이 결합하여 의사들은 그들 스스로가 실패할 수밖에 없는 전능한 역할을 스스로 자임하게 된다.

우리와 함께 일했던 한 수퍼바이지의 예를 들 수 있다. 그녀는 새로운 일을 시작할 때 새 직장을 이상화하고, 달성하고자 했던 자기 비전을 영웅적으로 묘사했다. 3개월 뒤 그녀는 그 기관에 몹시 화가 났다. 그녀는 배신감, 실망감, 환멸과 스트레스를 느꼈다. 그녀는 그 기관이 얼마나 약속을 지키지 않는지 그리고 그녀가 해내야 하는 일들은 불가능하다는 것을 격렬하게 호소했다. 수퍼비전에서 여러 번의 성찰 과정을 거친 뒤에야 그녀는 이상과 영웅주의가 배신감을 느끼고 남을 비난하는 현실을 만들어냈음을 깨달았다. 그 일이 있고 나서 그녀는 다른 사람을 탓하기보다는 책임을 수용하는 자신의 능력이 얼마나 큰지 이야기하며 때로는 자신이나 상황에 대해 웃는다고 말한다.

자원 조달Resourcing 시스템 발견하기

당신의 일이 번창하도록 만드는 원천과 자원을 탐색할 수 있는 방법으로 다음 연습을 제안한다.

큰 종이(A3 또는 더 큰) 한 장을 준비해서 그 위에 일을 하며 당신이 지원받을 수 있는 자원 체계의 지도를 그려라. 종이 한가운데에 자기 상징이나 모습을 그려라. 이 상징이나 모습 안에 있거나 붙어있는 것은, 당신이 일을 잘하도록 지탱하는 내적 자원을 나타낸다. 그리고 나서 이 모습이나 상징 주위에 그림, 상징, 도형 또는 학습과 창의적으로 일하도록 당신을 지원하는 외적 자원(사물이나 사람들)을 그려라. 이런 것들은 걸어서 출근하기, 당신이 읽은 책, 동료, 모임, 친구 등일 수 있다. 이러한 자원에 대한 연결 특성을 나타내보라. 그것은 가까이 있거나 멀리 있는가? 그 연결이 강하고 규칙적이거나 빈약하거나 어렴풋한 것인가? 그것들은 건물의 토대와 같이 당신을 지지하고 있는가 아니면 당신을 띄워 올리는 풍선과 같은가? 이런 것은 단지 제안일 뿐이다. 즉 당신 스스로 자원 체계를 발견하는 자신만의 방법을 찾아라.

당신이 처음에 그린 지도에 만족하면, 완전히 다른 색깔을 가지고 그 자원들을 온전히 사용하지 못하게 하는 것을 나타내는 상징 그림을 그려보라. 그것은 비판이나 방해를 받는 것 또는 이런 자원을 사용하는 것이 상대적으로 불가능한 경우에 대한 두려움일 수도 있다. 그것은 당신 안에 있거나, 지원 범위 내에 있거나, 조직 환경 안에 있는 장애물일 수도 있다. 당신이 필요한 자원에 접근하는 데 방해가 되는 모든 것을 그려라.

이것을 다 마치면, 그림을 나눌 누군가를 선택하라. 대상은 동료이거나, 파트너이거나, 수퍼바이저이거나 친구 또는 그 연습문제를 이미 해본 사람일 수도 있다(전체 팀원에게 하게 할 수도 있다). 사람들과 그 그림을 공유할 때 그들에게 전체 그림에 반응해달라고 요청하라. 그것은 어떤 인상을 주는가? 그러면 그들은 당신에게 다음과 같이 질문할 수 있다.

- 이것이 당신이 원하는 자원인가요?
- 이것으로 충분한가요?
- 빠진 자원은 무엇인가요?
- 어떻게 당신은 그것들을 개발할 수 있을까요?
- 당신이 키우고 유지하는 것을 보장하는 범위에서 무슨 자원이 필수적인가요?
- 어떤 장애물을 줄일 수 있나요?

결론

이 장에서 우리는 조력 전문가로 일하는 모든 사람이 갖추어야 할 뿐만 아니라 평생 지속해서 개발해야 하는, 우리가 필수적이라고 믿는 5가지 중요한 수용력을 살펴보았다. 이러한 수용력은 수퍼비전에 가기 전에 필요하며 또 수퍼비전을 충분히 활용하는 데 필수적이다. 그리고 수퍼비전 기능 가운데 하나는 이러한 수용력을 양성하고 확장하는 것이다.

이러한 수용력을 합쳐 한 문장으로 만든다면 다음과 같다. 수퍼비전에서 우리는 프랙티셔너와 고객의 관계를 성찰하기 위해, 새로운 학습learning과 학습해소unlearning를 창출하기 위해 협력collaborate하고 공감relate한다. 이는 일을 변화시키고 일에서 자신을 지탱하게 하는 수퍼바이지의 수용력을 향상시킨다.

짧은 다음 장에서는 당신의 동기와 핵심 신념을 성찰하는 방법을 추가로 탐구했고 이후 4장에서 어떻게 수퍼바이지가 그들의 수퍼비전을 최대한 활용할 수 있는지 탐구함으로써 이러한 수용력을 확장한다.

3장. 동기와 핵심 신념 성찰하기

> 서론
> 왜 돕는 자 helper가 되는가?
> 그림자 동기
>   권력욕
>   자기 요구 채우기
>   사랑받고 싶은 욕구
>   치유하고자 하는 소망
> 핵심 신념에 대한 탐색
> 결론

서론

지난 장에서는 성찰적 프랙티셔너가 되고자 하는 모든 조력 전문직 종사자의 필요need를 살펴보았고 우리 일의 핵심 부분인 다층적 성찰에 관해 설명하였다. 다음 장에서는 이 성찰 기술로 적극적인 수퍼바이지가 되기 위해 수퍼비전 기회를 어떻게 최대한 활용할 수 있는지 살펴볼 것이다. 그 전에 이 장에서는 우선 조력 전문직에서 일하는 우리의 더 깊은 동기와 핵심 신념을 탐구해 좀 더 심층적으로 성찰해보고자 한다.

왜 돕는 자 helper가 되는가?

우리는 자기 직업과 현재 타인을 돕는 역할을 선택하게 한 것이 무엇인지 되돌아보는 것이 중요하다고 믿는다. 돕는 것과 도움을 받는 것은 어렵고 흔히 양면적인 과정이다. 램 다스와 고먼Ram Dass & Gorman(1985)은 조력자가 되기 위한 동기와 노력에 대해 매우 아름답게 글을 쓴다. '어떻게 도울 수 있나'는 '영원한 핵심 질문이다'라고 그들은 말한다. 또 계속해서 이렇게 말한다. '다른 사람을 돕는 일에 대한 외부 수요를 축소하지 말고, 우리가 처음부터 가지고 있던, 우리를 지치게 하는 몇 가지 요인을 이야기하는 것이 공평하다고 할 수 있겠다.'

조력 전문직에 있는 모든 사람은 자기 현재 직업과 역할을 선택하게 했던 복잡한 동기를 정직하게 성찰하는 것이 필수적이다. 이를 통해 모두 그 직업을 처음 시작한 때를 회상하고, 알아차리지 못했던 동기와 새로운 자각을 탐구하게 될 수도 있다.

이는 다음과 같은 범주의 긍정적 동기를 찾을 수 있다.

- 나는 이 사회를 변화시키고 싶다.
- 나는 개개인이 그들의 삶을 책임지는 걸 돕고 싶다.
- 나는 내가 도움받은 방법으로 사람들을 돕고 싶다.
- 나는 사람들이 자기 자신이나 다른 사람에 대해 더 좋게 느끼도록 돕고 싶다.
- 나는 사람들을 더 잘 이해하고 싶다.

여기 목록에 없는 다른 것들도 있을 수 있다.
어떤 동기는 다른 사람에게서 올 수도 있다.

- 부모님과 선생님들은 항상 내가 다른 사람들과 잘 지낸다고 보셨다.
- 나는 항상 내 가족 안에서 돌보고 돕는 역할을 했고 그래서 직업으로 이 일을 하는 게 당연하다.
- 전문 직업상담사가 나는 남을 돕는 일에 적합하다고 말해 주었다.

그림자 동기 Shadow motivation

우리 대부분은 다양한 동기가 있고 그 안에는 '그림자 동기'를 포함하고 있다. 이는 구근불-크레이그Guggenbuhl-Craig(1971)가 '그 누구도 오로지 순수한 동기로 행동을 취할 수 없다. 어두운 동기에 의한 오염이 클수록 사회복지사는 자신의 객관적 타당성에 더 매달린다'라고 쓴 것과 같으며 계속되는 내용은 이렇다.

> 우리의 이해를 넓히기 위해……. 아마도 이러한 보살피는 직업을 가진 사람들로 하여금 그 일을 하게 만드는 것 안으로 더 깊이 들어가 보는 것이 필요할지도 모른다. 정서적 어려움에 부닥친 사람들을 도우려는 심리치료사의 마음을 자극하는 것은 무엇일까? 무엇이 정신과 의사로 하여금 정신질환을 다루도록 이끄는 것일까? 왜 사회복지사들은 사회 부적응자들에게 관심을 두는 것일까?
>
> (Guggenbuhl-Craig 1971:79).

이런 혼합된 동기를 탐구하는 것은 도움을 주고 싶은 충동의 음지(그림자)를 직면하는 것 그리고 다른 사람을 돕는 일을 통해 우리의 필요를 채우는 것과 관련되어 있다. 이러한 그림자 동기들은 무의식에 남아있으면서 무의식중에 고객과 동료들을 이해하는 방식에 영향을 미치지 않는 한 꼭 부정적이지는 않다. 여기 4가지 공통된 '그림자 동기'를 소개한다.

권력에의 갈망

많은 이들이 우리 삶과 주변 세상을 통제하려는 존재감과 권력에의 감춰진 욕구가 있다. 이는 우리보다 형편이 어려운 사람들과 또 도움을 요청하거나 도움이 필요한 사람들의 삶을 지도할 필요가 있다고 생각하며, 자신을 둘러싸고 있는 주변을 그런 모습으로 볼 수 있다. 구근불 크레이그Guggenbuhl-Craig(1971:10)도 이 문제를 언급한다.

사회복지사들을 수년간 정신분석하면서 나는 몇 번이고 권력에 의해 무언가 강요될 때마다 그것에 관련된 사람들의 의식과 무의식적 동기에 다양한 면모가 있음을 알게 되었다. 권력에의 비정상적 갈망이 이면에 숨어있다. 꽤 자주 문제가 되는 것은 보호받는 사람들의 복지가 아니라, 보호하는 사람의 권력이라는 주제다.

이것은 특히 깨닫기 어렵다. 왜냐하면 고객이나 그 자녀들에 관해 결정을 내려야만 할 때 복지사는 자주 무력감을 느끼기 때문이다. 이것은 복지사가 실제로 가지고 있거나 고객이 가지고 있다고 복지사가 경험한 것과는 현저하게 대조적이기 때문이다. 다음은 딘리Dearnley(1985)의 사회복지 수퍼비전의 예시이다. 이는 처음엔 그렇게 하는 것이 무관해 보일 때도 권력 의식과 수퍼비전의 가치와 동기 이해의 관련성의 불일치가 있었던 경우를 보여준다.

> 상당한 폭력 전과를 가진 고객이 그의 아이를 시설로 보냈다는 이유로 숙련된 사회복지사를 죽이겠다고 위협했다. 그 사회복지사는 당연히 불안했고, 그 불안감은 악화되어 느슨한 수퍼비전 구조에서는 다룰 수 없었다. 나는 상담을 하고 나서 이 생명을 위협하는 불안을 수용하기에 내 자신이 미흡하다고 느꼈다. 내가 도울 수 있는 유일한 방법은, 비록 요청했던 위기조치 대응으로 보이지 않더라도 그 사건의 역동을 이해하는 데 집중하는 것이라고 판단했다. 이런 초점을 가지고, 우리는 사회복지사와 더 나은 부모가 되려는 고객 사이에서 은밀한 경쟁의식을 이해하기 시작했다. 고객을 보호하는 조치가 오히려 고객의 열등함을 자극했고, 이것이 확인되고 구체화되었을 때 고객이 경험한 것은 흉폭하고 다루기 힘든 분노였다. 그러한 경쟁의식을 이해하고 작업 계획을 세우도록 조언함으로써 그 사회복지사와 기관과 내 걱정을 수용하는 데 도움이 되었다. 이것이 불안한 마비를 풀어주었다. 고객은 감사하게도 그 상황이 분산될 수 있도록 충분하게 대응하였다. 나는 이 사례를 인용해서 공공의 안전과 복지사의 실질적인 안전과 관련된 기관들이 수퍼비전으로 위험을 무릅쓰게 한다는 내 요점을 분명히 설명한다(Dearnley 1985:56).

우리는 이 사례가 처음 보는 것 치고는 예외적이지 않다고 믿게 되었다. 우리가 경험한 바로는, 일단 사회복지사가 자기 그림자면을 인식하면서 전환을 경험하면 - 이번 경우엔 경쟁의식 - 바로 다음 회기 시작부터 고객 안에서 자주 전환이 일어난다.

권력의 잠재적 오용에 관한 이슈를 한 사회복지사가 다음과 같이 간단히 정의했다. '우리는 사람들의 인생에 잠시 관여하고 우리가 하는 일에 대해 엄청나게 추측한다. 우리는 가만히 앉아서 그것이 진정으로 무엇을 의미하는지 생각하지 않는다. 우리는 의존증을 만들 수 있고, 고객의 가치를 해칠 수도 있다…….'(Fineman 1985에서 인용함) 이는 매우 미묘한 방식으로 일어날 수 있다. 여기 우리의 한 수퍼바이지의 예가 있다. 한 남성 심리치료사가 30대 중반의 여성고객을 주 1회로 18개월간 만난 심리치료에서 나온 것이다.

> 치료 세션에서 고객의 당면한 문제는 직장에서의 어려움이었다. 직장에 그녀를 거의 종처럼 대하는 무뚝뚝한 직원이 있었고, 그녀는 그의 불쾌한 행동에 너무나 대항하고 싶으면서도 맞서지 못하고 있었다. 알고 보니 그녀의 그런 태도는 그가 원할 때마다 그녀를 잠자리의 상대로까지 취급하게 했다. 그녀는 'No'를 할 줄 몰랐는데, 어느 정도는 그들 둘 다 이 점을 잘 알았으며 그것이 그가 그런 모욕적인 처사를 그녀에게 할 수 있는 이유였다.
>
> 상담 회기 동안 치료사는 제안하기를, 만약 그녀가 원한다면 그녀가 3개월간 이 남자와 잠자리를 안 하기로 치료사와 합의하고, 그와의 관계에 무슨 변화가 있는지를 보자고 했다. 그녀는 그 다음 주에 와서 그 남자와 상호작용하는 방식에서 자신이 더 강해진 것을 느꼈다고 말하며 그 합의에 매우 기뻐했다. 그 치료사도 기뻤지만 뭔가 옳지 않음을 느꼈다. 그는 격주의 수퍼비전에 이 사례를 가져왔고 자신도 역시 그녀에게 뭔가를 지시하는, 아마 더 상냥한 의도를 가졌으나 역시 그녀를 약화시키는 또 다른 남자가 되었음을 깨달았다. 그녀가 그 제안에 동의했고 그 결과에 만족한다는 사실도 거의 완전히 문제의 핵심에서 벗어난 것이다. 즉 그녀가 남자와의 모든 관계를 다루는 근원적인 문제에서 빗나간 것이다. 문제는 그 치료

사를 포함해서 모든 남자에게 그녀가 'No'라고 말하지 못한다는 사실이다. 그 심리치료사는 그의 제안이 영원한 해결책이 아니라는 것을 알았으나 자신이나 자기 조언이 남자들에게 힘을 부여하려는 고객 프로세스의 일부인 것도 깨닫지 못했다.

수퍼비전에서 그 심리치료사는 이 조급한 개입으로 돌진하도록 자극한 것을 매우 불안하게 느꼈던 지점이 자기 내면의 '희생자(되기)' 부분이었다는 사실에 직면했다. 성급하게 해결책을 서두르는 것이 자기 무력함에 대한 두려움을 해결하려는 방법이라는 것도 깨달았다. 그렇게 하면서, 그는 자기 일, 즉 그녀가 어떻게 반복적으로 그런 상황에 자신을 두는지를 완전히 이해하도록 탐구하게 돕는 대신에 행동적 해결책으로 그녀가 자신에 대한 불필요한 의존을 하게 했던 것이다.

자기 요구 채우기

직업의 요구와 고객의 요구에 대한 조력자helper의 태도는 조력 전문가의 또 다른 '음지'이다. 직업 교육에서 우리는 항상 고객의 필요에 주목하라고 배웠다. 그렇기에 흔히 우리 자신의 필요에 집중하기가 어렵다. 그렇게 하는 것은 심지어 이기적이고 제멋대로라고 여겨진다. 그런데도 여전히 우리의 필요는 그대로 남겨진다. 그것들은 거기에, 우리가 믿는 바로는 우리가 하는 일의 바로 그 동기 안에 있다. 이는 제임스 힐먼 James Hillman(1979)이 쓴 것과 같다.

> 분석가, 상담가, 사회복지사들 모두 문제 조정자들troubleshooters이다. 심지어 한 사람이 들어와 대기의자에 앉기도 전에 '뭐가 잘못된 거지?', '뭐가 문제지?'라고 하며 문제를 찾고 있다. 그 만남은 도움을 받으러 오는 사람에 대한 예측과 함께 전문가의 훈련되고 계획된 개입으로 시작한다. 노크 소리를 기다리며 내 기대expectations는 거기에 나와 함께 있다.
>
> 우리의 '필요'는 없었던 적이 없다. 만약 우리가 이 일을 할 필요가 없다면 우리는 이 일을 할 수 없다. 고객들이 우리의 도움이 필요한 것처럼, 우리는 도움을 주는 자기

능력에서 얻는 자존감을 채우기 위해 도움을 원하는 고객들이 필요하다. 그러나 우리는 필요를 부인하도록 교육받았지만 본래 필요 그 자체는 해롭지 않다. 이런 필요가 부인될 때 그것들은 돕는 일의 그림자와 연결되고 요구demands가 되어 뒤에서 조종하게 되는 것이다. 요구는 채워지기fulfillment를 필요로 하고, 필요는 단지 표현으로 드러낼 것을 필요로 한다.

(Hillman 1979:17)

필요 그 자체는 문제가 아니다. 그러나 그것을 부인하는 것은 비싼 대가를 치를 수 있다.

사랑받고 싶은 욕구

또 다른 핵심 욕구는 사랑받고 존중받고 싶은, 때로 '고객의 선善'을 위해 어려운 결정을 내려야 하더라도 선한 의도를 가지고, 최선을 다한다고 보이고 싶은, 요컨대 '좋은 사람'으로 보이고 싶은 욕구이다. 사람들과 몇 년 동안 자기 그림자에 직면하며 작업해왔으면서도, 고객이 그린 우리 자신의 모습이 스스로 보는 자신과 일치하지 않는다는 것을 받아들이기 쉽지 않다. 차갑고 완고하다거나, 권력을 오용한다는 얘기를 듣는 것은 매우 불공평한 것 같다는 생각을 한다. 이럴 때 자기 행동을 좀 더 '즐겁게' 바꾸거나, 미묘하게 또는 다른 방식으로 반격하거나, 아니면 '그럴듯한' 이유로 그 사람과의 일을 그만두고 싶은 유혹이 있다. 고객의 배은망덕은 때로 받아들이기 어렵다. 어쩌면 우리가 부모나 교사에게서 들었던, 아마도 절대 되풀이하지 않겠다고 약속한, '이쨌든 난 너를 위해 모든 걸 다했어'라는 그 말을 생각하는 자신을 발견할 수도 있다.

고객에게서 (보통 그들에겐 최소한의 진실성이 있다) 이러한 부정적 감정을 수용하는 제일 나은 방법 가운데 하나는 우리가 고객일 때 어떻게 느꼈는지를 기억하는 것이다. 또 내가 부적절한 느낌을 받았을 때, 자기 수퍼비전에서 수퍼바이저가 나처럼 느끼게 하려고 얼마나 그를 비난하고 싶어 하는지도 기억할 수 있다.

치유하고자 하는 소망

위의 경우에 우리는 조력 전문가로 일하는 것을 포기해야 한다고 느낄 수도 있다. 이렇게 생각하는 것은 요점을 놓치는 것이다. 그들을 위험하게 만드는 것은 바로 욕구를 부인하는 것이다. 진짜 도움이 되는 것은 나 자신과 내 동기를 아는 것이다. 그런 식으로 우리의 목적을 위해 다른 사람을 알아채지 못하게 이용하거나, 또는 자기 일부를 투사하여 고객을 마주할 수 없다. 우리는 돕고자 하는 열망은 근원적이라고 믿으며, 조력자helpers와 비조력자non-helpers를 막론하고 치유하고자 하는 소망이 기본적이라는 해럴드 셜즈Harold Searles(1975)의 말에 동의한다.

핵심 신념 탐색

우리로 하여금 '돕는' 일을 하려는 열망 안에 숨겨진 동기를 잘 이해하기 위해, 그 밑바닥에 잠재한 핵심 신념을 탐색해야 한다. 자명하고 근본적인 진리처럼 우리가 흔히 보여주는 핵심 신념들은 대개 탐색하기가 어렵다. 그것은 신념 그 자체가 아니라(우리는 모두 신념을 가지고 있다) 문제를 일으키는 검증되지 않은 믿음이다. 대개 우리의 핵심 신념은 우리가 경험하고 세상을 이해하는 근본적인 신념체계의 일부이기 때문에 인식되지 못한다. 그것들은 우리가 보는 관점의 일부이며 따라서 눈에 보이지 않는다. 핵심 신념들은 베이트슨Bateson(1972)이 '인식론'이라고 부른 것과 유사하고, 토버트Tobert(2004)가 '실행 논리action-logic'라고 묘사하고, 라스케Laske(2003)가 개인의 '준거틀frame of reference'이라고 한 것과 유사하다. 우리의 핵심 신념 가운데 일부를 인식하는 것은 우리로 하여금 더 광범위한 고객을 상대하고 덜 민감하거나 덜 비판적이게 한다. 이런 당연한 전제를 표면화하는 것은 전혀 쉽지 않은 일이며, 보통 다른 사람들에게 더 깊은 연구를 촉진할 것을 요구한다. 그렇지만 그 과정을 시작하기 위해 다음의 문장 완성 검사를 해 볼 수 있다. (처음 떠오르는 생각을 잡아서 검열하지 말고 빠르게,

적당한 대답을 생각하지 말고 적으라.)

- 나는 사람들이 보통 …… 하다고 추측한다.
- 사람들은 항상 …… 해야 한다.
- 사람들은 절대 …… 하면 안 된다.
- 나는 …… 할 때 화를 낼 권리가 있다.
- 감정들은 …… 이다.
- 나는 절대 …… 하지 않아야 한다.
- 고객들은 …… 이다.
- 심리학자/교사/사회복지사/의사/심리치료사 등은 …… 사람들이다.
- 책임감 있다는 것은 …… 뜻이다.
- 수퍼비전은 …… 해야 한다.

항목을 완성하고 나면 모든 답을 다시 살펴보고 거기에 담겨 있는 생각 패턴을 파악해보라. 당신은 '나는 …… 라고 생각하는 경향이 있다'라는 문장의 목록을 작성하는 것이 도움이 된다는 것을 발견할 것이다.

변화에 대한 저항을 만들고(Kegan & Lahey 2001) 학습해소unlearning와 진화(Hawkins 2005)를 막는 것이 우리의 핵심 신념이다. 먼저 상황에 대한 우리의 반응이자 이러한 반응을 뒷받침하는 신념인, 성찰하고 깨닫는 능력은 다른 사람들을 지지하고 발전시키는 데 핵심적인 수용력이며, 따라서 조력 전문가와 수퍼바이저가 되고자 하는 사람들 모두에게 중요하다. 게다가 메지로우Mezirow(1991)는 이 능력이 모든 전환 학습transformational learning의 핵심이라고 주장한다. 아이작Issacs(1999)은 성찰할 수 있다는 것은 직장에서 생산적인 대화를 일으키는 데 도움을 준다고 하고, 봄Bohm(1989, 1994)은 배우고 진화하는 문화를 만든다고 한다.

결론

온전히 효율적이고 회복탄력적이며 창의적인 조력 전문가가 되려면 성찰적인 프랙티셔너가 되어야 한다. 진실로 유능한 프랙티셔너가 되려면 현재의 일과 관계에 대해 성찰할 뿐만 아니라 한걸음 물러나 자기 동기와 핵심 신념도 탐구해야 한다. 그 신념은 보이지도 않은 채로 무의식중에 건강하지 않은 패턴을 우리 자신과 고객에게 몰아갈 수 있다. 건강하지 않은 패턴이란 과로나 지속 불가능한 프랙티스나 불충분한 프랙티스 또는 비윤리적인 행동 같은 패턴들을 말한다. 우리는 이 책 후반부에서 우리의 프랙티스와 수퍼비전의 핵심이 되는 더 깊은 차원의 자기 성찰self-reflection이 필요하다는 것을 다룰 것이다.

4장. 유능한 수퍼바이지 되기

> 서론
> 수퍼비전을 통해 자원 확보하기
> 필요한 수퍼비전 준비와 적절한 책임감 갖기
>   계약하기
>   수퍼바이저 평가하기
> 수퍼비전 받기의 장애물
>   이전의 수퍼비전 경험
>   개인적인 억압과 방어 관례
>   권위에 대한 어려움
>   역할 충돌
>   평가
>   실제 장애물
>   지지받기의 어려움
>   조직의 장애물
> 장애물 극복하기
> 셀프-수퍼비전과 내면의 수퍼바이저 개발하기
> 결론

서론

앞 장에서는 당신이 삶의 모든 면에서 어떻게 자원을 확보할 수 있는지를 살펴보았다. 이번 장은 자원을 중심에 놓고 수퍼비전을 어떻게 이용할 것인지 명확하게 탐구하려 한다.

  수퍼비전은 활동하는 사람에게는 지속적인 학습과 개발을 위한 한 가지 방안이며 결국에는 자신이 수퍼바이저가 되는 법을 배울 수 있게 해준다. 좋은 수퍼바이저는 우리 자신의 자원을 더 잘 활용하고, 업무량을 관리하며 부적절하게 패턴화된 대처방식에 도전하도록 도울 수 있다. 고객들이 그들 자신의 삶을 더 많이 책임지도록 돕고 있다면 우리도 자신에게 똑같이 하는 것이 필수라고 생각한다.

좋은 수퍼비전이 직업 만족도와 관련이 있다는 것을 보여주는 연구가 있다(Cherniss & Egnatios 1978). 수퍼비전이 사람들에게 새로운 관점으로 자기 업무 능력에 자신감을 회복하게 한 많은 예를 들 수 있다. 그렇지만 이런 자원을 이용할 수 없는 수퍼바이지들의 예 또한 많이 있다. 몇 가지 이유를 간략히 살펴본 다음 그 장애물을 극복할 방법을 살펴보자. 우리는 수퍼바이지가 자기 학습 스타일에 대해 배울 뿐만 아니라 수퍼비전을 최대한 활용하는 방법을 아는 데 주도해 나가자고 격려하고자 한다.

수퍼비전을 통해 자원 확보하기

정기적으로 뒤로 물러나 당신이 받은 수퍼비전을 돌아보고 미래에 무엇을 원하는지 생각해 보는 것은 유익하다. 그리고 나서 수퍼비전에서 장애물은 무엇이었는지 그리고 더 효율적인 수퍼비전을 위해 그 프로세스의 장애물을 제거한다면 당신이 할 수 있는 것은 무엇인지 자신에게 물어보라. 다음의 몇 가지 질문은 당신이 지지받고 수퍼비전을 위한 학습과 자원 확보를 위해 더욱 주도적으로 대응하는 방법을 생각하게 한다. 다른 관점을 더해 줄 동료나 친구와 함께 이것을 자세히 검토하기를 추천한다. 다른 사람들, 심지어 우리가 잘 아는 그들이 때로 우리와 우리의 대처방식에 매우 다른 인식을 가질 수 있다.

- 현재 당신의 자원 시스템에서 강점과 약점은 무엇인가? 그것을 개선하기 위해 무엇을 해야 하는가?
- 당신이 스트레스를 받고 있다는 것을 어떻게 인지하는가? 이 스트레스를 완화하기 위해 어떤 방법을 사용하는가? 이런 대처 메커니즘은 단기간의 위안을 줄

뿐인가, 아니면 스트레스 원인을 바꾸는가?
- 수퍼비전에서 당신의 구체적인 필요는 무엇이며 현재 수퍼비전상의 합의는 어느 정도 그 필요를 충족하는가?
- 수퍼바이저나 수퍼비전 그룹이나 업무팀과 계약을 재조정해야 하는가? 최대한 많은 업무와 추정을 되도록 명확하게 제시하라. 모두/양쪽이 수퍼비전에 대해 명확한가?
- 당신 자신을 위해 마련해야 하는 또 다른 형태의 수퍼비전(동료 수퍼비전peer supervision 등)이 있는가?
- 수퍼비전과 피드백에 당신은 얼마나 개방적이라고 느끼는가? 그렇지 않다면, 의사소통을 열어줄 수 있는 개인적인 변화가 있는가?
- 당신은 판단받고 평가받는 것이 두려운가? 당신의 두려움이 정당한 이유가 있는지 확인해 보았는가?
- 당신은 수퍼바이저에 맞서서 그에게 피드백을 줄 수 있는가? 그렇지 않다면, 피드백을 줄 수 없는 압박은 내적인 것인가, 외적인 것인가?
- 당신은 어떤 방어기제를 사용하는 데 빠져 있는가? 이것을 넘어 나아가기 위해 무엇이 필요한가?
- 당신 스스로 바꿀 수 있는 것임에도 남을 비난하는 경향이 있는가? 우리는 수퍼바이지들이 수퍼바이저나 조직이 지지하지 않는 것은 자신도 바꿀 수 없다는 믿음에 집중함으로써 자신을 무력화시킨다는 것을 알았다. 많은 수퍼바이지들이 그들이 전에 생각했던 것보다 더 많은 변화가 가능하다는 것을 발견한다.
- 당신은 혹시 수퍼바이저의 염려를 짊어지고 그것을 돌봐야 한다고 느끼는가?
- 더 평등한 관계를 갖는 것이 실현 가능한가? 더 평등하다는 것이 더 많은 책임을 의미한다는 점에서, 그것은 어느 정도가 적절한가? 그리고 그게 당신이 원하는 것인가?

필요한 수퍼비전 준비와 적절한 책임감 갖기

수퍼바이지의 능동적인 대응이 필요한 이유는 당신이 건전한 지지 시스템을 구축하고 좋은 수퍼바이저나 수퍼비전 환경을 찾는 데서 멈추지 않아야 하기 때문이다. 이 시점에서 의존성으로 되돌아가 수퍼바이저가 제공하는 수퍼비전 스타일과 수준을 그냥 받아들이기가 쉽다. 당신이 원하는 수퍼비전을 받으려면 그 수퍼비전이 어떻게 운영될지, 무엇에 집중하고 어떻게 프로세스가 관리되고 검토될지에 대한 계약과 협상에서 태도를 분명히 하고 전적으로 책임져야 한다.

인스킵과 프록터Inskipp & Procter(1993)는 수퍼바이지를 위한 책임 목록을 작성했다. 그것을 '책임'이라고 명명함으로써, 수퍼바이지들이 제대로 된 수퍼비전을 받는 데 더 적극적이 된다. 이는 그들 스스로 지속해서 책임감을 느끼게 한다. 수퍼바이지의 책임은 다음의 것들을 포함한다.

- 도움이 필요한 실제 문제를 식별하라.
- 점점 더 자유롭게 나눌 수 있게 돼라.
- 당신이 어떤 응답을 원하는지 확인하라.
- 수퍼바이저, 고객, 수퍼바이지에게 영향을 주는 조직의 계약을 좀 더 분명하게 자각할 수 있게 돼라.
- 피드백에 개방적이 돼라.
- 정당화하고 변명하거나 방어하는 경향을 점검하라.
- 어떤 피드백이 유익한지 분간하는 능력을 개발하라.

수퍼비전 관계 역시 본질에서 평등하다는 점을 강조한다. 그렇지만 수퍼비전 관계 대부분은 수퍼바이저에게 관리적, 질적 책임이 있다는 사실을 간과하고 싶지 않다. 수퍼바이지 역시 이를 알고 있어야 한다. 양쪽 모두가 수퍼비전 관리와 질적인 측면을 통합해야 하고 이를 통해 서로 평등한 입장에서 대할 수 있도록 해야 한다.

계약하기

수퍼비전은 어떤 환경에서도 수퍼비전 동맹supervisory alliance의 기본을 만들 수 있는 명확한 계약이 있다면 더욱 효율적이고, 양자 모두에게 만족스러운 활동이 될 수 있다. 수퍼바이저와 계약할 때 양측은 그 세션의 목적을 어떻게 보는지, 상호 기대가 얼마나 맞는지 탐구하고, 두 사람의 작업 관계에 대한 희망과 두려움을 충분히 말할 기회가 필요하다. 기대가 일치하지 않는다면 이러한 차이를 탐구하고 협상하여 조정하는 것은 중요하다. 스타일, 다루어야만 하는 이슈, 품은 가치와 가정, 목적에 대한 갈등 가능성 등을 되도록 충분히 논의해야 한다. 빈도, 기간, 장소, 비밀보장, 사례는 어떻게 발표하는지, 수퍼비전 계약 내용과 관계를 나중에 어떻게 검토하고 평가할 것인지, 그리고 비상시에는 어떤 절차가 있을 수 있는지에 대한 기본 원칙도 수립해야 한다. 브리짓 프록터Brigid Procter는 그러한 명확한 계약서의 필요성을 다음과 같이 분명하게 언급했다.

> 수퍼비전이 실제적인 협동적co-operative 경험이 되고 유지되려면 명목상의 책임소재가 아닌 명확한 - 심지어 엄격한 - 수퍼비전 작업 동의가 이루어야 한다. 그 동의서는 배우는 사람이나 작업자가 자기 입지를 충분히 알 수 있는 명확성과 안전성을 제공할 수 있어야 한다. 또 동의서는 수퍼바이저가 상황이 요구하는 어떤 역할로든 - 관리자, 상담자, 교육자의 역할 등 - 자유롭고 책임있게 평가할 수 있도록 충분히 강력하고 효과적이어야 한다.
>
> (Procter 1988a:112)

프록터는 예비 계약 면접을 위한 가이드라인과 수퍼바이지가 새롭게 바라는 것에 대한 점검표를 통해(p.39) 이를 더욱 발전시킨다(Inskipp & Procter 1993:49). 계약하기에 대해서는 6장에서 더 상세하게 탐구한다.

수퍼바이저 평가하기

수퍼비전에 대한 장애물을 조사할 때 우리는 수퍼바이지의 가장 일반적인 두려움 가운데 하나가 수퍼바이저가 자신을 어떻게 판단하고 평가할지에 대한 두려움이라고 언급했다. 대부분의 수퍼바이지가 잊고 있거나 심지어 생각조차 안 해본 것은 수퍼바이저도 자신에 대한 수퍼바이지의 판단과 평가를 걱정한다는 사실이다. 평가와 검토는 쌍방 프로세스이어야 하고 수퍼비전 합의로 정기적으로 계획되어야 한다. 이는 '내가 어떻게 하고 있는가'에 대한 양측의 두려움은 시작 회기부터 제기될 수 있다는 점과 쌍방 간의 피드백, 필요하다면 수퍼비전 계약의 재협상도 보장해야 한다. 보더스와 레딕Borders & Leddick(1987)은 수퍼바이저를 평가하는 41가지 항목의 유용한 점검표를 다음과 같이 제공한다.

- 수퍼비전 프로세스를 편안하게 느끼도록 하는지
- 수퍼바이지의 피드백을 촉진하고 받아들이는지
- 고객과 작업할 때 내 목표를 명료하게 만드는지
- 내 작업에 대한 어떠한 평가에도 그 기준을, 분명하게 행동에 관한 용어로 설명하는지
- 내 고객에 관해 새로운 방식으로 개념화하게 하는지
- 수퍼비전 프로세스에 나를 적극적으로 참여하게 하는지

당신 자신만의 평가 기준을 작성하기를 권한다. 그러한 기준은 언제든지 어떤 수퍼바이저에게든 요청할 수 있고, 현재 작업 상황과 관련해 특정한 때에 특정한 수퍼바이저에게 요청할 수도 있다.

수퍼비전 받을 때의 장애물

만일 수퍼비전이 자기 필요를 충분히 충족한다는 점을 확실히 하고 싶다면 수퍼비전에 대한 개인적 장애물을 인식하고 이해하며 그것을 극복하기 위한 효과적인 방법을 찾는 것이 중요하다. 장애물을 간략히 살펴보자.

- 좋지 않았던 이전의 수퍼비전 경험
- 개인적 억압
- 권위 다루기의 어려움
- 역할 충돌
- 평가
- 재정이나 지리적 요인 같은 실제 장애물
- 지지받기의 어려움
- 조직의 장애물

이전의 수퍼비전 경험

과거의 수퍼비전 경험이 좋았든 나빴든 현재의 수퍼비전에 영향을 줄 수 있다. 나빴던 경험은 수퍼바이지를 경계하도록 이끌지만, 좋았던 경험은 전과 비교하여 아무도 지난번 수퍼바이저보다 더 좋을 수 없다고 느끼게 한다. 좀 더 긍정적인 생각이라면 과거의 수퍼비전 경험들을, 그리고 자기 자신과 수퍼비전 관계를 다룬다는 면에서 그것에서 무엇을 배웠는지를 정리해 살펴보는 것이 좋다. 당신의 필요는 그때와 지금 어떻게 다른가?

개인적인 억압과 방어 관례

가끔 일대일 학습 관계에서 고통스러웠던 느낌을 다시 자극받을 수도 있다. 여기 어떤 수퍼바이지의 수퍼비전 관계에 관한 이야기가 있다.

> 수퍼비전을 시작했을 때 나는 어떤 식으로든 지시받지 않을 것이며 모든 생각이 내게서 나와야만 한다는 것을 알았다. 이것은 매우 불편했고 매우 '곤혹스럽게' 느껴졌다. 사실 이 경험은 고객이 어떻게 느낄지에 대한 통찰을 주었다. 그러나 내가 처한 불안정한 입장 때문에 속으로는 고통스러운 감정을 느끼고 있었다. 마치 수퍼바이저의 관심이 나를 정밀조사라도 하는 듯했고 나는 매우 취약한 존재가 된 느낌이었다. 이에 대한 내 방어 반응은 분노였고 일주일 만에 나는 그만두고 나오려는 결심에 이르렀다. 실제로 나는 내 물건들을 챙기기 시작했다. 수퍼바이저는 날 멈추게 했고, 나는 그가 내 분노에 대처할 수 있는지 확인하고 있었다. 나는 이 장면이 내가 다른 관계를 어떻게 시험하는지를 상기시켜 주었기 때문에 그것을 인식하며 충격을 받았다.

수퍼비전에서 비평에 스스로 취약해짐을 느끼고 수퍼바이저에 대한 개방적인 자세를 막고 방어하는 일은 흔히 있을 수 있는 일이다. 수퍼바이저가 사용하는 다양한 전략들(Hawthorne 1975)과 마찬가지로 이러한 불안을 다루는 데 수퍼바이지가 쓸 수 있는(Kadushin 1968) 다양한 전략들이 있다. 엑스타인과 윌러스타인Ekstein & Wallerstein(1972) 그리고 아지리스와 숀Argyris & Schon(1978)은 우리 모두 취약해서 새로운 배움을 회피하려고 채택하는 '직업적인 방어 관례professional defensive routines'에 대해 기술했다. 길버트와 에반스Gilbert & Evans(2000)는 다음과 같이 방어 관례의 유형을 정리했다.

- 사전 포장된 접근: '나는 이미 주도권을 쥐었고 여기 오늘을 위해 내 수퍼비전 계약서가 있어.'

- 정보의 홍수를 통한 접근: '내가 고객 정보를 상세하게 주지 않는 한 당신은 이해할 수 없어.'
- 수퍼비전에서 제기되어 직면할 필요가 있는 모든 것에 대한 적극적 부정: '이것은 정말 내게는 새롭지 않아……. 이런 거에 나는 이미 익숙해……. 그래, 나는 이미 그 접근법을 시도해봤어.'
- 자학적 접근법(자기 결점 확대하기): '내가 이 세션을 망친 거 알아……. 난 절대 제대로 못 할 거야……. 당신이 무슨 말을 해도 난 고객 앞에 앉자마자 잊어버릴 것 같아.'
- 개인적 비난으로서의 수퍼비전 접근법: '내가 한 일을 여기서 당신이 비난할 거라는 사실을 난 알아……. 내 생각에 문제는 고객에 대한 우리의 태도 결정의 차이야……. 나는 언제나 논쟁으로 끝나는 수퍼비전에 오는 게 끔찍해…….'
- 잘못 찾기 또는 트집잡기 접근법: '당신이 좋은 지적을 했지만 나는 특히 이 고객에겐 적용할 수 없다고 생각해.'
- 수퍼비전에서 문제를 수퍼바이저에게 옮겨놓기: '나는 확실히 이 고객에게 아무런 화난 감정이 없어……. 당신이 여기서 화가 나지 않았다는 거 확실해?'

권위에 대한 어려움

파인만Fineman의 연구(1985)에서 어느 사회복지사가 '나는 권위가 두렵고 항상 내가 할 수 있다는 것을 내 수퍼바이저에게 증명할 필요를 느낀다'라고 말했다. 수퍼바이저는 흔히 어떤 사람인지 드러나지 않는다. 어떤 때는 너무 많은 권력을 부여받고, 어떤 때에는 쓸데없이 방어적으로 보이기도 한다. 권력과 수퍼바이저의 권위에 대한 어려움은 우리 자신의 힘과 권위를 취하는 데서 겪는 어려움과 연관될 수 있다(8장 참조). 누가 고객을 더 잘 다룰 수 있는지를 둘러싸고 경쟁적인 역동이 일어날 수도 있다. 이는 수퍼바이지뿐만 아니라 수퍼바이저에게서 비롯되기도 한다.

역할 충돌

수퍼비전 안에 내재한 다양한 역할에 관련된 어려움이 있을 수 있다.

> 나는 수퍼바이저와 정기적으로 만나는데, 항상 내 보고서 작업 문제를 피하려고 한다. 내가 수퍼바이저를 신뢰할 수 있을까? 나는 승진에 대한 수퍼바이저의 지원이 필요한데 그녀는 나에게 불리한 증거로서 이 일을 이용하지는 않을까? 정말 많이 논의할 필요가 있는데도 절대 논의하지 않는 고통스러운 영역이 있다. 그것은 나에게 끔찍한 딜레마이다.
>
> (Fineman에서 1985:52)

또 수퍼바이저의 딜레마에 대한 감지도 있었다. '현재 나는 팀장에게 수퍼비전을 받고 있는데 그는 매니저와 수퍼바이저 역할 사이에서 갈등하고 있다'(Fineman 1985). 지지자와 평가 담당자로서의 역할 충돌 역시 수퍼바이저가 평가를 제공할 때 일어날 수 있다(9장 참조). 수퍼바이저가 수퍼바이지를 스트레스에서 보호하려고 해도 그 스트레스는 불가피하다. 때로 수퍼바이지가 '그들은 내 문제 말고도 할 일이 많아'라는 태도로 임할 때도 있지만, 흔히 받을 권리가 있다고 생각하는 그 지지를 못 받는 데 대한 분노가 있을 수도 있다.

양측 기대의 불일치를 한 번도 탐구하지 못하는 수퍼비전은 그 가치가 떨어진다. '내 수퍼바이저는 내가 원하는 것을 정말 주지 않아. 그는 내가 아니라 그에게 중요한 것들만 골라내는 경향이 있어'(Fineman 1985). 이런 현상은 수퍼바이저와 더 분명하게 계약할 필요가 있다는 점을 말해준다. 수퍼비전 내에서 수퍼바이저의 역할과 그에 대한 수퍼바이지의 기대를 정기적으로 탐구하고 검토하여야 한다.

평가

수퍼비전에서 양쪽 모두, 특히 수퍼바이지가 갖는 걱정의 주요한 원인 가운데 하나는 평가를 받는다는 사실이다. 평가는 수퍼비전의 특징이기에 어떤 수퍼바이지들은 부정적인 평가 결과를 초래할 수 있는 잘하지 못한 사례를 가져오는 것을 꺼릴 수 있다. 모든 평가 절차는 어려운 감정을 유발할 수 있는데, 이러한 것을 수퍼바이저에게 이야기할 수 있다는 것은 곧 양측에 유익한 성숙함을 보여줄 수 있다. 최초 수퍼비전 계약의 일부로 평가 과정을 항상 명확히 하는 것이 최고의 프랙티스다. 이런 명확성은 불안을 줄이는 데 도움이 되며, 작업, 평가 프로세스, 사용하는 기준 그리고 있을 법한 함정을 극복하는 방법을 비방어적으로 탐색할 수 있도록 촉진할 수 있다.

실제 장애물

수퍼비전에 대한 개인적이고 조직적인 많은 장애물 외에도, 어떤 사람들은 자신에게 필요한 수퍼비전을 받을 때 실제적인 어려움에 직면한다. 이것을 열거해보면 (수퍼비전 비용을 감당할 수 없는) 재정적 문제 또는 (매우 고립된 지역에 사는) 지리적 문제 또는 (기관의 대표이자 전문 기술이 없는 사람이 자신의 관리자인 경우) 적절한 수퍼바이저를 만날 가능성이 없는 문제일 수 있다.

이 모든 장애물은 수퍼바이지에게 훨씬 높은 수준의 진취성과 폭넓은 사고 능력을 요구한다. 고립된 프랙티셔너는 다른 지향의 숙련된 전문가를 찾기 위해 자신이 교육받은 곳 외의 다른 분야를 살펴봐야 할지 모른다. 그러나 누가 그들 자신의 스타일과 학파 내에서 그들이 발전하도록 지지할 만큼 충분히 호의적이고 숙련된 사람인가? 지리적으로 고립된 한 프랙티셔너는 수퍼바이저와 꽤 먼 거리를 이동하면서까지 비정기적인 수퍼비전을 예정했으나, 결국 e-수퍼비전으로 보충할 수밖에 없었다(6장 참조).

동료 수퍼비전은 다른 수퍼비전을 하면서 실행할 수 있는 추가 기능이다. 10장에서 우리는 동료 수퍼비전과 지지 그룹을 설정하고 실행하는 방법을 알아본다. 이는 당신의 지역에 있는 다른 비슷한 프랙티셔너 그룹과 함께하거나 비슷한 요구를 가진 다른 프랙티셔너와 서로 협의하는 방법이 될 수도 있다. 우리도 이런 동료 수퍼비전 계약을 수립할 수 있는 네트워크를 제공하기 위해 전문 조직이나 교육과정을 어떻게 활용할 수 있는지에 대한 예를 제시할 것이다.

지지받기의 어려움

도움을 받는 과정에서 우리는 도움이 필요한 존재라는 것이 드러나면서 취약성vulnerability을 느낄 수 있다. 도움을 받는다는 것은 한 사람을 잠재적으로 더 취약하게 만들어 그 사람의 필요를 드러낸다. 자기 필요를 표현하는 고객과 일하는 것이 흔히 더 안전하게 느껴지고 따라서 우리를 다른 사람들의 공급자이자 지지자라는 역할에 안전하게 남겨놓는다. 비록 이것이 개인적인 어려움일지 모르지만, 그것은 분명히 문화적으로 강화되는 것이다. 지난 장에서 언급했듯이 '우리는 욕구를 부인하도록 양육 받았다. 필요가 있다는 것은 의존적이고 약하며 다른 사람에게 굴복하는 것을 의미한다'(Hillman 1979:17). 이런 태도는 일부 조직적이고 전문적인 문화에 의해 크게 강화될 수 있다. 사회복지사에 대한 파인먼Fineman의 연구는 공급자 역할에 안전하게 머무르면서 동시에 다른 사람들이 자기 필요를 알아주기를 기대하는 이중잣대를 지적한다. 한 사회복지사의 말을 인용하자면 다음과 같다.

> 이것은 특별한 돌봄 그룹이지만 사람들은 저마다의 문제와 스트레스를 위장하고 있다. 자기 스트레스에 관해 남들에게 아무 말도 하지 않는 일종의 암묵적 합의가 있다. 만약 그것이 가정 상황과 관련이 있다면 사회복지사로서 스트레스를 받는다는 것은 부끄러운 일이다……. 이런 주제가 사례가 되어야 하는지조차 아무도 묻지 않는다.

그리고 이렇게 계속한다.

> 사무실 밖에서는 고객에게 정반대의 처지를 고수하면서, 애매한 대인관계 장벽이나 심지어 사무실 내의 무관심에 직면하고 동조하는 사람들에게 이런 것은 이상한 느낌이었다. 그들은 그들이 원했던 감정적 지지를 거의 제공하지 않는 분위기의 무력한 희생자라고 느꼈다.
>
> (Fineman 1985:100-101)

조직의 장애물

위의 예에서 도움을 요청하는 것에 대해 한 개인의 과정과 개개인의 내적 감정이 직장문화로 강화될 수 있는 방식 사이에 상호작용이 있다는 것을 알 수 있다. 어떤 조직문화는 수퍼비전을 기대하고 요청하는 사람을 낙담시킬 것이다. 그런 문화 속에서는 좋은 수퍼비전이 없다고 불평을 하면서도, 이를 해결하기 위해 정말 뭔가를 하려고 하기에는 막상 주저함이 있을 수 있다. 반면 다른 조직에서는 그런 내적 저항을 극복하라고 개개인을 격려할 수도 있다. 조직문화에 대해서는 14장에서 상세히 다루었다. 본드와 홀랜드Bond & Holland(2010)가 쓴 책 2장에서 간호전문직의 개인적이고 조직적인 장애물의 공통 영역에 대한 매우 유용한 탐구도 참고할 수 있다.

장애물 극복하기

제럴딘Geraldine의 이야기

아랫글은 언어치료사인 한 수퍼바이지가 쓴 내용의 일부이다. 그녀는 수퍼비전에서 자신이 선택한 직업의 장애물이 어떻게 자기 장애물을 강화했는지를 보여주었고, 자기 개인적인 패턴을 깨려고 했던 변화를 잘 묘사했다. 그녀 역시 언어치료뿐만 아니라 모든 조력 전문가에게 적용될 수 있는 몇 가지 적절한 질문을 하는 것으로 끝마친다. 당신의 작업환경에 대해 스스로 이 실문에 답할 수 있을 것이다.

> 여러 번 하려고 생각했고 일에 환멸을 느낀 언어치료사였던 나는 대다수 정규직 언어치료사들이 최근에 자격증을 딴 사람들이며, 그 직업을 그만둔 사람들은 주로 숙련된 정규직 치료사들이라는 것을 알고 흥미로웠다. 치료사들이 떠난다는 사실과 이유를 말하지 않은 채 그만둔다는 것이 나에게 충격을 주었다. 내 이야기를 해보겠다.

나는 스물한 살에 교육을 받았다. 언어치료사가 변변찮은 직업이고 급여도 형편없다는 것을 알고 있었다. 그러나 나는 사람들과 일하는 것을 좋아했고 의사소통 문제에 순수한 관심이 있었다. 나는 이제야 깨닫지만 많은 신임 치료사들 틈에서 내 첫 직업을 활기차고 열정적으로 시작했다. 내가 배운 모든 것을 실천하기를 열망했다. 또 매우 의욕적이었다. 그러나 나는 다른 전문가들, 친구들 그리고 친척들에게서 받은 질문과 비평 이면에 있는 메시지를 듣기 시작했다.

'언어치료는 너무 외로운 직업임이 틀림없어.', '지지를 받으려면 누구에게 가지?' '너 수퍼비전 받니?'

이에 대한 내 대답들이 다음과 같은 유형이었다고 기억한다.

'나는 누구 지시를 받지 않고 독립적으로 일하고 싶어.', '나는 지지가 필요 없어.' '나는 자격을 갖추었고 더는 수퍼비전이 필요 없어.'

자격증을 받고 2년 뒤 내 첫 고위직은 매우 도전적이었다. 나는 수퍼비전 없이 일할 수 있고 도전을 즐기는 셀프 스타터self-starter로 소개되었기 때문에 내가 임명되었다고 느꼈다.

심지어 이것을 쓰면서도 내 내면의 목소리가 말한다. '그게 뭐가 잘못된 거지?' 그리고 '아마 너는 성공할 능력이 없을지도 몰라.' 나는 이런 내면의 소리가 틀렸다는 것을 알 만큼 나 자신을 충분히 믿는다. 만약 이러한 관리 결정 이면에 있는 가정에 의문을 제기하거나 그러한 근거에 이의를 제기하지 않는다면 우리는 이런 환상들을 영속시키는 죄를 범하게 된다.

상담 과정을 시작했는데도 나는 여전히 도움이 필요하지 않다고 믿었고 수퍼비전을 필요로 하지도 않았으며 지지 그룹에 참여하는 것도 거절했다.

나는 새로 시작한 일이 내게 매우 어렵다는 것을 알아차렸고, 사회복지팀의 팀장은 나에게 어떻게 지원을 받고 있는지 묻기 시작했다. 그녀는 내가 직속 상사를 매우 드물게 만난다는 점을 알고 충격받았다. 그녀는 내 작업을 논의하기 위해 격주로 만나자고 제안했다. 이 만남은 수퍼비전이 되었고, 팀장은 내 직속 상사가 아니었음에도 매우 지지적이었다.

이 수퍼비전 세션 동안 내 작업을 의논하는 상담 코스의 결과로 자기 인식을 크게 했고, 내가 '번아웃'을 겪고 있다는 것을 깨달았다. 이것은 내가 더는 내 일에 열정을 불어넣을 수 없는 시점에 도달했다는 것을 의미한다. 왜냐하면 내 노력이 효과적이지도, 높이 평가되지도 않는다고 느꼈기 때문이다. 나에게 번아웃의 부작용은 피로, 무기력, 시간 엄수 잘 못함, 지루함 등이었다. 나는 불과 4년 전 내 첫 직장에서 일할 때처럼 스스로 항상 모든 일에 높은 동기를 유지할 것이라고 믿었다.

나로 하여금 이 기간을 헤쳐 나올 수 있게 한 건 수퍼비전과 칭찬praise이었고, 직장과 작업 과정 두 영역에서 지원시스템을 이용하기 시작한 것이었다.

언어치료사 직업군은 교육을 수료하고 4~5년 뒤 왜 많은 숙련된 직원이 일을 그만두는지를 우려하고 있다. 내 생각에 내 이야기가 중요한 이유 하나를 설명할 수 있을 것 같다. 현장에서 일하는 치료사들은 지지와 수퍼비전이 필요하다.

나는 각 언어치료사가 그 직급을 받아들이기 전에 물어야 할 몇 가지 질문을 생각해 보았다.

- 그 지역 치료사가 모든 신임 직원들을 업무 시작과 함께 곧 정기적으로 만나는가?
- 정기적인 직원 평가가 있는가?
- 모든 직급의 직원들을 위한 수퍼비전이 있는가?
- 독립적으로 각 개인이 격려받을 수 있는 촉진 그룹을 갖고 있는가?
- 정기적으로 동료를 만나도록 치료사들을 장려하고 이를 위해 일정표에 마련된 조항이 있는가?

아마도 우리의 필요를 확인하고 그것을 충족시킬 방법을 찾음으로써, 우리는 언어치료사를 그만두는 과감한 조치를 하지 않을 수 있을 것이다.

(Geraldine Rose, 미발표작, 1987)

수퍼비전의 장애물을 자각하는 것은 곧 그것을 극복할 수 있는 첫걸음이다.

셀프-수퍼비전과 내면의 수퍼바이저 개발하기

다른 곳에서 좋은 수퍼비전을 받고 있다 하더라도, 셀프-수퍼비전은 언제나 중요한 가치가 있다. 모든 수퍼비전의 한 가지 목적은 수련생에게 그들이 일하는 동안에도 접근할 수 있는 건강한 내면의 수퍼바이저를 개발하도록 지원하는 것이다. 고객에 대한 우리 자신의 반응을 모니터링하는 데 유용한, 스스로에게 던지는 몇 가지 질문이 있는데 이는 다음과 같다.

- 이 고객과의 작업에 대해 내 수퍼바이저가 알면 좋지 않은 것은 무엇인가?
- 이 고객을 어떻게 변화시키기 원하는가? (내 암시적, 명시적 주제에 접근하기 위해)
- 나는 왜 이런 개입을 했는가?
- 내가 그 세션 중에 어떤 식으로든 망설였을 수 있는 것은 무엇인가?
- 0부터 10까지의 척도로 볼 때 그 세션은 얼마나 잘 진행되었나?
- 무엇이 그것을 더 높은 점수로 만들 수 있을까?
- 고객은 어떤 점수를 줄 수 있을까?
- 내 몸/생각에 그 세션이 남긴 것은 무엇인가?
- 이 세션에 대한 이미지는 어떤 것인가?

수퍼바이지가 자기 세션을 기록하는 자체 시스템을 개발한다면 이 성찰 프로세스도 깊어질 수 있다. 전문적인 프랙티스에 꼭 필요한 사실을 기록할 뿐만 아니라, 위에 썼듯이 그 과정을 성찰하고, 고객과 있는 동안 자기 신체 감각, 호흡, 느낌, 생각과 행동까지도 모니터해야 한다. 다른 사람에게 관여하면서 자가 점검하기를 배우는 것은 매우 가치 있는 기술이지만 개발하는 데 오랜 시간과 연습이 필요하다. 정기적으로 '체크인check in' 하는 것을 우리 일의 한 부분으로 만들고, 필요하다면 세션 안에서 성찰하기 위해 잠시 멈춤을 요청하라.

기록된 성찰 프로세스는 고객과의 작업을 오디오와 비디오로 녹화하여 활용함으로써, 그리고 누군가 셀프-수퍼비전을 촉진하기 위해 이러한 테이프 이용 방법을 개발함으로써 더욱 심화할 수 있다. 케이건Kagan(1980)은 자기 작업 테이프 보기를 활용한 학습방법을 개발하기 위해 많은 노력을 했고, 우리는 셀프-수퍼비전 시스템에 대해 더 자세히 쓸 것이다(10장 비디오 사용에 관한 단락 참조).

모든 형태의 셀프-수퍼비전의 본질은 무엇인가? 이는 자신이 일하는 방식에 직면할 충분한 시간을 자신에게 기꺼이 주는 것이다. 많은 수련생이 녹음된 자기 자료를 듣는 방법으로 배우려는 첫 번째 시도가 도전적이며 교훈적이라는 것을 알게 되었다.

결론

이 장에서는 수퍼바이지가 정기적으로 양질의 수퍼비전을 받아야 할 책임의 중요성을 강조하였다. 당신이 수퍼비전을 받을 때 장애물이 있다면, 자신 안에 있는 것이든 업무 환경에 있는 것이든 그것을 어떻게 주도적으로 극복할 수 있을지를 탐구하였다. 자기 수퍼비전을 개선하기 위한 노력은 집단 수퍼비전 프랙티스를 개발하는 조직의 중요한 부분이 되어 그 조직 내 학습문화에 기여할 수 있다. 15장에서는 조직이 제공하는 정책과 제공하던 수퍼비전 프랙티스를 근본적으로 개신하는 방법을 보여준다. 그러한 변화 프로세스들은 조직이나 기관에 책임감 있게 더 나은 수퍼비전 필요성에 목소리를 높이는 직원이 많을 때 시작된다. 그렇지만 이 장에서 보았듯이, 우리가 받는 수퍼비전을 개선하기 위해 개인적으로 할 수 있는 일이 많으므로 우리는 정책이 바뀔 때까지 기다릴 필요가 없다.

2부

수퍼바이저 되기 그리고 수퍼비전 프로세스

5장. 수퍼바이저 되기

> 서론
> 왜 수퍼바이저가 되는가?
> 시작하기
> 좋은 수퍼바이저에게 요구되는 자질
> 수퍼바이저 역할
> 적절한 권위와 힘 갖기
> 윤리
> 수퍼바이저로서 자기계발 관리하기
> 결론

서론

수퍼바이저가 되거나 되라고 요청받는 일은 아주 즐거우면서도 긴장되는 일일 것이다. 수퍼바이저 임무에 대한 훈련이나 지원이 없으면 감당할 수 없는 일이다.

> 수퍼비전하는 것은 나에게 낯설다. 괜찮긴 한데 좀 걱정스럽다. 내가 사람들에게 그들이 원하는 바로 그것을 수퍼비전해줄 수 있을지 확신할 수 없기 때문이다……. 사람들이 나에 대해 뭐라고 말할지 겁나서 나는 묻지 않는다. 동료에게 판단 받는 것도 너무 견디기 어려운 일이다.
>
> (Fineman 1985:52)

이번 5장을 포함해 2부 전체는 수퍼비전을 수행할 뿐만 아니라 그것을 검토하고 평가하고 여러분의 수퍼비전 작업 수준을 피드백 받는 적절한 핵심 구조를 제공할 것이다.

왜 수퍼바이저가 되는가?

일반적으로 다른 사람을 돕는 조력 전문가들이 왜 수퍼바이저가 되었고 또 왜 되어야 하는지를 살펴보면 많은 이유가 있다. 어떤 이들에게는 승진에 따른 자연스러운 진행이다. 그들은 간호교사들, 상급 사회복지사들 또는 지역사회 청소년 담당자들이 되어서 교육받았던 대로 고객을 만나면서 시간을 보내다 보니 어느새 지금은 젊은 직원들을 만나는 데 대부분 시간을 보내고 있다는 사실을 발견한다. 어떤 상담가나 심리치료사들은 자기 분야에서 시간이 흐르면서 가장 상급 프랙티셔너가 되었고 수퍼바이지들이 자신에게 오기 시작한다는 것을 깨닫는다. 또 어떤 사람들은 자신이 고객과의 직접적인 접촉을 몹시 그리워하고 일을 시작했던 초창기에 대한 향수를 느낀다는 사실을 발견하기도 한다. 아마 그런 사람은 치료 업무에 계속 관여하고 일하기 위해, 수퍼바이지를 고객으로 대체하는 경향을 보일 수도 있다.

어떤 사람들은 수퍼바이지를 상대하는 것이 조용한 삶을 가져다줄 것이라는 잘못된 희망을 품고 고객 업무의 압박에서 도망치기 위해 수퍼비전에 의지한다. 몇 년 뒤 조력 전문가로서 그들은 전문가 지위가 아니라 학생을 대상으로 하는 수퍼비전에 몸담거나 자신이 선택한 직업에서 개인 교사가 되기를 선택할 것이다. 어떤 이에겐 수퍼바이저의 역할이 다른 사람들보다 더 쉽고 잘 맞는다. 그들은 스스로 자기계발과 교육적 기술 둘 다를 요구하는 그 역할이 편안하다는 것을 발견했기 때문이다.

또 어떤 이들은 사람들과 일하는 것보다 행정을 더 잘해서 관리직으로 승진되지만 유감스럽게도 조력 전문직에서 조직 관리직은 대부분 어느 정도 수퍼비전 책임을 갖고 있다. 이런 사람들은 나중에 보면 '중요한 회의'로 언제나 너무 바쁜 나머지 수퍼바이지를 만나려면 '필수적인 보고서'를 먼저 끝내야 하는, 결국 마지못해 일하는 수퍼바이저가 되기도 한다.

어떤 수퍼바이저들은 자기 일을 잘 조절할 수 있어서 다른 이들의 수퍼바이저가 되는 것과 직접 고객을 상대하는 일을 잘 조화시킬 수 있을 것이다. 우리는 수퍼비전이나 가르치는 일이 가능한 직원이 있다면 가르치는 것이든 수퍼비전하는 것이든 계속 연습할 것을 권고한다. 실제 '현장'에 있는 현실과 접촉하지 않고, 수퍼바이저인 당신의 관점으로는 완전히 단순하게 보이는 것을 왜 당신의 수퍼바이지는 무거운 분위기를 만드는지 의아해하는 것은 매우 쉬운 짓이다. 두 방향의 장점을 조합할 수 있다. 몇몇 전문직에서는 많은 신임 수퍼바이저들이 어떻게 다른 직원들이 수퍼비전을 통해 고객과의 일을 활성화하고 자신이 한 일을 새롭게 생각하게 되는지에 관해 언급했다. 많은 사람이 그 도전과 역할 범위에 이끌려서 수퍼바이저가 되고 수퍼바이저로 남는다. 여기 어느 동료의 이야기가 있다.

> 나는 충실한 관계와 내 권위를 유지하는 것 사이의 긴장감으로 수퍼비전에서 가장 도전받고 흥분을 느낀다. 수퍼비전은 내 일에서 내 가장 자유로운 범위, 즉 활발하고, 자유롭게 할 수 있고, 프로세스에 대한 내 견해를 밝힐 수 있으며, 도전적이고, 미지의 세계로 여행을 떠나는 영역에 머물 수 있는 곳이다. 그 외에 내가 실제로 경계선을 지켜야 할 때, 내 권한으로, 진실을 위해서 좋은 관계를 위태롭게 해야 할 때는 반대 상황도 경험한다. 이런 일이 일어날 때마다 나는 이 위험하고, 자기 도전적이며, 잠깐 외로운 이 일이 또한 결국 마음을 정화하고, 나를 변화시킨다는 것을 발견했고, 궁극적으로 수퍼바이지와 나 자신과 우리의 관계를 매우 강화한다는 것을 알았다.

수퍼바이저가 되는 것은 다른 사람들이 자기 일에서 배우고 발전하도록 한 사람에게 수용력capacity과 기술을 늘릴 기회를 제공하는 것이다. 신임 수퍼바이저로서 당신은 압박감 때문에 멈추어 성찰하고, 프랙티셔너로서 일해온 방식을 분명히 표현하고, 많은 것들을 당연하게 여기기 시작한다. 도전 과제는 수퍼바이지가 자기 경험을 통해 어려운 작업 상황에서 자기 업무 스타일과 해결책을 개발하도록 돕는 것이다.

수퍼바이저가 되어야 하는 또 다른 이유는, 자주 부인되는 것인데, 다른 직원보다 한발 앞선 존재가 되는 그런 것일 수 있다. 우리 가운데 다수는 학교에서 2학년이 되었을 때의 기쁨을 기억할 것이다. 더는 가장 어리지도 않고 가장 어수룩하지도 않으며 이제 '뭐가 뭔지' 말해 줄 수 있는 다른 아이들이 있다는 기쁨 말이다. 신임 수퍼바이저들은 자신들의 가짜 대가 역할 - 모든 해답을 알고 있는 전문가 역할 - 을 강화하는 데 수퍼바이지를 이용함으로써 자신들의 염려를 감추고 싶어 할 수 있다.

마지막으로, 수퍼비전을 해주는 또 다른 감춰진 동기는 자신에게 적절한 수퍼비전을 준비하는 방법을 모르는 사람이 마치 이것이 마법처럼 자신에게 수퍼비전해줄 어떤 누군가에게 이어질 것이라는 헛된 희망을 품고 다른 직원에게 자기 자신이 필요로 하고 원하는 종류의 수퍼비전을 제공해줌으로써 보상할 수 있는 경우이다. 이것은 상담사로서 상담 도움을 요청하는 것이 어렵다고 생각하여 교육으로 대신하는 상황에 해당된다. 즉 이런 것과 관련된 패턴을 '선호하는 치료방식으로서의 교육'이라고 부른다.

시작하기

좋은 수퍼바이저가 되기 위한 첫 번째 필요조건은 자기를 위하여 좋은 수퍼비전을 적극적으로 준비하는 것이다(4장 참조). 자신에게 물어볼 만한 유용한 질문은 '나는 지금 하는 다른 일과 수퍼바이저가 되기 위해서 현재 적절한 수퍼비전을 받고 있는가?'이다.

당신이 수퍼바이저 역할을 맡으면 명백하고 은밀한 자기 동기들을 차분히 앉아 성찰하는 것이 도움이 된다. 이것은 더 부끄러운 동기를 억제하기 위해서가 아니라, 동기가 나타내는 욕구를 충족하는 적절한 방법을 찾기 위해서다. 당신이 받았던 긍정적인 그리고 부정적인 수퍼비전 경험의 예를 자세히 쓰는 것도 분명 가치 있는 일일 것이다. 당신의 긍정적인 롤모델은 어떤 것이고 어떤 종류의 수퍼비전 경험이 수퍼바이지를 만날 때 반복되는 것을 방지하기 위해 가장 좋은가? 이러한 예상은 당신이 하는 수퍼비전 세션에서 일어날 일의 분위기를 정할 수 있다. 만약 당신이 수퍼비전 세션을 충돌로 가득 차거나 문제투성이일 거라고 예상하며 들어간다면 그 세션은 그런 식으로 끝나게 될 것이다. 만약 당신이 흥미롭고 호의적이며 협력적일 거라고 예상하며 들어간다면 당신은 앞으로 있을 세션에 필요한 분위기를 만들어낼 것이다. 브리짓 프록터Brigid Procter(1988a)는 다음과 같은 전제로 시작하는 것이 가장 유익하다고 제안한다. 즉 대인 서비스직human service professions 종사자들이 의지할 수 있는 것들은 다음과 같다.

- 자신의 프랙티스를 모니터하기 원하고
- 역량을 개발하기 위해 배우고
- 지지와 격려에 응답하는 것

이런 기본적인 전제로 시작하는 것은, 비록 가끔은 전적으로 옳다고 보이지 않을지라도, 긍정적인 분위기를 만드는 데 도움이 된다. 당신은 수퍼비전에 대해 부정적인 문화를 갖고 있거나 수퍼비전 자체가 아예 없는 조직의 일원일 수도 있다. 어떤 어려움은 당신 것이 아니라는 사실을 깨닫고 더 잘 이해하기 위해 14장과 15장을 읽으라.

좋은 수퍼바이저에게 요구되는 자질

좋은 수퍼바이저가 되기 위해 필수적으로 요구되는 자질에는 다음과 같은 것들이 있다.

1. **유연성**: 이론적 개념, 광범위한 개입과 방법의 활용 사이에서 움직이는 자질
2. **다각적인 관점**: 같은 상황을 다양한 관점으로 볼 수 있는 능력
3. **수퍼비전에 필요한 전문성 및 지향성과 관련한 지식**
4. **문화적 다양성에 걸쳐 작업할 수 있는 능력**(8장 참조)
5. **불안을 처리하고 억누를 수 있는 수용력**: 자신과 수퍼바이지의 불안(9장 참조)
6. **배움에 대해 열려 있음**: 수퍼바이지에게서 그리고 드러나는 새로운 상황에서(2장 참조)
7. **광범위한 맥락의 이슈들에 대한 민감성**: 치료와 수퍼비전 과정에 미치는 영향(8장, 12장~15장 참조)

8. **적절하게 힘을 관리할 수 있는 능력**: 억압하지 않는 방식으로 하기(8장 참조)
9. **유머 감각, 겸손 그리고 인내**

이러한 자질, 인식과 기술들 대부분이 이미 당신이 가지고 있거나 조력 전문직에서 유능한 프랙티셔너가 되기 위해 자신이 개발했다는 것을 알게 될 것이다. 카리피오와 헤스Carifio & Hess(1987:244)는 '이상적인 수퍼바이저'의 자질을, 다른 직업이긴 하지만 '이상적인 심리치료사'의 자질과 유사하다고 보면서 다양한 출처를 인용한다. 이러한 자질은 공감과 이해, 조건 없는 긍정적 존중, 조화, 진심(Rogers 1957), 따뜻함과 자기개방(Coche 1977), 유연성, 배려, 관심, 노력 투입, 호기심 그리고 개방성(Albott 1984; Aldridge 1982; Gitterman & Miller 1977; Hess 1980, Gilbert & Evans; 2000)을 포함한다. 좋은 상담이나 코칭 기술도 유능한 수퍼바이저가 되기 위한 하나의 필요조건이다(Bond & Holland 2010; de Haan 2012).

브리짓 프록터(1988b)는 다음 글에서 이 점을 잘 이해한다.

> 수퍼바이저의 임무는 수퍼바이지가 자신과 자기 능력을 존중할 뿐만 아니라, 자신을 검토하고 도전하기에 충분히 안전하고 개방적이라고 느낄 때라는 전제하에, 자신이 받아들여지고, 존중받고, 이해받는다고 느끼도록 돕는 것이다. 이런 분위기가 없다면, 수퍼바이지는 비판적 피드백을 받아들이지도 않을뿐더러 관리자의 지시도 별로 신경 쓰지 않을 것이다.

또 흔히 스트레스받고 불안하고 화나거나 두려움을 지닌 채로 수퍼비전에 오는 사람도 있을 것이다. 수퍼바이지가 이러한 불편한 감정들을 이야기할 수 있을 만큼 안전하다고 느끼고 그것을 온전히 인식해야만 그들의 프랙티스를 충분히 명확하게 재평가할 수 있을 것이다.

현장 전문가로서 당신이 가진 기술과 풍부한 경험도 새로운 수퍼비전 역할에 관련이 있다. 신임 수퍼바이저들은 이 새로운 상황에 유용한 상담 기술을 적용하는 데 도움이 필요하다. 어떤 경우에는 너무 고집스럽게 자기 상담 기술을 고수해서, 앞에 언급했듯이 그들의 수퍼바이지를 유사 고객으로 바꿔버린다.

　수퍼비전을 시작하기 위해 수퍼비전의 경계를 이해하고 서로 분명하게 협의가 이뤄진 계약서를 작성하는 것이 중요하다. 많은 신임 수퍼바이저들은 어디까지가 수퍼비전이고, 어디가 치료나 상담의 시작점인지 걱정한다. 또 수퍼바이지들의 개인 문제들이 쏟아져 나올까 봐 불안해하기도 한다. 수퍼바이지들에게 치료사 역할을 하는 것에만 지나치게 열심인 경우도 있다. 때때로 수퍼바이지들은 자기 수퍼바이저를 '준 치료사'로 만들려고 한다.

　카두신Kadushin(1968)은 사회복지에서 비슷한 패턴을 수퍼바이지들이 '치료해주세요 때리지 말고……'라는 게임을 하고 있다고 묘사한다. 이런 게임은 수퍼바이저에게 다음과 같은 여러 가지 이유에서 지극히 유혹적일 수 있다.

1. 그 게임이 개인적 문제를 가진 사람들에게 여전히 관심이 있는 자기 안의 작업자에게 호소하기 때문에
2. 자기 안에 있는 관음증이 끌리기 때문에(많은 수퍼바이저들이 다른 사람의 사적인 삶을 공유하는 기회에 매료되어 있다)
3. 치료사로 선택된 것이 으쓱하게 하기 때문에
4. 그러한 상황에 대한 재정의가 허용되지 않는지가 확실하지 않기 때문에

　좋은 수퍼비전은 불가피하게 관심 일부를 수퍼바이지의 역동에 집중시켜야 하지만, 이는 언제나 작업과 관련된 문제에서 나와야 하고 이해하기 위해 그리고 작업을 더 잘 관리하기 위해 해야 한다.

　수퍼비전의 경계를 이해하기 위해 수퍼바이지의 작업 설정에 적합한 수퍼비전 구조를 개발하는 것이 중요하다. 이 구조는 수퍼바이지에게 설명할 수 있을 만큼 충분히 명확해야 하지만, 또한 다른 차원에서 다양한 상황에 따라 변화하는 수퍼바이지의 요구를 충족하는 데 적용할 수 있을 만큼 충분히 유연해야 한다.

　수퍼비전에서 요구되는 가장 어렵고 새로운 기술은 우리가 '헬리콥터 능력'이라고

부르는 것이다. 이것은 다음 영역들 사이에서 초점을 바꾸는 능력이다.

- 수퍼바이지가 묘사하는 고객
- 수퍼바이지와 그들의 프로세스
- 자기 프로세스와 수퍼바이지와의 지금-여기here-and-now 관계
- 더 넓은 맥락 안에서의 고객 그리고 수퍼바이지가 그와 똑같이 해보게 하기
- 조직의 더 넓은 맥락과 조직 상호 간 이슈들

이런 기술은 시작하기 전에 배울 수 없고 실제로 개발하는 데 여러 해가 걸린다. 중요한 것은 모든 가능한 단계와 관점의 실재를 아는 것이고 그 뒤 점차 그 세션 안에서 초점을 확장하는 것이다(7장 참조). 그렇지만, 모든 세션에서 모든 가능한 관점을 포함하는 것이 꼭 필수적인 것은 아니다. 오히려 수퍼바이지는 소화를 못 할 수도 있다. 마지막으로, 현재의 여러 가지 수퍼비전 지도와 모델로 넘어가기 전에, 우리는 수퍼바이저가 병행해야 하는 복잡한 역할을 살펴보려고 한다. 수퍼바이저의 역할을 명확히 하는 것은 명확한 구조화를 달성하는 데 절반을 차지한다.

수퍼바이저 역할

수퍼바이저 역할은 다음과 같은 많은 기능을 아울러야 한다.

- 지지해 주는 상담가
- 수퍼바이지가 배우고 발전하도록 돕는 교육자
- 수퍼바이지가 고객과 하는 작업의 질을 높이는 데 책임이 있는 관리자
- 수퍼비전 비용을 지급하는 조직에 책임이 있는 관리자 또는 컨설턴트

몇몇 저자들은 이것이 수퍼바이저에게 제공하는 역할의 복잡성을 살펴보았다(Hess 1980; Hawkins 1982; Holloway 1984, 1995; Ellis & Dell 1986; Bernard & Goodyear 1992; Carroll 1996; Hawkins & Smith 2006).

핵심 수퍼비전 기술에 관한 교육과정에서 우리는 수퍼바이저 수련생 모두를 그들의 삶에서 경험한 다양한 조력 관계와 이런 역할에 따른 그들의 기대와 처리 과정을 살펴보는 데 몰두하게 한다. 그들의 삶에서 도움을 요청하러 갔던 사람들의 유형을 브레인스토밍하게 요청하며 이러한 사람들에게 얘기한 그들의 필요는 무엇이고 받기를 기대했던 것은 무엇이었는지를 떠올려보게 한다. 전형적으로 보이는 목록을 [표 5.1]과 같이 정리하며 종료한다.

[표 5.1] 돕는 역할들

돕는 역할	그들에게 가져간 것	받기를 기대한 것
의사	증상들	진단, 치료
성직자	죄, 고백	참회, 용서
교사	무지, 질문	지식, 회답
법무관	불공평	변호
코치	낮은 성과	성과향상
판사	범죄	응징
친구	자기 자신	수용, 경청
어머니	상처	위로
자동차 정비사	기계적 결함	기술적 수리와 서비스

더 합법적인 역할이 수퍼비전에 명확하게 계약되고 정의되지 않았을 때, 물론 그게 있다면 더 적은 범위로, 수퍼바이저와 수퍼바이지는 위에 언급된 전형적인 거래 가운데 하나가 될 다른 관련 패턴으로 후퇴할 것이다. 혼선된 거래나 공모적 거래, 혹은 지정된 거래를 하게 될 가능성이 있다.

공모적 거래는 수퍼바이지가 위안을 주는 엄마를 기대할 때 그리고 수퍼바이저가 모든 게 괜찮다고 지속해서 말함으로써 잘 돌봐주는 역할을 할 때 일어난다. 그러한 공모적 거래는 당시 양측 모두에게 좋게 느껴질 수는 있으나 수퍼비전의 필요보다는 양측의 신경증적인 요구를 채우기 때문에 비생산적이다.

반면에 수퍼바이지가 위안을 주는 엄마를 기대하고 수퍼바이저는 판사 역할을 한다면, 혼선된 거래일 수 있다. 이런 경우 수퍼바이지는 아마 제대로 이해받지 못하고 무시당한다고 느끼며 그 수퍼바이저에게 지지받지 못한다고 느낄 것이다.

지정된 거래의 경우는 당사자 둘 중 한 명이 행하는 패턴이나 게임의 이름을 지정하기 때문에 그 패턴이나 게임은 모르는 것이라기보다는 선택되고 어쩌면 강제적인 과정이 된다.

수퍼바이저는 교육자, 지지자 그리고 가끔은 관리자 역할을 적절히 조합하여 겸비할 수 있어야 한다. 호손Hawthorn(1975:179)이 말했듯이 '이것들을 편안하고 유능한 정체성으로 통합하기 위한 노력과 경험이 필요하다.'

적절한 권위와 힘 갖기

수퍼바이저의 역할을 둘러싼 여러 가지 갈등은 많은 수퍼바이저들이 역할에 내재한 권위를 취하고 힘을 다루는 적절한 방법을 찾는 데서 오는 어려움 때문에 나타난다. 릴리안 호손Lillian Hawthorn(1975:179)은 이 어렵고도 중대한 과제에 대해 이렇게 말한다.

> 많은 수퍼바이저들, 특히 신임들이 자신의 새로운 권위에 적응하는 데 어려움을 겪는다……. 지배와 복종 사이에서 자신의 개인적인 삶을 위해 노력한 균형이 새로운 책임을 맡으면서 무너진다. 수퍼비전 관계는 복잡하고, 긴장되며 은밀하다……. 때로는 수퍼바이저가 자기 역할에 대한 요구사항에 익숙하지 않아서, 또는 권위에 대한 개인적인 경험에서 비롯되는 어려움이나 일대일 관계에서 겪는 불편으로 인해 (권위에 대한) 노력이 방해받기도 한다.

호손은 이를 수퍼바이저가 힘을 포기하거나 힘을 조종하는 것 같은 게임으로 묘사한다. 이는 에릭 베른Eric Berne과 다른 저자들의 상담, 코칭 그리고 심리치료의 교류분석 연구에서 설명하고 있다. 포기하는 게임abdication games은 다음을 포함한다.

- '그들은 나에게 시키지 않을 거야.' 당신이 요구하는 것에 동의하고 싶지만, 고위 관리자들은 나에게 기회를 주지 않아.
- '한심하구나!' 주간 회의를 취소하는 게 유감스럽지만 임원에게 제출할 이 월간 리스트 때문에 내가 얼마나 바쁜지 상상도 못 할 거야.
- '나는 정말 좋은 사람이야.' 내가 당신에게 얼마나 유익하고 예의 바른지 봐.
- '가는 질문이 있으면 오는 게 있어야지.' 그 질문에 어떻게 대답할 건가요?

힘을 조종하는 게임은 이것을 포함한다.

- '누가 보스인지 기억해.' 자기 역할의 권력을 인위적으로 주장하기
- '난 너를 고자질할 거야.' 더 높은 고위 관리자에게 수퍼바이지 정보를 넘겨준다고 협박하기
- '아버지나 어머니가 제일 잘 알아.' 부모나 은인의 태도로 행동하기
- '내가 도스토예프스키를 아는 것처럼 당신도 안다면.' 수퍼바이지가 열등감을 느끼도록 자기 지식 자랑하기

8장 비교문화 수퍼비전에서는 개인적인 힘, 문화적인 힘 그리고 역할의 힘 사이의 상호작용을 탐구한다. 수퍼바이저 역할과 함께 권력의 세 가지 각 영역에서 우리 힘을 인식하고, 수퍼바이지의 특정한 배경에 적절하고, 성의 있는, 반 억압적인 그리고 민감한 방식으로 이 권력을 활용하는 법을 배울 책임이 있다.

호킨스와 스미스(2006)의 책에 수퍼바이저가 자기 '권위, 존재감 그리고 영향력'을 개발하는 방법, 탐구하기에 안전한 장소 그리고 수퍼바이지와 그들의 일에 변혁적 전

환이 가능하도록 충분한 경계선을 만드는 데 세 가지 모두가 얼마나 필수적인지를 보여주는 유용한 모델이 있다.

다음 장에서는 교육자, 지지자 그리고 관리자 역할을 겸하는 긍정적인 방법, 그들과의 수퍼비전 계약과 수퍼바이지의 경험에 따라 적절하게 권위를 발휘하는 방법을 살펴볼 것이다.

윤리

수퍼비전을 시작하기 전에 당신의 고객인 수퍼바이지와 전문 작업의 윤리적 근거를 강화하기 위해 윤리 기준을 다시 검토하는 것은 중요하다. 수퍼바이저로서 작업하면서 윤리 기준의 각 조항을 어떻게 적용하는가도 포함한다. 어떤 전문 단체의 경우 자신들만의 윤리적 기준과 수퍼바이저의 전문가 기준을 추가로 갖고 있으며, 자기의 최신 직업 규약과 수퍼비전 윤리에 스스로 익숙해질 것을 권하고 있다. 당신 역시 수퍼바이저와 수퍼바이지가 지켜야 한다고 생각하는 원칙 목록을 작성할 수 있을 것이다. 9장에서 윤리를 더 충분히 논의할 것이다.

수퍼바이저로서 자기계발 관리하기

신임 수퍼바이저들이 자주 고수하는 두 가지 태도가 있다.

- 이제 나는 수퍼바이저가 되었으니까 그것을 어떻게 하는지 알아야 하고 그 작업을 하면서 그냥 헤쳐 나가야만 한다.
- 나는 수퍼비전에 대해 아무것도 모른다. 적합한 수퍼바이저가 되기 위해 내가 배울 유일한 방법은 완전한 수퍼비전 교육과정에서 배우는 것이다.

이런 두 가지 생각 모두 쓸모없고, 신임 수퍼바이저가 자기 지식과 능력을, 그리고 이것들 너머에 있는 그들이 배워야 하는 것을 신중하게 평가하지 못하게 한다. 또 유능한 수퍼바이저가 되기 위한 학습은 매우 다양한 원천에서 올 수 있으며 평생 과정이라는 사실을 깨닫지 못하게 한다. 좋은 교육과정은 수퍼바이저가 성장하는 데 필수적인 구성요소다. 그러나 배움의 가능성은 정말 다양하며 그 각각이 반영하는 다양한 조합을 활용해 더 다양하게 배울 수 있는 여러 가지 방식 가운데 하나일 뿐이다.

가능한 학습 프로그램은 [그림 5.1] 같이 열거할 수 있다. 이 학습주기는 어느 방향으로도 흐를 수 있고, 개개인의 학습 욕구와 기회에 가장 잘 맞는 여러 가지 방법으로 재정리할 수 있다. 그렇지만 만약 당신이 학습을 체계적으로 하려 한다면 자기평가와 학습 요구를 조사해 본 다음 학습 과정을 시작하는 것이 좋다.

수퍼비전을 숙련하는 데는 역량competence, 능력capabilities, 수용력capacities에 대한 다양한 측면과 범주가 있다는 점을 인식하는 것이 중요하다. 호킨스와 스미스(2006)는 이를 다음과 같이 정의했다.

- **역량**competencies: 기술이나 도구를 사용할 수 있는 능력으로 본다.
- **능력**capability: 올바른 장소와 적당한 순간에 올바른 방법으로 그 기술이나 도구를 사용할 수 있는 능력이다.
- **수용력**capacity: 기술이라기보다 사람의 자질이며, 하는 일보다는 어떤 사람인가에 더 관련이 있다.

수퍼비전 교육에서 수퍼바이저, 수퍼바이지, 동료와 교사에게시 피드백 받는 데 사용할 수 있는 자기평가, 360도 평가도구를 수퍼비전 훈련생들에게 제공한다. 이는 www.cstd.co.uk에서 이용할 수 있다.

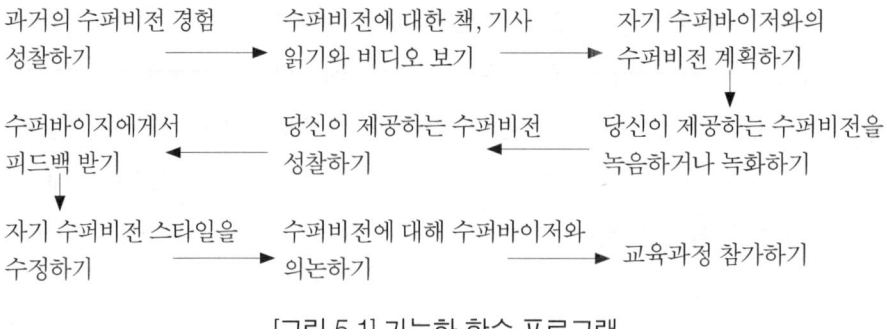

[그림 5.1] 가능한 학습 프로그램

결론

수퍼바이저가 되는 것은 복잡하고 질적 수준을 높이는 일이다. 이는 고객과의 작업과 믿을 수 없을 정도로 비슷하며 그 작업에서 사용하는 여러 기술을 활용한다. 그렇지만 수퍼바이저는 그것이 내용, 초점, 그리고 경계가 어떻게 다르고, 더 복잡한 윤리적 민감성이 수반된다는 점을 명확히 해야 한다. 또 수퍼바이저 역할에 대한 감정, 동기, 기대를 충분히 탐색하는 것도 중요한데 이는 세션에서 설정된 수퍼비전 분위기에 큰 영향을 미칠 수 있기 때문이다. 무엇보다도 수퍼비전은 두 사람 모두 지속해서 배우는 공간이다. 좋은 수퍼바이저가 되는 길은 수퍼바이지의 작업뿐만 아니라 수퍼바이저로서 우리 스스로가 무엇을 하고, 어떻게 수행해야 하는지 주기적으로 묻는 일이다.

6장. 지도, 모델 그리고 수퍼비전 프로세스

서론
수퍼비전이란 무엇인가?
수퍼비전의 기능
수퍼비전의 유형
CLEAR 수퍼비전 모델
CLEAR 모델 각 단계의 유용한 질문/응답
계약서 작성하기
계약 협상하기
비공식적 수퍼비전 합의
e-수퍼비전
수퍼비전 스타일
다양한 성찰과 선 숙고 방법들
수퍼비전의 발달적 접근법
발달적 접근법 검토하기
선행연구
결론

서론

이 장에서는 수퍼비전의 이론적 배경과 구조와 프로세스를 살펴본다. 특별히 신임 수퍼바이저들이 다양한 측면과 가능한 스타일을 널리 관찰할 수 있도록 수퍼비전이 무엇인지, 어떠한 유형이 있는지 등에 중점을 두었다. 이를 통해 자기 수퍼비전 스타일을 확인하고, 수퍼바이지와 그들이 처한 작업환경에 가장 적절한 방식을 찾을 수 있도록 한다.

수퍼비전이란 무엇인가?

여러 해 동안 수퍼비전을 주고받으며 다양한 분야의 사람들을 돕는 전문직 분야에서 수퍼바이저들을 교육하고, 그들을 수퍼비전하고, 수퍼비전을 연구하고 글을 써왔다. 이를 통해 도달한 수퍼비전의 정의는 다음과 같다.

> **수퍼비전은 프랙티셔너가 수퍼바이저의 도움으로 고객을 돌보고, 고객-프랙티셔너 관계의 일부분인 자신과 더 넓은 체계적 맥락을 돌보는 공동의 노력이다. 이런 작업을 통해 자기 작업의 질적 수준을 개선하고, 고객과의 관계를 변화시킨다. 프랙티셔너는 지속해서 자기 자신의 성장을 도모하고, 자기 프랙티스와 전문성을 더욱 폭넓게 개발한다.**

이것이 길고 복잡한 정의라는 것은 알지만, 수퍼비전 자체가 수많은 주요 이해당사자들에게 이바지하기 위한 시도로써 복잡한 과제를 어떻게 수퍼비전하는지에 대한 이해가 필수라고 생각한다. 최소한 수퍼비전은 다음과 같은 부문에 서비스를 제공해야 한다.

- 수퍼바이지의 학습과 개발
- 수퍼바이지의 고객과 그들이 받는 서비스의 질
- 수퍼바이지를 고용한 조직과 그 조직에서 진행하는 작업의 유효성과 효율성
- 수퍼바이지의 업무와 어쩌면 수퍼바이저 업무까지 그 전문직의 지속적 학습과 개발

우리는 수퍼비전이 넷 이상의 주인을 섬길 수 있고, 섬겨야 한다고 믿는다. 이 정의를 더 잘 이해하기 위해 각 구절을 살펴보자.

수퍼비전은 공동의 노력이다 - 수퍼비전이 수퍼바이지에 대한, 수퍼바이저에 의한

활동으로 보이지 않는 것이 중요하다. 수퍼바이지와 수퍼바이저 둘 다, 분명한 계약 안에서, 수퍼바이지와 더 넓은 체계 안에 고용되어 있고, 직면한 작업에 도전하기 위해 어깨를 나란히 하고 서서, 파트너십으로 작업해야 할 필요가 있다.

프랙티셔너가 수퍼바이저의 도움을 받으며 고객을 돌보고 - 수퍼비전은 언제나 고객과 연관되어 있다. 만약 그렇지 않으면 직장에서 하는 상담과 같은 형태가 된다. 수퍼바이지가 한 걸음 뒤로 물러나 자기 고객을 가장 잘 돕는 것이 무엇인지, 무엇이 그들에게 최선인지를 검토하고 이해하는 기회를 제공한다.

고객 프랙티셔너 관계의 일부분인 자기 자신을 돌보고 - 고객을 객관적으로 이해할 수 있는 것도 아니고, 그리 바람직한 것도 아니다. 그렇지만 프랙티셔너는 고객을 직업적 관계의 맥락 안에서 이해해야 하고 이것은 관계적 맥락의 일부로써 자신에 대한 성찰이 따른다고 생각한다.

그리고 더 폭넓은 체계적 맥락을 돌본다 - 고객과의 관계는 고립되어 존재하는 것이 아니라 항상 체계적 맥락 안에 존재한다. 그것은 고객의 가족이나 사회적 맥락과 마찬가지로 조직이 운영하는 조직적인 직업적 맥락, 더 넓은 사회, 문화, 정치적 맥락을 포함한다(Hawkins 2011c 참조).

그렇게 함으로써 그들이 자기 작업의 질적 수준을 개선하고, 고객과의 관계를 변화하고, 지속해서 그들 자신과 자기 프랙티스와 전문성을 더욱 폭넓게 개발한다 - 수퍼비전은 단순한 성찰적 과정이 아니라 수퍼바이지, 그들의 고객과 미래의 프랙티스 그리고 조직과 이 직업에서 학습과 성과 향상을 이끌어내는 과정이다. 이 책의 뒷부분 (14장)에서 수퍼비전이 단지 현재 조직과 직업의 운영 방식에서 더 많은 상급자가 더 많은 부하직원들을 발전시키는 과정이 아니라, 조직적이고 전문적인 학습의 원천이어야 한다는 점에서 수퍼비전의 중요성을 상세히 기술하고 있다.

우리의 연구는 초기에 만들어진 수퍼비전 정의에 기반을 둔다. 심리치료 분야에서 헤스Hess(1980:25)는 수퍼비전을 아래와 같이 정의한다.

> 한 사람, 수퍼바이저가 다른 사람, 수퍼바이지를 만나 그들이 사람들을 돕는 일에 더 유능하게 한다는 일반적인 목표를 가진 전형적인 대인관계 상호작용이다.

이것은 로건빌Loganbill 등(1983:4)이 만든 가장 일반적으로 사용되는 다음의 수퍼비전 정의와 유사하다.

> 어떤 사람의 치료 역량 개발을 촉진하기 위해 한 사람을 지정해주는 집중적이고 관계 중심적인 일대일 관계이다.

그렇지만 이 두 가지 다 수퍼바이지에게 너무 많이 초점이 맞춰져 있다고 생각한다. 영국 상담심리치료협회The British Association of Counselling and Psychotherapy(1987:2)는 고객의 혜택에 더 강조점을 둔다. 그들은 이렇게 말한다. '수퍼비전의 주요한 목적은 고객의 최선의 이익을 보호하는 것이다.' 우리는 이것이 수퍼비전의 핵심 목적들 가운데 하나일 뿐이고 더 넓은 체계적 맥락에서 수퍼비전을 바라볼 필요가 있다는 것에 대해 논의하곤 했다. 호킨스Hawkins(2011c:167)는 네 개의 핵심 기둥에 기반을 둔 체계적 수퍼비전을 다음과 같이 정의한다.

1. 체계적 관점에 의해 알려진 것이다.
2. 체계적 학습과 성장을 위한 모든 부분을 제공하는 것이다.
3. 그들의 체계적 맥락과 관련지어 고객을 돌보는 것이다.
4. 체계적 영역의 일부분으로 수퍼바이지와 수퍼바이저를 포함해서 성찰한다.

체계적으로 수퍼비전하는 것은 바그너의 오페라 제목과 같이 주인공인 기사 파르지팔Parsifal이 성배의 전설에 나오는 그레일 성Grail Castle에서 하지 못했던 질문을 정중히 물어보도록 요구한다. '수퍼비전은 누구를, 그리고 무엇을 돕는가?'(Hawkins 2011a, 2011c). 수퍼바이저로서 당신에게는 당신 자신과 수퍼바이지가 공동으로 돕는 최소 다음과 같은 네 개의 이해당사자가 있다는 것을 생각해 보면 이 질문에 대한 답을 알 수 있다.

- 수퍼바이지와 그들의 학습, 성장, 그리고 행복
- 수퍼바이지의 고객들과 그들이 받는 서비스의 질적 수준과 안전
- (수퍼비전 비용을 대는) 수퍼바이지의 조직과 안심할 수 있고 '돈에 합당한 만큼 가치 있는' 서비스를 해야 하는 그들의 요구
- 수퍼바이저와 수퍼바이지 둘 다 속한 전문 분야와 지속적 배움과 성장, 그와 관련한 명성과 라이센스를 보호할 필요

그러나 이것은 시작에 불과하다. 왜냐하면 수퍼비전 과제는 기술을 개발하고, 수퍼바이지의 능력을 이해하는 것뿐만 아니라, 그 환경에 따라 다른 기능도 있을 수 있다. 다양한 기능을 결합하는 것은 좋은 프랙티스의 핵심이다.

수퍼비전의 기능

사회복지 수퍼비전에 대한 글을 쓴 카두신Kadushin(1976)은 세 가지 주요 기능이나 역할을 설명했는데, 그것을 교육적, 지지적, 관리적 기능(역할)이라 이름 붙였다.

프록터Procter(1988b)는 상담 수퍼비전의 주요 과정을 비슷하게 분류했으며 그 용어는 구성적, 회복적, 규범적 과정이라고 했다.

코칭수퍼비전에 대한 글을 쓴 호킨스와 스미스Hawkins & Smith(2006)는 그 세 가지 주요 기능을 발달적, 자원 조달적, 질적인 기능이라고 설명했다. 카두신Kadushin은 수퍼바이저의 역할에 초점을 맞춰 기능을 설명했다. 프록터Procter는 수퍼바이지의 이익에 초점을 둔 반면 호킨스와 스미스는 수퍼바이저와 수퍼바이지 둘 다에 관련된 프로세스에 초점을 두었다.

발달적 기능

위에 언급된 모든 정의에서 강조된 발달적 기능은 수퍼바이지의 기술과 이해심, 그리고 수용력capacities을 개발하는 것에 관한 것이다. 이것은 수퍼바이지가 고객과의 작업에 대한 성찰과 탐구를 통해 수행하는 것이며 다음의 방법들로 도움을 받을 수도 있다.

- 고객을 더 잘 이해하기
- 고객에 대한 그들의 독특한 태도와 반응을 더 잘 인식하기
- 그들과 고객 사이에 상호작용의 역동을 이해하기
- 그들이 어떻게 개입하는지와 그 결과를 자세히 살펴보기
- 이 일을 하는 다른 방식과 유사한 다른 고객 상황 탐구하기

[표 6.1] 세 가지 주요 기능

호킨스와 스미스(2006)	프록터(1988b)	카두신(1976)
발달적 기능	구성적인 기능	교육적 기능
자원 조달 기능	회복시키는 기능	지지적 기능
질적 기능	규범적 기능	관리적 기능

자원 조달 기능

자원 조달 기능은 고객과 개인적인 일로 연관된 어떤 작업자가 불가피하게 고객의 걱정과 고통과 분열에 어떻게 영향을 받게 되는지, 이것이 어떻게 영향을 미치는지 깨닫고 반응을 다루는 데 얼마나 시간이 필요한지 등에 대응하는 방법이다. 작업자가 감정이 차고 넘치지over-full 않게 되는 것이 문제의 핵심이다. 이런 감정들은 고객에게 공감하거나 재자극restimulation을 받음으로써 생겨날 수 있거나 고객에 대한 반응일 수 있

다. 이런 감정을 처리하지 않으면 곧 고객에게 지나치게 찬동하거나 고객으로 인해 너무 영향받는 것을 방어하게 된다. 이는 결코 유능한 작업자가 아니다. 이것은 결국 스트레스와 이제는 흔히 '번아웃burnout'이라고 부르는 것으로 이어진다(2장 참조). 1920년대 영국 광부들은 '탄광 입구의 시간'을 위해, 즉 집에 더러운 채로 가지 않고 업무 시간 내에 석탄 먼지를 씻을 권리를 위해 싸웠다. 수퍼비전은 개인의 고통, 질병, 균열의 채탄 막장에서 일하는 것과 같다.

질적 기능

수퍼비전의 질적 측면은 사람들과의 작업에 있어서 질적 수준을 관리하는 기능을 제공한다. 어떤 사람이 작업자로서 현장에서의 일을 우리와 같이 살펴봐 달라고 하는 요구를 할 수밖에 없게 만드는 것은 반드시 훈련과 경험이 부족하기 때문만은 아니다. 그것은 우리의 상처와 편견에서 올 수밖에 없는 불가피한 인간의 결함과 약점 때문이다. 여러 주어진 환경 속에서 수퍼바이저는 고객의 복지를 위해, 수퍼바이지가 고객과 어떻게 작업하는지에 대해 책임을 져야만 한다. 수퍼바이저들은 그 일이 수행되고 있는 기관의 규범이 유지되도록 지켜야 할 책임이 있다. 거의 모든 수퍼바이저들이, 심지어 그들이 직속 상사가 아닐 때도 수퍼바이지의 일이 적절하고 정해진 윤리적, 직업적 규범 범위 안에서 이루어지도록 보장해야 하는 책임이 있다.

데이비스와 베도Davis & Bedoe(2010)는 중재 기능이라고 하는 네 번째 수퍼비전 기능을 첨가했는데, 수퍼바이저가 수퍼바이지, 그들이 일하는 조직, 그들의 교육 단체 또는 다양한 다른 이해당사자들(9장 참조) 사이에서 중재할 수도 있다는 점을 지적했다.

프록터Procter(1988b)는 다양한 수퍼비전 기능들을 설명하고 하나에서 다른 것으로 이동하는 방법을 보여주기 위해 짧고 흥미로운 글을 제공한다.

> 청소년 치료센터의 한 교사가 5년간의 힘든 시간을 보낸 뒤 그만두려고 한다. 그녀는 자신이 개발해온 기술을 검토할 시간을 요구한다. 그렇지만 그녀는 떠나기 전에 먼저

가깝고, 진지하고, 친밀하고, 구조화된 환경을 떠나면서 갖게 되는 그녀의 상실감과 혼란한 감정을 이야기할 필요가 있다는 점이 분명해진다(분명히 발달적 과제가 회복적이거나 자원 조달적이 된다).

임신 관련 조언자가 15세인 고객에 관해 자신의 윤리적이고 법적인 딜레마에 관해 이야기한다. 그녀가 요청한 20분을 준 뒤에, 그 그룹은 다음 주의 모든 수퍼비전을 비밀리에 그들의 작업에서 발생한 비밀보장 이슈에 시간을 쓰기로 했다(질적 수준 관리라는 과제가 발달적이 된다).

학생부 교사가 상담하고 있는 한 소년에 대해 논의하기 시작한다. 수퍼바이저가 시작한 사회극socio-drama을 통해, 그 그룹은 교사와 소년이 처한 복잡한 시스템, 그리고 그 두 사람에 대한 부모와 교장과 사회복지사와 또 다른 이들의 서로 다른 기대를 그가 알게 했다. 결국 그는 자신이 선택한 업무와 역할이 더 분명해졌다고 말했다(세 가지 기능 전부 해당).

수퍼바이저 교육에서 우리는 수퍼비전의 주요한 초점이라고 생각하는 것을 목록으로 만들고 이것들을 세 개의 범주로 연결함으로써 수퍼비전 기능을 정교하게 만들었다([표 6.2] 참조).

이리하여 비록 다른 환경에서 어떤 한 측면이 다른 것들보다 더 두드러진다 할지라도, 수퍼비전은 발달적이고, 자원 조달적이며 질적 구성요소를 갖게 되었다. 그리고 다른 측면들도 많은 수퍼비전 초점에서 완전히 분리되지 않고 결합하여 있다. 우리는 다른 책에서(Hawkins 1982) 어떻게 이 세 영역이 뚜렷이 다르면서도 또 매우 겹치는지를 보여주는 우리의 독특한 모델을 설명했다. 많은 수퍼비전이 발달적이고, 자원 조달적이며 질적인 고려사항들이 모두 섞이면서 일어난다.

[표 6.2] 수퍼비전의 주요 초점들

초점의 주 카테고리들	기능 카테고리들
• 수퍼바이지가 자기 일에 대한 내용과 프로세스를 성찰할 정기적 공간을 제공하기	발달적 기능
• 그 일 안에서 이해와 기술을 개발하기	발달적 기능
• 일에 관한 정보와 다른 관점을 얻기	발달적/자원 조달 기능
• 내용과 프로세스에 대해 피드백 받기	발달적/자원 조달 기능
• 개인으로서 또 작업자로서 인정받고 지원받기	자원 조달 기능
• 개인으로서 또 작업자로서 자신이 불필요하게 혼자 어려움, 문제, 투사를 감당하도록 내버려 두지 않는다는 것을 보증하기	자원 조달 기능
• 그 일로 인해 꺼낼 수 있는 개인의 고충, 재자극, 전이 또는 역전이를 탐구하고 표현할 공간을 확보하기	질적/자원 조달 기능
• 개인적이고 전문적인 자원을 계획하고 더 잘 이용하기	질적/자원 조달 기능
• 사후 대응하기보다 사전 예방하기	질적/자원 조달 기능
• 업무의 질적 수준 보증하기	질적 기능

수퍼비전 유형

모든 수퍼비전 관계에서 계약서를 분명히 작성하는 것과 그 계약서에서 발달적, 자원 조달적, 질적 책임을 수퍼바이저가 지고 가는지 정하는 것이 중요하다. 계약의 첫 단계는 수퍼비전의 주요 카테고리 가운데 어느 것이 수퍼바이지가 요청하는 것이고, 수퍼바이저가 제공해야 하는 것이 어느 것이고 어느 것이 아닌지를 확실히 하는 것이다. 그 주요 카테고리는 다음과 같다.

개인지도 수퍼비전

개인지도 수퍼비전은 수퍼비전의 구조화가 개인 교사의 책임, 개발적 기능에 전적으로 더 집중되어 있다. 특정 고객과 함께한 작업을 탐구하기 위한 코스에 맞춰 프랙티셔너를 돕고, 수련생의 작업현장에 있는 누군가에게 자원 개발적이고 질적인 수퍼비전 기능을 제공받는다.

교육 수퍼비전

교육 수퍼비전은 개발적 기능을 강조하고 수퍼바이지는 훈련이나 수습생 역할로 있을 것이다. 그들은 현장 실습 중인 학생, 사회복지사이거나 고객들을 교육하는 심리치료 훈련생일지도 모른다. 개인지도 수퍼비전과의 차이는 수퍼바이저가 고객 작업에 어떤 책임을 지는 것이고 그러므로 대단히 중요한 질적인 역할을 한다.

경영관리 수퍼비전

경영관리 수퍼비전이라는 용어는 수퍼바이저가 수퍼바이지의 직속 상사일 때 사용한다. 수퍼비전 훈련에서 수퍼바이저는 고객과 진행된 작업에 대해 분명한 책임감을 느낀다. 그러나 수퍼바이저와 수퍼바이지는 교육자와 훈련받는 사람의 관계보다는 관리자-부하직원 관계일 것이다.

컨설팅 수퍼비전

컨설팅 수퍼비전은 수퍼바이지가 고객을 대상으로 하는 그 일에 계속 책임을 지지만 그들의 교육자도 관리자도 아닌 수퍼바이저와 그들이 탐구하기 원하는 이슈를 컨설팅한다. 이런 형태의 수퍼비전은 숙련되고 자격을 갖춘 프랙티셔너를 위한 것이다.

지금까지는 더 숙련된 수퍼바이저가 덜 숙련된 수퍼바이지와 일하는 수직적인 수퍼비전만을 설명했다. 같은 등급의 수퍼바이지와의 수평적 수퍼비전 계약도 가능하다. 이것은 더 나아가 11장에 동료 그룹peer-group 수퍼비전에서 다루게 될 것이다. 또 일대일 동료 수퍼비전 계약도 가능하다. 이것은 일반적으로 컨설팅 수퍼비전의 형태가 되겠지만 또한 동료 학습 요소를 가질 수도 있다.

CLEAR 수퍼비전 모델

CLEAR 수퍼비전 모델([표 6.3])은 1980년대 피터 호킨스가 개발한 첫 번째 모델이었고 그 뒤 코칭에 적용하고 있다(Hawkins & Smith, 2006 참조).

[표 6.3] CLEAR 수퍼비전 모델

- **Contract** 계약: 수퍼비전 세션은 고객이 바라는 결과를 얻고, 가려진 욕구는 무엇이며 어떻게 수퍼바이저와 수퍼비전 세션이 가장 가치 있게 될 수 있는지 이해하는 것으로 시작한다. 또 둘 다 기본적인 규정과 역할에 동의할 것이다.
- **Listen** 경청: 적극적인 경청과 촉매적catalytic 개입(헤론Heron 모델 참조, 10장)을 하므로, 수퍼바이저는 수퍼바이지가 차별화하기 원하는 상황을 이해하도록 돕는다. 수퍼바이저는 수퍼바이지가 다른 사람의 입장에 선 것처럼 이해하고 느끼는 방법을 알게 해야 한다. 게다가 수퍼바이저는 수퍼바이지가 공유된 부분에서 재구조화하고 새로운 관계를 맺음으로써 더 온전히 경청할 수 있게 한다.
- **Explore** 탐구: 질문, 성찰 그리고 새로운 통찰과 인식을 통해, 수퍼바이저는 수퍼바이지가 고객과의 관계나 작업에서 일어나는 문제들을 다루는 다양한 대안을 만들 수 있게 한다.
- **Action:** 실행 그 상황 안에서 다양한 역동을 탐구하고 그것을 다루는 다양한 대안을 개발함으로써, 수퍼바이지는 나아갈 길을 선택하고 그 첫 단계를 합의한다. 이 점에서 '급속 예행연습'을 하는 것, 미래의 첫걸음을 현장에서 실천하는 것이 유용할 수 있다.
- **Review:** 검토 합의했던 실행방안을 검토하기. 수퍼바이저도 수퍼비전 프로세스에 대해 무엇이 도움이 되었는지, 무엇이 어려웠는지, 그리고 다음의 수퍼비전 세션에서는 무엇이 달랐으면 좋겠는지 수퍼바이지의 피드백을 장려한다(10장의 피드백 부분 참조). 실행방안을 다음 수퍼비전 세션에서 어떻게 검토할 것인지 합의함으로써 그 일을 완성한다.

CLEAR 모델 각 단계의 유용한 질문/응답

다른 사람들을 도울 때 상황을 더 깊이 탐구하기 위해 유용하다고 알려진 질문과 개입 사례들이 있다.

1. **계약하기**: 목표를 염두에 두고 시작하기, 그리고 어떻게 함께 그곳에 도달할지 합의하기
   - 시간을 어떻게 쓰고 싶은가요?
   - 이 세션에서 가장 얻고 싶은 것은 무엇인가요?
   - 어떻게 하면 내가 당신에게 가장 유익할까요?
   - 특별히 우리가 집중하고 싶은 것은 무엇인가요?
   - 어떤 도전에 직면하고 있나요?

2. **경청하기**: 수퍼바이지가 그 상황에 개인적 통찰을 일으키도록 촉진하기
   - 그것에 대해 더 얘기할 수 있나요?
   - 당신이 얘기하지 않은 연관된 어떤 사람들이 있나요?
   - 다른 사람들 - 상사, 동료, 팀 - 은 그 상황을 어떻게 보나요?
   - 내가 그 이슈를 요약할 수 있는지 봅시다.

3. **탐구하기 1**: 수퍼바이지가 그 상황에 대한 개인적 영향력을 이해하도록 돕기
   - 지금 기분이 어떤가요?
   - 당신이 표현하지 않은 어떤 감정들이 있나요?
   - 이 사람은 당신에게 다른 누군가를 생각나게 하나요? 그 사람에게 뭐라고 얘기하고 싶은가요?
   - 이 상황에서 당신이 반복하는 패턴은 무엇인가요?

   탐구하기 2: 수퍼바이지가 이 상황을 해결하는 미래 행동에 새로운 가능성을 만들도록 도전하기
   - 당신과 다른 이들이 원하는 결과는 무엇인가요?
   - 그 결과를 얻기 위해 당신과 팀 구성원들의 어떤 행동이 달라져야 할까요?

- 당신이 아직 상담받아 보지 않은 사람 가운데 누가 도움을 줄 수 있을까요?
- 이 상황과 씨름하는 다른 방법 네 가지를 생각해 보시겠어요?

4. **실행하기**: 앞의 방법들에 전념하고 새로운 단계를 만드는 수퍼바이지를 지지하기
   - 가능한 각 전략의 장단점은 무엇인가요?
   - 장기적인 목표는 무엇인가요?
   - 실행해야 할 첫걸음은 무엇일까요?
   - 정확히 언제 그것을 할 예정인가요?
   - 계획은 현실적인가요? 성공할 확률은 몇 퍼센트인가요?
   - 다음 세션에서 쓸 첫 대사를 보여줄 수 있나요?

5. **검토하기** 1: 평가하기. 그리고 드러나지 않은 기반과 합의 사항 강화하기. 프로세스와 그것이 어떻게 개선될 수 있는지 재검토하기. 시도해본 실행방안 이후의 검토 계획 세우기.
   - 다음에 무엇을 하기로 하셨나요?
   - 이 세션에서 배운 것은 무엇인가요?
   - 유사한 상황을 처리하기 위해 능력을 어떻게 증진했나요?
   - 이 수퍼비전 과정에서 유익하다고 생각한 것은 무엇인가요?
   - 이 수퍼비전 과정에서 다음번에 무엇이 더 나아질 수 있을까요?

검토하기 2: 다음 세션에서 세션 사이에 실행한 것을 보고 받기
   - 계획했던 것이 어떻게 진행되었나요?
   - 당신이 한 일을 어떻게 생각하나요?
   - 어떤 피드백을 받았나요?
   - 잘한 것은 무엇이고 훨씬 더 잘할 수 있었던 것은 무엇인가요?
   - 일어난 일에서 무엇을 배웠나요?

수퍼비전이 거쳐 가는 전형적인 단계를 설명하는 다양하고 유용한 모델들이 있다. 페이지와 워스킷Page & Wosket(2001)은 수퍼비전이 **계약에서 초점으로, 공간으로, 검토하**

는 **가교**로 진행하는 것을 보여주는 유용한 5단계 모델을 가지고 있다. 데이비스와 베도(2010:95)는 **사건**, **탐구**, **실험** 그리고 **평가**로 진행하는 성찰적인 학습 프로세스 모델을 소개한다.

계약서 작성하기

모든 형태의 수퍼비전 관계는 양쪽이 만들고 서식화한 분명한 계약서로 시작해야 하며, 조직과 직업이 필요로 하는 기대를 반영해야 한다. 계약에 적용되어야 할 5가지 핵심 영역은 다음과 같다.

- 현실성
- 경계관리
- 작업동맹
- 세션 구성
- 조직적이고 전문적인 맥락

이것들은 페이지와 워스킷(2001) 그리고 캐롤(1996)의 계약하기에 관한 유용한 글에서 거듭 얘기하는 것이다.

현실성

계약을 서식화하는 데 있어 시간이나 빈도, 장소, 세션을 중단하거나 연기가 가능한 경우, 그리고 그와 관련된 비용 설명 등 실제적으로 명확하게 합의하는 것이 필수적이다. 가능하다면 수퍼비전은 학습에 도움이 되는 사적인 공간에서 갖는 것이 좋다. 만약 사무실이나 회의실이라면, 수퍼바이저와 수퍼바이지 사이의 공간에 방해가 되지 않도록 탁자나 책상 없이 서로 마주할 수 있는 곳에 편안한 의자가 있는 것이 중요하다. 이것은 둘 다 더 깊고 인격적인 관계를 가능하게 하고 말로 표현하는 이상의 광범위한 비언어적 커뮤니케이션을 제공한다. 전화기의 전원을 끄고 다른 사람들에게 방해받지 않도록 분명한 표시를 하는 것도 필요하다.

경계관리

수퍼바이지와 신임 수퍼바이저 모두 우려하는 경계 관련 주제는 수퍼비전과 상담 또는 심리치료 사이의 경계 구별이다. 어떤 조력 전문가에서든 심도 있게 일하는 것은 확실히 개인적인 감정, 고민, 분노 또는 불행한 느낌 등을 다시 자극할 수 있다. 이러한 감정들은 나누어야 하고 그 작업자가 잘 기능할 수 있는지 그리고 자극받게 된 사건에서 배울 수 있는지를 탐구해야 한다.

이런 영역에 대한 기본적 경계관리는 수퍼비전 세션이 언제나 작업에서 이슈를 탐구하는 것으로 시작하고, 탐구한 그 작업을 가지고 수퍼바이지가 다음에 어디로 가는지를 보는 것으로 끝난다. 직접 영향을 미친 것이든, 영향을 받은 것이든 또는 수퍼비전 관계에 영향을 주는 것이든 개인적 작업 자료는 오직 세션에서 토론을 위해서만 사용된다. 탐구 자체가 수퍼비전에서 적절히 다루어질 수 있는 양보다 더 많은 자료를 처리하게 된다면, 수퍼바이저는 수퍼바이지가 상담이나 이런 개인적인 감정들을 탐구하는 다른 형태의 지원을 받도록 제안할 수 있다. 페이지와 워스킷(1994: 20)은 상담과 수퍼비전의 차이에 대한 매우 유용한 요약본을 제공한다.

비밀보장

수퍼비전 계약은 또 비밀보장에 관한 분명한 경계를 포함해야 한다. 많은 수퍼바이저들이 수퍼바이지에게 수퍼비전에서 나누는 모든 것은 다 비밀보장이 된다고 말하거나 암시하는 오류를 범한다. 그렇지만 세션 경계를 넘어 수퍼비전 자료를 공유하는 것이 필요하다는 것을 알게 되고 어떤 점에서는 예기치 않은 상황이 발생하는 것을 알게 된다.

더욱 명확한 사례는 수퍼바이저가 수퍼비전을 일부 포함하는 책임과 관리 활동$_{agency}$ 기능을 가진 교육 수퍼비전이나 경영관리 수퍼비전을 하는 경우일 가능성이 크다. 그렇지만 컨설팅 수퍼비전에서는 그 세션의 자료가 경계선을 넘어갈 수도 있는 상황이 다소 있다. 예를 들어, 컨설턴트 수퍼바이저가 수퍼바이지와 함께 그들의 수퍼바이저에게 그들의 일을 가져갈 수도 있다. 또 다른 가능성은, 수퍼비전 안에서 수퍼바이지가 배상에 대한 적극적인 책임을 지는 것을 거절하여 전체 직업윤리에 어긋나는 행위가 드러날 수도 있다. 이 경우 수퍼바이저는 윤리적으로 또는 법적으로 당국에 알려야 할 필요를 느낄 수 있다(9장 참조).

그러므로 어떠한 형태의 수퍼비전이든지 적절한 비밀보장의 경계에 대해 계약하는 경우, 여기서 나누는 모든 것이 비밀보장이 된다거나, 우리가 아는 어느 수퍼바이저의 경우처럼, 여기서는 아무것도 비밀보장이 안 된다고 말하는 것은 둘 다 부적절하다. 차라리 수퍼바이저는 특정한 어떤 상황에서 어떻게 할 것인지, 그리고 누구에게 그 정보를 전달할 것인지 참가자들이 수퍼비전 관계의 경계를 넘을 수 있는 정보의 종류를 분명히 해야 한다. 물론 모든 가능한 상황이 다 예견될 수는 없겠지만, 이러한 일반적인 탐색만으로도 갑작스러운 배신의 가능성은 줄어들 것이다.

우리는 또 수퍼바이지들에게 그들의 상황과 이야기를 함부로 얘기하지 않고 그들이 나눈 모든 것을 전문가적인 존중으로 다룰 것이라는 점을 분명하게 한다.

작업동맹

작업동맹 체결은 상호 간의 기대를 공유함으로써 시작하고, 수퍼바이지들이 가장 원하는 수퍼비전 스타일과 수퍼바이저가 집중하고 싶은 가능한 초점들을 포함한다. 수퍼바이저도 그들이 선호하는 수퍼비전 모드와 수퍼바이지들에 대한 어떠한 기대든지 분명히 밝혀야 한다. 우리는 계약서 문구에 명시적인 기대뿐만 아니라 희망 사항과 두려움까지도 쓰는 것이 중요하다는 것을 깨달았다. 다음과 같은 문장을 완성하는 것이 도움이 될 것이다. '성공적인 수퍼비전에 대한 내 이미지는 이렇다……', '수퍼비전에서 발생할까 봐 두려워하는 것은 이런 것이다……'

좋은 작업동맹은 합의와 규칙 항목들이 아니라 신뢰 증진과 존중과 양측의 호의에 의해 이루어지는 것이다. 계약은 관계가 발전할 수 있는 틀을 제공하고 계약을 이행하면서 어떤 작은 실수도 비판과 방어가 아닌 성찰과 배움과 관계 형성의 기회로 바라보아야 한다(Shohet & Wilmot 1991:95 참조).

세션 구성

희망, 두려움, 기대를 공유하는 것과 전형적인 세션 형식이 어떤 것인지에 대한 탐구에 근거해 토론하는 것 또한 유용하다. 모든 시간을 한 사례에 쓸 것인가? 수퍼바이지가 사례 보고서나 축어록을 작성해서 가져와야 하는가? 일정한 기간 이내에 모든 고객을 논의할 것인가? 양쪽 모두 수퍼바이지가 새로운 고객을 맡을 때마다 상담하거나 알려주기를 요구하는가?

조직과 직업의 맥락

대부분의 수퍼비전 상황에는 직접적인 당사자 외에 수퍼비전 계약과 관련된 주요 이해당사자가 있다. 이는 조직의 기대나 그 업무가 진행되는 조직이다. 그 조직은 수퍼비전에 대한 조직의 기대를 분명하게 보여주는 자체 수퍼비전 정책이 있을 것이다(15장 참조). 명확한 정책이 없는 곳은 조직의 암묵적 기대를 공개적으로 밝히게 하는 것이 중요하다. 이것은 작업의 질적 수준을 보장하기 위해 조직이 수퍼바이저에게 기대하는 책임과 정확한 수퍼비전 보고서를 포함한다. 또 조직과 수퍼바이저 둘 다 관련된 전문적이고 윤리적인 행동강령을 분명히 하는 것도 중요하다. 수퍼바이저와 수퍼바이지는 같은 전문 직업군일 수도 있지만, 많은 경우 수퍼비전은 다른 행동 수칙을 가진 여러 전문직에 관여할 수도 있다.

대부분의 전문 협회들은 회원과 고객 사이에 적절한 행동의 경계관리를 명문화한 계약과 내용 관련 기준을 가지고 있다. 이 내용에는 프랙티셔너의 어떠한 부적절한 행동에 대항해 고객을 위한 문제를 제기할 수 있는 권리를 명시한 행동강령과 윤리적 기준이 있다. 많은 전문가들의 수퍼비전을 위한 실천 수칙은 그다지 명백하지 않다. 모든 신임 수퍼바이저는 반드시 그들만의 윤리규정이나, 수퍼바이지의 전문성과 조직내에서 수퍼비전을 보호하는 윤리규정이 있는지를 확인해야 한다. 모든 수퍼바이저들이 수퍼비전 프랙티스의 윤리적 경계를 명확히 하고 이를 수퍼바이지에게 분명히 설명하는 것은 중요하다(11장의 윤리에 대한 부분 참조).

계약 협상하기

인스킵과 프록터Inskipp & Procter(1995)는 초기의 탐구 계약 모임에서 적용되는 영역에 대해 상담 수퍼바이저가 작성한 매우 유용한 점검표를 제공했다. 우리는 이것을 모든 조력 전문가에게 적용할 수 있도록 적절하게 약간 수정하였다([표6.4]).

[표 6.4] 탐구적 계약 면담

협상	작업동맹	수퍼바이지에게 제공된 나에 관한 정보
시간: 길이, 때, 빈도, 장소?	의사소통을 통해 작업동맹을 맺을 수 있도록 다음과 같이 신뢰관계 구축하기:	전문가로서, 수퍼바이저로서 이론적 배경과 교육경험
비용: 얼마?		
지불방법: 누가, 언제 지불하는지,		
	공감	현재의 일
청구서/수표/현금?	존중	수퍼비전에 대한 지원
빠지는 회기: 지불, 공휴일, 미리 알림	진실	전문가 협회, 회원 자격

논의와 협상	기초적인 관계기술	수퍼바이지가 원하는 정보
녹음: • 고객 • 수퍼비전 • 동의서 경계관리 검토 감사/평가 윤리강령	관계 수립을 위한, 탐구와 협상 의역(바꿔 말하기), 반영, 요약, 초점 맞추기, 질문, 자기개방, 속 도와 목적 진술과 선호도 진술	경험, 자격 이론적 모델/들 전문가 조직, 윤리강령 자유계약자(프리랜서)/조직/소 속 기관 수퍼비전하는 장소 고객의 수, 그리고 다른 상담 일 에이전시의 필수조건 직업적 요구와 개발 상담으로 할 것인가 또는 심리 치료로 할 것인가?
마지막 결정	우리가 같이 일할 수 있고 일할 것인가?	

출처: 인스킵과 프록터(1995)

비공식적 수퍼비전 합의

이제까지 우리는 공식적인 일대일 수퍼비전 계약에 집중했다. 그러나 더 비공식이거나 임시 수퍼비전 합의도 가능하다. 입주형이나 출퇴근형 돌봄 기관에서 수퍼비전은 대부분 공식적인 개별 세션을 외부에서 진행한다. 페인과 스캇 Payne & Scott(1982)은 공식적인 것과 비공식적인 것, 즉 계획된 수퍼비전과 임시 수퍼비전 사이의 선택을 승인하는 형식을 만들었다. 이것은 상당수의 수퍼비전이 공식적으로 예정된 것보다 다른 시간과 장소에서 일어난다는 점을 팀이 인식하게 하는 데 매우 유용하다. 일단 이것이 승인되면 비공식이나 임시 수퍼비전의 질도 협상하여 개선할 수 있다.

그러나 비공식 수퍼비전 합의에는 위험요소도 있다. 비공식적인 형태의 수퍼비전에 창의적인 여지가 많이 있긴 하지만, 덜 구조화된 형태의 수퍼비전을 하게 되어 엄격하고 정기적이고 공식적인 개별 회기 때의 집중된 초점을 피하기가 쉬워진다. 우리는 이 책에서 수퍼비전을 주고받는 양 당사자의 자연스러운 저항과 방어에 대해, 그리고 공식적인 구조가 없이는 이러한 저항들로 수퍼바이저와 수퍼바이지가 회피하는 행동을 할 수 있다는 것을 폭넓게 이야기했다. 평소에는 '꿋꿋하게 견디는 사람'으로 보여야만 하고 눈에 띄는 문제가 있을 때만 수퍼비전이 요청되는 풍조가 만들어지기 쉽다. 이런 문화의 위험성은 14장에서 더 자세히 탐구한다.

e-수퍼비전

이 책 초판을 썼을 때, 수퍼비전은 면대면으로 하는 것으로만 여겼다. 이제는 과학기술의 발달로 많은 수퍼비전과 수퍼비전 교육이 온라인으로 진행되고 있다. e-수퍼비전이라는 용어는 전화, 비디오, 그리고 이메일을 포함해 사용된다. 어떤 수퍼바이저들과 수퍼바이지들은 이러한 새로운 방식을 받아들이기 어려워한다. 더글러스 애덤스 Douglas Adams가 이 기술에 관해 다음과 같이 썼다.

> 당신이 태어났을 때 세상에 있는 것은 평범하고 정상적이며 세상이 돌아가는 자연스러운 부분이다. 우리는 이제 의자를 과학기술이 아니라 그냥 단지 의자로 생각한다.
> 당신 나이 15세에서 35세 사이에 발명된 것은 새롭고 흥미진진하고 혁명적이며 당신은 아마도 그것으로 직업을 얻을 수도 있다.
> 35세 이후에 발명된 모든 것은 사물의 자연스러운 질서를 거스르는 것이다. 점차적으로 서서히 변해 10여년이 되어 우리가 그것을 알게 되면 그 문명은 사라지기 시작한다.
> 애덤스Adams (2003:205)

전화, 영상 통화 또는 이메일로 효과적인 수퍼비전을 하는 것은 가능하지만, 그 관계가 먼저 면대면으로 구축되었을 때 더욱 효과적이다. 저자 가운데 피터 호킨스가 그 분야에 숙련된 수퍼바이저가 없는 외국에서 중독 치료 프로그램의 영국인 책임자 한 사람을 전화로 수퍼비전했다. 그 수퍼비전은 수년간 지속되었으나, 이는 그가 해외로 나가기 전에 먼저 면대면 작업을 진행하였고, 그 뒤 매년 영국으로 돌아와서 집중적인 수퍼비전을 실시하였다.

우리 가운데 조앤 윌모트Joan Wilmot도 지리적인 이유로 e-수퍼비전을 시작했다. "나에겐 본토에서 떨어진 섬에 사는 두 명의 수퍼바이지가 있는데 그들은 자주 날씨 때문에 배나 비행기로 본토로 건너올 수 없다." 그녀는 영상 통화보다는 전화로 하는 걸 선호했고, 수퍼바이저는 그것이 그녀의 지배적 감각 모드가 청각과 관련이 있는지 궁금해했다(Bandler & Grinder 1979). 그녀는 계속해서 이렇게 말한다. "나는 내가 비디오보다 전화를 더 선호한다는 것을 알았다. 그것일 것이다. 다른 요소일 수도 있지만······. 예를 들어 내가 영상 통화나 면대면 회기에서와 달리, 통화할 때 왔다 갔다 하며 돌아다니는 경향이 있다. 내 생각엔 그것이 프레즌스와 주의 집중에 도움이 되었다."

수퍼바이저들이 가능한 e-수퍼비전(전화, 비디오, 이메일) 모드를 사용하도록 교육할 때 우리는 그들의 지배적 모드가 시각인지, 청각인지 또는 근감각인지에 주의한다. 시각적인 사람을 전화로 수퍼비전할 때는, 그들이 듣고 있는 그 사람을 상상만 하는 것이 아니라, 듣고 다른 사람이 경험한 그것을 온몸으로 느껴보고 적극적으로 이것을 다시 반영하게 하는 것이 도움이 된다는 것을 알았다. 이것은 그들의 덜 지배적인 감각모드를 개발하도록 돕는다.

그로스Gross(Lawton & Feltham 2000에서 재인용)는 새로운 과학기술 이용과 관련한 매우 유익한 글을 썼는데, 수퍼바이지가 주로 전화나 이메일로 일할 때 e-수퍼비전이 특히 도움이 될 수 있다는 점을 지적한다. 또 e-상담과 콜센터에서 하는 코칭이 늘고 있고, 어떤 수퍼비전은 수퍼바이저가 수퍼바이지의 통화 일부를 듣는 방식으로 참가하는 것이 일반적이다. 그렇지만 이것은 통화 시작 시점에 고객에게 알려야 한다.

타운엔드와 우드Townend & Wood(Henderson 2009에서 재인용)도 온라인 수퍼비전 교육을 좋게 평가한다. 확실히 교육에서 전자 기반 프로세스를 사용하는 롤모델은 수퍼바이저가 e-수퍼비전 기술을 개발하는 것을 도울 수 있다.

수퍼비전 스타일

수퍼비전의 다양한 기능과 방식을 검토함으로써, 이제 수퍼비전 스타일이 각각 다른 유형들 안에서 어떻게 달라질 수 있는지 살펴보자. 이 장에서는 다양한 수퍼비전 스타일 사이의 개괄적인 특징을 구별해 보고, 다음 장에서는 더 세밀하게 당신의 수퍼비전 스타일 윤곽을 개발하기 위해 우리 고유의 모델을 소개하려 한다.

수퍼바이저로서 한 사람의 스타일은 자기 프랙티셔너 업무 스타일에 영향을 받는다. 만약 당신이 로저리안Rogerian 상담가라면 아마도 당신의 수퍼비전 스타일은 비지시적이고 수퍼바이지 중심일 가능성이 크다(Rice 참조, Hess 11장 1980). 만약 당신이 정신분석 교육을 받았다면, 수퍼바이저로서 당신은 고객이나 수퍼바이지의 무의식 과정을 이해하는 데 집중하는 경향이 있을 것이다(Moldawsky 참조, Hess 11장 1980). 또 당신이 행동주의자로 교육받았다면, 수퍼바이저로서 당신은 고객의 행동과 작업자의 방법론에 집중하는 경향을 보일 것이다(Linehan 참조, Hess 13장 1980). 물론 몇 가지 다른 심리치료적 접근법을 한 사람의 고유한 수퍼비전 스타일로 통합하는 것도 가능한데 이것은 보이드Boyd에 의해서 탐구되었다(1978).

때로 수퍼바이저가 수퍼바이지와 같은 유형의 훈련을 받았는지가 중요한가라는 질문을 받는다. 이 질문에 쉽게 대답할 수는 없지만, 수퍼바이저와 수퍼바이지 둘 다 함께 배우고 일할 수 있는 공통의 언어와 신념체계를 충분히 공유할 필요는 있다. 때로 매우 다른 교육을 받은 수퍼바이저와 함께한다는 것은 그 사람이 당신의 신념체계가 잘라내는 것을 더 잘 볼 수 있다는 것을 의미한다.

수퍼비전 스타일은 또 당신의 성격뿐만 아니라 성별, 나이 그리고 문화적 배경에 따라 크게 영향을 받는다. 이 모든 것이 당신이 수퍼바이지와 그들이 소개하는 고객을 바라보는 방식에 어떻게 영향을 주는지 아는 것은 중요하다. 이는 수퍼바이지와 수퍼바이저의 나이, 성별 그리고 배경은 비슷하지만, 고객은 다른 나이, 배경, 성별일 때, 예를 들어 고객은 나이든 노동자 계급의 서부 인디언 남자이며, 작업자와 수퍼바이저는 둘 다 젊은 중산층 백인 여성인 경우 특히 관련이 있다. 그러한 사례에서 수퍼바이저는 수퍼바이지의 배경과 태도가 고객의 관점과 작업에 영향을 주는지 탐구하도록 도우려면 두 배로 힘들게 일해야 한다(이 모든 영역은 8장에서 상세히 탐구되었다).

엑스타인Eckstein(1969)은 시각적, 청각적, 언어적 사각지대를 고려하여 이러한 이슈들에 대한 생각을 간단하게 정리한다. 언어적 사각지대는 수퍼바이지나 수퍼바이저가 고객의 입장이 무엇인지 모르는 경우이다. 예를 들어 동성애자나, 부모의 비난을 두려워하는 사람이나 억압받는 소수 민족 그룹의 일원이 어떤 것인지 이해할 수 있는 경험이 없는 사람들이 있다. 시각적 사각지대는 고객을 분명하게 보는 데 방해되는 수퍼바이지 고유의 개인적인 패턴이나 과정이 있는 경우이다(7장 모드 4에서 역전이에 대한 논의 참조). 청각적 사각지대는 '심리치료사가 고객의 말뿐만 아니라, 수퍼바이저의 말도 역시 못 듣는 것이다. 이것은 특히 죄책감, 불안 또는 권위자에 대한 적개심에 불쾌하고 파괴적인 감정에 기반을 둔 방어적 반응을 수반할 것이다'(Rowan 1983).

작가이자 역사가인 토마스 쿤Thomas Kuhn은 이렇게 썼다. '당신은 어떤 것을 인식하게 하는 적절한 비유가 생길 때까지 그것을 보지 못한다'(1970). 감정적인 삶은 흔히 우리가 사용하는 비유를 통해 처음 대화로서 드러난다. 언어는 본래 극히 풍부하며, 많은 평범한 단어들은 밝히다illuminate, 가지런함alignment, 번창하는flourishing 같이 본질적으로 은유적이다.

훈련 프로그램에서 우리는 자주 참여자 가운데 한 사람에게 수퍼바이지와 수퍼바이저 둘이 어떻게 귀 기울이는지 또는 각자 상대의 비유적 줄거리에 귀 기울이지 못한 점이 무엇인지, 그들이 사용하는 비유에 주목해 관찰하는 역할을 주기도 한다.

신경언어 프로그래밍(NLP, Bandler & Grinder, 1979) 연구에서 우리는 서로 다른 사람들이 서로 다른 지배적 감각모드를 갖고 있다는 것을 알았다.

- 어떤 사람들은 **시각적**이고 다음과 같은 시각적 비유와 언어를 사용한다. '내 팀이 내 시야 뒤에 목표로 삼는 이 문제를 볼 수 있나요?'
- 어떤 사람들은 **청각적**이고 다음과 같이 소리에서 끌어낸 비유와 언어를 사용한다. '내 팀이 얼마나 나와 조화를 이루지 못하는지 들을 수 있나요?'

- 어떤 사람들은 **근감각적**이고 느낌, 동작 그리고 촉각적인 비유와 언어를 사용한다. '내 팀이 변화에 대한 내 갈망을 모를 때 그리고 내가 그들을 움직이게 할 수 없을 때 그것이 나에게 어떨지 느낄 수 있나요?'

수퍼비전에서 수퍼바이지와 라포를 형성하기 위해 다음과 같은 것이 중요하다.

- 시각적 모드가 우세한 수퍼바이지의 눈을 통해 세계를 보고 자기 견해와 전망을 일치시키는 것
- 청각적 모드가 우세한 수퍼바이지에게 조율하고, 그들의 진동수에 맞추고 화음을 이루기
- 근감각적 모드가 우세한 수퍼바이지의 느낌과 감각에 접촉하고, 그들과 나란히 움직여 그들의 마음을 사로잡기

유럽과 북미의 지배적인 문화에서 보면 많은 사람이 시각적 모드가 지배적이며 이는 부분적으로 우리 교육 시스템의 영향이다. 다른 사람과 더 깊이 있는 연결과 라포를 형성할 때, 그들이 갖고 있는 우세한 모드에 맞추어 시작해야 할 뿐만 아니라 우리가 사용하는 언어를 통해 더 긴밀한 연결로 움직여야 한다. 시각적 모드에 있을 때 우리는 좀 더 떨어져서 일이 어떻게 진행되어 가는지 볼 가능성이 크다. 청각적 모드에서는 듣고, 이해하고, 그들의 이야기에 공감하려 노력하고, 근감각적 모드에서는 그들에 의해 또는 그들과 함께 움직인다.

이것을 실제적으로 하기 위해서는 우리의 지배적 감각모드와 비유의 근거지 그리고 어떻게 그것이 다른 고객들과 상호작용하는지를 아는 것이 중요하다. 이 기반에서 자신의 비유 범위를 확장할 수 있다. 이것은 수퍼바이지가 자신의 감정 범위와 표현력을 늘리는 데 사용할 수 있는 자양분과 이후 고객에게 똑같이 도울 수 있게 하는 방법을 제공한다.

다양한 성찰과 선숙고 방법들

에릭 드 한Erik de Haan(2012)은 수퍼바이지가 수퍼바이저에게 자료를 가져올 수 있는 다양한 프로세스를 다음과 같이 유용하게 묘사한다.

1. **기억 추적**memory trace. 수퍼바이지가 그 세션을 위해 준비하지 않고, 즉석에서 그의 고객 경험에 관한 이야기를 자유롭게 이야기하기. 수퍼바이지가 검열하고 숨기거나 자기 경험의 핵심요소를 말하지 않을 위험이 있다. 반면에 수퍼바이지는 어떻게 그 사건이 이번 세션까지 진행됐는지 전달할 것이므로, 고객 작업에 대한 수퍼바이지의 감정과 의도를 알 좋은 기회가 된다.
2. **기억 포착**memory capture. 수퍼바이지는 될 수 있는 대로 신뢰할 만하고 완전한 설명을, 자신이 수퍼비전에 가져오고 싶은 컨설팅 작업이나 세션 뒤 바로 쓴다. 그렇게 쓴 기록은 기억의 흥미진진한 경과와 재구조화와 함께 수퍼바이지의 초기 과정을 보여준다. 세션 직후 얼마나 많이 처리되는지를 보여주는 지표는 세션 한 시간 동안 말로 한 모든 단어가 최소 25쪽 분량이지만, 그 세션 뒤에 기억을 살려 쓴 이야기는 그 기억이 여전히 매우 생생하고 믿을 만해도 4페이지를 초과하지 않는다는 사실이다.
3. **녹음된 기록 추적**. 수퍼바이지는 녹음 파일이나 축어록(또는 둘 다)을 수퍼비전 세션에 가져온다. 이제 우리는 실제 말했던 단어들을 알 수 있고, 녹음 파일의 경우 기억이나 시간의 흐름에 영향을 받지 않은 비언어적 정보도 들어 있다. 우리는 세션의 '문자적' 추적을 할 수 있으며, 이는 수퍼바이지의 세션 경험과 내조하고 비교할 수 있다. 원래 자료에서 처음에 완전히 놓쳐버렸던 것을 새롭게 관찰하여 수퍼바이지를 놀라게 하는 풍부한 기회를 얻게 된다.
4. 우리는 이것에다 **참석 추적**을 추가하고자 한다. 이는 수퍼바이저가 수퍼바이지의 작업을 방청할 수 있는 어떤 유형의 작업, 이를테면 특정 가족치료, 사회복지, 교육 또는 의료 작업 같은 작업이 있기 때문이며, 이로써 같은 사건을 두 개의 다른 관점으로 보게 된다.

드 한De Haan(2012)은 이어서 수퍼비전에서 미래의 실행과제를 준비하는 다양한 형태를 탐구한다. 이를 성찰과는 대조적으로 선숙고preflection 유형으로 기술하고자 한다.

1. **선숙고 - 통찰기반**. '수퍼비전 세션은 본래 성찰적이어서 미래를 향한 새로운 관점, 새로운 통찰과 새로운 아이디어로 인도한다. 이런 성찰을 새로운 행동으로 바꾸는 것은 수퍼바이지의 몫이다'(de Haan 2012).
2. **실행계획을 선숙고**. '수퍼비전 세션은, 주로 성찰적이긴 하지만, 수퍼바이지의 프랙티스에서 뭔가를 변화시키려는 실행계획이나 특정한, 합의된 의도로 이어진다. 그러한 성찰은 수퍼비전하는 동안이나 바로 직후에 포착되며, 미래의 실행과제에 몰두하게 만든다.'
3. **선숙고 - 리허설 기반(예행연습)**. 피터 호킨스는 새로운 인식과 새로운 의도만으로는 지속 가능한 변화를 만들어내는 데 충분하지 않다고 주장했는데, 그 이유는 변화가 방 안에서 일어나지 않는다면, 밖에서도 일어날 가능성이 없기 때문이다. 그는 '빨리감기 리허설fast-forward rehearsals'의 사용을 지지한다(Hawkins & Smith 2010; Hawkins 2011, 2012). 수퍼바이지는 고객을 이해하는 새로운 방식과 수퍼바이저와 함께 해야 하는 진술을 시험하는 데 참여한다. 역할극, 싸이코드라마(심리극), 조각기법 그리고 조직세우기organizational constellations 등이 이런 작업의 전형이다. 드 한(2012)은 수퍼비전에 '미래를 위한 활기차고 현실적인 준비를 할 수 있는 충분한 기회가 있다'라고 말한다.
4. **수퍼바이저와 후속 조치에 수반되는 실행과제를 선숙고**. 4단계의 성찰과 마찬가지로, 우리는 수퍼바이저가 수퍼바이지의 후속조치에 참여하여 그것이 어떻게 실행되는지 목격할 수 있다는 것을 인정한다. 그러한 경우 양측이 만남에 어떻게 주의를 기울일 것인지를 서로 계약해야 한다.

캐롤과 길버트Carroll & Gilbert(2011)는 새 수퍼바이지와 계약서를 작성할 때 어떻게 성찰할 것인지에 대해 다음과 같은 질문을 하는 것이 좋다고 주장한다.

- 당신은 어떻게 배우는가? 당신의 학습 스타일을 어떻게 설명하겠는가?
- 내가 어떻게 당신의 학습을 가장 잘 촉진할 수 있을까?
- 당신이 배우는 것을 내가 막을 만한 것은 무엇인가? 그 결과 우리는 어떤 장애물을 볼 수 있는가?
- 우리 둘의 차이점이 당신의 학습 스타일에 어떻게 영향을 주는가?

수퍼바이저는 수퍼비전에 가져오고 싶은 자료를 - 이전에 그들이 관심 있었던 고객 상황, 그들의 전체 사례 건수, 모든 새로운 고객, 기타 등등 - 수퍼바이지와 결정해야 한다. 또 기록을 보관할 것인지와 수퍼바이저로서 세션 밖에서 수퍼바이지의 작업을 어떻게 성찰하고 선숙고하는지도 결정해야 한다. 이런 선택은 수퍼바이지의 성장 단계와 마찬가지로 수퍼비전 접근법에 따라 달라지기에 지금 숙고하는 것은 이것까지이다.

수퍼비전의 발달적 접근법

미국에서 상담심리 분야의 수퍼비전에 대한 논문이 증가했던 초기에 부각된 주요 모델은 발달적 접근법이었다. 이 접근법은 상담사가 경험에 근거해 다르게 정의할 수 있는 발달 단계에 진입함으로써 수정된 다양한 스타일과 접근법을 갖추어야 한다는 것을 시사한다.

최초의 중대한 작업은 심리치료사로서 심리학자 교육 분야에서 실시한 호건Hogan(1964)에 의힌 작업이었다. 이후 많은 연구자들이 뒤를 이었으며 워딩턴Worthington(1987)과 스볼텐버그와 델워스Stoltenberg & Delworth(1987)가 가장 주목받았다. 이 모델들 각각을 설명하기보다는(Stoltenberg & Delworth 1987:18-30에 잘 설명되어 있다), 그것들을 수퍼바이지 발달의 주요 4단계 결합된 발달 모델로 통합한 것이다.

1 단계: 자기 중심 단계

첫 번째 단계의 특징은 수퍼바이저에 대한 훈련생의 의존이다. 수퍼바이지들은 자기 역할과 그것을 완수하는 자기 능력을 불안해하고, 불안정하며 통찰력도 없지만 대단히 의욕적이다. 헤일과 스톨텐버그Hale & Stoltenberg(1988)의 연구가 시사하는 새로운 훈련생들의 주요 불안 요인 두 가지는 첫째, 평가에 대한 두려움이고 둘째는 객관적인 자기 인식이다. 객관적인 자기 인식이란 사회심리학에서 빌려온 용어인데, 녹화나 녹음된 과정 또는 그 밖의 방법으로 자신에게 집중하는 과정이……. 한 사람의 성과에 대한 부정적인 평가와 이에 수반되는 불안감을 끌어낼 수 있다는 것을 시사한다.

(Stoltenberg & Delworth 1987:61)

새로운 수련생들은 자기 성과를 평가할 근거 있는 기준을 면밀히 생각해본 경험이 없으므로 수퍼바이저가 자기 작업을 어떻게 평가하는지에 좌우된다고 느낄 수 있다. 이런 우려는 수퍼바이저가 교육이나 업무 평가에서 어떤 공식적인 평가 역할을 하는 것과 관련이 있을 수 있다. 그것은 또 수퍼바이저가 그들의 일을 어떻게 바라보는지 그리고 그들의 수퍼바이저가 만나는 다른 수퍼바이지들과 어떻게 비교하는지에 대한 우려로 더욱 매일의 일상에 존재할 것이다.

우리는 특히 세션에서 녹음된 내용을 사용하거나, 훈련생들이 '축어록'이나 세션 기록을 가져오라고 요구받을 때 이러한 우려가 생긴다는 것을 알게 되었다. 그렇지만 수퍼비전은 일반적으로 수퍼바이지가 자신을 스스로 되돌아보도록 돕는 것인데, 새로운 수련생들에게 이것은 불가피하게 불안을 유발한다.

1단계 작업자들은 '고객 내력의 특정한 측면과 현재 상황, 또는 다른 관련 정보를 제외하고 성격 검사 자료에 집중하는' 경향이 있다. 뛰어난 결론은 오히려 분리된 정보 조각들에 근거할지도 모른다(Stoltenberg & Delworth 1987:56).

이 단계의 작업자들은 치료 작업 초기 단계에서 대개 고객하고만 작업했기 때문에 전체 치료 과정에 대한 개요를 갖기 어렵다. 이것이 그들을 조급하게 만들거나 현재 걸림돌이 되는 과정이 계속될 것 같다는 두려움을 조장할 수 있다.

1단계 수련생들의 통상적인 불안에 대처하기 위해, 수퍼바이저는 고객과 자신에 대한 섣부른 판단에서 실제 일어난 일에 귀 기울이는 것으로 돌려보내기 위해 수퍼바이지에게 긍정적인 피드백과 격려를 포함해 명확하게 구조화된 환경을 제공해야 한다. 즉 '지지와 불확실성의 균형 잡기는 초기 심리치료사를 대하는 수퍼바이저가 직면하는 주요 과제이다'(Stoltenberg & Delworth: 64).

2 단계: 고객 중심 단계

여기서 수퍼바이지들은 최초의 불안을 극복하고 의존과 자율성 사이에서, 그리고 지나친 자신감과 압도됨 사이에서 동요하기 시작한다. 피터 호킨스는 이 단계가 치료 공동체의 상주 직원들에게 어떻게 나타나는지에 관한 논문(1980)을 썼다. 그리스 신화에서 진퇴양난을 상징하는 '스킬라Scylla와 카리브디스Charybdis 사이에서'라는 제목의 논문에서, 그는 한편에 카리브디스로 재현되는 침몰submergence과 과잉 동일화over-identification, 다른 편에 스킬라인 과잉 직업의식over-professionalism 사이에서 경로를 조정하기 위해 개인 교사와 수퍼바이저에게 수련생이 어떻게 지원받아야 하는지를 묘사하고 있다. 다음은 수퍼바이지가 어떻게 카리브디스의 소용돌이 속으로 사라지는지에 대한 설명이다.

> 그는 책 읽기나 글쓰기를 멈춘다. 그는 학회나 수퍼비전에서 자기 경험을 객관화할 수 없게 된다. 그는 거주자(고객)에게 거절을 하거나 그의 근무 외 시간을 보호하는 등, 한계를 정하는 것이 어렵다는 것을 깨닫는다. 다른 사람들의 어려움을 자기 정신 내부의 역동과 분리하지 못하고, 거주자의 성공이나 실패로 자기의 성공 여부를 확인하려고 한다. (Hawkins 1980:195)

스킬라의 바위에 돌진하는 직원은 '개인적인 개입을 피하려고 방어적으로 과잉 임상치료적defensively over-clinical이 된다. 직원 연수생들은 일대일 방식으로 고객을 만날 수 없게 되고, 필사적으로 위장된 페르소나의 타당성을 고수하며 관리직으로 은둔한다'(Hawkins 1979:222~223).

고객과의 작업에서 2단계 수련생은 고객의 발달 과정과 자신의 훈련에 대해 극단적으로 단순하고 하나의 초점으로만 보던 것이 덜하기 시작한다.

> 수련생들은 심리치료사(**또는 다른 조력 전문가**)가 되는 것은 길고도 몹시 힘든 과정이라는 것을 감정적 수준에서 깨닫기 시작한다. 어떤 상황에서는 효과적인 기술과 개입이 다른 상황에서는 덜 효과적이라는 사실을 발견한다.
> (Stoltenberg & Delworth 1987:71; 조력 전문가 추가됨)

처음의 자신감과 접근법의 단순성을 상실하면 일부 수련생들은 그들이 환멸을 느끼는 데에 수퍼바이저가 책임이 있다고 생각해 수퍼바이저에게 화가 날 수도 있다. 그렇게 되면 수퍼바이저는 '몹시 필요한 순간에 해내는 데 실패한 무능력하고 부족한 모습'으로 보인다(Loganbill 외. 1983:19). 어떤 작가들은 이 발달 단계를 정상적인 인간 발달 단계에서 사춘기에 비유했다. 1단계는 유년기와 유사하고, 3단계는 초기 성인기와 그리고 4단계는 완숙기와 유사하다고 함으로써 이런 태도를 비유한다.

확실히 2단계는 수퍼바이저에게는 사춘기 자녀 양육 같은 느낌이 들 수 있다. 자기 권위와 감정의 동요를 시험하는 수련생들에게 실수에서 배울 기회와 수용과 견제의 정도를 배울 기회를 줄 필요가 있다. 이 단계에서 수련생들은 마치 수퍼바이저처럼 자기 고객에게 더 반응적reactive이 될 수 있고, 고객이 자신의 동요하는 감정의 원인인 것처럼 느낄 수도 있다.

2단계 수련생들의 수퍼바이저는 1단계의 사람들보다 덜 구조화하고 덜 가르치려는 태도를 보일 필요가 있다. 그러나 수련생들이 잘 대처할 수 없거나 일을 잘 못 하는 경우 감정의 상승과 하강 사이에서 동요할 수 있기 때문에 많은 감정적 안아주기holding는 꼭 필요하다.

3단계: 과정 중심 단계

3단계 수련생은 수퍼바이저에 대한 조건부 의존성과 함께 높아진 직업적인 자신감을 보여준다. 그는 더 큰 통찰과 더욱 안정적인 동기를 보여준다. 수퍼비전은 직업적, 개인적으로 부딪힌 것으로 인해 공유와 예시가 증가되어 더 동료적이 된다.

(Stoltenberg & Delworth 1987:20)

3단계 수련생은 특별한 시간에 해당 고객의 특별한 개인 요구를 충족하기 위해 고객에 대한 접근법을 조정할 수 있다. 그들은 고객을 더 넓은 맥락에서 볼 수 있고 '헬리콥터 기술'이라 부르는 것을 개발한다. 이것은 세션 안에서 고객과 온전히 함께 머무르는 기술이지만, 동시에 현재의 내용과 과정을 다음과 같은 맥락에서 개관할 수 있다.

- 치료적 관계의 전체 과정
- 고객의 개인적 병력과 삶의 패턴
- 고객 삶의 외부적 상황
- 고객의 생애 단계, 사회적 맥락과 인종적(민족적) 배경

이 단계에서는 학습된 기술의 하나로 그것을 활용하는 것보다, 그들의 특징적인 존재감으로 훈련이 통합된 단계이기 때문에 이 단계에서 수련생이 어떤 학파의 교육을 받았는지 알기 어려울 수 있다.

4 단계: 맥락 과정 중심 단계

이 단계는 스톨텐버그와 델워스에 의해 '통합된 3단계'라고 한다. 이때까지 프랙티셔너는 '개인적 자율성, 통찰적 인식, 개인의 안전, 안정적 동기 그리고 자신의 개인적이고 직업적인 문제에 직면할 필요성 인식'으로 특징지어지는 '마스터' 레벨에 도달했다(Stoltenberg & Delworth 1987:20). 이 단계에서 수퍼바이지는 스스로 수퍼바이저가 되기도 하는데 이것은 그들의 학습을 훨씬 강화하고 심화할 수 있다. 스톨텐버그와 델워스(1987:102)는 다음과 같이 동료의 말을 인용한다. '내가 수퍼비전하는 동안 나

는 여러 분야의 인식과 범위를 상호 연결하는 것에 대해 명확하고 분명하게 표현해야 했고 따라서 더 쉽게 통합할 수 있었다.'

우리는 흔히 수퍼바이지들에게 우리가 배워야 할 것을 이야기하고 있음을 발견했다. 마치 우리 입이 잠재의식적 앎에 심적기관보다 더 밀접하게 연결된 듯 하다. 이슬람 우화 '행복한 바보의 여유로운 삶'에 나오는 바보 나스루딘Nasrudin은 어떻게 그렇게 많이 배웠는지 물었을 때 이렇게 대답했다. '나는 단지 말을 많이 했다. 사람들이 내 말에 동의한다는 것을 알면 그때 내가 말한 것을 기록한다'(Hawkins 2005). 확실히 4단계는 더 많은 지식을 얻는 것이 아니라 지식이 지혜가 될 때까지 깊어지고 통합되게 하는 것이다. 또 다른 수피Sufi 교사가 썼듯이 '지혜 없는 지식은 불 꺼진 초와 같다.'

수퍼바이지 발달 단계를 다른 발달적 접근법과 비교하는 것이 가능하다. 우리는 이미 인간의 성장과 발달 단계의 공통점을 언급했다. 또 중세의 동업자 조합craft guilds 안에서 보여준 발달 단계에 비유할 수도 있다. 훈련생들은 도제novice로 시작해 직인 journeyman이 되고, 그러고 나서 독립적인 장인craftsman이 되며 마침내 명장master craftsman이 된다.

그 모델은 집단 발달 단계에서도 유사점을 가지고 있다. 슈츠Schutz(1973)는 집단이 어떻게 **포함/배제**에 대한 지배적 관심사predominant concern로 시작하는지를 다음과 같이 기술했다. 내가 여기에 어울리고 소속감을 느낄 수 있을까? 일단 이것이 해결되면 그 그룹은 일반적으로 **권위** 문제로 이동할 것이다. 즉 리더에게 도전하기, 경쟁력 다루기 등. 그 뒤에야 그 그룹은 **애착과 친밀함** 문제 살펴보기로 옮겨 간다. 다른 사람들에게 다가가는 방법 그리고 적절한 가까움이란 무엇인지. 특별히 수퍼비전이 다른 수련생들과 함께 수행되는 훈련의 일부라는 점에서 이런 주제는 수퍼비전-발달 접근법 안에서 유사하게 진행된다(9장 참조). 결국 4단계는 초점과 관심의 중심을 어디에 두는지에 따라 특징지어질 수 있다([표 6.5]).

우리는 수퍼비전 모델의 발달적 측면을 탐구한 다음 장에서 이 지도로 돌아올 것이다.

[표 6.5] 수퍼바이지의 발달적 단계

1단계	자기 중심	내가 이 일을 해낼 수 있을까?
2단계	고객 중심	내가 이 고객이 해낼 수 있도록 도울 수 있을까?
3단계	과정 중심	어떻게 우리는 함께 관련되어 있을까?
4단계	맥락 과정 중심	어떻게 과정들이 서로 깊숙이 스며들 수 있을까?

발달적 접근법 검토하기

발달 모델은 수퍼바이저가 더 정확하게 수퍼바이지의 필요에 접근하고 일부 수퍼비전 과제가 각 발달 단계 안에서, 그리고 단계 사이에서 수퍼바이지의 발달을 돕는 것이라는 것을 깨닫게 하는 유용한 도구이다. 그 모델은 수퍼바이지가 발달하듯이 수퍼비전의 본질도 그러해야 한다는 것을 강조한다.

그렇지만 이 모델의 유용성에는 한계가 있다는 점을 명심해야 한다. 먼저 개개인의 특별한 필요와 수퍼바이저의 스타일과 수퍼바이저-수퍼바이지 관계의 독특성에 대한 충분한 언급이 없이, 각 단계에서 어떻게 수퍼바이지를 대해야 하는지를 규정하는 청사진으로서, 너무 엄격하게 이 모델을 사용하게 될 위험이 있다.

두 번째로, 수퍼바이저도 자기 발달단계를 거쳐 가는 중이며 그러므로 두 사람의 발달 단계의 상호작용을 바라보아야만 한다는 것을 헤스Hess(1987)는 지적한다. 이 문제 제기는 스톨텐비그와 델워스(1987:152-167)에 의해 계속된다. 그들은 수퍼바이저 발달의 유사한 모델을 다음과 같이 제시한다.

- **1단계**. 수퍼바이저가 '옳은' 일을 하고, 그 역할을 유능하게 하고자 열망anxious하는 경향. 이는 지나치게 기계론적이거나 전문가 역할을 시도하도록 이끌 수 있다.

- **2단계**. '수퍼바이저는 이제 자신이 상상했던 것보다 수퍼비전 과정이 훨씬 더 복잡하고 다차원적이라는 것을 알게 된다. 그것은 이미 한때 그랬을지라도 더는 '위대한 모험'이 아니다.' 때로 자기 수퍼비전 프랙티스에 대한 지원을 받는 것보다 수퍼바이저로서 독자적인 길을 가려는 경향이 있다.
- **3단계**. 대부분의 수퍼바이저들은 1단계에서 정체되거나 2단계에서 낙오되는 것을 피할 경우 이 단계에 도달한다. 이 단계에서 수퍼바이저는 수퍼비전 역할에 일관된 동기를 보여주며 지속해서 자기 성과를 향상하는 데 관심을 둔다. 그들은 솔직한 자기평가self-appraisal를 할 수 있다.
- **4단계**.(스톨렌버그와 델워스는 이것을 통합된 3단계라고 부른다.) 이 단계에서 수퍼바이저는 자기 스타일을 수정하여 어떤 발달 단계에 있는 수퍼바이지든, 다른 분야, 다른 방침과 문화적 차이를 초월해 적절하게 일할 수 있다(8장 참조). 그런 수퍼바이저는 수퍼비전 프랙티스를 수퍼비전할 수 있고, 가르칠 수도 있고, 수퍼비전 훈련을 개인 지도할 수도 있다.

개개인은 자기 프랙티스가 3단계나 4단계 성장에 도달할 때까지 수퍼비전에 착수해서는 안 된다. 그리고 고급 프랙티셔너이자 초기 단계의 수퍼바이저 되기에 대처해야 한다. 스톨텐버그와 델워스는 1단계나 2단계의 수퍼바이저가 프랙티셔너를 수퍼비전하는 것은 1단계 발달 단계에 있는 프랙티셔너보다 매우 어렵다고 주장한다. 1, 2단계 수퍼바이저 또한 자기 수퍼비전 프랙티스를 위해 좋은 수퍼비전이 필요하다.

이 모델을 너무 엄격하게 적용하지 않는 것이 중요하지만, 수퍼바이지와 수퍼바이저가 서로 잘 맞게 연결하고 수퍼비전 관계의 어려움을 탐구하는 데 유용한 지도가 될 수 있다.

끝으로 우리는 자기중심적이 될 수 있고 우리가 다른 사람의 발달에 책임이 있다는 생각이 지나치게 부풀려질 수 있다는 것을 늘 염두에 두는 것이 현명하다. 이 점을 아름답게 만드는 이야기가 있다.

어떤 사람이 고치에서 빠져나오려고 몸부림치는 나비를 보았다. 자기 생각에 그것이 너무 느려서 살살 불어주기 시작했다. 그의 따뜻한 숨결로 무사히 그 과정을 빠르게 했다. 그러나 나온 것은 나비가 아니라 날개가 망가진 생물체였다.

이러한 의문이 있음에도, 여러 단계의 과정에 있는 수련생들에게 가장 적합한 수퍼비전을 계획할 수 있도록 전문가 교육과정에서 일하는 모든 수퍼바이저에게 특별히 이 모델을 알고 있도록 권고한다.

선행연구

이 책의 초판(1989) 이후로, 수퍼비전에 관한 엄청난 양의 책과 논문과 글이 나왔지만 각 영역에 대한 연구는 훨씬 더 느리게 성장해왔다. 엄청난 양의 연구논문이 특히 미국에서 상담심리와 심리치료 분야에서 나왔다.

플레밍과 스틴Fleming & Steen(2004:171)이 지적하듯이, 수퍼비전에 대한 많은 연구가 '주로 기술연구이다. 대부분 연구 초점이 수퍼바이지에게 있는데, 즉 결과에 거의 주의를 기울이지 않고 수퍼비전에 대한 그들의 반응에 초점을 둔 것이다.' 그들의 연구는 수퍼바이지와 수련생들에 의해 평가된 것으로서 가장 도움이 되는 수퍼바이저 상위 10명의 행동에 대한 매우 유용한 요약본을 제공한다(pp178-179). 라다니Ladany 외(1999) 그리고 라다니Ladany(2004)의 연구도 수퍼바이지가 어떻게 수퍼비전을 경험하는지 그리고 무엇을 효과적이라고 보는지에 관한 매우 유용한 연구 성과를 냈다.

윌러Wheeler(2003) 그리고 윌러와 리처즈Wheeler & Richards(2007)도 매우 유용하게 체계적으로 검토한 수퍼비전 연구를 제공했다. 윌러(2003)는 연구 자료 388개를 확인했는데, 대부분은 미국에서 나온 것이고, 그 가운데 6개만이 수련생이 아니라 숙련된 프랙티셔너의 수퍼비전에 초점을 두었다. 윌러와 리처즈(2007)는 수퍼비전의 결과에 초점을 맞추거나, 엄밀한 연구 기준을 충족하는 연구가 거의 없다는 것을 알았다. 다음은 헨더슨Henderson(2009: xxi)이 요약한 것이다.

> 수퍼비전으로 자기 인식self-awareness이 강화된다는 것을 보여준 2개의 연구, 수퍼비전 성과로 기술 개발되었다는 증거를 제공하는 연구 5개, 수퍼비전과 자기효능감을 검토하는 연구 5개, 수퍼비전 시기와의 관련성을 고찰하는 연구 2개, 이론적 방향을 탐구하는 연구 2개, 수퍼비전에서의 지지와 도전을 재검토하는 연구 1개, 그리고 고객의 성과를 평가하고자 하는 연구 3개가 있다.

수퍼바이지의 프랙티스, 그들의 고객 작업, 그리고 고객에게 유익한 결과에 대해 수퍼비전 효과를 입증하는 결과 기반의 더 엄밀한 연구가 여전히 필요하다. 이는 플레밍과 스틴(2004:6)의 지적처럼 쉬운 일이 아니다.

> 효과적인 수퍼비전에 대한 까다로운 테스트는 특정 유형의 수퍼비전 개입이 수퍼바이지의 도움을 받는 고객의 긍정적인 성과를 통해 밝혀낼 수 있는 명백한 증거가 되어야 한다……. 그렇지만, 이 가설을 시험할 때 반드시 고려해야 할 일반적인 연관성과 변수는 어마어마하게 많다……. 그러니 당연하게도 수퍼바이저의 행동과 환자의 결과와 관련된 확실한 성과를 확립한 것으로 보이는 연구는 아직 출판된 것이 없다.

밀네Milne(2009)는 수퍼비전 연구가 수퍼비전의 명확한 정의와 방법론이 부족하여 제한되었다고 주장하며, 이는 검증 가능한 가설을 생성하기 어렵게 만든다고 덧붙인다. 엘리스Ellis와 동료들(1996)은 1981년과 1993년 사이에 임상 수퍼비전 연구 144개 가운데 최소 80%가 잘못 개념화되었다고 판단했다. 밀네Milne(2009)는 분명한 정의와 쉽게 알 수 있는 프로세스가 세워져야 하고, 그러고 나서야 효과적인 연구를 위한 토대를 형성할 수 있는 정밀한 평가 프로세스를 구축할 수 있다고 주장했다. 그는 또 1차 진료 환경에서 우울증 환자를 위한 공동 치료 분야의 인상적인 수퍼비전 연구를 인용했는데, 그것은 대체로 간호 관리자에 대한 정신과 의사의 정기적이고 계획된 수퍼비전 활용이 더 긍정적인 임상 결과와 관련 있다는 것을 입증하는 정도였다(Gilbody 외 2006:2317).

임상 수퍼비전에서 진보된 연구에 중요하게 공헌한 것 하나는 맨체스터 임상 수퍼비전 척도 Manchester Clinical Supervision Scale(MCSS)(Winstanley 2000; white 2010)이다. 그 척도는 13개국, 85개의 평가 연구에서 임상 수퍼비전의 효과성 성과 측정 도구로 채택되어 왔다. MCSS의 몇몇 버전이 개발되고 간호와 사회복지와 교육을 포함하여 다양한 직업에서 사용됐다.

수요는 더 늘어나고 기대는 높아지고 자원은 부족한 시기에 수퍼비전을 지속하기 위한 시간과 자원 할당을 늘리기 위해서는 좋은 연구가 더욱 필수적이다(1장 참조). 훈련받은 수퍼바이저는 더욱 폭넓게 7개 모드의 수퍼비전을 잘 활용할 수 있으며 그리고 고객의 더 좋은 결과로 이어져 수퍼바이지의 후속 고객 작업에 유익한 영향을 미친다는 우리의 가설을 뒷받침하는 엄밀한 연구 결과를 보고 싶다(7장 참조).

호킨스의 글(2012, 13장)에서 저자는 코칭과 조직에 대한 코칭의 유익한 영향력에 관한 연구를 보여주는 모델을 제공하고 있으며, 이는 또 수퍼비전 분야 연구와도 관련이 있다.

결론

당신의 틀 선택하기

우리의 소망은 이 장이 독자들에게 다음과 같은 틀을 선택하고 명확하게 하는 도구를 제공하는 것이다.

- 그들이 사용하고 싶어 하는 수퍼비전 틀

- 어떻게 그들이 일과 자신의 필요, 수퍼바이지의 발달 단계에 따라 기본 틀을 수정할 것인가?
- 어떻게 그들이 수퍼비전의 질적, 발달적, 자원조달적 기능에 대한 경쟁적인 수요에 균형을 잡을 것인가?
- 어떤 수퍼비전 계약을 협상하고 어떤 문제를 포함시킬 것인가?
- 수퍼비전 세션을 구조화하는 데 무슨 프로세스 모델을 쓸 것인가?
- 어떤 성찰과 선숙고 방법을 채택할 것인가?
- 수퍼비전 과정 안에 평가를 어떻게 넣을 것인가?

그러나 지도는 영토가 아니다. 새로운 분야로 원정 여행을 출발하기 전에, 그 지도가 더할 나위 없이 좋은지 확실하게 할 필요는 있으나, 일단 그 여행을 떠나고 나면 지도에 묻혀 모든 시간을 쓰고 싶지 않을 것이다. 지도는 오로지 올바른 방향으로 당신을 보내거나 길을 잃었을 때 방향을 바꾸게 하고 또 당신이 계속 올바른 방향으로 가고 있는지 주기적으로 점검하게 하는 데 필요할 뿐이다.

마지막으로, 당신이 개발한 지도는 수퍼바이지에게 다가가기 쉽고 이해하기 쉬운 것이어야 한다는 점이 중요하다. 수퍼비전은 공동의 여행이며, 공유된 모델과 틀이 있는 곳에서 가장 잘 작동한다.

7장. 수퍼비전 일곱 눈 모델

서론
일곱 눈 수퍼바이저 모델
    모드 1: 고객과 그들이 무엇을 그리고 어떻게 내놓는지에 초점 맞추기
    모드 2: 수퍼바이지가 사용한 전략과 개입 탐구
    모드 3: 고객과 수퍼바이지 관계에 초점 맞추기
        고객의 전이 다루기
        고객 무의식의 수퍼비전에서 배우기
    모드 4: 수퍼바이지에게 초점 맞추기
    모드 5: 수퍼비전 관계에 초점 맞추기
    모드 6: 수퍼바이저 자신의 프로세스에 초점 맞추기
    모드 7: 작업이 일어난 더 폭 넓은 맥락에 초점 맞추기
        고객의 맥락에 초점 맞추기
        전문성과 조직 맥락에서 수퍼바이지의 개입에 초점 맞추기
        수퍼바이지-고객 관계의 맥락에 초점 맞추기
        수퍼바이지의 더 넓은 세계에 초점 맞추기
        수퍼비전 관계의 맥락에 초점 맞추기
        수퍼바이저의 맥락에 초점 맞추기
프로세스 통합하기
발달적 관점에 모델 연결하기
모델 비평과 개발
결론

서론

이전 장에서 현재 이용 가능한 많은 수퍼비전 지도와 모델을 소개했으므로, 이제 우리의 수퍼비전 모델을 보고자 한다. 이번 장은 피터 호킨스Peter Hawkins(1985)가 지난 25년 이상 상담사와 심리치료사들을 수퍼비전한 독창적인 작업에 기반을 두고, 수퍼비전

과 팀개발 센터Centre for Supervision and Team Development(CSTD)에서 바스 컨설팅 그룹Bath Consultancy Group(BCG)의 동료들과 함께 교사부터 코치까지, 일반 현장 전문가들과 경영 컨설턴트까지 직업 경계를 넘어 활용할 수퍼비전을 개발해왔다. 이 책의 각 장에서 그 모델을 개발하고 많은 다른 직업들에 더 도움이 되도록 몇몇 용어들을 바꾸었다.

수퍼비전 일곱 눈 모델은 관계적이며 구조적이고(Hawkins 2011c), 그 안에서 고객과의 관계에서 일어나는 일과 수퍼비전 관계 안에서 현재 일어나는 것을 더 자세히 보여주고, 고객과 프랙티셔너와 수퍼바이저의 더 넓은 체계적 맥락 안에서 상호 작용하는 것을 고찰한다.

일곱 눈 수퍼바이저 모델

이런 수퍼비전 접근법에 대한 우리의 관심은 피터 호킨스가 숙련된 여러 수퍼바이저의 수퍼비전 방식과 다양한 스타일의 중요한 차이점을 연구하면서 시작되었다. 이 차이점들은 발달적 단계, 일차 과제들primary tasks, 또는 개입하는 스타일로 설명하지 않았다. 추가적인 연구에서 그 차이점들이 수퍼바이저로서 무엇에 초점을 맞추는지에 대한 지속적인 선택과 연관되어 있다는 것을 깨달았다. 수퍼비전에는 언제나 여러 단계가 작동하고 있다. 최소한 모든 수퍼비전 상황은 적어도 5가지 요소를 포함한다.

- 수퍼바이저
- 수퍼바이지
- 고객
- 작업맥락
- 더 넓은 체계적 맥락

이 5가지 가운데, 라이브 수퍼비전을 제외하고, 보통은 수퍼바이저와 수퍼바이지만 이 수퍼비전 세션에 존재하게 된다. 그러나 수퍼바이저의 의식적 알아차림과 무의식적 감지로 작업하는 고객과 조직과 체계의 맥락이 세션 안으로 들어오게 된다. 때로는 그것들이 그 세션의 오디오 녹음이나 비디오 녹화, 축어록 형태 또는 역할극을 통해 넌지시 들어오기도 한다(6장 참조).

그러므로 수퍼비전 프로세스는 두 개의 서로 맞물린 체계나 그물망(매트릭스)에 연관되어 있다.

- 고객 - 수퍼바이지 매트릭스
- 수퍼바이지 - 수퍼바이저 매트릭스

수퍼비전 매트릭스 과제는 수퍼바이지/고객 매트릭스에 주목하는 것이고, 수퍼비전 스타일이 다르다는 점에 주목해야 한다. 우리 모델은 수퍼비전 스타일을 두 개의 주요 범주로 나눈다.

- 고객의 세션 보고서와 기록 또는 비디오나 오디오 녹음을 성찰함으로써, 바로 수퍼바이지/고객 매트릭스에 주목하는 수퍼비전
- 고객 매트릭스가 수퍼비전 프로세스의 지금-여기 here & now 경험에 어떻게 반영되는지를 포함하여, 수퍼바이지/고객 매트릭스에 주목하는 수퍼비전

수퍼비전 프로세스를 다루는 각각의 두 주요 스타일은 집중하는 초점의 강조점에 따라 3가지 범주로 세분화될 수 있다. 이것은 6가지 수퍼비전 모드를 제공하고, 수퍼비전과 고객 작업이 일어나는 더 넓은 맥락에 초점을 두는 일곱 번째 모드를 추가했다([그림 7.1] 참조).

1. 고객과 그들이 무엇을, 어떻게 내놓는지에 초점 맞추기
실제 세션 현상과 고객이 직접 소개한 내용, 공유한 내용, 탐구하고 싶은 삶의 영역과

이번 세션의 내용이 이전 세션의 내용과 어떻게 관련이 있는지에 관심을 집중하는 것이다. 이런 형태의 수퍼비전 목표와 목적은 수퍼바이지가 고객에게, 그리고 고객의 선택과 고객 삶의 다양한 측면과의 연관성에 주목하게 하는 것이다.

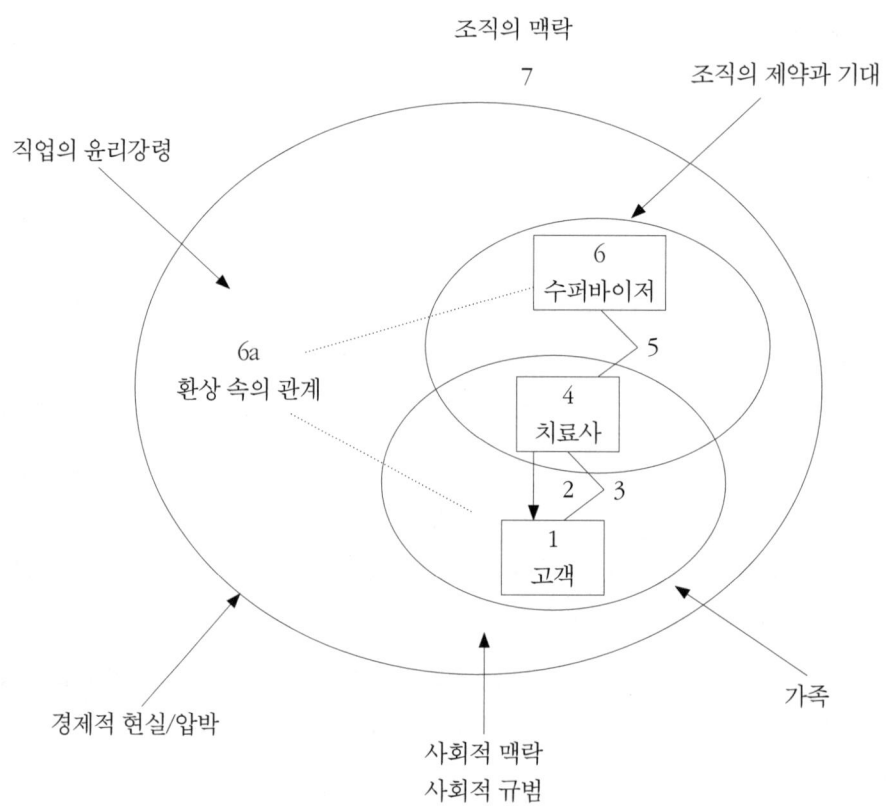

[그림 7.1] 수퍼비전 일곱 눈 모델

2. 수퍼바이지가 사용한 전략과 개입 탐구

이것의 초점은 수퍼바이지가 선택했던 개입에 있다. 무슨 개입이었는가 뿐만 아니라 언제 그리고 왜 했는가도 본다. 그러면 대안 전략과 개입을 개발하고 그 결과를 예상할 수 있다. 이런 형태의 수퍼비전 주요 목표는 수퍼바이지의 선택과 개입 기술을 늘리는 것이다.

3. 고객과 수퍼바이지 관계 탐구

여기서는 수퍼바이저가 수퍼바이지와 고객의 관계에서 의식적으로 그리고 무의식적으로 일어난 일에 특별히 더 주목한다. 이런 형태의 수퍼비전 주요 목표는 수퍼바이지가 자기 관점에서 나와 더 큰 통찰과 특정 고객과의 관계에서 일어나는 역동을 이해하도록 돕기 위한 것이다.

4. 수퍼바이지에 초점 맞추기

여기서 수퍼바이저는 어떻게 수퍼바이지가 의식적, 무의식적으로 고객과의 일에 의해 영향을 받는지에 집중한다. 또 수퍼바이지의 발달과 그들을 지원하는 데에 집중한다(2장과 6장 참조). 이런 형태의 수퍼비전 주요 목표는 고객과 소통할 때 수퍼바이지의 수용력을 향상하고 고객에게 더 효과적으로 반응하도록 하는 것이다.

5. 수퍼비전 관계에 초점 맞추기

여기서는 수퍼바이저 자신과 수퍼바이지(들)의 수퍼비전 관계에 집중한다. 이것은 두 가지 면에서 필수적인데, 첫째, 정기적으로 양측이 작업동맹working alliance의 질에 주목하도록 보장하고 둘째, 그 관계가 고객과의 작업에서 숨겨진 역동을 얼마나 무의식적으로 드러내는지 또는 유사할 수 있는지를 탐구하기 위해서이다(Searles 1955; Mattinson 1975).

6. 자신의 프로세스에 초점을 두는 수퍼바이저

여기서는 수퍼바이저가 수퍼비전에서 우선적으로 자신만의 지금-여기 경험 - 이 수퍼바이지와의 작업과 공유한 자료에 반응하여 그들이 무슨 감정, 생각과 이미지를 갖고 있는지 - 에 주목한다. 수퍼바이저는 이러한 자기 반응을 사용하여 수퍼비전이나 고객 관계 안에서 발생할 수 있는 또 다른 정보를 제공한다.

7. 작업이 일어나는 더 넓은 맥락에 초점 맞추기

비록 6가지 초점 모드는 고객과 수퍼비전 매트릭스 안에서 모든 프로세스를 포함하는 한 포괄적이지만, 수퍼비전 관계와 고객 관계 또한 더 넓은 맥락에 존재하며 그 안으로 들어가 프로세스를 채색한다. 직업의 윤리 규범, 조직적인 자격 요건과 제약들, 사회적, 문화적, 정치적 그리고 경제적 맥락 같은 다른 관련 기관과의 관계들이 있다. 이 모든 것들을 고려해야 한다.

이러한 7가지 모드의 수퍼비전 가운데 하나에만 완전히 몰두하는 수퍼바이저를 찾는 것은 매우 드문 일일 것이다. 우리는 좋은 수퍼비전이 필연적으로 모드 간의 이동을 수반해야 한다고 주장한다. 그러나 독자적인 모드 각각의 형태를 구별하는 것은 많은 이점이 있다. 그것은 수퍼바이저에게 자기 스타일, 강점과 약점, 습관이나 익숙함과 부족한 연습 때문에 피할 가능성이 있는 수퍼비전 모드를 더 명확하게 해준다.

이 모델은 수퍼바이저의 선택권을 늘리는 방법을 제공할 뿐만 아니라, 수퍼바이지가 수퍼비전 스타일의 변화를 협상하기 위해 언어로 표현할 수 있게 하고 정기적인 상호 점검과 수퍼비전 평가도구로 사용할 수 있다.

또 수퍼바이저를 교육할 때 수퍼비전 프로세스의 다양한 요소를 다루고 개별적으로 각 모드가 가지고 있는 초점의 미세한 점을 배워서 자기 스타일과 다양한 프로세스를 결합하는 방법을 개발할 수 있도록 교육하는 데 유용하다(10장 참조). 이것을 비유하자면 마치 음악가들이 콘서트 작품을 공연하기 전에 음계 연주를 배우는 것과 같다. 이제 각 프로세스를 더 자세히 살펴보자.

모드 1: 고객과 그들이 무엇을, 어떻게 내놓는지에 초점 맞추기

수퍼바이지들이 세션에서 실제 발생했던 일을 더 잘 인식하도록 만드는 것은 수퍼바이저의 과제다. (Shainberg 1983:164)

고객 세션에서 실제로 일어난 일에 초점을 두는 것은 수퍼바이저에게는 믿기지 않을 정도로 쉽게 들릴 수 있다. 그러나 셰인버그Shainberg(1983)가 지적하듯이, '알지 못함not knowing'에 머무르는 프랙티셔너들의 어려움은 자신이 갖고 있는 무력함이 두려워 무엇이든 성급히 이해하려고 하는 것이다. 이것은 조급한 이론화와 지나치게 빠른 해석으로 이끌 수 있다. 수퍼바이저 역시 자기 불안과 수퍼바이지에게 해답을 주어야 한다는 생각에 이 과정을 공모하고 강화할 수 있다.

프로이트는 무력함을 견뎌야 하는 인간의 필요에서 잉태된 많은 아이디어가 어떻게 창출되는지를 이야기한다(Freud 1927:18). 비온Bion은 치료 요법에 관한 그의 글에서 지속해서 우리에게 비어있음, 알지 못함에 머물고, 섣부른 판단과 이론과 해석으로 복잡하지 않은 채로 있으라고 요청한다. 즉 모든 '컨설팅 룸마다 다소 겁먹은 두 사람이 있어야 한다'는 것이다(Bion 1974). 셰인버그는 '진정한 앎'은 '현재에 일어나는 것을 정확하게, 구체적으로, 그리고 지극히 상세하게 관찰하고 묘사할 수 있음'에서 온다고 썼다. 이것은 일어나는 일에 대해 '고정된 의미를 바꾸거나, 제거하거나, 비교하거나, 추정하기를 원하는 것과는 다르다'(Shainberg 1983:164).

수퍼비전 탐색에서 첫 번째 과제는 수퍼바이지에게 그들의 고객을 정확하게 묘사해 달라고 요청하는 것이다. 즉 어떻게 그들이 세션에 오게 되었는지, 그들의 외모, 어떻게 움직이고 가만히 있는지, 어떻게 숨 쉬고, 말하고, 바라보고, 몸짓으로 나타내는지 등, 그들이 말할 때 그들의 언어, 비유와 이미지 그리고 삶에 대한 이야기까지 요청한다. 비유적으로 표현하면 그 고객이 '온전히 방 안에 들어오기' 전까지는 바로 그 고객을 위한 좋은 수퍼비전을 제공하는 것은 거의 불가능하다.

초상화 화가나 궁수가 명확한 초점을 필요로 하듯이 수퍼바이저의 역할은 수퍼바이지가 계속 이 어려운 과제를 하도록 돕는 것이다. 이것은 수퍼바이지가 만든 가정에 도전하고 그들의 해설보다는 그들이 본 것이나 고객이 말한 것으로 돌아가도록 요청하는 것을 말한다. 그것은 또 수퍼바이지의 '이념적 편집자ideological editor'나 신념체계belief system를 경계하는 것을 수반하는데, 이는 수퍼바이지가 집중하는 정보를 편집하고 그들이 고객을 소개하는 틀을 형성한다.

신임 프랙티셔너들은 고객 작업은 어떠해야 한다는 고정관념을 가지고 있다. 그들은 예를 들어 고객을 만나기 전에 고객 성격유형이나 병리 같은 그들이 배운 이론을 적용하고 싶은 생각이 간절하다. 이것이 그들이 함께하는 독특한 존재의 실상을 보지 못하게 하고, 대상화로 이어져 고객을 자신의 치료적 기량을 보여주는 도전 대상으로 간주하게 할 수 있다. 셰인버그는 자기 고객 가운데 한 사람에 대한 '대상화 과정'을 다음과 같이 기술했다.

> 그러자 그녀는 내담자를 '같은 인간'으로서 경험해본 적이 없다고 말했다. 그녀는 내담자를 '지금껏 심리치료사인 내 시험대상' 그 이상으로 느낄 수 없었다. 나는 그녀가 내담자를 그 점에서 '작업하게 될' 대상으로 바꾼 거라고 했다. 그녀는 그 요지가 '그 것이 사람이라면 당신은 부담이 없을 것이지만, 만약 환자라면 변화를 위해 당신은 뭔가 해야 한다. 그렇지 않으면 당신은 거기서 뭘 하고 있는 것인가?'라는 느낌이라고 말했다. 나는 그녀가 내담자를 '그것'이라는 단어로 표현한 것을 듣고도 언급하지 않았다. 이 시점에서 그녀가 환자를 얼마나 자신과 동떨어진 존재로 느끼는지, 마치 환자가 고통을 느끼고, 일상의 갈등을 겪으며, 어머니와 아버지를 가진, 두려움에 사로잡히고, 죽음의 필연성에 직면한 모든 인간적 상황을 공유하고 있는 자기 자신과 똑같은 존재가 아닌 것처럼 말하고 있었다.
>
> (Shainberg 1983:168)

모드 1은 수퍼바이지가 점차 자기 이성, 판단, 기대, 자기 회의 속에서 내적인 대화를 인식하도록 도울 수 있고 그래서 그들은 행하기doing에 앞서 고객과 존재하는being 경험의 실상으로 돌아갈 수 있다.

> 당신의 모든 관심의 초점을 이 사람이 행동하는 방식과 그녀와 있으면서 당신이 무엇을 생각하고 느끼는지를 되도록 분명하게 보는 것에 맞추라. 의미를 찾거나 연결하거나 이해하려고 하지 마라. 일어나는 일과 당신의 반응을 관찰하라.
>
> (Shainberg 1983:169)

6장에서 수퍼비전에 고객 세션 성찰을 위해 가져올 수 있는 네 가지 방법을 기술했다. 이는 즉흥적인 기억, 그 세션을 기록한 노트, 오디오 녹음이나 비디오 영상, 직접 또는 간접으로 고객과의 작업에 수퍼바이저가 참석하는 것 등이다. 모드 1 훈련은 모든 성찰 방법에 적용될 수 있다. 녹화된 영상을 더 자세히 고찰하는 것은 10장에서 기술했다. 또 2장에 제시된 다양한 측면과 성찰 단계를 적용함으로써 성찰 프로세스에 도움을 받을 수 있다. 이것은 모드 1 성찰이 고객의 현상에 대한 성찰에서 다음과 같은 내용으로 이동했음을 보여준다.

- 세션 내용의 일부와 세션의 다른 부분의 자료와의 연결을 탐색. 우리는 흔히 그 만남이 정식으로 시작되기 전이나 공식적으로 끝난 뒤에 그 만남encounter의 끝에 무슨 일이 일어났는지, 그리고 경계 설정 안에서 일어난 것과 이것이 어떤 차이가 있는지를 살피는 것이 유용하다는 것을 깨닫는다.
- 각 부분 안에 담겨 있는 연결 패턴을 듣기
- 한 세션의 자료를 이전 세션의 자료나 장면에 잠정적으로 연결. 일을 처음 시작하는 수퍼바이지는 각 세션을 진행 중인 과정의 한 부분이 아닌 배타적 시스템으로 취급한다.
- 세션들의 내용과 고객 삶의 연결고리 탐구. 둘 다 세션 외부에 있으며 세션에 우선한다. 여기서 우리는 수퍼바이지/고객 세션 내용을 고객의 삶과 관계라는 대우주의 축소판으로 전체를 바라볼 수 있다.

고객과의 작업에서 일어나는 일을 이해하기 위해 이론회와 이론을 사용할 수 있는 여지가 있지만, 그것은 언제나 고객과 유일무이한 그들 존재의 충만함 속에서 직접적인 만남에 뒤따르는 것이어야 한다.

모드 2: 수퍼바이지가 사용한 전략과 개입 탐구

이 모드에서 수퍼바이저는 수퍼바이지가 고객과의 작업에서 어떤 개입을 했는지, 어떻게 그리고 왜 그렇게 했는지, 그들이 오히려 했어야 하는 더 좋은 개입은 어떤 것인지에 초점을 맞춘다. 우리가 인터뷰했던 한 심리치료사 트레이너는 자기 수퍼비전의 주요 초점으로 다음의 접근법을 사용했다.

> 나는 그들에게 어떤 개입을 했는지 물었다. 무슨 이유로 그 개입을 했는지, 그들의 개입이 그들을 어디로 이끌었는지, 어떻게 그리고 언제 그 개입을 했는지, 그러고 나서 이제 그 고객과 무엇을 하고 싶은지를 묻는다. (Davies 1987)

에이브러햄 매슬로우Abraham Maslow의 다음 격언을 명심하는 것이 좋다. '만일 당신이 사용하는 유일한 도구가 망치라면, 당신은 모든 것을 못처럼 다룰 것이다.' 그리고 수퍼바이지가 자기 도구 상자에 광범위한 개입 도구를 가졌는지 뿐만 아니라, 나사를 돌리는데 끌을 써서 무디게 만들지 않고 알맞은 도구를 쓰는지도 확인하는 것이 중요하다.

우리는 흔히 수퍼바이지가 어떤 개입을 사용할까 하는 우려를 수퍼비전에 가져올 때 이원론적 사고에 갇힐 수 있다는 것을 발견했다. 그들은 우리가 '양자택일 주의either-or-isms'라고 이름 붙인 다음과 같은 진술을 할 것이다.

- 그의 억제된 행동을 나는 직면하거나 참아야 할 것이다.
- 나는 그의 침묵을 조금 더 오래 기다려야 할지, 아니면 나를 향한 공격성으로 해석해야 할지 몰랐다.
- 나는 그와 작업을 계속해야 할지, 말아야 할지 모르겠다.

보다시피 항상 '~이거나-아니거나'가 들어 있지는 않지만, 언제나 수퍼바이지가 두 개의 서로 다른 선택 사항을 생각하는 것에 따른다. 수퍼바이저의 역할은 이 두 가지 선택을 수퍼바이지가 평가하게 하는 덫을 피하고, 오히려 수많은 가능성을 오직 두 개만으로 축소했다는 것을 짚어주는 것이다. 일단 수퍼바이지가 제한적 가정에 따라 움직였다는 것을 깨닫는다면, 수퍼바이저는 그로 하여금 개입을 위한 새로운 선택권을 발동할 수 있게 도울 수 있다. 새로운 선택권을 발동시키는 것은 간단한 브레인스토밍 접근법을 사용해서 착수할 수 있다. 브레인스토밍의 기본 규칙은 다음과 같다.

- 무엇이든지 머리에 떠오르는 것을 말해 보라.
- 아이디어를 꺼내라, 그것들을 평가하거나 판단하지 마라.
- 다른 사람의 아이디어를 도약대로 삼아라.
- 당신이 생각해낸 가장 엉뚱한 아이디어를 포함하라.

브레인스토밍은 많은 선택지를 위한 높은 목표를 세울 때 도움이 된다. 마치 우리가 분명한 이성적 선택들을 모두 다 써버렸을 때라야 창의적인 생각이 움직이기 시작하는 것처럼. 흔히 그것은 앞으로 나아가는 창의적 방법의 핵심을 담고 있는 가장 멋진 아이디어다. 그룹 수퍼비전에서 수퍼바이지의 난국을 다루는 20가지의 브레인스토밍을 요청할 수 있고 개인적인 수퍼비전에서는 수퍼바이지에게 그들이 꼼짝 못 하는 상황을 다루는 6~7가지의 다른 방법을 창안하라고 할 수 있다.

많은 수퍼바이저들이 모드 2에 초점을 둘 때, 자기 개입을 제공한다. 그렇게 할 때의 위험과 하지 않을 때의 위험이 다 있다. 수퍼바이저로서, 고객과 면대면일 때보다 상대적으로 쉬운 수퍼비전 환경에서는 쉽게 능숙하게 할 수 있다는 사실을 완전히 간과한 채 자신이 개입하는 기술을 과시하기 쉽다. 또 다른 위험은 수퍼바이시의 개선된 개입을 개발하도록 돕기보다 수퍼바이저의 접근법을 수퍼바이지가 자기 것으로(통째로 삼켜서) 받아들이게 할 수 있다는 것이다. 수퍼바이지가 자기 관점을 함께 가져오지 않는 것의 위험은 수퍼바이저가 함께 검토하기보다는 오히려 수퍼바이저의 주시하에 수퍼바이지가 새 옵션을 모두 만들어야 한다는 것이다. 누구나 자기 생각을 언제 어떻게 제공할 것인지 고민할 때는 '(자신이)' 결코 더 잘 아는 것도, 최초로 안 것도 아니다never know better and never know first'라는 격언의 중요함을 알아야 한다.

10장에서 우리는 6가지 개입 범주에 대한 존 헤론John Heron의 분류를 설명한다. 어떤 개입이 다른 것보다 더 나은 것은 아니라는 것을 지적하지만 모든 개입이 **적절하게, 변질되거나, 정도를 벗어나** 사용될 수도 있다. 이런 다양한 형태의 개입을, 수퍼바이저가 어느 형태를 강박적으로 사용하는지 그리고 주로 어떤 형태를 피하는지를 알아보기 위해 탐구한다. 이를 통해 그들은 자기 스타일의 강점과 약점 측면을, 그리고 그들이 사용했던 개입의 균형을 얼마나 변화시키길 원했는지도 발견할 수 있다. 모드 2도 CLEAR 모델의 실행 단계에 - 수퍼바이지가 이전의 수퍼비전에서 배운 것을 어떻게 고객과의 다음 만남에 적용할 준비를 하는지에 영향을 미친다(6장 참조). 이것은 고객의 다음 회기에서 어떻게 다르게 관여할 것인지에 대한 '빨리감기 리허설fast-forward rehearsal'을 포함하여(Hawkins & Smith 2010), 6장에서 언급한 4가지 선숙고preflection 형태 가운데 하나와 관련되어 있다.

모드 3: 고객과 수퍼바이지 관계에 초점 맞추기

이번 모드에서 초점은 고객도, 수퍼바이지도, 수퍼바이지의 개입도 아니고, 두 사람이 함께 공동 창조한 시스템에 있다. 이 모드에서 수퍼바이저는 수퍼바이지와 고객의 의식적, 무의식적인 상호작용에 초점을 둔다. 수퍼바이저는 다음 중 하나나 둘 이상을 질문함으로써 시작할 수 있다.

- 어떻게 만났는가?
- 어떻게 그리고 왜 이 고객이 당신을 선택했는가?
- 이 고객과 접촉해서 처음 알아챈 특징은 무엇인가?
- 두 사람의 관계의 내력을 이야기해달라.

이러한 개입은 분명하게 사례 이야기와 다른 것을 요구하고 있어야 하고 프랙티서너가 말려들거나 침몰할지도 모르는 고객 관계의 밖에서 그 관계의 패턴과 역동을 보도록 도와야 한다.

거리와 분리를 권장하는 다른 기법과 질문에는 다음이 포함된다.

- 그 관계를 나타내는 이미지나 비유를 찾아라.
- 만일 당신과 고객이 다른 상황에서 만났거나 둘 다 무인도에 조난한다면, 그 관계는 어떨지를 상상해보라.
- 당신이 지난번 세션에 벽 위에 있는 파리가 되어본다면 그 관계에서 무엇이 보이는가?

이것들은 수퍼바이지가 그 관계 안에서 자기 관점으로만 보기보다 그 관계를 전체적으로 보게 하는 기법이다. 수퍼바이저는 수퍼바이지가 고객에 대해 단독으로 이야기할 때라도 그 관계를 이해할 수 있다. 이 방법으로 수퍼바이저는 양측의 이해관계를 균형있게 유지해야 하는 커플 상담사처럼 행동하며 동시에 그들 사이의 공간과 관계에 주의를 기울인다.

수퍼바이저는 여러 가지 다양한 방법으로 그 관계를 들을 수 있다. 모든 접근법은 '제3의 귀'를 가지고 이 특정한 고객에 대한 수퍼바이지의 묘사로 모아지는 이미지와 은유와 그리고 '프로이트의 실언Freudian Slip[2]'을 듣는 것을 포함한다. 이런 형태의 듣기를 통해서 수퍼바이저는 그 관계에 대해 수퍼바이지가 그리는 그림을 발견하고자 한다.

고객의 전이 다루기

수퍼바이저도 고객의 전이에 관심이 있다. 이것은 초기 관계나 상황에서 전이되었을 수 있는 감정이나 태도를 의미한다. 모드 4에서 우리는 다른 관계에서 태도와 감정이

---

2) 프로이트의 실언: 은연 중에 속마음을 드러내는 실수

전이되어 수퍼바이저가 어떻게 비슷한 일을 하고 있는지 살펴보기로 한다. 이것이 역전이라고 부르는 것이고, 여러 면으로 이 두 개의 모드 사이를 이동해 전이와 역전이를 함께 생각해 보는 것이 필수적이다. 그렇지만 당분간 그 초점을 분리하고 고객의 전이만 볼 것이다.

위에 사용되는 이미지와 비유에 주목한 많은 질문이, 발생하는 전이에 중요한 실마리를 줄 것이다. 예를 들어, 수퍼바이지가 말하기를 그 관계가 권투 경기장에 있는 두 명의 스파링 파트너 같다고 한다면, 그들의 관계가 엄마에게 바싹 다가앉기 원하는 겁먹은 토끼 같다고 대답하는 수퍼바이지와는 그 전이가 매우 다를 것이다.

고객 무의식의 수퍼비전에서 배우기

고객과 수퍼바이지의 프로세스를 다룰 때, 두 사람이 더 깊고 덜 의식적인 단계에서 무슨 일이 일어나는지 그리고 무엇이 그들의 건강하고 개방적인 만남에 방해가 되는지를 아마 대략 알 것이라는 사실을 깨닫는 것은 중요하다. 이 앎은 필시 무의식적이며, 만약 그렇지 않으면 그 사례를 수퍼비전에 가져오지 않았을 것이다. 수퍼바이저의 역할은 어떻게 고객의 무의식이 수퍼바이지로 하여금 고객의 필요를 알게 하는지 그리고 어떻게 수퍼바이지가 도움이 되거나 방해가 되는지를 듣는 것이다. 랭스Langs(1978, 1985)는 고객의 잠재적이고 무의식적인 의사소통을 주의해서 듣고 이해하고, 그리고 이것을 수퍼바이지와의 상호작용과 어떻게 그것이 고객에게 무의식적으로 받아들여졌는지를 연관시키는 복잡하고도 매우 상세한 시스템을 개발하였다.

이 접근법을 사용하는 간단한 방법은, 고객이 보고한 모든 내용을 듣는 것이다. 예를 들어 그들이 말해준 이야기, 그들이 다른 사람들에게서 느낀 감정, 여담과 툭 던지는 말까지 고객이 일과 수퍼바이지를 특히 최근의 개입을 어떻게 경험했는지에 모두 연관되어 있다는 듯이 듣는다. 랭스Langs(1985:17, 20)는 이 과정에 대한 좋은 예를 들었다.

우울증으로 일주일에 한 번 심리치료를 받는 45세 여성과의 마지막 세션. 그녀는 마지막 시간을 이렇게 시작한다.

환자: 미션스쿨에서 내가 가르치는 학급의 한 남자아이가 마을을 떠나게 되었어요. 그 아이를 다시 볼 수 있을지 없을지 몰라요. 나는 마지막 인사로 그 애를 안아주고 싶었죠. 내 아들도 멀리 떨어진 대학에 가느라 집을 떠났거든요. 나는 어릴 때 아버지가 우리를 떠났던 때가 생각났어요. 어제, 미션스쿨에서, 나는 교장과 바람을 피웠던 일을 생각했어요.

그 환자는 주로 전치와 상징화를 사용하여 넌지시 외부적인 위험 상황을 표현했다. 직접 치료사의 유기를 암시하기보다……. 환자는 그녀의 반 남학생, 그녀의 아들, 그리고 어린 시절 아버지의 상실을 거론했다. 각각은 상실과 종결의 측면과 관련된 위장된 형태로 그 환자의 심리치료를 종결하는 의미를 표현하고 있다.

패트릭 케이스먼트Patrick Casement(1985)는 '환자의 치료적 경험에 관한 무의식의 탐구가 가장 필요하다'라고 썼다. 그는 고객이나 환자의 무의식이 어떻게 그들의 필요를 지속해서 치료사에게 알려주는지에 대한 풍부한 예를 든다. 케이스먼트는 우리에게 고객의 성장 욕구와 그들의 결핍을 구별하라고 다음과 같이 경고한다. '치료사는 억압할 필요가 있는 리비도의 요구와 충족되어야 하는 성장 욕구를 구별해야 한다'(Casement 1985:171-172).

여기 우리 가운데 한 심리치료사가 수퍼비전한 작업에서 그려진 이러한 결핍과 성장 욕구의 차이를 보여주는 예가 있다.

그 치료사는 어머니 스타일로 보이고, 행동하는 여성이었다. 고객도 한 번에 몇 주씩 집 밖으로 나오지 않는 일이 자주 있는, 우울증을 앓고 있는 어머니를 가진 여성이었다. 고객은 세션이 제한 시간을 넘기도록 모든 가능한 방법을 사용하여 치료사가 자신을 안아주고 감싸주기를 원하며 시간을 보냈다. 무의식적 성장 욕

> 구는, 그녀의 어머니가 줄 수 없었던 분명한 경계선을 주려는 치료사에게 있었는데도, 리비도의 요구는 경계선 없고 공생하는 엄마 노릇에 있었다. 수퍼비전에서 이것을 한 번 탐구하자, 고객에 대한 치료사의 걱정이 상당히 줄어들었고 고객이 받아들일 수 있는 방식으로 분명한 경계선을 세울 수 있었다.

모드 4: 수퍼바이지에게 초점 맞추기

이 모드에서 수퍼비전의 초점은 수퍼바이지의 내적인 프로세스와 이것이 일과 관계로 인해 얼마나 영향을 주고받는지에 있다. 이것은 흔히 역전이라고 부르는, 수퍼바이지의 감정적 반응과 공명을 포함한다. 다음 5가지 다른 유형의 역전이를 구별해 보자.

- 특정한 고객이 불러일으킨 수퍼바이지의 전이 감정. 이것은 과거의 관계나 상황이 이 고객과의 관계로 감정적 전이가 되거나, 수퍼바이지의 어떤 부분이 고객에게 투사된 것일 수 있다.
- 수퍼바이지의 역할 밖에서 일어나는 감정과 생각이 고객에 의해 자신에게 전이되는 것. 예를 들어 고객이 마치 당신이 그녀의 어머니인 것처럼 반응한다면, 당신은 그녀의 어머니가 했던 방식으로 보호하거나 분노하거나 양자택일의 감정을 느끼는 자신을 발견할 것이다.
- 고객의 전이를 거스르는 데 사용한 수퍼바이지의 감정과 생각과 행동들. 그 고객이 당신을 어머니상으로 대우하면 당신은 어머니 전이를 피하려고 자신이 매우 '남성적'이고 사무적이 되는 것을 발견한다.
- 수퍼바이지가 신체적으로, 물리적으로 또는 정신적으로 받아들인 고객이 투영된 자료.

- 마지막으로, 로완Rowan(1983)이 명명한 것으로, 고객 자신을 위해서가 아니라, 우리를 위해 고객이 변화하기를 바라는 '목표 애착 역전이aim attachment countertransference'라는 것이 있다. 이는 고객이 치유되는 것을 봄으로써, 아니면 전문가로서 우리 자신의 행복을 비춰 주는 것으로 우리 자신을 성공적인 존재로 보고 싶기 때문일 것이다. 이것도 결과를 산출하려는 직업적 요구에 따라 자극될 수 있다.

모든 유형의 역전이는 수퍼바이지가 고객에 대한 자기 반응을 두드러지게 인식하지 못하고 있다는 공통점을 갖고 있다. 수퍼바이지가 고객에게 반응react하기보다 응답respond할 더 큰 공간을 갖기 위해 모든 유형의 역전이를 탐구하는 것이 필수적이다. 역전이는 부정적인 장벽을 만들기 때문에 의식으로 드러나 제거되어야 하는 것으로 여겨지곤 했다. 그러나 이제 많은 전문가가 자기 일과 고객을 더 잘 이해하는 데 역전이가 실마리가 될 수 있다는 것을 깨달았다.

이전에 언급한 고객의 전이와 관계없이 역전이를 다루는 것이 어렵다는 것은 분명하다. 그래서 모드 3과 4는 가장 자주 함께 작용한다. 그러나 '저기에 있는' 고객을 이해하려는 데다 초점을 맞추는 것이나, 수퍼바이지의 고유한 프로세스에 집중하는 것에는 차이가 있다.

우리가 '공동 상담Co-counselling'(Heron 1974 참조)에서 적용해온 유용한 기법 가운데 하나는 '정체성 확인Checks for Identity'인데, 수퍼바이저는 다음 4단계를 통해 수퍼바이지의 역전이를 이끌어 낸다.

- **1단계**: 다음 질문에 처음 떠오른 대답을 나누도록 수퍼바이지를 촉진한다. '이 사람은 당신에게 누구를 떠올리게 하나요?' 수퍼바이저는 수퍼바이지가 대답을 찾을 때까지 그 질문을 반복하는데, 그 답은 그들 과거의 누군가일 수도 있고, 잘 알려진 존재일 수도 있다. 또 역사적, 신화적 인물이거나 그들 자신일 수도 있다.

- **2단계**: 수퍼바이지에게 1단계에서 발견한 그 사람에게 하고 싶은 말을 하라고, 특히 그 사람과의 관계에서 끝나지 않은 것을 말하도록 요청한다. 이것은 그 사람을 빈 의자에 앉히고 그들에 대한 감정을 표현하는 역할극으로 할 수 있다. 수퍼바이지는 의자를 바꾸고 그들이 전환을 경험하거나 쉴 곳을 찾을 때까지 대화를 계속한다.
- **3단계**: 수퍼바이지에게 자기 고객과 자신이 떠올린 그 사람이 다른 면을 모두 묘사하도록 요청한다.
- **4단계**: 그러고 나서 수퍼바이지에게 자기 고객에게 하고 싶은 말을 하라고 한다.

이전 단계가 흡족하게 완료되었다면 그 뒤 수퍼바이지는 고객을 다르게 다룰 수 있을 것이다.

이 연습은 고객을 보는 데 방해가 되는, 가장 생각지도 못한 연결과 다듬지 않은 생각과 감정에 대한 놀라운 발견을 유도할 수 있다.

더 무의식적인 자료는 흔히 수퍼바이지의 의사소통 가장자리에서 발견된다. 그들의 말에서 드러나는 이미지, 비유 또는 프로이트의 실언에 있을 수 있거나, 또는 그들의 비언어적 의사소통일 수도 있다. 이런 자료는 수퍼바이저가 이미지나 '조각' 단어를 자유 연상하게 하거나, 감정을 드러내는 행동이나 몸짓을 반복하고 과장되게 하는 모습을 보고 도출해낼 수 있다. 이런 개입에서 강한 감정이 생길 수 있으며, 이는 고객 작업과 다시 연결되어야 한다.

또 수퍼바이지의 역전이를 살펴볼 때 프랭크 케블린Frank Kevlin(1987)이 말한 '이념 편집자ideological editor'를 함께 검토해 보자. 이것이 수퍼바이지가 자기 신념과 가치 체계를 통해 고객을 바라보는 방식이다. 이것은 의식적 편견, 인종차별주의, 성차별주의 그리고 우리가 잘못 보고, 잘못 듣거나 고객에게 잘못 공감하는 방식을 채색하는 다른 추정들을 포함한다. 이것은 8장에서 더 자세히 살펴본다.

이 이념 편집자를 끌어내는 한 가지 방법은 수퍼바이지의 비교와 연상을 사용한 인식을 통해서이다. 만약 수퍼바이지가 고객에 대해 '그녀는 매우 친절한 고객이에요'라고 말한다면, 수퍼바이저는 이렇게 물을 수 있다. '어떻게 친절하죠?', '누구와 비교해서 매우 친절한가요?', '고객이 당신에게 어떻게 친절해야 한다고 생각하는지 이야기해주시겠어요?' 이와같이 수퍼바이저는 이 비교의 단어 '매우 친절한'에 감춰진, 고객이 당연하게 생각하는 어떤 추정을 찾아내려고 할 것이다. 개인 구성이론Personal construct theory의 이론가 켈리Kelly(1955)는 수퍼바이지를 친절한 또는 불친절한 양극단의 구성을 가진 존재로 묘사할지도 모른다.

여기 자연스러운 연상을 통해 끌어낸 역전이를 보여주는 또 다른 예가 있다. 이것은 로빈 쇼헤트Robin Shohet가 사회복지 사업부서의 고위 간부 존John을 수퍼비전하는 세션에서 가져온 것이다.

> 로빈: 왜 이 직원을 내버려 두고 대면하지 않는 건가요?
> 존: 글쎄요, 나는 처벌하는 보스가 되고 싶지 않아요.
> 로빈: 그건 어떤 거죠?
> 존: 그렇게 물으시니까 말하는 건데, 나는 교장실 밖에 있는 작은 꼬마 이미지를 갖고 있어요.
> 로빈: 그러니까 당신에겐 대면하는 것과 처벌하는 교장 선생님 사이에 연결고리가 있군요. 만일 당신이 이 직원의 교장선생님이라면, 그를 어떻게 그리고 무엇 때문에 벌을 주고 싶은 건가요?

함께 이것을 탐구하고 나서 로빈은 처벌의 역전이로 덜 오염된 다른 방법으로 그 직원을 대면하도록 존에게 권고하였다. 이렇게 모드 4로 시작하고, 다시 모드 2로 갔다. 모드 4는 수퍼바이지의 욕구에 대한 일반적인 행복well-being(자원 충전 측면)과 발달(발달 측면)을 다루는 것을 포함한다. 이러한 측면에 시간을 투자해 충분히 다루지 않는다면, 수퍼비전이 지나치게 반발하는 상황이 되어버릴 위험이 있고, 시간이 흐르면서 수퍼바이지의 수용력을 키우도록 미리 돕기보다는, 항상 최근에 어려웠던 고객의 영향에 어떻게 대응할 것인지만 다루게 된다.

여러 차례 수퍼바이지에게는 동료와 조직과의 관계로 인한 것보다 자기 고객 그룹으로 인한 어려움이 스트레스가 훨씬 덜할 수 있다는 점을 주목해왔다(Morrison 1993; Scaife 외. 2001: 31). 그들도 주요한 관심이 동료와의 어려운 관계에 있을 것이다. 동료 관계를 개별 수퍼비전에 가져올 때 왜 그것들을 직접 다루지 않고 가져왔는지 묻는 것, 그리고 시스템 관점으로 그 이슈를 조망하는 것이 중요하다. 개별 수퍼비전에 그 문제를 가져온 한 가지 이유는 팀이나 조직에 적당한 수퍼비전 과정이 없기 때문이다. 당신이 바꿀 수 있는 시스템의 유일한 부분은 방 안에서 당신에게 보이는 부분이라는 사실을 꼭 기억하라. 다음 장에서는 동료 관계와 조직의 세부 정책이 팀, 네트워크 그리고 조직 안에서 어떻게 탐구될 수 있는지를 살펴볼 것이다.

모드 5: 수퍼비전 관계에 초점 맞추기

이전 모드에서 수퍼바이저는 자기 외부에 집중해왔다. 모드 1에서는 고객에게 초점을 두었고 더 나아가 모드 2, 3, 4에서는 수퍼바이지에게 초점을 두었다. 수퍼바이저는 더욱더 수퍼바이지가 고객의 밖에서 답을 찾는 걸 덜 하게 하고 그들 안에 일어나는 일에 주목하게 했다. 그러나 수퍼바이저는 아직 자기 내면에서 무슨 일이 일어나는지 찾는 일을 시작하지 않았다. 마지막 두 모드에서는 수퍼바이저가 자신이 전하는 것을 실천하고(언행일치), 그리고 고객과의 작업이 수퍼비전 관계에 어떻게 들어오고 관계를 바꿀 수 있는지, 그리고 나서 모드 6에서 이러한 역동이 어떻게 수퍼바이저에게 영향을 끼치는지에 주의를 기울인다. 모드 5, 6을 사용하지 않으면 수퍼바이저가 수퍼바이지에게 하도록 요청하는 것과 두 사람의 내면을 보는 모델링 사이에 불일치가 일어날 수 있다.

미국인 신 프로이트 학파 해롤드 설즈Harold Searles는 평행화 현상parallelling phenomenon에 대한 발견과 탐구로 이 수퍼비전 모드를 이해하는 데에 많은 기여를 했다.

그룹 전에 많은 치료사를 접했던 경험으로 나는 어떤 심리치료사든지 사례 발표만을 보고 그를 부정적으로 보지 않도록 조심하게 되었다. 나는 한 치료사를 여러 차례 보면서, 그가 가끔 하는 발표에서 애처롭게 걱정하고, 강박적이며, 혼란스러워하는 모습을 보았다. 사실 그는 발표하는 동안 우리에게 자기 환자 치료의 주요 문제 영역을 보여주려고 무의식중에도 노력하는, 이를테면 원래 유능한 동료였다. 문제의 본질은 그가 객관적으로 인지하지 못하고 우리에게 효과적으로 말로 설명하지 못한다는 것이다. 그렇지만 그는 무의식적으로 그 문제를 자신과 동일시하고 사실상 발표 때 그가 하는 행동 방식으로 그것을 설명하고 있었다. (Searles 1955:169-170)

평행화 모드에서, 고객과 수퍼바이지 관계의 현재 작업 과정은 수퍼바이지와 수퍼바이저의 관계에 어떻게 반영되는지를 통해 노출된다. 예를 들어, 만일 나에게 매사를 너무 미루는 고객이 있다면(몹시 미루는 어머니나 아버지를 가진, 기타 등등), 내가 그들을 수퍼바이저에게 소개할 때, 매우 미루는 방식으로 하게 될 수도 있다. 사실상 나를 고객으로, 내 수퍼바이저를 치료사인 나로 바꾸려고 한다. 이 기능은 의식적으로 거의 행해지지 않는데, 수퍼바이지에게 두 개의 목적을 수행한다. 하나는 방출하는 형태이다 - 내가 겪은 일을 당신에게 해서 기분이 어떤지 당신이 알게 하겠다. 그리고 두 번째는 지금-여기 관계 안에서 그것을 재연함으로써 문제를 해결해보려는 시도이다. 수퍼바이저의 역할은 시험적으로 그 과정에 이름을 붙이고 그렇게 함으로써 의식적인 탐구와 학습이 가능하게 만드는 것이다. 만약 그것이 무의식으로 남아 있다면, 그 수퍼바이지가 그 미루는 고객에게 화가 난 것과 마찬가지로, 수퍼바이저는 그 미루는 수퍼바이지에게 화가 남으로써, 수퍼바이저는 그 과정의 재연에 몰두하기 쉽다.

평행화 작업을 하는데 포함된 중요한 기술은 탐구적이고 비판단적인 방식으로 자기 반응을 알아차리고 수퍼바이지에게 피드백을 주는 것이다. 예를 들어, '나는 당신이 꽤 이루면서 이 고객에 대해 나에게 말하는 그 방식을 체험했고 나는 화난 기분을 느끼기 시작했습니다. 나는 당신이 고객을 어떻게 느끼는지 궁금합니다' 같은 것이다. 그 과정은 꽤 어렵다. 우리가 수퍼바이저의 기술을 단순화하는 동시에, 그들이 걸려든 그 어려운 과정을 헤쳐 나가며 이해하기 원하는 수퍼바이지의 모순을 다루기 때문이다. 여기 우리 동료 조앤 윌모트Joan Wilmot의 평행화에 대한 좋은 예가 있다.

> 나는 어려움을 겪고 있는 어느 환자를 상담하는 한 사회복지사 여학생을 우리 치료 공동체에 배치하는 건으로 수퍼비전하고 있었다. 그 환자는 약 7개월간 그곳 갱생 프로그램에 있는 40대 남성이었고 지금은 어떤 자원봉사 활동을 찾는 단계로 나아가고 있었다. 그는 이 일을 잘 할 수 있었지만 그 여학생이 유익하고 지지적인 제안들을 많이 해주었는데도 환자는 그 모든 것에 '네 하지만'이라고 말했다. 나와의 수퍼비전에서도 그 여학생은 매우 능력 있는 수련생이었는데도 내 개입에 대한 그녀의 응답은 모두 '네 하지만'이었다. 나는 이 이슈를 내가 생각한대로, 그 여학생을 도울 어떤 유용한 제안들을 얻기 위해 내 수퍼바이저에게 가져왔다(이를테면 수퍼비전의 수퍼비전). 그렇지만 나는 원래 수퍼비전에 매우 수용적이었는데도 내 수퍼바이저의 모든 제안에 '네, 하지만'으로 응답했다. 내 수퍼바이저는 그때 내가 말하는 것이 얼마나 저항적이고, 내 질문이 얼마나 그 환자 같았는지 이야기했다. 이런 통찰은 즉시 가슴에 와 닿았고 우리는 내가 관여된 그 무의식적 평행화를 즐길 수 있었으며 더는 내 수퍼바이저와 저항군 게임을 할 필요가 없었다. 나는 더는 나에게 저항할 필요가 없으나, 내 학생은 자기 고객에게 돌아가 저항에 대한 그의 요구를 탐색해야 한다는 것을 함께 나누었다. 저항함으로써 자기 힘을 느끼고자 하는 요구가 그의 문제였으나, 그 뒤에 그는 독립적으로 자원봉사 활동을 찾는 노력을 할 수 있었고, 그 주간에 일을 구할 수 있었다. (Wilmot & Shohet 1985:90)

마저리 두어맨Margery Doehrman(1976)은 현존하는 평행화에 대한 얼마 안 되는 연구 가운데 하나를 수행했는데 거기서 치료 세션과 12명의 다양한 사람들의 치료에 대한 수퍼비전을 연구했다. 논문 서문에 메이맨Mayman은 이렇게 썼다.

> 두어맨Doehrman 박사의 연구를 통해 분명하게 확인된 것은, 그녀 자신이 인정한 약간 충격적인 결과지만 강력한 평행화 프로세스가 그녀가 연구한 모든 환자-치료사-수퍼바이저에게 존재한다는 사실이었다. (Doehrman 1976:4)

두어맨은 평행화도 양방향으로 진행한다는 것을 발견했다. 수퍼비전 과정에서 치료관계의 무의식적 프로세스를 비춰줄 뿐만 아니라, 수퍼비전 관계에서의 무의식적 프로세스도 치료 과정 안에서 일어날 수 있었다. 메이맨Mayman은 이렇게 결론지었다.

> 내 생각에 평행화 프로세스란…… 치료의 보편적인 현상이며, 수퍼비전에서 그 실재를 보지 못한다는 것은 환자에게 스스로를 직시하라고 요구하는 힘의 영향력에 직면하는 일부 수퍼바이저와 환자(또는 둘 중 한 사람)의 자연스러운 저항을 시사하는 것일 수 있다. (Doehrman 1976:7)

드 한De Haan(2012)은 3가지 유형의 평행화 프로세스가 있다고 말한다. 즉 위에 이야기한 것처럼 수퍼비전 관계에서 고객-수퍼바이지 관계의 역동 평행화, 수퍼비전 관계의 역동이 고객과의 작업에서 무의식적으로 벌어지는 역평행reverse parellel 프로세스, 그리고 수퍼바이지가 어떻게 자기 고객에게 공감하기를 선택할 것인가에 대한 유용한 역할 모델을 제공하는 방식으로 수퍼바이저가 의식적으로 행동하는 긍정적인 롤모델링 등이다.

모드 5에서는 수퍼바이저도 수퍼바이저와 수퍼바이지가 당면한 관계의 질을 다루고, 이 관계의 모든 어려움을 고객의 역동에서 비롯된 것으로 취급하지 않는다.

이런 관계의 어려움은 언제나 평행화 프로세스 때문이 아니라 다음의 요인들에서 드러날 수 있다.

- 내용에 부족한 부분이 있는 계약
- 두 개인 사이의 대인관계 문제
- 역할, 문화 또는 조직의 갈등

이것들은 9장, 수퍼비전의 어려운 상황 관리하기에서 더 탐구되었다.

어빈 얄롬Irving Yalom(2002)은 모든 전문가 관계의 '지금 그리고 여기'에서 일어나는 일을 항상 중시해야 한다고 썼다. 그는 '지금 그리고 여기'는 즉각적인 것을 말하며, 여기에서 일어나는 일(이 사무실에서, 이 관계에서, 사이에 있음 - 나와 너 사이의 공간 - 에서) 그리고 지금 일어나는, 즉시의 시간을 언급한다고 말했다. 그가 계속해서 '지금 그리고 여기'를 쓰는 이론적 근거는 다음 두 가지 기본 전제에 있다. (a) 대인관계의 중요성, 그리고 (b) 사회적 인간 개념. 그래서 얄롬은, 첫 번째 세션에서 다음과 같은 개입으로 고객과의 관계에 대한 언급을 모델로 삼았다.

- '당신과 내가 오늘 어떻게 할 것인가를 바라보는 시간을 잠시 가져 보세요.'
- '우리가 작업하거나 이야기하는 방법에 대해 어떤 느낌이 있나요?'
- '우리가 끝내기 전에, 우리 사이에 이 공간에서 무슨 일이 있었는지 한번 볼까요?'

이러한 개입은 고객과의 관계만큼이나 수퍼비전 관계에도 적절해 보인다. 얄롬은 계속해서 다음과 같이 이야기한다.

> 지금-여기에 대한 해설은 치료적 관계의 독특한 측면이다. 다른 이의 행동에 대해 격려는커녕 논평할 수 있는 인간의 상황이란 거의 없다. 논평은 해방감을 주며 심지어 짜릿하다.……. 그렇지만, 우리는 피드백을 주고받는 것에 익숙하지 않기 때문에 그것 또한 위험하게 느껴진다. (Yalom 2002:68)

마이클 캐롤Michael Carroll도 이 주제를 이렇게 검토한다.

> 합동 학습 벤처joint learning venture에 진정으로 협력하는 것은 참가자들에게 위험한 경험이 될 수 있다 - 적어도 수퍼바이저와 수퍼바이지 두 사람에게는 불확실성으로 가득찰 듯하다. 현존하는 사람들이 지금까지 발전해 온 상용 지도habitual map를 모두 숙독할 수 있게 개방되어야 한다. (Carroll & Tholstrup 2001:46)

수퍼비전 관계는 풍부한 학습 원천을 지속해서 발전시키고 있다.

모드 6: 수퍼바이저 자신의 프로세스에 초점 맞추기

모드 5에서 우리는 수퍼바이지와 고객의 관계가 수퍼비전 관계를 어떻게 침해할 수 있는지 그리고 어떻게 비춰지는지를 탐구하였다. 이번 모드에서 우리는 어떻게 그 관계가 수퍼바이저의 내면의 경험으로 들어갈 수 있는지 그리고 그것을 어떻게 사용할지에 집중한다.

흔히 수퍼바이저로서 갑작스러운 변화가 '우리에게 밀려오는' 것을 발견한다. 우리는 갑자기 매우 피곤함을 느끼다가도 수퍼바이지가 또 다른 고객에 대해 의논하기 시작할 때 다시 아주 초롱초롱해진다. 이성적으로 자료에 관련되지 않은 이미지들이 우리의 의식 세계에 즉흥적으로 쏟아져 나올 수도 있다. 고객에 대한 우리의 이미지 때문에 성적으로 흥분되거나 이해할 수 없는 두려움으로 몸서리치는 우리 자신을 발견할지도 모른다.

수년 이상을 방 안에서, 또 고객과 작업한 바로 그곳에서, 여기 그리고 지금 일어나는 것에 대해 무의식적 감각기관에서 중요한 메시지가 되는 이러한 방해를 우리는 신뢰하기 시작했다. 이러한 분출을 신뢰하기 위해서, 수퍼바이저들은 자기 프로세스를 상당히 잘 알아야만 한다. 이 분출이 전적으로 내 부글부글 끓는 내면의 프로세스가 아니라, 감정이입이라는 것을 확인하기 위해서, 내가 통상 피곤할 때, 지루할 때, 조바심낼 때, 두려울 때, 성적으로 흥분할 때, 위가 긴장할 때 등등을 알아야만 한다. 이 프로세스에서 수퍼바이지의 무의식적 자료는 수퍼바이저의 무의식적 감각기관에서 받아들이는 것이고, 수퍼바이저는 이 자료를 수퍼바이지가 탐구하도록 의식 세계로 시험적으로 가져오는 것이다.

수퍼바이저는 수퍼바이지를 향한 자신의 기본적 감정에 대해 분명해야 한다. 그렇지 않으면 어떻게 이 감정들이 수퍼바이지와 그들 고객에게서 무의식적 자료의 이입으로 변화되었는지를 그들이 알아차릴 수 없다. 수퍼바이저가 계속 그 세션 내용과 프로세스를 다루는 동안, 자기 감각의 전환, 그리고 피상적인 반쪽 사고half-thoughts와 환상을 처리해야 한다. 이것은 어려운 과제처럼 들릴 수 있지만, 모든 조력 전문가의 효과적인 핵심 기술이다. 그러므로 수퍼바이저들이 자신이 수퍼비전하는 사람들에게 그것을 사용하도록 모형화할 수 있다는 점이 중요하다. 수퍼바이저는 다음과 같은 문장으로 변화하는 자기 감각과 감정에 대해 자신이 알아차린 것을 사용할 수도 있다.

- 당신이 X와의 작업을 서술하는 동안, 나는 점점 더 조급해지고 있다. 이런 조바심을 검토해 보니 그것은 당신과도 관련이 없고 내가 외부에서 세션으로 가져온 것 같지도 않다. 그래서 나는 고객에 대한 당신의 조바심을 내가 주워 온 것은 아닐까 생각한다.
- 나는 당신이 고객과의 관계를 묘사할 때 이빨을 드러낸 늑대 이미지가 계속 떠오른다는 걸 알아차렸다. 이런 내 이미지는 그 관계에 대한 당신의 느낌을 잘 공명하고 있는가?
- 당신이 이 고객에 대해 '계속 말할' 때 나는 매우 졸렸다. 흔히 내게 그런 일이 일어날 때 고객과의 작업이나 바로 여기 수퍼비전에서 어떤 감정이 멈추고 있음을 나타내는 것 같다. 나는 당신이 뭔가 말하려는 것을 망설이는 것은 아닐까 생각한다.

모드 6A: 수퍼바이저-고객 관계

지금까지 이 모델은 두 관계 사이의 상호작용을 탐구했다. 고객/수퍼바이지 관계와 수퍼바이지/수퍼바이저 관계이다. 그러나 그것은 삼각관계의 세 번째 면을 간과한 것이다. 즉 고객과 수퍼바이저의 환상의 관계이다. 수퍼바이저는 만나본 적도 없는 자기 수퍼바이지의 고객에게 온갖 환상을 가질 수 있다. 그 고객도 자신과 작업하는 사람의 수퍼바이저에 대해 환상을 가질 수 있고, 그리고 어떤 고객은 미지의 수퍼바이저와 수퍼비전에서 일어나는 일에 대한 그들의 환상에 많은 관심을 기울인다는 것을 우리는 알았다.

이런 환상 관계는 3인조를 완성하고 모든 3자 간의 프로세스처럼 갈등과 복잡함으로 채워져 있다. '모든 페어링Pairing(두 사람의 작동)은 제3자를 배제하고, 무의식 수준에서 오이디푸스 3인조의 첫 번째 라이벌을 상기시킬 수 있다'(Mattinson, Dearnley 1985:58에서 인용함).

수퍼바이저가 고객에 대해 가진 생각과 감정은 위에 쓴 대로 특히 모드 1과 모드 6에서 분명히 유용할 수 있다. 수퍼바이저의 감정이 수퍼바이지의 경험과 불화한 경우에, 고객/수퍼바이지 관계의 어떤 측면이 수퍼바이저에 의해 부정되는 경험이 될 수 있다.

모드 7: 작업이 일어난 더 폭넓은 맥락에 초점 맞추기

여기서 수퍼바이저는 초점을 세션의 주인공인 특정 고객 관계에서 고객 작업과 수퍼비전 작업이 일어나는 맥락의 장으로 이동한다. 그 맥락은 수퍼비전 프로세스의 모든 측면을 둘러싼다. 점차적으로 모드 7을 다양한 측면으로 세분하는 것이 유용하다는 것을 알게 된다.

7.1 고객의 맥락에 초점 맞추기

심리학을 공부하고 훈련받은 많은 이들은 오로지 고객을 그들의 심리적 패턴에서 파생된 것처럼 보는 함정에 빠지기가 쉽다. 이는 단지 고객의 한 측면일 뿐이다. 모드 7.1에서 다음의 질문을 하는 것도 중요하다.

- 고객의 배경/일/문화 등에 관해 얘기해 주세요.
- 그들이 사용하고 있지 않거나 더 사용할 수 있는 어떤 자원이 있나요?
- 고객은 그들의 가족, 팀 또는 조직을 위해 어떤 짐을 지고 있나요?
- 그들은 지금 무슨 도움을 요청하고 있나요? 왜 당신인가요?
- 언제 그리고 어디서 그들은 이런 어려움을 겪었나요?

7.2 전문성과 조직의 맥락에서 수퍼바이지의 개입에 초점 맞추기

수퍼바이지가 사용한 개입과 전략은 단지 개인적 선택의 결과일 뿐만 아니라, 정책과 문화와 그들 조직의 프랙티스 안에서 그들이 일하는 전통의 맥락에 의해 둘러싸여 있다. 심지어 수퍼바이지가 독립적인 프랙티셔너인 경우에도 그들은 여전히 자체 기준과 윤리와 직업적 관습을 가진 전문가 공동체의 일부분일 것이다.

이번 모드에서 수퍼바이저는 '이 상황에 대한 당신의 대처는 당신의 전문가 단체의 기준에 어떻게 부합하는가?'라고 물어볼 수 있다. 비록 수퍼바이저가 윤리와 전문성을 보장할 책임이 있지만, 초점은 그것을 준수함에 있지 않고, 수퍼바이지가 '예상되는 실천 기준'이나 판단의 두려움에 대한 그들의 추정 때문에 자기 프랙티스를 어떻게 지나치게 강요할 수 있는지를 논의하게 하는 것이다.

만약 수퍼바이저가 자신을 수퍼바이지에게 이르는 현재 직업에서 지혜의 경로라는 생각에 갇힌다면, 그 전문성은 배움이 중단될 위험이 있다. 수퍼비전은 수퍼바이저와 수퍼바이지 사이의 적극적인 탐구과정이라는 점에서 그 직업의 중요한 모판이 될 수 있다. 여기서 새로운 학습과 프랙티스가 싹트기 시작한다(14장 참조).

7.3 수퍼바이지-고객 관계의 맥락에 초점 맞추기

고객과 수퍼바이지가 그들의 개별적인 맥락의 한 부분을 작업 관계로 가져올 뿐만 아니라, 그 관계 자체도 맥락이 있고 이전 역사가 있다. 이 하위 모드에서 다음과 같은 질문이 중요하다.

- 그 고객이 어떻게 수퍼바이지를 만나러 왔는가?
- 그들은 스스로 오기를 선택했는가 아니면 다른 누군가가 보내거나 추천을 해주었는가?
- 만약 그렇다면, 그 사람이나 조직과의 권력 관계는 어떤 것인가?
- 그들은 이 조력 관계를 어떻게 보는가 그리고 이것은 그들의 다른 조력 관계의 경험과 어떻게 연관되는가?

- 그런 관계를 그들의 문화에서는 어떻게 보는가?

7.4 수퍼바이지의 더 넓은 세계에 초점 맞추기

모드 4에서 우리는 초점의 중심이 된 특정 고객과의 작업에 의해 유발된 수퍼바이지의 어떤 측면뿐만 아니라, 그들의 총괄적인 발달과 작업의 일반적인 패턴에도 집중했다. 이것은 다른 것들 가운데서 그만의 맥락을 가지고 있다. 왜냐하면 그것 때문에 중대한 영향을 받을 것이기 때문이다.

- 그들의 전문성 발달단계(6장 참조)
- 그들의 희망과 포부
- 그들의 성격과 개인사
- 그들이 일하는 조직에서의 역할과 이력

7.5 수퍼비전 관계의 맥락에 초점을 맞추기

수퍼비전 관계는, 고객과 수퍼바이지의 관계처럼, 고유한 맥락과 사전의 역사가 있다. 이 맥락의 핵심요소는 수퍼비전 계약의 본질일 것이다(5장 참조). 이 수퍼비전은 교육적이고, 관리적이며, 개별 지도적이거나 컨설팅적인가? 만일 수퍼바이지가 아직 훈련 중이라면 그 훈련의 본질과 평가 프로세스에서 수퍼바이저가 갖는 어떤 역할에 집중하는 것이 필요하다. 이 하위문화의 다른 요소들은 다음을 포함한다.

- 수퍼비전을 주고받는 두 사람의 이전 경험
- 두 사람의 인종, 성별 그리고 문화적 차이(8장 참조)
- 다른 이론적 지향
- 어떻게 두 사람이 힘과 권위를 유지하고 다른 사람의 힘과 권위에 대응하는지

7.6 수퍼바이저의 맥락에 초점 맞추기

하위 모드 7.5에서 능숙하게 성찰하기 위해서, 수퍼바이저는 자기 맥락과 그것이 어떻게 수퍼비전 관계에 들어갔는지 성찰할 수 있어야 한다. 이것은 진보된 형태의 자기 성찰적 프랙티스를 필요로 한다(Schon 1983). 그것은 자신의 고유한 성향, 학습 스타일 그리고 반응하는 패턴의 강점과 약점뿐만 아니라, 자신의 인종적, 문화적, 성별의 성향과 편견에 대한 높은 인식이 필요하다(8장 참조). 이런 인식은 관계에서 이것들을 배제하는 것이 아니라, 수퍼바이지와 그들이 존재하는 시스템을 경험하는 것을 그 렌즈를 통해 알게 되는 것이다.

호킨스와 스미스(2006)는 모드 7의 여러 단계를 다루는 다양한 모델을 가지고 있으며, 이는 코치들과 멘토들과 조직의 컨설턴트들을 수퍼비전하는 복잡한 세계를 다룬다. 이 점에서 더 넓은 체계적 맥락은 필요한 작업의 본질을 이해하는 데 더 중요한 역할을 한다. 그 모델은 그 작업을 더 넓은 체계적 단계에 '들어가 있는' 것으로 본다. 마치 러시아 인형처럼 각각 다음 단계 안에 들어가 있다([그림 7.2] 참조).

1장에서 살펴보았듯이, 다양한 모든 조력 전문가 작업은 경제성장의 한계, 인구 증가, 기술의 상호 연결과 생태계 위기 등 더 넓은 구조적 맥락을 더는 무시할 수 없다.

[그림 7.2] 모드 7: 통합 시스템 개요

이 책 4부에서(13 ~ 15장) 수퍼비전이 수행되는 더 넓은 조직적 맥락과 그 맥락에서 어떻게 일할지를 탐구한다.

프로세스 통합하기

좋은 수퍼비전은 고객과의 면밀한 작업이 모든 세션에 필요한 것은 아니지만 전체 7개 프로세스를 포함해야 한다는 것이 우리의 견해다. 어떤 수퍼바이저는 딱 한 개의 모드를 사용하는 데 길든다는 점을 발견했다. 그래서 이 모델을 사용하기 위한 훈련 일부분은 수퍼바이저가 관심의 균형 잡힌 통합을 개발하기 위해 더 일반적으로 많이 쓰는 프로세스와 그들이 잘 모르는 것을 발견하게 하는 것이다(Gilbert & Evans 2000: 7 참조).

유사한 모델은 수퍼비전 스타일이 3가지 유형으로 구분될 수 있다고 주장한 헌트 Hunt(1986)에 의해 다음과 같이 제안되었다.

- **사례 중심 접근법**: 치료사와 수퍼바이저가 '현장out-there'의 사례를 논의한다. 이것은 우리의 모드 1과 유사하다.
- **치료사 중심 접근법**: 치료사의 행동과 감정과 프로세스에 집중한다. 이것은 우리의 모드 2, 4와 유사하다.
- **상호적 접근법**: 이것은 치료관계에서의 상호작용과 수퍼비전에서의 상호작용 둘 다에 집중한다. 이것은 우리의 모드 3, 5와 유사하다.

우리는 여기에 4번째 접근법을 추가하고자 한다.

- **방법 중심 접근법**: 이것은 수퍼바이지가 이 고객에 적절한 방식으로 그들의 훈련 기술과 방법과 이론을 사용하게 하는 데 집중한다. 밀네Milne(2009:51)는 이렇게 썼

다. '임상 사례 수퍼비전의 목표는 모든 고객의 행복과 안정을 최대화하기 위해서 치료의 정확도를 보장하려는 것이다'. 점차 수퍼비전 저술은 전문 이론에 근거한 것과 방법론에 근거한 논문, 예를 들어 수퍼비전의 정신분석적 접근법, 게슈탈트 접근법, 인지행동 등을 포함한다. 이것은 모드 2의 일부와 유사하다.

헌트는 이 접근법들 가운데 하나를 독점적으로 사용할 때의 위험성을 지적한다. 만일 모든 관심을 '현장out-there' 고객에게 둔다면, 고객에 '관한' 지적인 논의로 빠지게 될 경향이 있다. 수퍼바이지가 판단에 대한 두려움 때문에 수퍼바이저에게 자료를 숨기는 큰 '퍼지fudge 요인'의 위험도 있다. 만일 그 접근법이 오로지 수퍼바이지 중심이라면 그것은 수퍼바이지가 침범과 치료에 근접한 것으로 경험할 수 있다. 헌트는 다음과 같이 썼다. '나는 이런 종류의 수퍼비전이 얼마나 지지적으로 느껴질지 잘 모르겠다. 꽤 많은 학습이 일어날 것으로 추측하지만, 치료사 수련생이 자신을 개방하고 이야기하려는 의지의 관점에서 평가될 수 있을지 의심스럽다'(Hunt 1986:7).

그 접근법이 오로지 상호작용 중심이라면, 두 명의 서로 맞물린 관계의 복잡성에 관심을 몰입하므로 중요한 정보가 무시될 위험이 있다. 그 접근법이 방법 중심이라면 모델의 메커니즘은 각 사람과 관계의 독특함을 보며 학습하는 데에 영향을 주고, 우리의 현재 직업과 학파의 사고방식에 의해 강요당할 위험이 있다.

그러므로 수퍼바이저 수련생은 주요 프로세스를 능숙하게 사용하기를 배우며, 시기적절하게 하나의 프로세스에서 다른 프로세스로 효과적으로 이동하는 데 도움이 필요하다. 수퍼비전 세션에서 다양한 모드를 사용하는 가장 일반적인 패턴은, 세션에서 무슨 일이 일어났는지, 이것이 모드3과 4로 자연스럽게 넘어가기 위해 그 관계에서 무슨 일이 일어났는지 그리고 이것이 치료사에게 어떻게 영향을 미치는지, 혹시라도 이것이 모드 5와 6으로 초점을 전환하기 위해 무의식적 의사소통을 유발하는지 알아보는 모드 1부터 시작하는 것이다. 어떤 단계에서 더 넓은 분야에 어느 것이 적절한지를 성찰하기 위해서 특정한 모드에서 7의 적절한 하위모드로 누구나 이동할 수 있다. 특정 고객에 관한 탐구 끝에 수퍼바이저는 수퍼바이지가 고객과의 다음 세션에 사용할 수도 있는 새로운 개입을 탐구하기 위해 모드 2에 다시 초점을 맞출 수 있다.

발달적 관점에 모델 연결하기

수퍼바이지가 다양한 단계의 수퍼비전을 받기 위해 발달적 단계와 수퍼바이지 개인의 준비를 인식하는 것도 도움이 된다(6장 참조). 새로 일을 시작한 수퍼바이지는 대부분의 수퍼비전을 고객과의 작업 내용과 세션에서 일어난 일의 세부 사항에 초점을 두며 시작하는 것이 일반적 규칙이다. 처음에 수퍼바이지들은 흔히 자기 성과를 지나치게 염려해서(Stoltenberg & Delworth 1987) 실제로 벌어진 일을 다루면서 지지받아야 한다. 그들도 더 넓은 맥락에서 상세하게 개별 세션을 보는 데 도움이 필요하다(모드 1과 7). 즉 한 세션에서 나온 자료가 시간이 흘러 어떻게 발달에 연결되는지, 어떻게 그것이 고객의 외부적 삶과 개인의 역사에 연관되는지를 보는 것이다. 수퍼바이지가 이렇게 개요를 작성할 때, 수퍼바이지가 고객과의 관계의 독특성을 잃지 않도록 하고, 그리고 수퍼바이저는, 수퍼바이지에게는 새롭고 개인적이며 흥분되는 일이지만 그것이 흔히 있을 수 있는 일이라는 인상을 주지 않게 하는 것이 중요하다.

수퍼바이지가 자기 성과를 성급하게 이론화하거나 지나치게 걱정하기보다, 그게 무엇인지에 주의를 기울이는 능력을 개발할 때, 자기 개입을 살펴보면서 모드 2에 더 많은 시간을 쓰는 것이 가능하다. 위에서 말했듯이, 여기서 위험은 수퍼바이저가 습관적으로 수퍼바이지에게 더 잘 개입하는 방법을 얘기해 주는 것이다. 우리는 스스로 수퍼바이지에게 다음과 같이 말하는 것을 발견하였다. '이 고객에게 내가 말하고 싶은 것은……' 또는 '나라면 세션의 이 지점에서 그냥 조용히 침묵했을 텐데.' 그러한 대사를 하고 나서 말한 대로 실천하지 않는다고 스스로 자책하며 수퍼비전 세션에서 침묵했더라면 하고 바란다.

수퍼바이지가 좀 더 수준이 높아지면, 수퍼비전에서 모드 3, 4, 5, 6이 점점 더 중심이 된다. 유능하고 숙련된 프랙티서너라면, 의식적인 자료에 관심을 가지고 그들 세션의 균형 잡힌 비평적 평가를 수행할 것이라고 신뢰할 수 있다. 그런 경우 수퍼바이저는 그 수퍼바이지와 보고된 고객 둘 다의 무의식 수준을 더 경청해야 한다. 이것은 수퍼비전 관계 안에서 벌어지는, 평행화와 전이와 역전이 프로세스에 집중하는 것을 필요로 한다.

우리는 이 모델이 모든 이론적 접근법과 방향에 적용되고, 수퍼바이저가 7개 모드 전부를 다룰 수 있게 확장되면 더 효과적이라는 것을 발견했다. 이것은 어떤 수퍼바이저에게는 특정한 모드에 더 자주 초점을 두는 것이 적절할 것이라고 말하는 것이 아닙니다. 그래서 예를 들어, 정신역동 수퍼바이저들이 모드 3과 4를 선호하는 반면, 행동 임상심리학자 수퍼바이저들은 모드 1과 2를 선호할지도 모른다.

숙련된 수퍼바이저가 지배적 모드의 초점을 전환하게 하는 두 요인은 수퍼바이지의 발달 단계와 방향이다. 초점의 선택에 영향을 끼치는 다른 요인들은 다음과 같다.

- 수퍼바이지 작업의 본질
- 수퍼바이지 작업의 스타일, 그들의 성격과 학습 스타일
- 수퍼비전 관계의 개방성과 신뢰도
- 수퍼바이지가 자신을 위해 시행한 개인적 계발과 탐구의 양
- 치료사의 문화적 배경(8장 참조)

모델 비평과 개발

이 모델이 1985년에 처음 출판된 이래 다른 곳에서 출간된 수퍼비전 책과 마찬가지로(Hawkins 2006, 2010, 2011a, 2011b, 2011c; Hawkins & Schwenk 2011; Hawkins & Smith 2006; Shohet 2009, 2011) 이 책의 초기 3판(1989, 2000, 2006)은 발전해왔다. 그 모델을 확장하고 발전시키는 흥미롭고 귀중한 비평을 많이 받을 수 있었다. 다른 비평들은 불충분한 부분을 지적했고, 그로 인해 우리 모델이나 개입에 대한 오해가 생겼다.

가장 일반적인 비평은 다음과 같다. (a) 이 모델은 위계적이다. (b) 이 모델은 통합적이라고 주장하지만 특정 방향에 치우치거나 제한적이다. (c) 모드 7은 순서가 다르고 나머지 6개 모드에 포함되어야 한다. (d) 개인을 초월한 transpersonal 단계에 초점을 둔 8번째 모드가 있어야 한다. (e) 이 모델은 너무 이론으로 가득하다. (f) 증거 기반이 아니다.

'이 모델은 위계적이다'

수련생들은 평등주의에 근거해서 수퍼바이지를 가운데 두고 수퍼바이저가 도식의 상위에, 고객이 하위에 있는 것에 반대한다. 튜더와 워럴Tudor & Worrall은 이 입장을 분명하게 밝히는 글을 썼다. '호킨스와 쇼헤트Hawkins & Shohet의 모델에서, 사람들을 나타내는 3개의 연관된 원 중에서, 수퍼바이저가 최상위에 있다는 그 사실은 수퍼바이저라는 사람에게 어떤 지위와 권위를 주었음을 나타낸다.'

이런 위계에 대한 지적은 혼란스러운 구조적 위계systemic hierarchy(Whitehead & Russel 1910-13; Bateson 1972 참조)와 정치적 우위와 그리고 권위주의적인 것에 대한 더 큰 책임과 권위에서 비롯된 오해에 근거한다고 생각한다. 구조적 위계에서 나무는 가지 이상으로 '더 높다'. 숲은 나무보다 '더 높다'. 이것은 숲이 나무보다 뛰어나다는 의미가 절대로 아니다. 사실 숲은 그 존재와 생존을 나무에 의존하고 있다. 같은 방식으로 수퍼바이저는 수퍼바이지가 있을 때만 존재할 수 있고, 수퍼바이지는 고객이 있을 때라야 존재할 수 있다. 프로세스 모델에서 위계는 더 높다는 것이 더 중요하고 더 힘이 있거나 더 현명하다는 것을 의미하지 않는다. 그것은 수퍼비전에서는 수퍼바이저가 그 자신과 수퍼바이지와 고객 두 사람에게 충실할 책임이 있고, 수퍼바이지도 그 자신과 그들의 고객에게 충실할 책임이 있다는 것을 의미한다. 그러나 그 책임은 같은 방식으로 반대 방향으로 흐르지 않는다.

'이 모델은 통합적이라고 주장하지만 특정한 방향에 치우쳐 있다'

이 모델은 본질에서 두 가지 근거에서 통합적이다. 첫째로, 그것은 근본적으로 사회학적, 팀과 조직적 접근법과 마찬가지로, 관계를 이해하는 구조, 정신역동, 상호주관주의, 인식론, 행동주의 그리고 인본주의 접근법에 대한 이해에 바탕을 둔다. 수퍼비전 매트릭스 안에서 변화가 어떻게 고객-수퍼바이지 관계 매트릭스에 영향을 주어 결국 고객 시스템에 영향을 주는지에 대한 구조적 이해가 이 모델에서 핵심이다. 또 수퍼비전을 폭넓은 체계적 맥락 내에서 일어난 일로 이해해야 한다-모드 7(Hawkins 2011c 참조). 이 모델은 분명히 전이와 역전이에 대한, 특별히 대상관계 분야 또는 상호주관주의 접근법을 채택하는 작업으로 발달한 정신분석적 이해에 의지한다. 개입 방식의 다양한 창조성은, 몇 가지만 언급하자면 사이코드라마, 게슈탈트, 정신통합 psychosynthesis(정신분석과 명상을 결합한 치료법), 교류분석 출신의 인본주의 개척자의 작업에 크게 의지할 수 있다. 이 모델은 통찰과 인식뿐만 아니라 우리의 사고방식과 행동 방식의 변화를 분명하게 강조하며 인지행동 접근법과 변혁적 학습의 이해와도 일치한다(Hawkins & Smith 2010).

두 번째로 통합적이라는 주장의 근거는 실용적이라는 것이다. 처음 이 모델을 개발했을 때는 그 유용성의 범위를 알지 못했으나, 각각 다른 분야의 사람들과 작업 능력의 한계를 시험하려고 이것을 다양한 직업 분야에 적용하는 데 전념했다. 대부분 심리치료 출신의 프랙티셔너들이 이 모델을 사용해서 원래 훈련의 틀 밖에서 생각할 수 있는 자기 프랙티스를 개발할 수 있다는 것을 발견하게 되어 놀라고 기뻤다. 그리고 교사, 의사, 사회복지사, 성직자, 코치, 컨설턴트들을 포함해 심리치료 훈련을 받지 않은 광범위한 다양한 전문가들에게 이것이 유익하다는 것을 알게 되었다.

'모드 7은 순서가 다르고 나머지 6개 모드에 포함되어야 한다'

매튜스와 트리처Mathews & Treacher(2004:200)의 이 지적이 매우 유용하다는 것을 알게 되어 모드 7이 기본 순서와 별도라는 점에 근본적으로 동의했다. 나머지 6개 모드 가운데 어느 하나에서 모드 7로 이동하는 것은 드러난 현상에 집중하기보다는 그 현상이 일어나는 맥락의 장에 집중하는 것으로 이동하는 것이다. 또 다양한 맥락 측면에서 드러난 현상에 집중하는 각 모드가 있다는 것을 알게 되어 모드 7에서 여러 가지 하위-특징sub-distinctions(7.1~7.6)을 기술했다.

우리는 여전히 모드 7을 다른 6개 모드의 범주에 포함시키지 않는 것이 중요하다고 생각한다. 왜냐하면 우리 시야에 자연스럽게 존재하는 것에서 우리가 작업하는 더 넓은 영역으로 관심을 자주 이동하기 위해 정기적으로 필요로 하는 끊임없는 도전을 잃게 될 것이기 때문이다. 이는 관계 안에서뿐만 아니라 그들을 둘러싼 사회적 맥락에서 일어날 수 있는 문화, 인종, 성별 이슈를 탐구할 다음 장에서 알아볼 주제이다.

'개인을 초월한 단계를 위한 여덟 번째 모드의 필요성'
드니즈Denise(2009)는 수퍼비전의 개인을 초월하는 측면과 관련된 여덟 번째 모드가 있어야 한다고 제안하고 있으며, 다른 이들도 수퍼비전에서 개인 초월적이거나 영적인 문제는 어떻게 다룰 것인가를 질문한다. 우리는 수퍼비전이 사람과 제출된 자료만 다루는 것으로 축소되어서는 안 된다는 점, 또 '인간 세상 이상의 것'에 열려 있어야 하며(Abrams 1996) 그리고 '은혜의 공간을 만들어야 한다'는 데 강력히 동의한다(Hawkins & Smith 2006).

그러나 우리는 철학적으로 개인의 초월이 별개의 초월적인 영역이어야 한다는 생각에 반대한다. 오히려 정신적이고 초월적인 것이 전체 7개 모드에 중요하게 내재하고 있다. 모드 1에서는 고객의 개인적이고 개인 초월적 측면을, 모드 4에서는 수퍼바이지의 개인 초월적 측면을 다룬다. 모드 3과 5에서는 관계의 개인 초월적 측면과 두 당사자를 초월해 둘 사이 공간에 일어나는 일을 고려해야 한다. 모드 6에서 수퍼바이저로서 우리의 심리적 존재 안에서뿐만 아니라 존재의 다른 수준에서 드러나는 것에 열려 있어야 하고, 모드 7에서는 더 넓은 맥락이 사람과 자료 그 이상의 영역을 포함한다.

'이 모델은 너무 이론으로 가득하다'
이 모델을 단지 이 책을 읽는 것만으로 배울 수 없다는 데 동의한다. 그리고 그 유용성은 그것을 뒷받침하는 지식의 엄중함에 있지 않다. 오히려 그 모델의 유용성은 관심의 범위를 넓히고 수퍼바이저(와 수퍼바이지)에게 공개적으로 개입하고 수퍼비전 프로세스의 모든 지점에서 팔레트처럼 선택지를 늘리는 데에 있다.

'이 모델은 증거 기반이 아니다.'
밀네(2009)는 이것 외에도 많은 수퍼비전의 접근법을 증거 기반이 아니라거나 연구와 믿을 만한 관찰 분석을 얻게 하는 충분히 명확한 틀을 제공하지 않는다고 비평한다. 우리는 이 모델이 국제적으로 25년 이상 사용되었는데도, 이 모델을 사용하는 연구는 대부분의 수퍼비전 접근법에서와 같이 대수롭지 않은 것이었다는 데 동의한다. 그렇지만 우리가 제공한 오랜 시간의 교육에 근거해 이 모델이 철저하고 훈련 가능한 틀을 제공하며, 당신이 일관된 연구 방식으로 관찰자들이 코딩하도록 훈련할 수 있다는 것을 믿는다.

결론

이 일곱 눈 모델 수퍼비전의 힘은 25년 이상 심지어 그 뒤에도 이것을 사용함으로써 우리에게 계속 배움과 새로운 통찰을 얻게 한다. 그것은 우리의 원래 한계를 넘어 유용하다는 것을 증명했고, 청소년 사업부터 말기 환자 간병에 이르기까지, 정신의학부터 경영자 교육까지, 그리고 교육부터 부부 치료까지 광범위한 문화와 다양한 '사람들'의 전문직에서 사용되었다. 모든 고객 작업에 대한 효과적인 수퍼비전을 수행하기 위해 수퍼바이저가 수퍼비전의 7개 모드 전체를 사용할 수 있어야 한다는 것을 점차 확신하게 되었다.

   이 모델은 또한 수퍼바이지와 수퍼바이저에게 수퍼비전 세션을 검토하고, 초점의 균형을 협상할 수 있게 하는 틀을 제공한다. 다양한 수퍼바이지들이 다양한 스타일의 수퍼비전을 요구할 것이다. 다음 장에서는 어떻게 수퍼바이저가 엄청난 차이로 자신의 일하는 능력을 증대시킬 수 있는지 살펴본다. 또 7개 모드 각각을 다시 논의하고 각 모드를 초문화적으로 작업한 사례를 제공한다.

8장. 차이 다루기 - 초문화 수퍼비전

> 서론
> 문화 이해하기
> 문화적 지향
> 문화적 차이 인정하기
> 수퍼비전의 문화 인식과 다른 차이들
> 종교의 차이 다루기
> 권력과 차이
> 7개 모드에 관련된 차이
> 초문화 수퍼비전 개발하기
> 트라우마와 결합된 차이에 대한 수퍼비전
> 결론

서론

이 장은 그 배경과 세상을 바라보는 방식이 우리하고 다른 사람들과 일하는 데 필요한 민감성sensitivity과 알아차림awareness에 초점을 둔다. 이러한 알아차림은 말할 것도 없이 수퍼비전에서 조심스럽게 탐구되어야 할 문화적 세계관의 차이로 인정하면서 최근에 더욱 주목받게 되었다(Henderson 2009:69; Davys & Bedoe 2010:122).

그러나 이 민감성과 알아차림이 우리 문화와 문화적 가정에 적용되는 만큼 많이는 아니더라도 타문화에 어떻게 적용되는지 보여줄 것이다. 서양의 백인은 자신들을 문화적으로 중립적이라고 보는 경향이 있어서(Ryde 2009, 2011b) 비서양 문화를 서양의 '정상 상태'에 대응해서 정의한다. '백인'인 사람들은 자신들의 것에서 벗어난 문화적 규범이 '교정되어야' 한다고 추정하지 않도록 특별히 조심해야 한다. 특히나 '인종'과 민족성뿐만 아니라 계층과 자신들의 '대체'문화를 가진 다른 집단에 대한 시사점을 갖고 있기에 문화 영역에 집중할 것이다. 심지어 다양한 단체와 가정이 그들 자신의 문화를 발달시켜서 서로의 차이가 존중받고 이해받아야 한다.

　이 장에서는 수퍼비전이 어떻게, 문화적 차이들을 이해하고 적절히 반응하는 것을 보장하는 데 제 역할을 할 수 있는지 살펴볼 것이다. 수퍼비전 진행 시 문화와 다른 영역 사이의 차이를 안중에 두는 중요성을 탐구한다. 즉 다루어야 하는 문화적 요인, 권력의 역동과 차이 그리고 어떻게 차이가 7가지 수퍼비전 모드에 영향을 주는지에 대한 탐구(7장 참조) 등이다. 마지막으로, 차이에 민감한 최고의 수퍼비전 프랙티스를 논의할 것이다. 그러나 먼저 '문화'가 무슨 뜻인지 알아보자.

문화 이해하기

우리는 다양한 집단의 행동과 사회적 인공유물artefacts에 영향을 미치는 명시적, 암시적인 주장을 나타내는 '문화적 차이'를 이해한다(Herskovitz 1948). 고객과 관련된 문화에 대한 이해는 우리 자신의 문화적 가정과 신념에 대한 이해도 포함해야 한다.

　문화는 우리가 가지고 있는, 단지 우리 안에 있는 것이 아니라, 오히려 우리가 사는 환경에 존재한다. 문화는, 비록 우리가 생각하는 것이 우리의 문화적 가정의 결과로 바뀔 수 있을지 모르지만, 주로 무엇을 생각하는지가 아니라 어떻게 생각하는지에 영향을 준다. 그것은 유기체가 실험실 안의 '문화'에서 성장하는 것처럼, 우리 사이 공간에 존재한다. 호킨스Hawkins(1995, 1997)는 문화의 5단계 모델을 만들었고, 각 단계는 근본적으로 그 바로 아래 단계에 영향을 받는다.

- **인공유물**artefacts: 의식, 상징, 예술, 건축 정책 등
- **행동**: 관계하고 행동하는 패턴, 문화적 규범
- **사고방식**: 세상을 바라보고 경험을 구상하는 방식
- **정서적 기반**: 의미화를 구체화하는 감정 패턴
- **동기적 근원**: 선택을 주도하는 근본적인 열망

이 모델은 14장에서 더 자세히 살펴본다.

비록 우리 것과 다른 문화를 이해하기 위해 조처를 하는 것은 중요하지만, 우리는 그들의 문화라고 생각한 것을 연구해왔기 때문에 특정한 개인을 이해했다는 생각은 또 다른 장벽이 될 수 있고, 우리가 진정한 접촉과 진실한 질문을 피하는 한 가지 방법이 될 수 있다. 이것은 일반적으로 학습에 열려 있는 태도가 일에서도 우리 자신이 정형화되어 있기보다는 활기 있고 창의적임을 의미한다고 생각하기 때문만은 아니다. 오히려 문화적 다양성을 부인하지 않고 진정으로 존중한다면 차이를 넘어 대화하는 방법을 찾아야 하기 때문이다. 만일 우리의 과제를 단지 다른 사람의 관점을 이해하는 것이라고만 생각한다면 진정한 만남은 일어나지 않는다. 우리는 스스로 방심한 것이다. 수퍼비전 관계에서 이것은 수퍼바이지/고객 관계에서의 차이를 촉진하고 탐구하려는 의향일 뿐만 아니라, 우리의 문화적 가정과 수퍼바이지와의 관계에 대한 개방성을 의미하기도 한다. '백인'들은 이것이 자신들에게 주는 힘과 특권을 알아야 한다.

타일러Tyler 등(1991, Holloway & Carroll 1999에 인용됨)에서 문화에 반응하는 3가지 방식을 구분했다.

- **보편주의자**universalist는 문화의 중요성을 부정하고 그 차이를 개인적인 특성 탓으로 돌린다. 상담에서 보편주의자는 모든 차이를 개인의 병리적 측면에서 이해할 것이다.
- **배타주의자**particularist는 완전히 정반대인 관점을 취하며 모든 차이를 문화의 탓으로 돌린다.
- **초월론자**transcendentalist는 우리와 매우 유사한 견해를 취한다. 골맨Coleman (Holloway & Carroll 1999)은 이 견해를 다음과 같이 논의한다. '고객과 상담사 모두 그들의 세계관과 행동에 영향을 준 어마어마한 문화적 경험이 있다.' 그는 말하기를 '그러한 경험들을 이해하고 해석해야 하는 것은 개개인이다. 초월적이고 다문화적인 관점은 인종이나 성별이나 계급처럼 문화적 요인에 근거해 개개인에 대해 만들어질 수 있는 표준적인 전제가 있다'고 제시한다. 그렇지만 어떻

게 그룹의 개별 구성원들에 의해 만들어진 특유한 선택을 통해 이런 표준적 전제가 현실이 되는지를 이해하는 것이 중요하다는 것이다.

엘리프테리아두Eleftheriadou(1994)의 문화 교차적 작업과 비교문화 작업에 대한 구별이 도움이 된다. 문화 교차적 작업에서는 '우리의 세계관을 넘어서기보다 또 다른 사람을 이해하는 참조 시스템을 사용한다'. 초문화 작업은 '상담사가 자신의 문화적 차이를 넘어 일해야 함을 의미하고' 그리고 다른 개인과 그룹의 준거틀 안에서 활동할 수 있다.

개방적이고 탐구적인 태도는 초월론자transcendantalist 관점에서 벗어나 초문화로 일하는 능력을 강화한다. 이 연구는 두 당사자가 학습에 참여하는 대화 안에서 최적의 상태로 일어난다.

특별히 복잡한 지점은 모든 관련자들에게 힘과 권위의 문제가 드러나는 경우이다. 수퍼비전 관계는 그 권위가 수퍼바이저의 역할과 수퍼바이지의 전문적 역할에 부여된 권위로 인해 이런 식으로 이미 복잡하다. 차이를 다룰 때, 힘의 역동은 다수와 소수 그룹간의 힘의 불평등 때문에 악화된다. 그런데도 우리는 어떻게 서로 다른 역할, 문화, 개인적 특성에 부여된 힘이 무시되거나 거부되기보다 더 잘 탐구되는 복잡한 상황을 만들기 위해 함께 모이는지를 살펴볼 것이다.

문화적 지향

성별, 계층, 성적 지향, 직업, 종교적 소속 등에 근거한 나라별 집단과 민족별 집단 그리고 다양한 하위 집단은 행동과 사고방식, 정서적 기반과 동기의 근원이 서로 다른 문화적 규범을 가지고 있으며, 이는 그들을 다른 그룹과 구별 짓는다. 무수한 다른 문화의 문화적 지향을 배우려고 하는 것은 불가능한 과제일 것이다. 우리가 할 수 있는 것은 다양한 차원의 문화적 지향에 민감해지는 것이다. 로진스키Rosinsky(2003:51-52)는 다음 7가지 차원의 유용한 '문화적 지향의 틀'을 제공한다.

- 권력과 책임에 대한 의식
- 시간 관리에 대한 접근
- 정체성과 목적의식
- 조직의 합의 내용
- 영역-신체적 영역과 심리적 영역
- 의사소통 패턴
- 사고방식

여러 작가에 의해 확인된 다른 변수들(Hofstede & Stodtbeck 1961; Sue & Sue 1990; Trompenaars 1994)은 다음과 같다.

- 평등 대 위계
- 자기개방
- 외향성 대 내향성
- 원인과 결과 지향
- 성취 지향
- 보편주의자 대 배타주의자
- 순응주 대 보호주의자
- 연속적인 시간 대 동기화된 시간

라이드Ryde(1997)는 문화 전반에 걸친 수퍼비전에 매우 적절한 두 개의 차원에 관해 썼다.

- 개인 경험의 존중과 집단 존중 사이의 연속체
- 감정 표현과 감정 억제 사이의 연속체

이러한 차원들이 상호작용하는 방식을 탐구하는 것은 [그림 8.1]의 도표에 있다.

우리는 이러한 양극단에 대한 문화의 위치를 설명하는 지점에 특정한 문화를 그 도표에 배치할 수 있다. 예를 들어, 영국과 대부분의 북유럽 문화는 개인/감정 억제 부분에 표시할 수 있다. 그 도표는 모든 가능한 문화적 차이를 다루지 않지만, 우리로 더 쉽게 두 개의 중요한 변수를 판단하고 그러므로 문화적으로 더 민감한 방법으로 생각하게 한다.

문화적 차이 인정하기

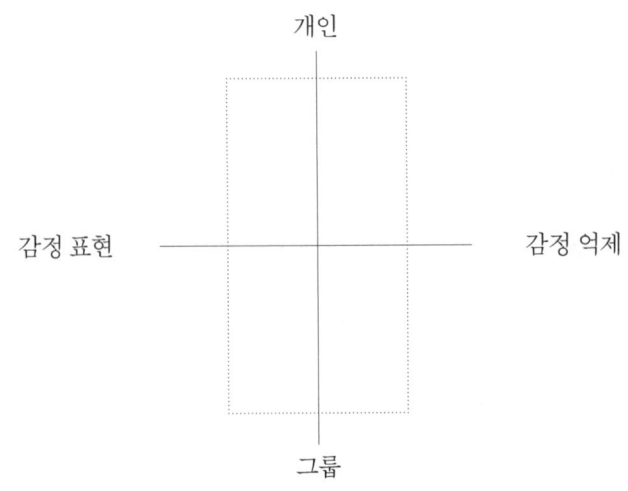

[그림 8.1] 문화를 뛰어넘어 수퍼비전하기

우리가 다양한 문화적 렌즈를 통해 세상이 다르게 보이는 방식을 더 잘 이해할수록, 우리는 문화를 뛰어넘어 더 잘 일할 수 있다. 밴 위덴버그Van Weerdenburg(1996), 브링크만과 위덴버그Brinkmann & Weerdenburg(1999)는 개개인이 초문화적으로 더 유능해질 때 거쳐가는 단계를 보여준 밀튼 베네트Milton Bennett 박사(1993)의 연구에 근거한 상호문화적 민감성 발달 모델을 만들고 연구했다. 그 단계들의 범위는 다음과 같다.

- **거부**: 자기 문화를 유일하고 진정한 것이라고 보는 단계
- **방어**: 문화적 차이에 대한 방어, 자기 문화를 유일하게 좋은 것이라고 보는 단계
- **최소화**: 자기 문화적 세계관이 보편적인 것이라고 느끼는 단계
- **수용**: 자기 문화가 동등하고 복잡한 다수의 세계관 가운데 하나일 뿐이라고 인지하는 단계
- **인지 적응**: 한 사람이 세상을 '다른 눈을 통해' 볼 수 있는 단계
- **행동 적응**: 개개인이 자기 행동을 다양한 문화적 상황과 관계에 맞출 수 있는 단계

이 발달 단계에서 앞의 3단계는 '자민족 중심주의ethnocentric'라고 하고, 뒤의 3단계는 '민족 상대주의ethnorelative'라고 이름 붙였다. 우리는 처음 두 단계가 문화적으로 둔감한 작업을 나타내고, 다음 두 단계는 다문화 간 프랙티스의 시작이라고 주장했으나, 마지막 두 단계는 초문화 수퍼비전과 동등하게 보았다. 이 단계들은 6장에서 개요를 설명한 수퍼바이저 발달의 일반적 단계와 유사한 발달 경로를 제공한다.

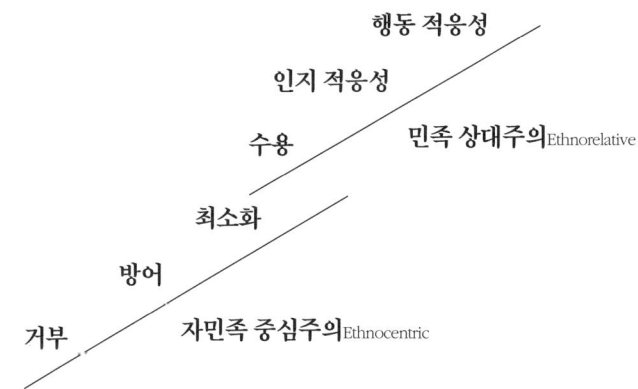

[그림 8.2] 자민족 중심주의Ethnocentric에서 민족 상대주의Ethnorelative까지
출처: 밴 위덴버그Van Weerdenburg(1996)

더 최근에 배츠Batts(2009:74)는 베네트Bennett(1993)의 이론과 약간 유사한 '실질적인 수퍼비전 장벽' 5가지를 기술하였다. 배츠의 5가지 장벽은 1) 역기능적인 구출하기dysfunctional rescuing, 2) 희생자 탓하기, 3) 접촉 회피, 4) 차이 부정하기, 그리고 5) 차이의

중요성 부인하기이다. 이는 수퍼바이저가 수퍼바이지의 고객 관계, 그리고 수퍼바이저와 수퍼바이지의 관계 안에서 차이를 인식하고 다루는 흔히 고통스럽고 힘든 작업을 최소화하고 잘 대처하기 위해 수퍼바이지와 수퍼바이저가 모두 사용할 수 있는 것으로 기억해 두는 것이 유용하다.

라이드Ryde(2009) 역시 더 큰 상호문화적 인식intercultural awareness이 발견되는 프로세스를 기술했는데, 부인denial하는 과정을 통해 더 잘 이해하게 되긴 하지만, 그 모델은 구체적으로 자기 특권을 부인하는, 특히 고통스러운 죄책감과 수치심을 회피하는 백인들에게 이것을 적용하는 방법에 더 초점을 둔다. 그녀는 이것이 어떻게 더 통합된 이해를 위해 작업해 낼 수 있었는지, [그림 8.3]에서 보여준다.

수퍼비전은 그 과정을 함께 다루고 성찰할 수 있는 가장 중요한 자리이다. 예를 들어, 난민과의 작업에서 라이드Ryde는 그녀의 수퍼바이지가 고객이 세션을 기억하도록 문자 메시지를 보내는 것은 고객이 고향에서 멀리 떠나 있어서 혼란스럽고 혼미한 상태이며 치료에 익숙하지 않기도 해서, 그들이 자주 세션에 참석하는 것을 기억하는 데 어려움이 있다는 뜻이라고 주장한다. 때로 그녀는 알려주지 않아도 고객이 올 거라고

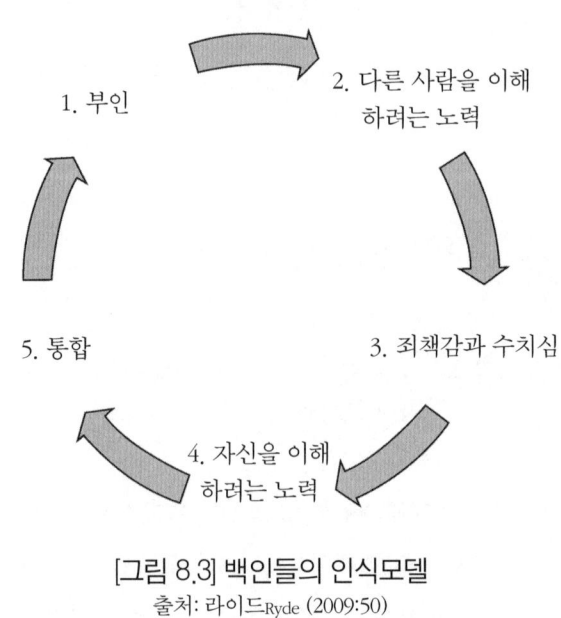

[그림 8.3] 백인들의 인식모델
출처: 라이드Ryde (2009:50)

기대하는 것이 타당할 때에도 이렇게 습관적으로 생각하는 것은 흑인 고객은 기억을 잘 못 한다고 예상하는 인종적인 편견을 드러낸다고 생각한다. 얼마나 많이 수퍼바이 지가 무의식적 경멸감과 자책감 때문에 행동하는가? 이것은 주의 깊게 밝혀낼 필요가 있는 복잡한 문제일 수 있고 그래서 백인의 인식 프로세스는 시행되어야 한다.

수퍼비전에서 문화 및 다른 차이 알아차리기

몇몇 다른 수퍼비전 저자들(Brown & Bourne 1996; Carroll & Holloway 1999; Proctor 1998; Gilbert & Evans 2000; Ryde 2011c)은 수퍼비전 상황이 일대일 관계보다 더 복잡한 일련의 관계를 만든다는 점을 지적해왔다. 수퍼비전에 고객-수퍼바이지, 수퍼바이지-수퍼바이저, 고객-수퍼바이저(7장 참조) 등 최소한 3가지 관계가 있다. 게다가 문화적 차이의 상황이 복잡하다. 셋 중 어느 하나가 문화적으로 다를 수 있고 실제로 모두 문화적으로 서로 다를 수 있다. 다른 문화적 배경을 가진 한 고객이 수퍼바이저와 수퍼바이지에게 오는 상황에서, 아래에서 보는 것처럼 개인의 심리보다 문화에 근거한 요인들을 공모하여 오해하지 않는 것이 특별히 중요하다.

지배적인, 대개 '백인의' 서양 문화 내에서 더 소수인 민족 집단이 있는 경우, 이 집단의 다음 세대가 동시에 두 개의 문화에 존재하는 문제를 경험하는 것은 드문 일이 아니다.

> 동남아시아 출신 고객은 집단과 감정적 억제를 강조하는 문화에서 살아왔다. 이 고객의 아버지는 미국에 잠시 살았고 그곳에 있는 동안 로저리안_{Rogerian} 치료사로서 교육받았다. 여기서 그는 개인과 감정 표현을 중시해야 한다고 배웠다. 그 뒤 그가 자기 나라로 돌아가 결혼해서 가족을 갖게 되었다. 이 가족은 지배적인 문화 안에서 로저리안_{Rogerian}의 가치를 가진 섬이 되었다. 그 아들은 결과적으로 2세대 이민자가 외국 문화에 직면하는 것과 유사한 상황에 처했다. 가치관 하나는 가족에 속하고 또 다른 것은 그것 너머의 세계에 속한다. 영국에 있는 심리치료사에게

> 가서 그는 아버지와 비슷하지만 똑같지 않은 이론적 근거를 가진 누군가를 선택했다. 이것은 어쩌면 두 문화의 차이가 융화될 수 있는 어떤 '무의식적 희망'을 보여준다. 그는 아버지와 다소 비슷하지만 똑같지는 않은 누군가가 필요했다. 그의 심리치료사에게 일어난 충동은 자기 방향을 찾고, 자기 필요를 충족시키고, 그가 표현해야 하는 감정을 느껴야 하는 것의 중요성을 강조하는 것이었다. 반면에 이것은 실제로 가치가 있었지만, 그의 수퍼바이저는 그가 거의 견딜 수 없었던 문화적 차이와 긴장을 인식하거나 해결하는 데 이런 접근이 도움이 되지 못한다고 지적했다.

우리는 여기서 수퍼바이저와 수퍼바이지에게 문화적 차이를 인식하고 민감한 것이 얼마나 필요한지를 볼 수 있다. 또 심지어 그것을 부인할 때에도 차이를 알아채고 존중하는 것이 중요할 수 있다.

인식할 수 있는 문화적 차이는 흔히 신체적 특징과 피부색, 코나 눈의 생김새 등에 초점을 맞춘다. 지배적 집단은 실재하거나 인식된 차이perceived differences를 가지고 그 사람들을 모욕하고 하찮은 기분이 들게 하므로 무자비할 수 있다. 이런 악의적 편견에 대항하기보다 사람들은 그 차이를 위장하거나 자기감정을 부인하기 위해 애를 쓸 것이다.

> 혼혈인 고객은 그녀의 피부색 때문에 어떤 어려움이 있다는 것을 부인했다. 그녀는 친구 집단이나 상담할 때 그녀가 흑인이냐는 질문이 나오지 않을 것처럼 예쁘고 인기 있는 여성이었다. 수퍼바이저는 이것을 주목했으나 수퍼바이지가 이 문제를 연관 짓거나 스스로 그것에 집중하는 것이 어렵다는 것을 발견했다. 문제는 한 운전자가 고객을 '검둥이 자식'이라고 부른 사건을 이야기할 때 오히려 강하게 그 세 사람 모두의 관심을 끌었다. 그 말을 듣고 고객은 그 운전자를 쫓아갔고 그를 차 밖으로 끌어냈다! 그 결과 이전에 탐색되지 않은 흑인으로서의 기억과 감정이 일어났다.

또 다른 무시되는 차이는 직접 분명하게 드러나지 않을 수도 있지만 이러한 차이를 가진 사람들에 대한 문화적 거부를 통해 그만큼 소외감을 유발할 수 있다. 성적 지향의 차이는 덜 눈에 띄는 것 가운데 하나다. 많은 나라에서 이것과 또 다른 근거에 대한 차별을 반대하는 운동이 일어나고 있기는 하지만, 여전히 편견은 남아있고 의식적으로 또 무의식적으로 수퍼바이저와 수퍼바이지에게서 발견될 수 있다.

종교의 차이 다루기

초문화적으로 작업할 때 흔히 경시될 수 있는 또 다른 요소는 종교가 다른 사람들과 효율적으로 일하는 능력이다. 유럽에서 우리는 지배적인 세속 사회에 살고 있다고 추정할 수 있으며, 종교와 영적 믿음이 많은 사람의 문화와 가치 기반에 영향을 미치는 큰 역할을 한다는 것을 보여주는 많은 증거가 있다. 2001년의 영국 국가 통계에서는, 75% 이상의 사람들이 종교를 갖고 있다고 보고되었다. 그 가운데 72%는 자기 종교가 기독교라고 했고 3%는 이슬람교도이며, 그 외에 힌두교 신자, 시크교도, 유대인 그리고 불교 신자도 상당수 있었다.

종교적 신념에 대한 민감함이 수퍼바이지로 하여금 비평적이 되게 하는 3가지 요인은 다음과 같다.

- 연구는 '어떤 소수 민족을 규정하는 특징 중 하나는 그들의 종교'인데, 종교는 '아마도 소수민족들이 적어도 부분적으로는 영국 토착민의 경향과 상충되는 문화적 역동을 드러내는 핵심 영역'이라는 점을 보여준다(Modood, Berthhoud 외 1997).
- 다른 분야보다 조력 전문가에게 강한 종교적 신념을 가신 사람들이 매우 우세하고 특히 자원봉사 분야에서 많은 조력 단체들이 그 설립 기반에 강한 신앙적 기반을 갖추고 있다.
- 단체는 사람들이 내적인 가치와 열망을 다룰 때 의욕이 북돋아지고, 그 핵심에 유익이 있다는 점을 연구는 나타낸다(Faith Regen 2005, Weiler & Schoonover의 참고).

영국의 성인교육 분야에서 매우 유용한 『종교 툴키트Faith Communities Toolkit』를 쓴 페이스 리젠Faith Regen(2005)은, 다양한 근본 신념을 가진 사람들과 민감하게 일하는 법에 길잡이를 제공했고 또한 주요 종교와 이것이 휴일, 식습관, 정기적인 풍습, 윤리적 규범 그리고 용인할 수 있거나 용인할 수 없는 행동 양식을 제정하는 것을 포함해서 그들의 직장 생활에 주는 영향에 대한 매우 간결한 지침을 제공했다.

반면에 다른 이들에게는 이러한 영적 탐구가 중요하고 유익하다. 종교적 신념은 흔히 소중히 여겨지므로 신념의 의미에 대해 어떤 질문을 하는 것은 불가능하다. 그렇지만 조력 전문가에게나 자기 종교 외의 사람들과 일하는 수퍼바이저에게는 다른 사람들의 영성에 귀 기울이고 수용하는 데 열려있는 자세가 중요하다. 와이스Weiss, 옥덴과 시아스Ogden & Sias(2010)는 파울러Fowler의 수퍼비전의 통합된 영성 발달 모델을 제시했다. 이 모델은 우리가 인간으로서 삶의 영적 의미를 찾을 필요를 공유한다는 점을 이해할 때 개개인이 자신과 타인과 사회적 상황을 이해하는 복잡성의 등급에 대한 중요한 구분을 나타내는 것이다. 수퍼바이지는 인간 경험의 영적 차원을 효과적으로 다루기 위해 이러한 단계들을 거쳐야 할 수도 있다. 그들이 기술한 영역은 다음과 같다.

- 직관적-투사적 신앙intuitive-projective faith
- 신화적-문자적 신앙mythic-literal faith
- 종합적 관례적 신앙synthetic conventional faith
- 개인적-투사적 신앙individuative-projective faith
- 결합적 신앙conjunctive faith
- 보편화하기universalizing

이러한 단계들을 거쳐감으로써, 수퍼바이지와 수퍼바이저는 점점 더 신앙의 복잡한 모순을 수용할 수 있고 이는 자신과 다른 전통을 가진 고객과 비방어적인 상호 대화에 관여하는 능력을 기를 수 있다고 주장한다.

권력과 차이

사회는 함께 살아가는 다양한 문화적 배경에 있는 사람들이 가져오는 많은 차이에 의해 매우 풍부해질 수 있다. 그러나 경제적, 정치적 권력을 가진 문화는 대개 '백인'과 서양인들의 사회 안에서 더 힘이 있으며 힘의 불균형은 불가피하게 수퍼바이지와 수퍼바이저 그리고 수퍼바이지와 고객의 관계를 포함하여 전문적 관계에서 나타난다. 브라운과 본Brown & Bourne(1996)은 다양한 조합의 관계가 수퍼비전에 존재한다는 것을 지적하며 다양한 권력 관계를 깊이 탐구한다. 소수 집단의 누군가가 저마다 가능한 역할과 그 결과로 생기는 복합적인 권력 역동에 있을 때 나타날 수 있는 모든 다양한 조합을 지적한다(p. 39). 성적 지향이나 장애 그리고 계층도 권력 불균형에 내재할 수 있지만, 특히 인종과 성별을 강조한다.

인스킵과 프록터Inskipp & Procter(1995)는 또 각각 흑인이나 백인이 있는 수퍼바이저, 고객 그리고 상담사의 가능한 조합을 보여주는 일련의 8가지 삼각형에서 흑인과 백인 사이의 관계의 역동을 지적했다. 각 삼각형은 그 역할과 민족 분류에 내재한 다양한 권력 역동 때문에 영향을 받는 자체의 역동을 가지고 있다. 이것을 더 끌어내기 위해, 거기에 또 다른 삼각형이 있음을 고려한다. 즉 하나는 비교 문화 수퍼비전에 분명하게 드러나는 복합적인 권력 역동을 보여주고 있다. 각 모서리에는 세 가지 다른 권력이 있다. 즉 역할 권력, 문화 권력, 그리고 개인 권력([그림 8.4] 참조)이 그것이다.

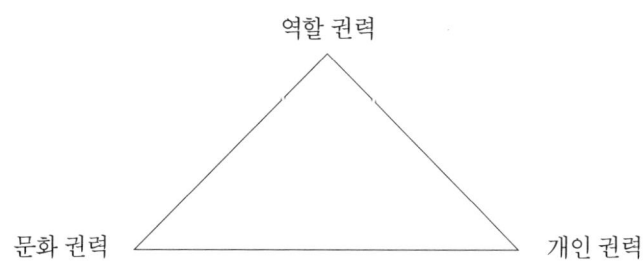

[그림 8.4] 비교문화 수퍼비전의 복합적 권력 역동

- **역할 권력**은 수퍼비전이 시행되는 조직의 환경에 따라 달라지는 수퍼바이저의 역할에 내재하는 힘을 가리킨다. 이것은 정당한 힘이라고 명명한 것을 포함하는데, 그것은 그 역할에 부여된, 강제적이고 보상적인 권력, 즉 수퍼바이저가 무언가를 하도록 요구하는 힘 그리고 보상을 주거나 주지 않는 힘을 말한다. 또 자원 권력, 즉 수퍼바이저가 자원을 주거나 주지 않을 수 있는 힘을 의미한다(프렌치French와 레이븐Raven 1959, 카두신kadushin에 의해 논의됨. 1992, 3장).
- **문화 권력**은 지배적인 사회집단과 민족 집단에서 비롯된다. 이는 흔히 '백인'사회, 서구 다수 집단에서 태어난 누군가일 수 있다. 이 권력은 그 사람이 남성이고, 중산층이며, 이성애자이고 장애가 없는 사람일 경우 두드러지게 된다. 어떤 직업은 문화 권력을 더 많이 갖는 경향이 있다. 예를 들어 의사들은 의료 전문직 문화 내에서 더 많은 힘을 갖는 경향이 있다.
- **개인 권력**은 역할과 문화를 통해서 그 사람에게 주어지는 것 이상일 수 있는 개인의 특정한 힘을 가리킨다. 그것은 그들 인격의 존재와 영향력뿐만 아니라 그들의 전문지식의 권위에서 비롯된다. 또 프렌치와 레이븐(1967)이 **지시대상**referent 권력이라 명명한 것을 의미하며 이는 수퍼바이지가 자신의 수퍼바이저와 동일시하고 싶거나 그 사람처럼 되고 싶어하는 것에서 비롯된다.

세 가지 다른 권력의 원천 모두가 한 사람에게 합쳐질 때 그 결과는 꽤 압도적일 것이다. 지배적 문화와 개인 권력이(또는 둘 중 하나가) 반드시 수퍼바이저에게 있는 것은 아니고 권력 역동이 더 단순화되거나 둔감하게 오용되거나 심지어 당연한 것으로 받아들여 간과할 수 있는 경우도 더러 있다. 문화 권력과 개인 권력이(또는 둘 중 하나가) 수퍼바이저에게 없을 때 권위를 세우려고 해서 갈등이 발생하거나 그것을 보상받으려는 욕구로 인해 권력을 과장하게 된다. 그러나 이 두 경우 중 어떤 것이든, 수퍼비전의 권력 관계는 무시되기보다는 더 잘 탐구된다(CSTD 1999, Rapp 2001:142; Ryde 2009, 2011b).

힘과 권위가 자동으로 문화적 다수 그룹의 사람들에게 주어지는 것은 비논리적이지만, 수퍼바이저가 자기 역할로 인해 큰 권위를 갖는 것은 적절할 수도 있다.

선의를 가진 한 백인 수퍼바이저가 그녀의 첫 번째 흑인 수퍼바이지로 인해 불안하면서도 흥분되어 있었다. 그 수퍼바이지는 보통 학생들이 그 과정을 시작하기 전에 있어야 할 상담 경험이 없는데도 상담 과정을 맡고 있는 상담 학생이었다. 이 '긍정적 차별'이 수퍼바이저로 하여금 기초적인 상담 기술과 이론을 이해하고 사용하려고 애쓰게 하는 한 가지 요인이었다.

인종차별주의자로 보이고 싶지 않았던 그 수퍼바이저는, 들어주기보다는 조언하는 수퍼바이지의 경향에 이의를 제기하는 데 매우 머뭇거렸다. 사실상 그 수퍼바이저가 가장 두려워했던 것은 수퍼바이지가 교사에게 자기 수퍼바이저는 인종차별주의자라고 불평했을 때 알게 되었다. 이로 말미암아 그는 이러한 대항에 대응하지 않기로 했다.

이 복잡한 상황을 이해하기 위하여 학대자, 희생자, 그리고 구원자의 서로 연결된 역동을 그린 카프만karpman의 드라마 삼각형(Karpman 1968)을 기억하는 것이 도움이 된다. 이 역동은 확정된 그들의 역할에서 그 세 사람 간에 순환하는 경향이 특징이다(13장 참조). 여기서 수퍼바이저는 학대자, 수퍼바이지는 희생자, 그리고 어쩌면 그 교사는 구원자인 듯하다. 이 예에서, 그 역할은 인종차별주의의 비난으로 바뀌어서 수퍼바이지는 분명히 희생자가 되었다.

사실상, 역할 권력 역동은 수퍼바이저에게 있었다. 그녀가 더 숙련되고 자신감이 있었더라면 더 효율적으로 그 수퍼바이지와 작업할 수 있었을 것이고 먼저 그 모든 복잡한 상황을 탐구했을 것이다. 즉 수퍼바이지/수퍼바이저 관계의 권력 역동이 '인종'외 차이라는 문화적 맥락에 의해 악화되는 방식, 일반적인 예비 경험 없이 한 학생이 과정을 맡고 있는 문화적 맥락, 조언보다 경청하는 데서 고객이 경험하는 차이에 대한 탐구, 그리고 수퍼바이지와 수퍼바이저의 서로 다른 문화에서 '경청하기'와 '조언하기'에 주어진 문화적 의미 등이 탐구되었어야 했다. 적절히 자기 권위를 유지하면서 이 상황에 얽힌 문제의 복잡함을 개방하는 것을 두려워하지 않으면서, 그 수퍼바이지는(그리고 수퍼바이저도) 풍부한 학습 경험을 얻을 수 있었을 것이다.

> 만약 그 수퍼바이저가 과정 밖에서 수퍼바이지를 집요하게 괴롭혔다면 명백한 권력 남용이 되었을 것이다. 그때의 사정으로 볼 때, 권력의 오용은 훨씬 더 포착하기 어려운 것이었다. 즉 적절한 권위를 갖지 못했고 수퍼바이지의 프로세스에 의한 어려움은 복잡했다. 인종차별이 아니라면 수퍼바이저가 이러한 문제를 공개적으로 솔직하게 다룰 수 없다는 가정 하에 명백한 문화적 편견을 드러냈다고까지 말할 수 있다.

치료와 수퍼비전 관계에서 운용되는 다양한 측면의 권력에 민감한 태도를 보이면서 적절한 권위를 발휘하기를 배우는 것은 중요하고 도전적인 과제다. 이에 대해 카두신 Kadushin은 다음과 같이 말한다(1992:20).

> 수퍼바이저는 방어나 변명 없이, 권위와 자기 지위[원문 그대로임sic]에 내재하는 관련된 힘을 받아들여야 한다. 권위의 사용은 때로 불가피한 것일 수 있다. 수퍼바이저가 자기 행동에 확신을 갖고 소통할 수 있다면 그 효율성을 높일 수 있다.

수퍼비전 관계에서 권력 역동을 다루는 더 생산적인 방식을 확실하게 하는 방법은 '유익한 드라마 삼각형'(Proctor 2008)이라고 부르는 드라마 삼각형에 대한 헌트의 해답을 기억하는 것이다. 여기서, 그 세 가지 지위는 (희생자 대신) '취약성', (학대자 대신) '세력' 그리고 (구원자 대신) '반응성'이다. 이것은 치료자와 수퍼바이저와 고객 사이에 더 친절하고 생성적인 역동을 제공한다.

7개 모드에 관련된 차이

(7장에 소개된) 7개 수퍼비전 모드는 두 관계 모두에 작용하는 문화적, 권력 역동과 마찬가지로, 고객, 치료사, 수퍼바이저 사이의 문화적 차이를 다루는 수퍼바이저의 능력을 증가시키는 데 사용될 수 있다.

모드 1

모드 1에서 고객의 세계는 그들의 행동과 고객의 삶에 관한 이야기를 통해 세션에 가져온 실제 자료의 내용으로 탐색 된다. 여기서 문화적 자료는 명시적 또는 암시적으로 내어놓을 수 있다. 고객의 세계 안에서 명시적인 문제는 다수 집단의 문화에서 온 사람들과의 충돌이나 어려움으로 경험될 수 있을 것이다. 암시적으로, 이것이 그 문제가 처음 다루는 사례라는 사실을 고객이 알지 못해도 어려움은 문화적 차이에 관련된 것으로 판가름이 날 수 있다. 모드 1에서 수퍼바이지와 수퍼바이저는 언어적, 비언어적으로 가져온 자료에서 고객의 세계를 이해하려고 할 것이다. 치료사는, 예를 들어 고객의 경험이 어느 정도 그들의 문화에 뿌리내리고 있는지 그리고 그들의 개별적 특성에 있어 그 경험이 얼마나 특별한지를 이해하려고 할 수 있다.

> 한 일본인 고객이 영국에 살고 있는 성공한 일본인 사업가와 결혼했다. 영국에 온 뒤로 그녀는 매우 우울해졌다. 그녀는 난민이 된 듯 느꼈고 고향과 가족을 그리워했다. 그녀 자신과 남편이 기대하는 빛나는 안주인 역할을 할 수 없는 무력감을 느꼈다. 이 무력감은 그녀의 우울증과 부적응감을 악화시켰다. 수퍼비전에서 상담사는 고객이 남편을 잠자코 따른다고 자신이 이해했던 것에 스스로 격분하는 감정을 드러냈다. 그렇지만 그 수퍼바이저는 재빨리 고객의 현상적 세계로 돌아와서 고객의 문화적 지위를 더 잘 이해하였다.

모드 1은 흔히 고객의 현상적 세계를 알기 위해 고객의 비언어적 행동 방식에 면밀한 주의를 기울이는 것을 필요로 한다. 수퍼비전에서는 보이는 것을 '해석'할 때 그 실제를 잘못 판단할 수도 있기에 비언어적 행동 방식의 의미를 섣불리 결론 내리지 않는 것이 중요하다. 비교 문화 작업에서 이것은 특히 더 그렇다. 우리 사회에서는 비언어적 신호를 해석하는 방식을 문화적으로 결정짓는 경향이 있다. 예를 들어, 치료사와 악수하기를 좋아하는 고객은 경우에 맞지 않게 격식을 차리거나, 잘 보이려고 노력하는 것으로 여겨질 수 있다. 그 고객이 악수를 하지 않는 행동을, 생각할 수도 없는 무례한 행동이라고 여기는 문화에서 온 사람이라면 이런 관점은 잘못 판단한 것이 된다. 눈맞춤을 피하는 것도 타문화권에서는 다른 의미를 가지고 있다. 서구 문화에서는 그것을 흔히 부정직하고 방어적인 것으로 생각하지만, 어떤 문화에서는 친숙한 관계가 아니거나 자신보다 더 높은 지위에 있는 누군가를 똑바로 쳐다보는 것이 매우 공손하지 않은 것이라고 여겨진다.

모드 2

모드 2에서는 수퍼바이지와 수퍼바이저가 세션 안에서의 개입을 탐구한다.

> 위에 쓴 일본인 고객의 예에서, 수퍼바이저는 그것이 일본인 고객의 문화에서는 정상적인 반응이지만 이것이 아내의 의무라는 식의 태도는 곧 고객의 의존성이라고 생각하는 수퍼바이지의 문화적 전제에 도전할 수 있었다.
>
> 그 수퍼바이지의 개입은 '당신을 그런 열등한 역할에 놓아둔 남편에게 화가 나지 않습니까?'라는 질문이었다. 그 수퍼바이저는 고객이 '화'가 난다거나 그 '역할'이 '열등하다'라는 수퍼바이지의 문화적 가정에 도전할 수 있었다. 둘은 그 뒤 할 수 있는 다른 개입을 탐구했고 그리고 고객이 영국과 일본에서 안주인으로서 어떠해야 하는지를 묻는 것이 유용할 수 있겠다고 결정했다. 이는 두 문화 사이의 차이 영역과 고객이 그 두 문화 안에 존재하는 것을 어떻게 느끼는지를 개방하는 것이 될 것이다. 문화적 차이를 더 잘 이해함으로써, 수퍼바이지가 더 진실하게 공감하는 방법으로 고객에게 개입할 수 있게, 문화적 차이의 맥락 안에서 유용하고 비방어적인 탐구로 이어졌다.

모드 3

여기서 수퍼비전적 탐구는 무의식적인 자료가 작업의 프로세스에서, 특히 수퍼바이지와 고객 사이의 프로세스에서 드러나는 방식을 다룬다. 그것은 예를 들면, 꿈이나 고객이 이야기한 일종의 일화anecdotes에 나타날 수 있다. 앞에서 혼혈인 고객이 운전자를 쫓아가 자동차 밖으로 끌어낸 이야기의 예에서, 그 일화를 이야기한 것은 그 이슈를 탐구하려는 무의식적 자극 때문에 이야기한 것으로 이해될 수 있었다. 아마도 어느 정도 그 혼혈인 고객은 비유적으로 말한다면 수퍼바이지를 끌어내어, 그리고 실제로 그녀 자신을 의자에서 끌어내어 둘 다를 흔들어 그 이슈의 중요성을 깨닫기를 원했을 것이다.

> 한 서아프리카인 고객이 여섯 살 나이에 영국에 사는 숙모에게 보내졌던 일을 이야기했다. 그녀는 도착해서 사과를 먹으라고 받았는데, 전에 먹어본 적이 없는 과일이었다. 그것은 너무나 맛있었고 그 고객은 영국에서의 생활도 그 사과만큼 훌륭할 것이라고 생각했다! 그녀는 곧 이 생각이 사실과 거리가 멀다는 걸 알게 되었고 실제로 아프리카의 부모님에게 다시는 돌아가지 못했다. 이것은 물론 고객 삶에서 성격 형성에 매우 중요한 경험이었으나, 그녀 또한 심리치료의 처음 몇 세션에서 표면상 온화한 분위기가 그때처럼 환상일 수 있다는 두려움 때문에 무의식적으로 그 이야기를 했다는 것이 분명해졌다. 수퍼비전에서 탐구한 이후 그녀의 두려움을 수퍼바이지가 알아채고 그 작업은 심화될 수 있었다.

모드 4

모드 4에서 수퍼바이지는 어떻게 자기 이슈가 작업 과정에 영향을 줄 수 있는지를 탐색한다. 이 모드로 작업하기 위해 수퍼바이지가 자신의 편파적인 태도와 감정을 아는 것이 필요하다. 게다가 일본인 고객의 예에서, 남자에 의해 폄하되는 것을 상담가가 우려하여 어떻게 부적절하게 개입했는지를 보았다. 우리 자신의 이슈를 더욱 분명하게 그리고 어떻게 그것들이 우리 문화에 연관되는지를 이해하는 것은 문화적 차이를 다루는 생생하고 매우 생산적인 방법이 된다. 그것이 오로지 크고 나쁜 세상에서만 일어난다고 생각하기보다 그 모든 질문을 바로 세션 안으로 가져온다.

> 한 수퍼바이지에게 휠체어를 탄 하반신 마비 고객이 있었다. 수퍼비전에서 이 고객을 처음 논의할 때 그녀는 얼마나 그 고객이 '지적으로' 보이는지 몇 가지 근거

> 를 역설하였다. 수퍼바이저는 이것을 주목했고 이어서 휠체어 탄 사람들에 대한 수퍼바이지의 예상을 탐색했다. 수퍼바이지는 고객이 그다지 영리하지 않다는 자신의 예상을 발견하였다.

고객을 묘사할 때 무슨 '척도'가 사용되는지 탐색하는 것은 무의식적 편견을 드러내는 데 흔히 유익하다. 이 예에서 고객은 '지적이다'라고 묘사되는데 수퍼바이저는 '누구와 비교해서?'라고 질문했다. 이를 통해 그의 무의식적 편견이 드러났고 작업을 진행하는 데에 영향을 주지 않게 되었다.

모드 5

이 모드에서 수퍼바이저와 수퍼바이지는 고객과의 관계를 수퍼비전 관계 안에서 반영하는 방식을 탐구한다. 이것은 비지배적인 문화에서 온 고객이 느끼는 방식을 맛볼 수 있으므로 문화적 차이가 있는 경우에 특히 흥미롭다.

> 한 수퍼바이지가 수퍼비전 세션에서 바보 같고 조롱거리가 된 듯이 느꼈고 수퍼바이저는 평소와 달리 수퍼바이지를 비판적으로 느끼는 자신을 알아챘다. 이 상황을 어렵게 느낀 수퍼바이지는 다른 곳에서 수퍼비전을 찾기 시작했다. 수퍼바이지는 고객을 소개하면서 불쑥 수퍼비전을 그만둘 거라고 내뱉었다. 이 고객은 11세 시험[3]에 실패해서 모던스쿨(중등학교)로 진학했던 경험 때문에 성인으로서 자기 삶을 부끄럽게 느끼던 고객이었다. 현재 참여하는 세션에서, 수퍼바이지는 고객이 마치 시험을 보는 것처럼 행동한다고 이야기했다. 수퍼바이저도 자신이 비판적으로 보일 위험에 처했다는 것을 알아챘고 그래서 수퍼바이지에게 거만하게 방어적인 태도가 되었다. 수퍼비전에서 일어난 일과 그 치료 세션의 유사점은 수퍼바이저에게 강한 인상을 주었다. 이것이 수퍼바이지가 노동자 계층인 그의

---

3) 영국의 중등 교육기관은 그래머 스쿨, 테크니컬 스쿨, 모던 스쿨 등 3종류가 있다. 그 중 모던 스쿨은 종래의 센트럴스쿨과 상급 소학교를 발전시킨 곳으로 일반 교육과 실무 교육을 행한다. 11세에 초등학교를 졸업하면서 11세 시험11-plus examination을 거쳐서 그래머 스쿨 또는 테크니컬 스쿨 등에 입학하고 그 밖의 학생은 자동으로 모던스쿨에 입학하도록 되어있다. (출처-두산백과/영국의 교육제도)

고객과 자신을 동일시하고 중산층인 그의 수퍼바이저에게 느끼는 적개심을 발견하는 탐색으로 이어졌다. 이 작업은 조롱거리가 된 듯 느끼는 감정의 모든 영역을 서로 개방하는 것을 가능하게 했고 수퍼바이지가 현재의 수퍼바이저에게 계속 남을 수 있게 했다. 그 뒤에 고객의 자존감 부족과 고객과의 관계에서 드러난 자신의 판단적인 태도를 다루는 능력으로 이어졌다.

모드 6

모드 6은 수퍼바이저가 세션 동안 자신에게 주목하는 반작용reactions과 반응responses을 검토한다.

우리는 또 모드 6(a)라고 부르는 모드 6의 약간 다른 형태를 기술하였다. 여기서 중점은 고객에 대한 수퍼바이지의 반응과 꽤 다른 수퍼바이저의 독특한 반응에 있다.

한 수퍼바이저가 흔히 특정 고객이 제시되었을 때 불안함을 느끼는 자신을 발견했다. 그녀가 이 느낌에 집중했을 때 그것이 두려움이라고 생각했다. 이 느낌이 커질수록 그녀는 자기 느낌이 이야기 나눈 것에 어떻게 연관되어 있는지 궁금하다면서 자기 수퍼바이지에게 그것에 대하여 언급했다. 수퍼바이지는 처음에 매우 놀랐다. 그는 이 나라에 새로 온 매우 영리한 외국인 학생이었으나 공부에 집중하는 데 어려움을 겪고 있는 고객에게 다소 경외심을 느끼고 있었다. 수퍼바이저의 두려움은 그 학생 고객이 고향을 떠나 있음으로 인해 느끼는 공포에 대한 첫 번째 실마리가 되었다. 그의 문화에서는 나라는 말할 것도 없이 마을을 떠나는 것도 드문 일이었다. 수퍼바이저는 자기 반응을 두려워하기보다는 자기의 감정을 충분히 존중하는 경험을 했고 그것들이 역전이에 대한 귀한 실마리를 제공할 수도 있다는 믿음을 갖게 되었다. 수퍼바이저는 또 수퍼바이지와 수퍼바이저가 다른 반응을 보일 때 이것이 대개 옳다는 것을 알았다. 이 사례는 작업을 계속 진행하는 데 필요한 통찰을 제공했다.

위의 예에서 그 반응은 특정한 고객에 애착을 갖기보다는 그 감정이 스며든 것을 알아차렸다. 다음은 모드 6(a)의 예이다.

> 한 사회복지 수퍼바이지는 고객이 흥미롭다고 생각하는 반면, 수퍼바이저는 자신이 고객의 삶에 관한 이야기를 듣는 것을 꺼리는 것을 발견하였다. 이 사례에서 수퍼바이저와 고객은 둘 다 같은 아프리카 출신이었다. 수퍼바이저의 불안감은 점차 흔히 외관상 흥미로운 이야기를 하면서 고객이 위장하는 표현되지 않은 감정에 대한 실마리가 되었다. 수퍼바이저와 수퍼바이지는 이 이야기에 서로 다른 반응을 보였다. 즉 수퍼바이저는 짜증이 났고, 수퍼바이지는 아프리카인의 삶에 대한 생소한 이야기에 매료되었다. 수퍼바이저는 자기 역전이에 주목함으로써 중요한 자료에 관심을 돌릴 수 있었다.

모드 7

문화의 차이는 조력 전문가의 모든 작업 맥락에서 중요한 측면이다. 차이에 관한 문제들은 고객과 수퍼바이지와 수퍼바이저의 삼각구도 너머에서 일어날 수 있다. 수퍼바이지가 동료와의 관계, 그들의 직원 팀, 조직이나 직업적 경계를 넘나들며 일할 때 겪는 차이의 문제를 이야기할 수 있다. 수퍼바이지는 성별, 나이, 인종 등의 차이에 근거한 요소들을 가진 그들의 팀 안에서의 역동을 전가하는 경험을 하게 될 수 있다. 수퍼바이지는 또 그들의 조직 안에 존재하는 제도화된 인종차별, 성차별, 노인차별 등의 이슈를 탐색하고 다루는 데 아마 도움이 필요할지도 모른다. 이것은 노골적이고 공공연한 것에서부터 덜 분명한 형태의 거부와 문화적 무지까지 분류할 수 있다. 수퍼바이지가 그들의 팀, 조직, 직업적 맥락 안에서의 문화적 선입견과 마찬가지로 자기 문화적 선입견을 알게 하는 것은 더욱 효율적으로 일하는 것뿐만 아니라 변화의 주체가 되는 것까지, 그들의 수용력을 높이게 하는 중요한 측면이다.

초문화 수퍼비전 개발하기

우리가 점점 더 초문화 사회에 살게 되면서, 개인과 조직이 초문화적으로 일하는 능력을 개발하는 데 중점을 두는 것이 필수적이다.

　수퍼바이저로서 우리는 모두 매우 큰 범위의 차이를 다루고 문화적으로 정의된 우리의 행동, 사고방식, 정서적 기반, 그리고 동기의 근원을 더 잘 인식하며 일하는 능력을 지속해서 개발해야 한다. 문화적으로 민감한 방식으로 일하기는 결코 쉽지 않다. 우리는 문화적으로 중립적이 될 수 없고 그래서 불가피하게 우리의 문화적 관점으로 세상을 볼 것이고 이것을 이야기로 가져와야 한다. 우리의 초문화 능력을 키우기 위해 다음을 유념해야 한다.

1. 우리 자신의 문화를 잘 아는 것이 중요하다.
2. 습관적인 사고방식이 개인의 병리가 아니라 문화적 가정에서 일어날 수 있다
3. 전문가로서 우리도 역시 고객보다 다소 타당하지 않은 문화에 살지만 이는 우리가 다양한 가치와 가정을 보유하는 것으로 이어질 수 있다.
4. 우리는 문화적 충돌을 일으키지 않고 문화적 차이를 이해하고 협상하는 생산적인 방식으로 대화할 수 있다.
5. 만일 우리가 차이가 생길 때 깨달을 수 있도록 차이의 유형과 범위에 익숙하게 된다면 더 민감하게 일할 수 있다.
6. 수퍼비전 관계와 고객 관계 모두에서 나타날 수 있는 차이에 민감한 것은 좋다. 이 민감성을 가장 잘 촉진하기 위해서는 다른 문화와의 차이 영역에 적극적인 관심을 가질 뿐만 아니라, 다른 사람의 문화를 이해한다고 절대 추측하지 말아야 한다. 그러면 우리는 다른 사람에게서 알아내는 것에 관심을 가지고 시작하면서 동시에 우리가 알지 못하는 것도 수용할 수 있다.

우리가 독단적이지 않다면 끈질기게 우리 이론을 고수하지 않아도 된다. 그 대신에 우리가 그것을 경험했기에 현상에 더 관심을 가져야만 한다. 이것은 엄격한 이론보다 우리의 프랙티스에 더욱 유용한 지침이 될 수 있다. 작업에 대한 이런 현상학적인 접근은 수퍼바이저와 수퍼바이지 둘 모두에게, 고객의 경험과 관심 안에서 자기 자신의 경험과 관심에 초점을 두는 것을 의미한다. 그러므로 그 작업은 세 사람 모두가 경험한 세상을 더 풍부하게 알게 되는 연구 프로젝트처럼 된다(Reason & Bradbury 2004).

초문화적으로 일할 때 우리 자신이 문화적으로 중립적이 아니라는 것을 이해하는 것은 중요하다. 모든 개개인은 자신의 문화에 들어 있으며, 만일 우리와 다른 문화에서 온 사람들과 효율적으로 일하려면 우리는 이런 문화적 맥락 때문에 액면 그대로 받아들인 우리 문화와 가정을 이해해야 한다. 만일 수퍼바이저가 이런 태도를 옹호한다면 그것은 수퍼바이지가 수퍼비전에서 발표할 때 덜 방어적이 되게 할 것이다. 어떤 태도나 감정은 옳고 그름에 관한 판단을 멈추고 그냥 흥미를 느끼며 바라본다. 이런 접근은 실제 경험이 '들어오고' 가치 있게 여겨질 수 있는 공간을 개방하게 한다.

다른 사람들의 경험에 우리의 개방성을 의지하는 것만으로는 충분하지 않다. 전문가들도 비교 문화적으로 발견되는 그러한 차이에 대한 지식을 갖고 있거나 얻어야 하며 그렇지 않으면 필수적인 정보를 놓칠 것이다. 팻 그랜트Pat Grant는 고객의 문화적 배경을 아는 게 불필요하다는 거만한 추정을 설득력 있게 지적한다(Grant, in Carroll & Holloway 1999). 그 장의 서두에 언급된 요인들은 우리가 발견할 수 있는 어떤 차이를 우리에게 경고하기 시작한다. 그런데도 우리가 한 사람의 문화에 관한 글을 읽기만 하면 다 알 수 있다고 추정하는 것을 경계해야 한다. 우리는 문화의 미묘한 점들을 다 알 수 없고, 모든 것을 문화로 축소하는 위험에 빠질 수도 있다(Coleman, in Holloway & Carroll 1999).

트라우마와 결합된 차이에 대한 수퍼비전

비록 수퍼비전이 모든 조력 전문가의 작업에 필수적인 부분이지만, 망명 신청자나 난민들, 또는 전쟁이나 분쟁지역에서 돌아온 군인들처럼 극심한 트라우마를 경험한 사람들과 작업할 때 그들이 가져온 이슈의 심각성이 수퍼비전에서 열려있는 성찰적 공간을 유지하기 어렵게 만들 수 있기 때문에 더 중요하다(Papadopoulos 2002; Trivasse 2003; Ryde 2011a).

 절망감에 대처하는 것은 몹시 괴로워하는 고객과 작업할 때 흔히 있는 일이지만, 트라우마가 극심한 사람들과의 작업에서 그 이슈는 뚜렷하고, 함께하고 성찰하기보다 부적절하게 '도움이 되고' 싶은 갈망은 매우 유혹적일 수 있다. 고통의 정도는 흔히 아무리 괴로울지라도, 그것이 수퍼바이지로 하여금 계속 열려 있게 하고, 고객의 경험에 민감하게 하므로 수퍼비전에서 그것을 쏟아 놓을 기회를 얻는 것이 중요하다.

 이 작업의 복잡함을 고려해 볼 때, 조력 전문가는 전문가의 수퍼비전을 구하는 것이 가장 좋다. 라이드Ryde(2009, 2011a)는 이런 수많은 이슈들을 수퍼바이저로서 망명 신청자와 난민들과 일하는 사람들과의 작업에서 실제 사례를 가지고 논의하였다.

결론

문화적 차이를 다루는 것은 부담이 크다. 특히 문화적 차이가 수년 이상 무시되고 부인되어 왔다면 그것은 흔히 어려움은 물론 심지어 폭력적인 느낌으로 가득 차 있다. 그런데도 특히 점점 더 다문화적인 세계에서, 그리고 '백인', 서구 세계의 기준이 '정상'이라고 여기는 나라에서 이러한 차원을 다루는 것은 무엇보다 중요하다.

 어쩌면 부인되거나 자각하지 못한 힘의 불균형 때문에, 흔히 '동등한 기회'라는 표제 아래 포함하는, 모든 영역의 차이는 실은 매우 고통스럽고 갈등투성이이다. 극단적으로는 소수 민족과 게이 집단을 포함해 소수 집단을 수많은 죽음으로 이끈 인종 혐오가 있으며, 덜 극단적인 경우는 직장과 교육과 전문직 현장에서 볼 수 있는 매우 해로운 불공평 등이다. 이러한 고통스러운 충돌이 있는데도, 단순하게 처방하여 '올바르게 이해하기'를 추구해 왔다. '올바른'이란 단어를 사용하자는 주장 같은 수많은 이러한 처방은 불평등한 지역에서 관심을 끄는 데는 도움이 되었다. 그렇지만 단지 올바른 행동을 처방하는 것은 진짜 감정을 숨기기만 하고 그래서 단지 말뿐인 처방이 더 큰 관용인 척할 위험이 있으며, 비방을 두려워하여 완전하게 탐구하는 것을 위축시킨다. 증오를 드러내거나 비방어적인 태도를 보이는 것은 위에서 보았듯이 그 이슈를 더 깊이 이해하고 차이에 관한 진정한 탐구로 이어질 수 있다.

편향된 감정이 불가피하게 주어진 우리의 문화적 유산이라는 것을 인정하는 수퍼비전 세션은 그들이 도전받고 변화될 수 있는 진실한 탐구를 열어줄지도 모른다. 이 열린 수퍼비전은 편견이나 문화적으로 둔감한 태도를 드러내는 수퍼바이지의 기본적 가치에 의문을 제기하지 않는다. 다른 생각과 감정과 신념을 인정하도록 준비된 그들의 용기는 실로 칭찬받을 만하다. 특히 차이를 뛰어넘은 진정한 만남 안에서 표명하고 탐구함으로써 이루어낸 진정한 태도 변화는 최고의 성과일 것이다.

9장. 윤리와 도전에 직면하기 그리고 복잡한 수퍼비전 상황

> 서론
> 윤리
> 윤리 위반
> 윤리적 딜레마
> 힘든 상황을 다루는데 필요한 안아주는 관계 구축
> 도전적인 상황의 유형들
>   상충하는 요구를 가진 이해당사자들
>   역할 갈등
>   어려운 경계선 상황
>   힘든 감정 다루기
> 결론

서론

이 책 구판에 대한 반응에서 어떤 독자들이 수퍼비전 실습을 위한 모든 가이드라인과 모델을 칭찬하면서도, 수퍼비전이 날로 복잡해지고 어려워지며 윤리적 측면이 제기되는 상황까지 더 다뤄 달라고 요청했다. 우리는 모든 조력 전문가에 대한 압박이 늘어남에 따라 수퍼바이저도 점점 더 큰 부담을 갖는다는 것을 깨달았다. 더 높은 질적 수준에 대한 기대와 더욱 철저한 검토와 줄어든 자원과 더불어 서비스 수요의 증가가 의미하는 것은 수퍼바이저가 이해당사자의 더 큰 갈등을 처리해야 한다는 것이다. 때로 광범위하게 일어나는 갈등을 포용하고, 복잡한 경계관리를 다루어야 하며, 고객과 수퍼바이지에게서 그리고 그들의 반응에서 오는 더 큰 감정적 압박에 대응해야 한다. 그래서 이를 이번 4판에서 새로운 장으로 다루게 되었다. 먼저 작업자의 프랙티스는 자신들이 일하는 직업과 조직문화와 가치관뿐만 아니라 작업자 자신의 개인 가치관에도 일치해야 한다는 점을 강조하며, 수퍼바이지가 자기 작업의 윤리적 차원을 다루게 해야 할 필요를 제기한다. 그리고 나서 수퍼비전이 어떻게 수퍼바이지로 하여금 자기 윤리적 수용력capacity과 윤리적 성숙을 발달하게 할 수 있는지를 다룬다. 수퍼바이저도 수퍼비전 윤리가 그들의 본래 직업적 배경 윤리와 어떻게 다른지를 이해하기 위해 지속해서 자신의 윤리적 태도와 윤리적 성장에 힘써야 한다.

이것은 윤리 규범 위반을 다루는 방법을 탐구하고 더 복잡하면서 애매한 윤리적 딜레마에 접근하는 토대를 제공한다. 윤리적 딜레마와 다른 여러 가지 도전, 복잡한 상황을 연구 대상으로 하는 것은 모든 수퍼비전의 핵심일 수 있다. 수퍼바이지는 그들을 힘들게 하는 그리고 그들이 스스로 해결할 수 없는 상황을 당연히 수퍼비전에 가져올 것이다. 또 혼자서 처리할 수 없는 일로 인해 드러나는 감정들도 가져온다. 이 장에서는 그런 감정을 일깨우기 쉬운 상황들을 살펴본다. 높은 수준의 불안감을 견디는 데 익숙하지 않고, 역량에 대한 실제적인 이슈나 상상되는 이슈가 있는 수련생과의 작업에서 어려움이 자주 발생한다. 만일 수퍼바이저 역시 수퍼바이지의 조직, 교육 또는 전문 자격 심사로 그들을 사정하거나 평가해주어야 한다면, 이것은 이러한 이슈들을 훨씬 더 다루기 어렵게 만들게 된다.

윤리

윤리는 콜린스Collins 영어사전에 따르면 '인간의 행위와 통제해야 하는 규칙과 원칙의 도덕적 가치에 대한 철학적 연구'라고 정의되어 있다. 수퍼비전에서 윤리는 가장 중요한 역할을 한다. 수퍼비전 프랙티스에서 수퍼바이저가 따라야 할 윤리적 원칙일 뿐만 아니라, 수퍼바이지가 일에서 자주 직면해야 하는 윤리적 딜레마와 의사결정에 초점을 두어야 하는 부분이다. 대부분 조력 전문가에게 수퍼비전은 점차 전문적 프랙티스의 핵심 부분이 되고 있다. 따라서 수퍼바이저는 수퍼바이지의 윤리와 윤리적 성장 그리고 전문직의 윤리 규범과 직업적 기준에 초점을 두고 중재할 수 있어야 한다.

레인Lane(2011)은 다양한 전문직에 관한 그의 연구에 근거해서, 전문가가 되는 중요한 측면의 하나는 최소한 세 가지 중요한 범위에서 윤리적 체계를 가져야 한다고 주장했다.

1. **목적** - 그 전문가의 고객이 누구인지와 제공하는 서비스가 갖는 차이를 정의하는 목적
2. **관점** - 그 전문가의 모든 프랙티셔너에게 중심이 되는 공유된 지식 기반, 이론, 연구를 포함하는 관점
3. **과정** - 그들이 고객과 관계 맺는 방법, 업무 전과 후에 그들이 취한 행동, 그들이 고객과 다른 주요 이해당사자에게 져야 할 책임을 포함한 그들의 전문적인 작업 과정

수퍼비전을 잘하기 위해 우리는 윤리를 잘 알고 있어야 하고(Milne 2009), 수퍼바이지의 직업윤리 체계와 수퍼바이지가 그들의 일에서 이것을 어떻게 적용하는지 이해해야 한다. 동시에 수퍼바이저로서 이것은 체계일 뿐이며 수퍼비전 역시 개개인의 윤리적 성숙이 발달하도록 돕기 위한 것임을 알아야 한다.

수퍼바이지가 어떻게 자기 직업윤리 체계를 지킬 것인지에만 초점을 두는 것은 지나치게 단순화하고 축소하는 것이고, 수퍼바이지의 개인적 윤리 기준을 성찰하도록 돕기만 하는 것도 물론 불충분한 것이다. 수퍼바이저로서 우리는 윤리적 프랙티스가 중첩된 일련의 체계 안에 존재한다는 것을 인지해야 한다. 개개인의 윤리 가치와 양심은 그들이 일하는 단체의 일의 맥락과 행동강령뿐만 아니라, 그들 직업윤리 체계 안에도 존재한다. 이 두 가지 체계는 또 문화적 맥락과 그들이 일하는 나라의 법률 안에 존재한다. 결과적으로 문화적 윤리와 국가적 법률은, 국제연합 세계인권선언United Nations Universal Declaration of Human Rights이나 세계의 대부분 종교와 철학에서 공감된 윤리, 즉 사람은 자신이 대접받고 싶은 대로 남을 대접해야 한다는 황금률(상호 호혜의 윤리)에 반영된 것처럼, 도덕과 보편적인 인간의 윤리 체계 안에 존재한다. 실제로 어떤 전문가들은 세계인권선언과 관련해 그들만의 국제적 윤리 기준을 만들었다. 예를 들어, 베를린에서 2008년에 채택된(IUPsyS 2008) 심리치료사의 세계 윤리원칙 선언같이 모든 전문적인 심리치료사 업무에 적용되는 4가지 보편적 원리가 그것이다.

- 개인과 인류의 존엄성dignity에 대한 존중
- 개인과 인류의 행복well-being을 위한 충분한 돌봄caring
- 진실성integrity
- 사회에 대한 전문적이고 과학적인 책임

그래서 수퍼비전의 첫 번째 윤리적 책임은 수퍼바이지가 윤리적으로 자기 프랙티스를 내적, 외적 관점perpective으로 성찰하도록 돕는 것이고, 그들의 프랙티스를 자기 내적인 가치와 외적인 윤리적 가치 그리고 그것들이 운영되는 내재한 시스템의 틀과 일치시키는 방법을 고찰하는 것이다.

윤리적 가치는 미리 정해진 것도 아니고 고정된 것도 아니지만, 지속해서 삶이 주는 변화를 위한 도전에 적응해야 한다. 수퍼비전의 두 번째 윤리적 책임은 수퍼바이지가 현재의 윤리적 딜레마를 해결할 뿐만 아니라 이러한 윤리적 도전을 활용하여 윤리적 성숙을 이루도록 돕는 것이다.

필자 가운데 한 사람인 호킨스Hawkins(2011b)는 수퍼비전의 핵심 기능 하나가 어떻게 수퍼바이지의 윤리적 수용력과 성숙도를 성장시키고 더 큰 도덕적, 윤리적 복잡성을 수용할 수 있게 돕는지에 대한 글을 썼다. 이것은 윤리적 성숙도의 렌즈를 통해 성인 생애 발달을 연구한 로빙거Loevinger(1976), 콜버그Kohlberg(1981)의 연구와 이것을 전문성 개발에 적용한 토버트Torbert(2004)의 연구를 기반으로 한 것이다.

감정적으로, 비반응적으로non-reactively, 깊이 있게, 라포와 프레즌스를 가지고, 새로운 가능성을 여는 방법으로 관여하는 것은 필수적이지만, 우리는 지속해서 복잡한 도덕적, 윤리적 딜레마에 직면하게 되기 때문에 작업의 높은 윤리적 기준에 충분하지는 않다. 조력 전문가는 흔히 그들의 현재 생각의 틀 안에서 해결할 수 없는 윤리적 딜레마에 직면한다는 점을 발견하고 수퍼바이저에게 도움받기를 기대한다. 이 점에서 수퍼바이저는 수퍼바이지의 딜레마를 활용하여 그들의 윤리적 수용력을 성장시키는 데에 초점을 두기보다는, 조언을 해주거나 딜레마의 어느 한쪽을 양자택일해야 한다는 압박감을 절실히 느끼게 된다.

한 수퍼바이지에게 몹시 배가 고픈 상태에서 세션에 온 노숙자 고객이 있었다. 그녀는 단순히 그에게 먹을 것을 주고 싶었으나 이것이 그 고객에게 상담을 제공해야 하는 그녀의 의무와 충돌할 것 같은 기분이 들었다. 그에게 먹을 것을 주는 것은 그들의 관계를 다른 입장에 두게 할 것이다. 결국 그녀는 우연히 그녀의 가방에 있던 사과를 그에게 주었다는 것을 털어 놓았다. 수퍼바이저와 수퍼바이지는 이 개입 결과를 탐구했고 그것이 사실상 이 고객과의 작업동맹에 도움이 되었다는 점을 발견했다. 그다음으로 명확한 것은 일반적으로 말하면 전문적으로 관계를 유지하기 위해 그에게 먹을 것을 주는 것은 분명 그녀의 역할이 아니었지만 필요할 때 '규칙을 깰' 준비 또한 중요했다는 것이다. 다음 회기에서 고객과 수퍼바이지는 이 개입이 그에게 어떤 의미인지 그리고 어떻게 그가 다시는 굶주리지 않을 것이라고 확신할 수 있는지를 탐구했다. 이 사건은 단지 수퍼바이지의 행동에 지침을 주는 규칙을 사용하지 않고도 상담하는 역할 내에서 사려 깊게 행동하는 수퍼바이지의 윤리적 수용력capacity을 증대시키는 것을 도왔다. 그녀는 또한 수퍼바이저에게 개방하는 것의 가치를 배웠다.

마이클 캐롤Michael Carroll은 상담, 코칭, 그리고 수퍼비전직에서의 윤리적 성숙에 대해 광범위하게 글을 썼다. 캐롤과 드 한Carroll & de Haan(2012)은 윤리적 성숙을 이렇게 정의한다. '행동이 옳은지 그른지, 선하고 더 나은지 결정하는 성찰적이고, 합리적이고, 감정적이며 직관적인 수용력을 갖는 것, 그러한 결정을 실행하는 회복탄력성과 용기를 가지는 것, 윤리적 결정에 대해 (공적으로나 사적으로) 책임을 지는 것, 그리고 경험을 수용하고 경험(들)에서 배우는 것.'

또 윤리적 성숙에는 다음 5가지 핵심 측면이 있다고 주장한다.

1. 윤리적 민감성과 경계심watchfulness 육성하기: 윤리적 문제나 딜레마가 있을 때 우리에게 방심하지 않게 만드는 윤리적 감각 만들기
2. 윤리적 원칙과 가치에 따라 윤리적 의사결정 하기

3. 윤리적 의사결정 실행하기
4. 윤리적 결정이 내려지고 실행된 이유를 이해당사자에게 분명하게 표현하고 정당화하기
5. 사례를 종결하고 다른 결정이나 더 나은 결정이 내려질 수 있는 경우에도 편안하게 지내기: 일어난 일에서 배우고 내려진 결정의 결과를 감수하는 것은 지속적인 행복ongoing well-being과 윤리적 행동에 대단히 중요하다.

수퍼비전의 세 번째 윤리적 책임은 수퍼바이저의 윤리적 실천과 윤리적 역할 모델링이다. 라다니Ladany(2002)는 심리치료사 훈련에 관한 그의 연구에서 훈련생의 50%가 그들의 수퍼바이저가 비윤리적으로 행동했다는 보고를 들었고, 이 보고 가운데 많은 부분이 편향된 개인적 견해라 할지라도, 이는 여전히 모든 수퍼바이저에게 중요한 질문을 제기한다. 카베리Karberry(2000) 역시 수퍼비전이 남용될 수 있는 다양한 경우를 간략하게 보여준다. 수퍼바이지의 윤리적 실천과 성숙을 돕기 위해서는 수퍼바이저가 우선 견고하게 윤리적 원칙을 옹호하고 그들 스스로 성숙한 윤리적 수용력을 갖는 것이 필요하다. 어떤 전문 단체(예: 영국 상담 심리치료협회British Association of Counselling and psychotherapy 또는 전문 임원코칭과 수퍼비전협회Association of Professional Executive Coaching and Supervision)는 이 수용력을 지지하기 위해 특별히 수퍼바이저에게 해당하는 공적인 규범을 갖고 있다. 먼저 모든 수퍼바이저는 수퍼비전 윤리 체계가 그들이 활동해 온 본래 전문적 프랙티스의 그것과 어떻게 다른지를 충분히 숙고해야 한다. 자기 직업의 원칙과 프로세스만큼 수퍼비전 목적에 대해서도 명확해야 한다는 것이다. 위에서도 언급했지만 이런 태도는 학생으로서 훈련을 시작하는 순간부터 윤리적 입장을 견지하려는 태도가 확실해야 한다. 또 전문가들은 자신이 속한 전문 단체의 윤리 규범 전체를 채택할 것인지 그것을 거부할 것인지에 대해 자기 스스로 결정해야 한다는 점도 잘 알고 있다. 그 두 가지에 대한 응답은 중요한 사항으로 다시 제기되지만, 수퍼바이지의 성숙한 윤리적 태도를 개발하기에는 불충분하다. 캐롤Carroll(2011)이 지적한 바와 같이, 딜레마나 반응적으로, 충분히 생각하지 않고 행동하려는 유혹에 직면했을 때 지침

을 주기 때문에 자기 윤리적 원칙을 충분히 익히는 것이 필수적이다.

캐롤Carroll(2011:22-27)은 고객이 정리해고 소식을 들을 준비가 되었는지를 평가하고 그의 고용주에게 피드백을 주어야 하는 상황에 관해 기술했다. 그의 첫 번째 반응은 그것이 고객의 비밀 유지를 어길 수 없는 간단한 문제로 보여서 고용주의 요청을 거절하는 것이었다. 그러나 그 뒤 이 문제를 정밀하게 검토한 결과 이것이 좀 더 복잡한 문제라는 것을 알아차렸다. 그는 분명하게 자기 윤리 규범에 따라 빨리 결정을 내려 불평이 나올 여지를 쉽게 방어할 수 있었다. 수퍼바이저와 함께 이 상황을 주의 깊게 생각해 보고 나서 그는 더 사려 깊게 대응했다. 이런 방식으로 자신의 공식적인 윤리 규범에 어긋나지 않으면서, 고객의 학습 요구와 정서적 복지welfare를 충분히 참작하여 대응할 수 있었다.

개인의 윤리적 입장이 어떻든지 우리 자신이 이해하고 동의할 수 있는 윤리 규범과 절차를 가진 조직이나 전문 단체의 일원이 되는 것도 중요하다. 그 조직의 일원으로서 시간이 지나면 윤리 규범 역시 변화되고 조정될지도 모른다는 식으로 말할 수 있음을 확실히 하고 싶을지도 모른다. 고객의 처지에서도 함께 작업하는 전문가들이 가진 책임을 확인할 수 있는 여러 규범들을 볼 수 있도록, 조직이 윤리 원칙과 규범을 제시하고, 이를 통해 전문가들이 고객과 만나는 동안 지키고 책임진다는 사실을 보장하는 것도 중요하다.

수퍼바이저로서 우리는 수퍼바이지와 같은 종류의 기관 윤리 규범을 보유하는 것이 필요하다. 위에서 보았듯이 어떤 전문 단체들은 전문가 규범 외에 수퍼바이저를 위한 윤리 규범이 있기 때문이다. 그렇지 않은 경우라면 자기 규범을 개발하는 것이 중요하다. 이는 수퍼비전을 견제하는 것으로 윤리적 행동을 결정하는 과정에 대한 윤리적 입장뿐만 아니라 윤리적 행동이 어떻게 보이는지에 대한 공통된 이해를 제공한다. 이는 곧 윤리적 딜레마가 나타날 때 그것을 해결하는 방법에 상호 동의할 수 있다는 것을 의미한다. 수퍼비전은 문제가 불평으로 확대되기 전에 이런 딜레마를 해결하고, 불만이나 고충 처리절차를 호소하려는 욕구를 해결하기에 가장 좋은 곳이다. 결단력이 요구될 때 복잡한 것을 꼼꼼하게 생각하기 위해 성찰할 수 있으며, 필요한 경우 분명한 행동계획을 세울 수도 있다.

 코치, 멘토, 조직 컨설턴트를 대상으로 한 수퍼바이저 교육에서, 피터 호킨스는 수련생들에게 '수퍼비전은 …… (분야)에 있어서 공동의 노력이다'라는 문장완성 검사를 하게 했다. 그러자 그 그룹은 자신들의 생각을 나누고 대답이 모두 다르다는 것을 알게 되었다.

 그룹 논의 내용을 종합해 개별 목록보다 더 이해하기 쉬운 목록을 만들었고, 호킨스는 가끔 그룹이 공동으로 무시했던 다른 타당한 이해당사자를 목록에 더했다. 그 목록은 대략 다음과 같다:

- 수퍼바이지의 개별 고객
- 수퍼바이지가 서비스를 제공하는 조직
- 성장과 학습과 수퍼바이지의 지지에 대한 요구
- 수퍼바이저의 배움
- 수퍼바이지가 함께 일하는 조직
- 수퍼바이저가 함께 일하는 조직
- 수퍼바이지와 수퍼바이저가 같이 속한 전문가 조직
- 작업에 참여하는 모든 당사자가 속한 사회와 그 관할권의 필수 법률

이러한 목적의식과 타당한 이해당사자 목록은 수련 수퍼바이저들이 자기 수퍼비전 프랙티스의 중심에 두고 싶어하는 윤리적 원칙을 탐구하는 데 강력한 토대를 제공한다. 그동안의 연구와 폭넓은 수퍼비전 경험에 대한 성찰을 바탕으로 프랙티스의 중심에 둔 몇 가지 원칙을 다음과 같이 제시한다.

- 수퍼바이지의 자율성을 존중하면서 작업과 관련해 적절한 책임에 대한 균형잡기
- 고객의 자율성을 존중하면서 고객의 행복well-being에 대한 마땅한 관심과 보호
- 자기 능력의 한계 내에서 실행하고, 더 도움이 필요한 순간을 알아차리기

- 충실함: 명시적이고 암시적인 약속에 충실하기
- 반 억압적인anti-oppressive 프랙티스(8장 참조)
- 지속적 학습을 위한 적극적인 헌신에 따른 도전과 피드백에 대한 개방성
- 동정하지 않는 연민ruthless compassion: 수퍼바이지에게 라포를 형성하고 공감하는 반면, 두 사람이 같이 돕고자 하는 고객의 관점으로 수퍼바이지에게 대담하게 도전하기

수퍼비전의 목적은 또한 이런 목적을 적절히 성취하기 위해 수퍼바이저가 어떻게 수퍼비전 과정을 운영해야 하는지를 잘 이해할 수 있는 출발점을 제공하는 것이며 이는 다음을 포함한다.

- 어떻게 사람들이 수퍼바이지의 필요가 아니라 다양한 이해당사자들의 필요가 보장된 수퍼비전 계약을 하는지
- 이런 계약 구조를 수퍼비전에서는 어떻게 정기적으로 검토하고 평가하는지
- 각 수퍼비전 회기 안에서 어떻게 의제가 도출되는지
- 적절한 역할과 역할 기대치
- 적절한 비밀보장
- 경계를 유지 관리하는 방법

수퍼바이저도 수퍼비전에 가져온 상황을 수퍼바이지 자신의 관점만이 아니라 아래와 같이 다른 관점으로 탐구하도록 수퍼비전 과정에서 수퍼바이지에 요청함으로써 더욱 넓은 윤리적 틀을 다룰 수 있다.

- 뒤집어서 보기outside in: 다른 이해당사자의 관점으로 같은 상황을 보도록 수퍼바이지를 초대하기: 예) 고객, 고객의 가족, 조직, 소속 전문 단체 등의 입장에서 시작하기

- **미래에서 돌아보기** future back: 미래를 상상하고 지금부터 1년 뒤의 관점에서 이 상황을 되돌아보도록 수퍼바이지를 초대하기. 즉 상상하는 미래에서 지금을 돌아보았을 때 그들은 무엇을 자랑스럽게 생각하고, 하지 않아서 후회할 일은 무엇인가?

수퍼바이저는 자기 윤리적 책임이 자신이 속한 나라의 법률에 따라 합법적으로 규정되어 있는 상황을 알아야 한다. 예를 들자면, 영국에서는 수퍼바이지와 그들 고객 사이의 계약과 수퍼비전 계약에 관련된 비밀 유지 사항으로 공유되었다 하더라도 아동학대, 잠재적 테러 그리고 돈세탁 등의 범죄나 잠재적 범죄 가능성을 보고할 법적 의무가 있다.

목적의 명확성도 역시 수퍼비전에서 생길 수 있는 수많은 윤리적 딜레마와 갈등을 다루는 데 유익하다. 이러한 도전적 상황은 이 장의 뒷부분에서 탐구될 것이다.

윤리 위반

많은 전문직에서 '중대한 직업적 위법행위'로 지정된 행동들이 있다. 고객과의 성적인 관계나 재정적 이익을 위해 고객을 이용하거나 고객을 폭력적으로 대하는 것 등이다. 대부분의 전문직에서 그런 사람은 즉시 정직시킨다. 이런 일이 실제 일어났던 어떤 한 사례에서 수퍼바이저는 수퍼바이지에게 즉시 일을 그만둬야 한다고 말했다. 그 수퍼바이저는 수퍼바이지에게 윤리위원회에 이를 알려야 한다는 것과 수퍼바이지와 고객, 그리고 자신이 이 문제가 어떻게 처리되는지 보게 될 것이라고 했다. 그 뒤 그 사건 조사가 이어졌고, 그들은 어떤 일이 벌어졌는지 그리고 이 일이 문제의 그 고객과 수퍼바이지가 담당하는 다른 고객에게 어떤 영향을 미치는지 더 완전히 이해할 수 있었다.

어떤 경우에는 어떤 행동이 비윤리적인지 아닌지 판단하는 것이 꽤 간단할 수도 있지만 사례에 따라서는 그 판단이 더 어려울 수도 있다. 예를 들어 수퍼바이지가 고객에게 좋은 명분으로 기부하라고 제안하는 것이 비윤리적인지에 대해 의견이 분분할 수 있다. 윤리 위반 여부를 판단하는 것이 쉽든 어렵든, 신중하게 생각하는 것이 매우 유익할 것이다.

윤리적 딜레마

흔히 부딪치는 대부분의 윤리적 딜레마는 그냥 딜레마다. 그것은 간단히 단정하기가 어렵고 신중히 생각해야만 한다. 몇 군데 전문 단체에서는 이런 주제가 쉽게 해결되지 않는 경우 윤리적 원칙을 재검토한다. 한 심리치료 단체는 배우자나 파트너를 자기의 수퍼바이저로 허가받을 수 있는지에 대해 윤리적 재검토를 했다. 양측에 대한 확고한 생각이 있었으나, 광범위한 협의 끝에 윤리위원회는 그 일에 경험이 많은 배우자나 파트너가 숙련된 프랙티셔너에게 별도의 수퍼비전을 제공할 수는 있으나 주±수퍼바이저가 되는 것은 안 된다고 판결했다. 그런 관계에서는 관련된 사람들이 잘 모를 수도 있는 공모의 가능성이 너무 많아서 그들은 스스로 결정할 수 있는 최적의 위치에 있지 않다는 것이다. 이와 같은 결정은 '각 커플은 이 문제에 대해 자기 양심conscience을 살펴야 한다'와 같은 결정보다 더 나은 판단을 제공하는 분명한 결정임이 틀림없다.

그래서 수퍼바이저가 윤리적 딜레마에 부딪혔을 때 다음을 유념해야 한다.

1. 이 윤리 위반이 너무 심각해서 즉시 분명한 판단이 필요한가?
2. 그것이 즉각 분명하지 않으면, 수퍼바이저는 어떤 조치를 하기 전에 동료나 자기 수퍼바이저와 상의할 수 있다.
3. 어떻게 이 윤리적 딜레마가 수퍼바이지와 수퍼바이저 그리고 다양한 직업군의 윤리적 수용력과 성숙도를 높이는 기회가 될 수 있는가(Hawkins 2011b 참조)?
4. 어떻게 수퍼비전이 그 상황의 복잡함을 최대한 탐구할 수 있는가? 캐롤Carroll(2011) 은 그 딜레마의 풍부함을 열게 하는 일련의 질문을 다음과 같이 제시한다.

(a) 어떤 음성이 들려야 하는가?
(b) 어떤 단어들이 나와야 하는가?
(c) 어떤 사실을 알아야 하는가?
(d) 어떤 관련성이 있어야 하는가?
(e) 어떤 가정assumptions이 의심받아야 하는가?
(f) 어떤 신념이 검토되어야 하는가?
(g) 어떤 감정이 표현되어야 하는가?
(h) 어떤 행동을 취해야 하는가?
(i) 어떤 관계라고 이름 붙여야 하는가?
(j) 어떤 비밀이 밝혀져야 하는가?
(k) 어떤 강점이 보여야 하는가?
(l) 어떤 한계가 확실히 설명되어야 하는가?
(m) 어떤 승리가 축하받아야 하는가?
(n) 어떤 상실을 애도해야 하는가?
(o) 어떤 인식도mental map가 겉으로 드러나야 하는가?
(p) 활성화해야 하는 변화shift는 무엇인가?
(q) 내가 직면하지 못하는 두려움은 무엇인가?

비록 꼭 모든 사례에 이 모든 질문이 명시적으로 집중될 필요는 없지만, 이 질문들은 우리가 찾고 목소리를 내야 하는 무언의 문제가 있을 수 있다는 것을 유념하도록 도와준다. 이는 흔히 잘 모르고 있던 근본적인 가정들도 검토한다. 이를 인지하게 함으로써 윤리적 딜레마를 좀 더 쉽게 해결할 수 있다.

호킨스(2005)는 '양자택일' 해결책에 집중하지 말라고 강력하게 경고한다. 딜레마에 대한 두 가지 해결책은 보통 수퍼바이지나 양 당사자가 이 문제를 다루고 있는 제한적 틀의 징후이기 때문이다. 그의 글(2011b)에서 코칭수퍼비전에 흔히 드러나는 윤리적 딜레마를 다음과 같이 소개한다.

수퍼비전에서 드러나는 전형적인 윤리적 딜레마를 살펴보자. 자기 고객이 그들의 회사에 알리지 않은 채 외부에서 새 직장을 위해 면접을 보는 것에 대한 코칭을 받고 싶어 한다. 고객은 비밀이 보장된다고 안심시켜 주기를 요구하는데 어떻게 할 것인가를 코치가 사례 보고하는 경우이다. 현재 회사는 그들의 코칭 비용을 지불하고 있고 이 코칭 주제는 현재 회사와 합의한 초점에서 벗어나는 경우이다.

계속해서 '코치가 접근한 이것이 어떻게 그들의 현재 기준이나 행동 논리action logic에 대한 성찰이 될 수 있는지' 보여준다(Torbert 2004).

수퍼바이지와 고객이 맞다고 느끼는 것이나 규정된 윤리 규범에만 의존하는 것은 윤리적 성숙도ethical maturity가 낮은 것이다. 그래서 계속하는 것이 괜찮다거나, 코치가 그 분야에서 일하는 것을 거부해야 한다는 식의 결정에 갇히는 것은 그리 바람직하지 않다. 더 큰 윤리적 성숙은 수퍼바이지가 다음의 것들을 탐색하도록 돕는 데서 비롯된다. 즉 고객이 함께하기 위해 애쓰는 다양한 체계의 요구, 고객이 개인적, 조직적 요구를 분리하여 자기 코치를 관여시키는 방법, 이것이 코치에게 어떤 반응response을 일으키는지, 그리고 그 과정에 수퍼바이저를 관여시키는 방법 등이다.

힘든 상황을 다루는 데 필요한 안아주는 관계 구축하기

복잡하고 힘든 상황을 다루는 데 필요한 수퍼비전 관계를 수립하는 것은 그리 단순하거나 간단하지 않다. 모순적인 양가감정에서 오는 혼란은 수퍼바이저, 수퍼바이지, 그리고 고객이 매우 힘들다는 사실을 깨닫게 해준다. 특히 불안, 두려움, 분노, 성적인 반응 또는 슬픔 같은 격한 감정이 연루된 경우 우리에게 반발을 유발한다. 수퍼비전을 하는 정당한 이유 가운데 하나는 어려운 감정을 안전하게 재경험할 수 있게 하고, 이런 감정을 일으키는 것을 성찰하는 공간을 제공하는 것이다. 수퍼바이저로서 즉각적인 해결책을 찾기 위해 서두르고 있다는 것을 알게 되면, 우리도 반작용으로 행동하는 것인지, 신속한 해결책이 정말 필요한 것인지 묻기 위해서라도 충분히 멈춰 있는 것이 중요하다.

어떤 상황은 지체 없는 반응이 필요한데 특히 윤리 위반이나 고객, 수퍼바이지, 또는 다른 이에게 잠재적으로 해를 끼칠 수 있는 경우이다. 이것 때문에 수퍼바이저는 수퍼바이지에게 특정 방향을 알려주거나, 맹점이나 비윤리적인 행동에 도전하거나, 그 상황을 안전하게 유지하는 데 필요한 행동 방침을 고집해야 할지도 모른다. 10장에서 우리는 헤론Heron의 6가지 개입 범주를 논의한다([표 10.3] 참조). 우리는 해로울 수 있는 상황에서 촉매적이고 지지적일 뿐만 아니라 지시적이고 정보를 주며 직면하게 하는 기술을 사용할 준비가 되어 있어야 한다. 특히나 수퍼바이지가 능숙하게 성찰할 능력이나 경험이 부족한 경우에는 더욱 그렇다. 그들은 수퍼바이저의 지지나 지도guidance가 없으면 지나치게 불안해하거나 어떻게 행동해야 할지 모를 수 있다.

이렇게 어렵고 복잡한 현장에서 일할 때 우리는 수퍼비전 삼각구도triad 안에서 한 사람에게서 이런 반작용이 시작되어 다른 두 사람에게 전달될 수 있다는 점을 인식하고 있어야 한다. 잠재적 자살 상황을 예로 들어 보자. 반작용을 유발하는 것은 고객일 수 있다. 예를 들어 그들은 자살 충동suicidal feeling에 당장 압도될 것 같아 두려워할 수 있다. 이것이 수퍼바이지에게 경보 반응alarmed response을 일으킬 수 있고, 경보 반응을 가진 수퍼바이저에게 발견되어 연쇄 고리로 고객에게 돌아갈 것이다. 애초의 불안 반응anxious response은 셋 가운데 한 사람에 의해 시작될 수 있지만 같은 방식으로 전달될 수 있다. 만일 이런 불안이 처음의 소통을 촉발한 절망감을 알았을 때 안기고, 담기고, 성찰된다면, 의미있는 인간적 접촉을 경험할 수 있는 진정한 탐색이 가능해지고 고객은 더 희망적인 감정이 생겨나면서 그들의 절망감을 더 안고 담을 수 있다고hold and contain 느끼게 될 것이다.

수퍼비전은 의도하지 못한 결과일지라도 행동이 끼친 모든 영향을 숙고하는 기회를 제공한다. '해결책을 조심하라Beware a solution'라는 격언은 우리에게 즉각적인 해결책이 그 이상의 다른 문제를 일으킬 수 있다는 점을 염두에 두게 만든다. 아마도 현실 정치 세계에서 이런 역동을 찾아보기 더 쉬울 것 같다. 문제들을 언제나 액면 그대로 이해하려 하고, 내재된 복잡한 상황을 다루는 데 실패할 수밖에 없는 직접적인 해결책만을 찾기 때문이다. 물론 수퍼바이저로서 우리도 압박을 받으면 이런 1차원적인 방법으로 반응하고 싶은 유혹을 느낄 수 있다. 즉각적인 해결책은 쉽게 걱정을 누그러뜨리지만 나중에는 결국 한층 더 다루기 힘든 문제로 이어지기 십상이다.

> 예를 들어, 한 수퍼바이지가 수퍼바이저에게 이메일을 보냈다. 그녀에게 그야말로 굶주린 실패한 망명 신청자인 고객이 있는데 그에게 돈을 좀 빌려줘도 괜찮은지를 고민하고 있다는 내용이다. 내용은 성찰해야 할 점이 많은 상황이지만 당장 굶주린 사람을 기다리게 할 수만은 없는 상황이다. 수퍼바이저는 돈을 빌려주는 것이 그 관계에 부담을 주는 것임을 알았으나 그저 '안돼'라고 말하지는 못했다. 그녀는 수퍼바이지에게 실패한 망명 신청자에게 비상 원조를 해주는 단체를 찾아보게 제안했다. 또 다음 수퍼비전 세션에서 이 상황을 더 성찰하는 것이 좋겠다고 말하며 전화를 끊었다.

아무리 어려운 상황일지라도 '놀이 공간(제7장 참조)' 안에 넣어보면 가장 잘 이해할 수 있고 같이 작업할 수 있다. 우리는 이 공간에서 어려운 상황에 대한 구체적 진실을 이야기할 수 있을지도 모른다. 위니캇Winnicott은 이 '놀이 공간'을 내면세계와 외부 세계 사이에 존재하며, 새로운 것의 출현을 허용하는 '중간 현상transitional phenomena'(Winnicott 1971)의 일부로 파악한다. 우리의 반작용reactivity, 불안 그리고 일반적으로 어려운 감정들은 어떤 행동의 과정이 결정되기 전에 그것들의 모든 복잡함을 이해할 수 있도록 모두 이 공간 안에 유용하게 받아들여질 수 있다. 윌리엄스williams(1973)는 이것을 그 안에 딜레마를 잉태한 '딜레마의 공간'이라고 부른다. 그는 '이 딜레마의 공간에서 개개인은 복잡함을 담아내는 수용력과 도전에 대응하는 내적 권위inner authority를 필요로 한다'고 설명한다.

이런 내적 권위와 지속적 의문을 갖는 것은 수퍼바이저에게 특히 어려운 딜레마가 나타날 때 필요한 중요한 능력이다. 때때로 우리가 말하는 이른바, 그 '행동'이라는 것이 관계 당국에 알리거나 개인의 의사를 파악하기 위해 접촉하는 것 같은, 무언가를 '하는' 것일 수 있다. 때로 그 '행동'은, 6장에서 논의하였듯이, 명백하게 다음 회기까지 그 상황과 고객을 마음에 품는 것 외에 아무것도 하지 않는 것일 수 있다. 마치 고객이 수퍼비전 세션에 대해 알고 있는 것처럼 그들에게 주어진 돌봄과 배려에 반응한다는 것을 수퍼바이지가 얼마나 자주 보고하는지 정말 놀라기도 한다. 평소에는 분명하고 더 적극적인 반응이 실제로 필요하기도 하고, 수퍼바이저의 판단과 경험으로 이런 고객의 부름call을 아는 것도 필요하다. 수퍼비전에 대한 수퍼비전은 바로 이런 상황을 위한 것이다(10장 참조).

법적 책임을 갖는 전문직, 특히 아동을 대상으로 하는 보건복지와 관련된 직업 가운데 위기상황과 관련된 전문직에게는 심리치료나 상담에만 딜레마를 '다루고', 딜레마에 '열중하는' '사치'가 있다는 견해가 있다. 신속하고 단호한 결정이 요구될 때에도 성찰하기는 언제나 중요하다. 한 사회복지 동료는 우리에게 아동보호 이슈를 수퍼비전 세션 끝까지 분명하게 언급해야 할 필요를 말하면서, 이것이 오히려 수퍼바이지가 쉽게 성찰할 수 있게 한다는 사실을 알았다고 말했다. 이는 마지막에 딜레마로 남을 염려하지 않고 수퍼바이지가 이런 결정을 기반으로 성찰하기 위한 세션을 확보한다.

사실 어렵고 도전적인 상황은 언제나 복잡하고, 세심한 생각이 필요하다. 다양한 도전적 상황과 이에 대한 접근을 검토해 보자.

도전적인 상황의 유형들

수퍼바이저가 교육 중이나 수퍼비전을 위한 수퍼비전에서 자주 언급하는 상황에 근거하여 더 완전히 탐구하기 위해 어려운 상황 몇 가지를 선택해 보자.

1. **상호 모순적 요구를 가진 이해당사자들**
2. **역할 갈등**
   (a) 작업 관리 책임과 수퍼바이저 역할이 결합된 경우
   (b) 낙제한 학생과의 작업

(c) 수퍼바이지 능력으로는 다루기 어려운 고객 사례를 가져온 경우

(d) 어려운 내용을 피드백 해주기

3. **경계관리가 어려운 상황**

    (a) 비밀보장

    (b) 세션 사이에 수퍼바이지와 접촉하기

4. **어려운 상황 다루기**

    (a) 고객-수퍼바이지 관계 안에서

    (b) 수퍼바이지의 힘든 감정 다루기

    (c) 수퍼바이저가 수퍼비전의 구체적 상황에서 반응적reactivity 방아쇠가 유발되는 경우

1. 상충하는 요구를 가진 이해당사자들

수퍼비전의 어려움은 다양한 이해당사자들이 수퍼비전에서 모순된 요구를 하고 있을 때 일어날 수 있다. 상담 상황에서 수퍼바이지는 고객이 복잡하고 깊이 억눌린 문제를 갖고 있으므로 더 긴 기간 작업이 필요하다고 느낀다. 그들에게 일을 주는 단체는 흔히 재정상의 문제로 짧은 기간 작업하기를 원한다. 특히나 수퍼바이저가 단체의 외부 사람일 경우, 수퍼바이지와 공모하고 그 단체의 실제적인 현실과 권리를 인정하지 않거나, 반드시 규칙을 적용하고 싶은 욕구로 수퍼바이지와 고객의 요구에 전념하지 않고 단지 규칙만 들먹이고 싶어한다. 수퍼바이저의 일은 이러한 모순된 요구를 수용하고, 인식하고, 작업하는 것이다. 이런 일은 해당 조직 양쪽이 서로 격한 감정이 있을 때 다루기 매우 어렵다.

때로 고용인과 임원, 비상임이사 등 작업의 질을 개선하고 금융 비용을 줄여야 하는 책임을 진 사람들 사이에 다양한 내분이 있기도 하다. 이런 경우 흔히 수퍼바이저가 수퍼바이지로 하여금 다양한 이해당사자들이 주장하고 있는 다른 요구를 이해하고 통합할 수 있게 도와야 하는 사례이다. 수퍼비전 작업을 위해 다양한 이해당사자 요

구를 확실히 구분하는 분명한 계약을 하는 것은 복잡한 상황일수록 도움이 된다. 수퍼비전을 통해 수퍼바이지가 다른 쪽에 대한 '한쪽 편'을 취함으로, 이 '머리가 깨질 듯한' 역동을 악화시킴으로써 상황을 더 나쁘게 만들지 않는다는 것을 보장하는 것이 중요하다. 이런 일이 발생할 때 수퍼바이지는 이런 역동을 어떻게 작업할까 한탄하기보다, 상황을 이해하고 볼 수 있게 수퍼비전을 활용하도록 하는 격려가 필요하다.

2. 역할 갈등

2(a) 수퍼바이저 역할이 교육 심사와 평가자 역할과 결합된 경우
학생이 직업 교육의 일환으로 수퍼비전에 올 때, 수퍼바이저는 보통 자격인증 과정의 하나로 수퍼바이지 심사나 평가를 제공하는 역할을 한다. 전문 기관들이 점차 전문가 회원 자격 재인증을 위해 이를 정기적으로 제출할 것을 회원들에게 요구하고 있고, 이는 그들의 수퍼바이저의 서면평가를 포함할 수 있으므로 이런 역할 충돌은 더 약한 수준으로도 존재할 수 있다.

많은 수퍼바이저들이 수퍼바이지를 평가하는 권위자 역할의 측면과 수퍼비전 공동 탐구자의 지지적이고 협력적인 측면을 결합하는 것을 불편하게 느낄 수 있다. 어떤 수퍼바이지들은 수퍼바이저가 어느 순간에는 자기의 직업적 프랙티스에 대한 평가를 작성한다는 사실을 알기 때문에 수퍼비전에 개방적이고 취약한 상태로 있기가 어렵다는 것을 발견할 수 있다.

중요한 것은 평가와 심사의 역할이 계약 과정에서 탐구되어야 하고, 두 사람은 심사와 평가가 어떻게 이뤄지는지 분명히 알고 있어야 한다는 것이다. 훈련단체나 전문 기관에 보내기 전에 학생과 모든 보고서 내용을 논의할 것인가? 평가에 동의할 수 없는 경우 이를 어떻게 다룰 것인가? 평가받은 수퍼바이지는 자기 의견을 덧붙일 기회가 있는가? 우리는 이런 과정이 되도록 투명하고 대화를 바탕으로 해야 한다고 주장한다.

예상 기준 충족에 실패한 학생과 작업할 때 이런 과정은 더욱 신경 써야 한다. 이 경우 피드백이 되도록 정기적으로, 과정 초기에 진행되어, 학생들이 만회하기에 너무 늦었을 때 처음 부정적인 피드백을 받는 상황을 피할 수 있도록 하는 것이 특히 중요하다. 때로 개인 트레이너tutor로서 이 같은 일은 훈련 초기에 보자마자 좌절감을 주는 피드백discouraging feedback을 줌으로써 애쓰는 학생을 낙담하게 하고 싶지 않은 것보다 더 어렵다. 그렇지만 만일 피드백이 정기적이고 균형 잡혀 있고, 구체적이라면, (a) 피드백을 면밀히 제공하는 바로 그 사실이 학생이 배우고 개선하며 낙제하지 않게 도울 수 있는 일이 된다.

그리고 (b) 만일 그들이 완전히 낙제해야 한다면 오히려 이 같은 피드백 노력은 그들이 화가 날망정 그리 놀랄 만한 일이 아니라는 것을 이해할 수 있게 한다. 그래서 낙제한 학생들을 위해 다음과 같은 것을 명심할 필요가 있다.

1. 어려운 피드백은 그 문제를 처음 발견했을 때 제공해야 한다.
2. 되도록 긍정적인 피드백을 함께 제공해 균형을 맞춰야 한다.
3. 개선을 위한 해결책은 그 학생이 가진 어려움을 이야기하는 내용 속에 있다.
4. 그 상황을 자주 모니터링하고 적절한 피드백을 주어야 한다.
5. 그 상황을 직면할 필요를 미루는 것은 상황을 더 나쁘게 만들 뿐이다.

어려움 속에서 성공적으로 분투한 학생이 결국에 뛰어난 전문가가 될 수 있지만 항상 그런 것 만은 아니라는 것을 기억해야 한다. 때로는 수련 기간 내내 힘겹게 분투한 학생이 더 빨리 그 현장을 떠날 수도 있다. 이것은 물론 판단하기는 어렵다. 확신이 부족하다면 수퍼바이저는 평가를 시도하기 전에 자기 수퍼비전에 대한 수퍼비전을 하며 그 상황을 탐색해야 한다.

2(b) 관리 책임과 수퍼바이저 역할이 결합한 경우

학생들 작업처럼 수퍼바이저가 수퍼바이지 작업을 평가해야 할 경우, 관리 책임자로서 제공하는 수퍼비전에서는 수퍼바이지의 작업과 수행 기준에 대한 권위 있는 판단을 제공해야 한다. 그들이 어떤 고객을 받았는지, 또는 낮은 성과나 윤리 위반으로 공식적으로나 비공식적으로 더 수련해야 하는지 등을 확인하고, 그들의 미래에 진급과 등급을 위해 추천하는 일 등이다. 관리 체계상으로는 수퍼비전 관계가 별도의 어려움을 줄 수 있지만, 관리 역할과 수퍼비전 역할이 분리된 경우에도 역시 많은 다양한 어려움이 있다(이 문제에 대한 좋은 논의를 위해 Wheeler & King 2001; Davis & Beddoe 2010:83-85 참조). 수퍼바이저로서는 수퍼바이지의 성장에 필요한 요구와 수퍼바이지 고객의 적절한 요구, 성과 수준에 대한 단체의 필요조건을 관리해야 할 수밖에 없다. 보건부에서 일하는 의사인 모리슨과 핼펀Morrison & Halpern(2012)은 평가하는 작업이 어려운 이슈이긴 하지만 그런 방식을 통해 수퍼바이지가 경험에서 배울 수 있는 유용한 관점을 제시한다. 그들은 다음과 같은 방식의 전문성 신장 기회로 평가의 잠재력을 강화할 수 있다고 주장한다.

1. 평가자와 평가받는 사람 사이에 통제해야 할 요소에 대해 공유하기
2. 피상적인 목표와 역량에 집중하는 위험을 감수하게 하는 규제 프레임 안에서 발달을 위한 의제를 복원하기
3. 평가받는 사람이 더 심도 있는 학습으로 잠재력을 자극하는 전문 경험을 성찰하게 하기
4. 직장 생활의 복잡한 현실에 대한 의사들의 성찰을 격려하기

수퍼바이저는 수퍼비전이 도와야 하는 다양한 이해당사자들이 누구인지, 그리고 그들이 수퍼비전에 요구하는 바를 계약에서 분명하게 하는 것이 중요하다. 그 계약은 이런 다양한 이해당사자의 요구를 포함해야 한다. 그러면, '더 잘 알고 있는' 입장에서 수퍼바이지에게 도전하는 것보다, 수퍼바이저는 수퍼바이지와 함께 섬겨야 하는 이해당사자 한쪽의 요구를 분명하게 대변함으로써 더 도전을 제기할 수 있다. 만일 수퍼바이지의 작업에 대한 도전들이 생각이나 이해 없이 동의하거나, 반발하기보다 생성적이고generative 생산적이어야 한다면, 수퍼바이저는 도전이 주어지는 방식에 세심한 주의를 기울여야 하며 좋은 작업동맹의 맥락이 제대로 준비되었는지 확인해야 한다.

그런 식으로 수퍼비전도 지지적이고 작업이 잘 되게 촉진할 수 있으며, 수퍼바이지가 지시받는 것을 마지못해 따르는 것보다 현실적이고 오래 지속되는 성과 향상이 있을 것이다.

2(c) 수퍼바이지의 능력에 벅찬 고객과의 작업에 대한 수퍼비전

수퍼바이지가 특정한 고객을 다루는 능력이 있는지를 살피는 일은 그리 간단한 문제가 아니다. 먼저 수퍼바이지가 적절한 훈련을 받지 못한 특정한 고객이나 고객 상황은 다루지 말아야 한다는 점을 수퍼바이저가 확실히 하는 것이 필요하다(예: 특정 나이 그룹이나 장애가 있거나, 또는 경계선 인격장애나 중독성향 같은 특정한 정신건강 문제를 가진 고객). 그러나 우리 경험으로는 어려운 고객이 가장 좋은 공부가 될 수 있고, 학생들이나 갓 자격증을 취득한 사람들은 언제나 신선하고 활기차며 열린 태도를 보이고 있다. 이런 태도는 그들이 어려운 상황에 관여하며, 만일 적절히 수퍼비전을 받고 배움에 열려만 있다면, 숙련된 프랙티셔너가 경계할 만한 상황에서도 흔히 작업을 잘할 수 있다는 뜻이다.

그렇긴 해도 자기 자신과 수퍼바이지의 한계를 알고 능력 밖의 고객을 떠맡지 않거나 특정 고객과 작업을 잘하기 위해 충분히 좋은good enough 수퍼비전을 받아야 한다는 점을 확실히 하는 것이 중요하다. 수퍼바이저로서 수퍼바이지의 역량 이슈를 탐색하고 고객을 맡을 건지 여부를 함께 결정하는 것이 필요하다. 이 문제에 대한 적절한 숙고는 좋은 윤리적 실천의 하나로 고객들이 자신이 만날 사람이 자신을 다룰 역량이 있고 자신의 교육과 경험의 수준을 분명히 안다고 오해하지 않도록 하는 것이다.

수퍼바이저로서 이런 상황을 숙고하는 경우 몇 가지 요인을 검토해야 한다. 진짜 문제는 자기비하underconfidence일 수 있고, 아마도 고객에 대한 수퍼바이지의 역전이 반응일 수도 있다. 추후의 성찰에서 수퍼바이지가 유능하지 않다는 것을 암시하는 고객에 의한 무의식적 공격이 가능해 보일 수 있다. 이 점을 더 잘 이해힌다면, 수퍼바이지는 그것에 덜 반응할 수 있고, 좋은 작업동맹이 이루어질 수 있으며 그 일을 만족스럽게 지속할 것이다.

2(d) 어려운 내용 피드백해주기

피드백을 주는 것은 좋은 수퍼비전의 핵심요소이며 위에서 본 바와 같이 평가 역할을 해야 할 때 더욱 어려워진다. 그러나 모든 수퍼바이저는 그 환경이 어떻든지, 언젠가 어려운 피드백을 주어야 할 것이고, 이것이 모두를 자주 어렵게 하는 상황이다. 흔히 공감을 잘하는 사람들은 그 피드백 받는 사람들이 느낄 감정 때문에 힘든 피드백을 주는 것을 꺼린다. 그 사람과 감정적 거리를 두는 것은 그 피드백 주기를 결심하는 데 도움이 될 수 있지만, 그것은 적절한 주의due care 없이 주어진 것이므로 그런 식으로 그것을 사용하기는 어렵다.

10장에서 좋은 피드백을 위한 지침인 CORBS를 기술한다. 즉 분명하고Clear, 자신만의Owned, 정기적인Regular, 균형잡힌Balanced 그리고 구체적인Specific 피드백을 의미한다. 만일 이런 식으로 주어진다면, 피드백은 이해되고 충분히 수용할 만하며, 정기적으로 주어져서 갑자기 나타나지 않고, 긍정적인 피드백과 함께 균형 잡혀 있고 막연하기보다 구체적으로 된다.

낮은 성과나 비윤리적 행동이 있는 상황에서, 때로 직원에게 만일 그들의 작업이 개선되지 않으면 그들은 공식적으로 훈련받게 될 것이고, 그들의 행동은 관련 기관이나 직업 단체에 보고되거나 정말로 해고될 수도 있다는 것을 알려주는 것이 필요하다. 큰 조직에 고용된 수퍼바이저들은 이런 절차가 최고의 프랙티스이며 법적 필요조건에 따라 완수된다는 점을 확실히 하기 위하여 HRD에서 지원을 받을 수 있다. 일반적으로 낮은 성과나 비윤리적 행동을 알게 되자마자 그리고 그들이 본 것을 노트에 적어서 직원에게 피드백을 주는 것이 올바른 절차이다. 만일 이런 행동이 계속되는 것이 너무 나쁘다고 느껴진다면, 그에게 그만두라고 하는 것이 필요할 것이다. 그 개인에 대한 기대뿐만 아니라 수용될 수 없는 행동의 핵심을 설명하고 그 일이 다시 발생할 경우의 결과에 대해서 분명하게 공식적인 '경고'를 주어야 한다. 만약 그 행동이 개선되지 않는다면 서로 동의한 내용만 시행될 수 있다. 공식 훈련이라는 절차는 즉결로 해고되지 않고 개선할 기회를 얻도록 직원의 권리를 보호한다. 또 수퍼바이저/관리 라인에 있는 자가 부당해고로 고소당하지 않도록 보호한다. 이런 분명한 절차의 격식은 좋은 작업동맹이 이루어지기 어렵거나, 완전히 망가졌거나 심각한 정도의 행동이 있는 경우에 더 필요하다. 관계가 좋은 경우라면 성과의 모든 측면과 윤리에 대해 계속 논의할 수 있고 향후 어떻게 진행할 것인지에 대해 공동 합의가 체결될 수 있다. 학습환경 조성을 해주는 수퍼비전의 활용을 포함해 수퍼바이지가 만족스러운 방법으로 작업할 수 있게 하는 기술이나 능력abilities 또는 수용력capacities을 개발하는 모든 방법이 시행될 수 있다.

3. 어려운 경계선 상황

좋은 수퍼비전은 고객 작업과 수퍼비전 관계의 경계와 경계 내에서 일어난 일에도 많은 관심을 기울여야 한다. 우선 어떻게 수퍼비전이 고객 작업의 경계를 다루는지, 그러고 나서 비밀보장의 핵심과 그 뒤 수퍼비전 관계에서 어떻게 경계관리를 처리하는지 살펴보자.

3(a) 고객 작업의 경계선 다루기

어려운 경계 상황은 세션에서 혼란을 야기하는 경향이 있는데, 그 이유는 그 작업이 경계에 관한 것이면서 동시에 그 안에 담고 있는 것에 관한 것이기 때문이다. 다음은 그런 경계 문제의 예들이다.

- 고객과 기존의 관계가 있는 수퍼바이저나 수퍼바이지
- 자주 불참하거나 지각하거나 제시간에 마치는 것에 저항하면서 세션의 경계선을 시험하는 고객
- 계약에서 재정적인 면에 문제가 있는 경우와 고객이 제때 비용을 지급하지 않는 경우
- 고객을 세션 밖에서 만나거나 직업적 일에 손해를 주는 부적절한 사회적 접촉을 하는 수퍼바이지

이 모든 상황은 수퍼비전에서 주의 깊게 고찰되어야 한다. 경계 깨기boundary breaks는 무의식적 의사소통에서 중요한 부분일 수 있고(Casement 1985) 그것을 이해하면서 많은 것을 배울 수 있다. 경계 그 자체도 물론 중요하지만, 작업을 주의 깊게 탐색해야 할 고객에게 안전하게 소유권을 제공하는 것 역시 중요하다. 그렇지만 때로는 경계를 너무 완고하게 붙잡지 않는 것이 유익할 수 있다. 이에 대해 과연 언제 단호해야 하고 언제 유연해야 하는지 생각해 보기 위해서는 수퍼비전에서 탐색해야 한다. 그러나 학생들은 어떻게 또 언제 유연해야 하는지 알기 전이기 때문에 얼마간 경계를 굳게 지키는 프랙티스를 해야 한다. 예를 들어서 세션 말에 굳게 시간 경계를 지키는 것이 일반적으로 좋지만, 드물게 고객의 중요한 커뮤니케이션을 끝까지 허용하는 연민을 보여 줄 수 있고, 이런 구체적인 커뮤니케이션을 통해 경청의 중요성을 인정acknowledgement할 수 있다. 학생들은 많은 경우에 이렇게 하고 싶어 하고, 무정하게 보이는 것을 두려워하여 경계 지키기에 저항하려는 유혹이 있을 수 있다.

수퍼비전의 역할은 어떤 행동이 경계를 침범하게 하는지, 수퍼바이지와 고객에게 이것이 어떤 반응을 가져왔는지를 탐구하는 것이다. 수퍼비전의 경계 이슈는 전문가들이 인간적이면서 전문적이고, 상냥하면서도 단호하고, 협조적이면서 권위 있는 태도를 결합하는 법을 배울 수 있는 최고의 지점이다.

3(b) 비밀보장

고객과 작업에서 비밀보장이 적절한 경계 안에서 이뤄지는 것과 이와 관련된 모든 윤리적 기준이 수퍼비전의 비밀보장의 경계 안에서 진행되어야 한다. 수퍼비전에서 고객과의 작업에 대해 이야기하는 것은 절대 비밀을 깨지 않아야 하며 모든 수퍼바이지는 자기 고객과 이것에 대해 분명하게 해야 한다. 어떤 작업환경에서는 이 수퍼비전은 관리 라인의 관리자와 수퍼비전 그룹을 포함한다.

그러나 비밀보장이 깨져야 하는 경우가 있다. 이것에 대한 가장 명백하고 단순한 규칙은 고객이나 그의 주위의 누군가가 해를 입을 수 있는 위험이 있는 경우이다. 또 그 일이 발생한 그 나라의 법이 공식적으로 공개disclosure를 요구하는 경우를 포함한다(위의 내용 참조).

윤리 부분에서 언급했듯이, 때로 이 비밀보장을 깨야 할 필요가 명백하고 분명하며, 때로는 언제 어떻게 그렇게 할 것인지 판단하기 전에 수퍼비전에서 세심하게 검토해야 한다. 어느 경우나 결과에 대해서는 주의 깊게 철저히 생각해야 한다. 예를 들어, 고객이 아동 성폭력을 저지를 위험이 있다면 관계기관에 알려야 하지만, 이 행동 결과에 대해 복합적이고 신중하게 고려해야 한다. 우리 견해로는 전문가들이 고객이나 다른 사람에게 또는 법적 요건에 위험이 있다고 느끼는 경우 외에, 수퍼비전 합의 이상의 작업을 논의하는 데 항상 승인을 받는다는 사실을 들어서 알고 있다면 고객들은 최고의 서비스를 받는 것이다. 이런 경우에 고객 등 뒤에서 비밀을 깨는 것이 아니라 항상 고객에게 알려주어야 한다.

3(c) 세션 사이에 수퍼바이지와 접촉하기

어려운 상황은 때로 세션 사이에 수퍼바이저와 만날 약속을 잡는 수퍼바이지와 연관된 것이다. 각 수퍼바이저는 이 문제에 대한 자신의 정책이 무엇인지 숙고하고 새로운 수퍼바이지와 처음 계약을 고려할 때 이 점을 이야기하는 것이 중요하다. 어떤 수퍼바이저는 그들의 시간 제한이 세션 사이의 접촉까지 포함해 일할 수 없다는 것으로 생각할 수 있다. 또 이런 태도는 수퍼바이지가 그들의 고객과 똑같은 패턴으로 행동하게 할 수 있는 경계관리의 위반 모델이 된다고 느낄 것이다.

특히 학생이나 경험 없는 사람들을 수퍼비전하는 다른 수퍼바이저들은 문제가 발생할 때 수퍼바이지가 수퍼바이저를 만날 수 있는 지속적인 가능성을 주어야 한다고 느낄 수 있다. 수퍼바이지가 적절히 대응할 수 있는 경험이 없다면 허둥대거나 연약한 고객에게 실수할 수도 있는데 그냥 내버려 두기보다는 수퍼바이저를 접촉할 수 있는 여지를 주어야 한다는 것이다. 이것은 연약한 어린이들이 위험에 처한 경우처럼 수퍼바이저와 관리 라인에 있는 사람이 고객에 대해 법적인 책임이 있는 경우 특히 그렇다.

경험이 부족한 학생들은 흔히 이 점에 있어서 수퍼바이저를 보유하는 것이 가장 필요한 사람들이다. 학생과의 유용하고 튼튼한 작업동맹을 하는 것은 필수적이지만 문제가 있을 수도 있다. 수퍼바이저의 권위와 그들 사이의 경험 격차는 관계 안에서 순종적이거나 분노하거나, 고분고분하거나 반항적이 되는 권위 역동으로 이어질 수 있다. 그것들을 적절히 직면하는 동안 이러한 징후에 반응하지 않는unreactive 수퍼바이저는 탐색 영역에서 일어나는 '실수'를 포함해 모든 현상을 보여줄 뿐만 아니라, 활용할 수 있고 작업할 수 있는 중요한 정보를 우리에게 제공하기에 매우 중요하다. 이것이 수퍼비전에서 비방어적이 되게 하는 경우라는 것을 학생이 '이해한다'는 것을 우리는 알 수 있었다. 이는 결과적으로 그 학생이 상처받고 방어적이 되기보다 배울 수 있게 한 작업이라는 유용한 평가로 이어질 수 있다.

4. 힘든 감정 다루기

4(a) 고객-수퍼바이지 관계 안에서

관계 안에서 힘든 감정으로 유발된 상황은 흔히 다루기 가장 어렵고 이는 고객/수퍼바이지/수퍼바이저 삼각구도의 모든 구성원에게 해당한다. 심리치료 수퍼비전에서는 흔히 이것을 전이 관계에서 어떤 혼란에 기인한 것으로 여긴다. 다른 말로 하면 깊이 내재한 패턴으로 촉발된 감정은 어린 시절의 경험이나 그 이후 삶의 트라우마에 의한 것이다. 수퍼바이지나 수퍼바이저가 경험한 힘든 역전이 감정은 그들이 같은 방식으로 유발되기 때문에, 또는 그들이 무의식적으로 고객의 드라마에서 역할을 하기 때문에 경험될 수 있다(7장 참조). 이러한 면에서 힘든 감정을 이해한다는 것은 우리에게 그것들과 동일시하지 않도록 - 그것들을 덜 개인적으로 받아들이기 - 그리고 고객이나 수퍼바이지에게 더 사려 깊게 대하고, 직접적 반응을 줄이게 도울 수 있다.

힘든 감정이 어린 시절의 흔적에서 시작되었다고 판단하는 것은 현재 관계에서 우리가 고객이나 수퍼바이지에게 정말 상처를 주는 것을 보지 못하게 하는 방어적 묘책일 수도 있다. 순수하게 하나 또는 둘 다의 가능성에 개방적인 것은 수퍼비전 삼각구도 안에서 세 사람 사이의 관계를 튼튼하게 할 수 있다.

예를 들어, 수퍼바이지에게 고객이 선물을 가져오거나 수퍼바이지가 수퍼바이저에게 선물을 가져오는 상황을 생각해 보라. 그들은 다양한 이유로 선물을 바로 받지 않을 것이다. 그들은 그 선물은 기분을 맞춰주는 것이고 그것을 받음으로써 고객과 공모하는 것이라고, 또는 정해진 비용보다 더 많이 받는 것이 비윤리적이라고 여기기 때문에 개인적으로 선물에 대한 금기가 있을 수도 있고, 또는 그 선물을 싫어하거나 받을 자격이 없다고 느낄 수 있다. 이유가 무엇이든, 고객/수퍼바이지는 선물에 대한 즉각적인 거절로 충격을 받아서 그들의 삶에서 다른 중요한 인물이 주었던 거절감이 떠오를 수도 있다. 이런 식의 사건은 수퍼바이지/수퍼바이저를 곤경에 빠지게 한다. 이제 그들은 선물을 받아야 하는가? 그러면 이것은 이전에 거절한 것을 가식으로 보이게 하지 않을까? 이러한 힘든 감정으로 들어가서 탐구하는 것은 위험하게 느껴질 수 있고 신뢰 관계가 재구축되기도 전에 많은 고통스러운 감정이 나타날 수 있다. 이런 경험은 세 사람 모두를 위한 더욱 견고한 토대에 기반을 두게 할 것이다.

4(b) 수퍼바이지의 힘든 감정 다루기

수퍼바이지는 흔히 힘든 감정을 수퍼비전에 가져올 것이다. 이것은 의식적이고 계획된 방식으로 이루어질 수도 있고 그냥 세션 안에서 또는 수퍼바이저와의 관계에서 자연스럽게 나올 수 있다. 이러한 격한 감정은 다음과 같은 다양한 원천에 뿌리를 두고 있다. 조직의 갈등, 역할 갈등, 팀의 역동, 동료와의 갈등, 고객에 대한 대응적 반응, 일로 인해 과거의 감정이 유발되는 일, 고객 세션에서 일어나는 역동에 평행화 프로세스 현상, 과로, 업무 이외의 개인적 어려움, 또는 수퍼바이저와의 진짜 어려움 등. 이것들 여러 가지가 혼합된 것일 수도 있다. 수퍼비전의 역할은 반발을 가라앉히고 그 격한 감정을 성찰하고 탐구할 공간을 만드는 것이다. 이것은 감정이 부당하게 그들을 향해 온다고 생각할 때, 수퍼바이저가 상대적으로 비 대응적이고 방어적일 수 있고, 그리고 그들의 반응을 유용한 데이터로써 인지할 수 있기를 요구한다.

이유야 어찌 됐든 격한 감정은 성찰을 더 어렵게 만든다. 수퍼바이저는 수퍼바이지가 예를 들어 신체에 위협을 받는다고 느끼는 경우의 상황에 대처하는 것을 도와야 할 수도 있다. 수퍼바이지의 개인적 안전을 보장하면서 그들이 고객을 잘, 적절히 붙잡아 주도록 돕는 것은 매우 까다로운데, 특히 감정이 고조되거나 수퍼바이지의 생각하는 공간이 축소되었을 때 더욱 그렇다. 수퍼바이저로서 한 사람의 생각하는 공간을 열린 채로 유지하는 것은 이런 때에 가장 중요할 수 있다.

4(c) 수퍼바이저가 수퍼비전 자료에 의해 반응성이 촉발되는 경우

어떤 수퍼바이저도 늘 열려 있으며, 비방어적이고, 모든 상황에서 드러나는 것을 분명하게 성찰할 수는 없을 것이다. 수퍼바이저는 또한 대응적 반응이 촉발될 수도 있다. 수퍼비전 자료에 의해 반응성이 촉발되었다는 것을 아는 것은 수퍼바이저의 중요한 능력이다. 이런 반응성에는 많은 형태가 있다. 때로 그것은 해결되지 않은 개인의 이슈 때문이다. 수퍼바이지는 그들의 수퍼바이저에게서 직면하기 꽤 어려운 반응성의 패턴을 인지한다. 예를 들어, 우리가 수퍼비전했던 한 수퍼바이저는 세션에 늦게 오는 경향 같은 작은 경계선 위반에 반감이 있고 그 의미를 성찰하기보다 그 행동을 고쳐주려는 데 과잉 집중한다. 그 수퍼바이지는 수퍼바이저의 반응이 마땅히 받아야 할 상황 이상으로 보였기 때문에 그 이슈를 수퍼비전에 가져오기를 피함으로써 이 문제를 둘러싼 그들의 협상 방식을 배웠다. 또 다른 수퍼바이지는 유순하게 수퍼바이저의 태도에 완전히 동화되어, 그것이 수퍼바이지의 부족함과 무능감을 증대시켰다. 여기서 그 이슈에 대한 반응성은 그 행동이 충분히 성찰되지 않았다는 것을 의미한다. 다른 때에는 수퍼바이저에게서 그 반응성은 놀랄만한 것으로 올 수도 있다. 때로 그 반응성은 수퍼바이저에게 덜 습관적이고 그 세션의 자료에서 들은 것에 연결된다(7장 참조). 어떤 경우든지 수퍼바이저가 이것을 깨닫고 그것이 무엇을 의미하는지를 성찰하는 것이 좋다. 그들이 하지 않는다면, 수퍼바이지와 아마 고객도 그것에 무의식적으로 부담을 가지게 될 것이다. 수퍼바이지의 피드백을 통해 반응성을 인정하는 것은 수퍼바이지에게 좋은 모델이 되고 신뢰와 작업동맹을 강화하는 학습에 대한 개방성과 비방어적인 태도를 보여준다.

결론

이번 장에서는 수퍼비전에서 성찰하는 태도가 언제나 중요하다는 것을 살펴보았다. 이것은 흔히 성찰 공간을 유지하는 것이 더 어려워지기 때문에, 윤리적 딜레마가 나타날 수 있는 힘들고 복잡한 상황에서 특히 그렇다. 이러한 상황에서 비롯된 불안감은 의도하지 않은 결과를 가져올 수 있는 성급하고 대응적인 결정을 야기한다. 우리는 또한 그러한 상황이 수퍼바이저가 특히 경험이 부족한 수퍼바이지에게 지시적인 개입을 해야 한다는 것을 의미할 수도 있다는 것도 알았다. 이러한 상황은 흔히 반응성으로 행동하기보다 자신의 반응성을 성찰하는 능력을 보여줄 것과, 능숙하고 현명한 수퍼바이저의 개인적 판단에 따른 결정을 요구한다. 여기 이런 복잡한 분야의 일을 위한 몇 가지 지침이 있다.

1. 상황이 어떠하든지 열려 있는 성찰적인 태도를 유지하라.
2. 이 열린 태도가 닫혀질 때를 인지하고 '나에게 성찰하기 어렵게 만드는 무슨 일이 일어났는가?' 질문하기를 배우라. 이것은 다시 열린 태도를 갖는 데 도움이 될 것이다.
3. 단호하고 지시적이 되는 것이 중요할 때를 배우라. 그러나 이것이 반응으로 나오는 것이 아니라 단호한 행동을 해야 한다는 것을 아는 지식에서 나온다는 것을 확실히 하라.
4. 수퍼바이지와 자신(또는 둘 중 하나)에게서 격한 감정이 올라와 괴롭힐 때, 심호흡하고 계속 호흡하라. 대응하기보다 반응하기 전에 기다리고 생각하라.
5. 만일 그 문제를 내려놓을 수 없다면, 매우 유혹적이긴 하지만 뒤에서 험담하기보다 스스로 수퍼비전을 받으라.
6. 수퍼바이지가 설명하는 그 상황에 과하게 관여했다고 느끼는 것을 알아챘다면 스스로 또는 당신의 수퍼비전에 대한 수퍼비전에서 그것이 당신에게 무슨 의미인지 성찰하라. 그것은 아마 당신이 아직 이해하지 못한 어떤 측면에 과몰입

되어 있다는 뜻일 수도 있다.
7. 윤리 위반이 있었을 때, 어떻게 반응할지 깊이 생각하고, 필요한 경우 적절한 권위자나 윤리위원회의 검토를 받게 하라. 확신이 안 서면 자신을 위해 수퍼비전을 찾으라.

이 지침은 수퍼바이저가 붕괴되고 감정이 북받친 때에도 한결같고 사려 깊은 방법으로 행동하도록 도울 수 있다. 대응적이고 지나치게 유착된 수퍼비전은 이미 걱정스러운 상황을 악화시킬 수 있다.

10장. 수퍼바이저 훈련과 개발

> 서론
> 수퍼비전 교육의 목적
> 성인학습의 주요 원리
> 수퍼비전 교육의 핵심 영역
> 신임 수퍼바이저를 위한 핵심 수퍼비전 과정
> 학생과 수련 수퍼바이저를 위한 핵심 수퍼비전
> 팀과 그룹 수퍼비전 과정
> 면밀한 상담, 심리치료 또는 다른 치료 작업을 수퍼비전하는 사람들을 위한 치료 수퍼비전 과정
> 수퍼비전 고급 과정
> 윤리적 딜레마 훈련
> 초문화 수퍼비전 훈련
> 수퍼비전에 대한 수퍼비전
> 평가와 자격인증
> 결론

서론

이번 장은 수퍼바이저 훈련 영역을 살펴보고 수퍼바이저로서 자기 성장에 관심이 있는 사람들과 수퍼비전 교육을 설계하고 실행하는 사람들을 위해 쓰였다. 5장에서 얼마나 많은 전문가가 체계적인 교육을 받지 않고 수퍼바이저가 되는지 보여주었다. 이 책을 통하여 다면적이며 복잡한 수퍼비전 프랙티스와 그것이 한 사람에게 처음 전문 교육을 받은 이후 추가적인 지식 기반과 능력, 역량 그리고 수용력을 얼마나 요구하는지를 설명하려 했다. 모든 수퍼바이저에게 공식적인 교육과 훈련 기간이 필요하다는 것이 우리의 주장이다. 지금까지 수퍼비전의 효과성에 미치는 수퍼비전 교육의 영

향력에 관한 연구가 거의 없었지만, 그간의 미미한 연구가 긍정적인 유익을 시사한다(Stevens 외 1997; Wheeler 2003; Wheeler & Richards 2007). 수퍼비전 교육이 좋은 프랙티스를 개발하는 핵심요소라는 점은 조력 전문가 분야에 점차 수용되고 있다.

이번 장에서는 수퍼비전 교육과정의 잠재적 주요 구성요소를 언급하기 전에, 수퍼비전 교육을 설계하는 목적과 원칙을 살펴본다. 그리고 나서 수퍼바이저 훈련의 주요 요소인, 수퍼비전에 관한 수퍼비전 지침을 제공하고 그 뒤 자격인증과 평가에 관한 이슈를 고찰한다.

수퍼비전 교육의 목적

5장 '수퍼바이저 되기'에서, 모든 신임 수퍼바이저는 자기 수퍼비전에 대한 수퍼비전을 받을 뿐만 아니라 수퍼바이저 역할을 위해 교육받는 것이 중요하다고 주장했다. 수퍼비전 교육의 목적은 페이지와 워스켓Page & Wosket이 다음과 같이 잘 표현하였다 (2001:255-263).

- 다양한 이론과 모델, 접근법에 대한 이해를 얻기
- 개입의 범주와 수퍼비전의 기능과 관련된 피드백 기술을 개발하고 연습하기. 여기에는 실험하고, 실수하고, 자기 스타일을 테스트하고 위험을 감수할 기회 등이 포함된다.
- 개인적, 직업적 강점에 대한 인식과 개발 영역 늘리기
- 수퍼바이저가 이론과 프랙티스를 통합함으로써 자신만의 정통한 수퍼비전 스타일과 접근법을 개발할 수 있게 하기
- 수퍼바이저의 전문가 정체성을 강화하고 좋은 기준과 프랙티스를 스며들게 하는 윤리적이고 전문적인 프랙티스 주제에 대한 인식을 개발하기

성인학습의 주요 원리

모든 수퍼비전 교육은 성인학습이다. 이는 근본적으로 아동 학습과 다르다는 점에서 성인학습(성인교육학)의 좋은 원리에 기초해야 한다. 프레이리Freire(2001), 놀스Knowles(1984), 클랙스턴Claxton(1984), 호킨스Hawkins(1986, 1993, 1994a), 그리고 아지리스와 숀Argyris & Schon(1978) 등의 연구에 근거해서, 좋은 성인학습은 다음을 포함해야 한다.

- 모든 구성원의 경험 활용하기
- 현재 확인할 수 있는 수련생 요구에 집중하기
- 교육이 어떻게 계약되고 검토되며 실행되는지에 협력하기
- 교육과정 참여자들의 다양한 학습 스타일 파악하기(2장 참조)
- 구성원들이 직장에서 직면하는 실제의, 당면한 도전과 문제 활용하기

호킨스와 스미스Hawkins & Smith(2006)는 수퍼비전 교육과 관련해 이러한 원리를 반복하고 성장시키는 학습 설계에 근거한 주요 원리를 다음과 같이 요약한다.

1. 경험에 근거한 학습 과정을 통해 발달한 자기 인식에 집중하는 것에서 시작하라.
2. 수련생들이 자기 동료와 수퍼비전을 하는 소그룹 안에서 고도의 피드백을 통해 개개인의 '권위, 프레즌스 그리고 영향력'을 개발하라.
3. 시연demonstrations과 묘사적인 이야기, 업무와 자기 삶의 경험을 성찰하는 수련생을 활용하여 가능한 가장 활기찬 방법으로 기본적 기술과 전문적 방법을 가르치라. 연습하고 피드백을 받을 많은 기회를 제공하라.
4. 경험적 학습이 이미 진행 중인 경우에만 이론을 가르치라.
5. 적시 학습: 학습자가 이미 그 학습 내용에 대한 필요성을 알고 있는 경우 가장 효과적이고 그것을 얻으려고 면밀히 배우기에 전념할 수 있다.
6. 실시간 학습: 학습은 과거의 사례연구보다 학습자가 현재의 해결하지 못한 실

제 이슈를 다루면서 훨씬 강화된다. 이를 역할극이 아니라 실제극이라 부른다.
7. 첫 교육 후 학습자들은 자기 인식, 기술, 이론 그리고 그들의 실습 경험을 통합하기 전에 수퍼비전 받는 장기간의 연습이 필요하다.

수퍼비전 교육의 핵심 영역

수퍼비전 교육을 설계할 때 다음을 포함해 많은 핵심 영역이 있다.

- 수련생들이 수퍼비전을 시작하기 전에 교육할 것인지, 또는 그들이 성찰할 어떤 경험을 가진 후에 교육을 제공할 것인지의 여부
- 한 가지 직업이나 한 학파 출신이거나 한 가지 접근법을 공부한 사람들을 위한 교육을 체계화할 때와 학제간 교육을 준비할 때
- 수퍼바이저로서 수련하면서 다시 일을 시작하는 경우 워크숍을 배치하는 방법
- 핵심 커리큘럼의 내용
- 자원 투입, 시연, 3인조나 소그룹 연습, 피드백, 성찰 시간 그리고 다른 체험 활동의 적절한 조합

이번 장이 이 모든 질문에 대한 자신의 해답을 찾는 데 도움이 되길 바란다. 가능성 있는 몇몇 다양한 과정 설계를 제공하기 전에 이들 가운데 몇 가지를 더 포괄적으로 다루면서 시작할 것이다.

수련생들이 수퍼비전을 시작하기 전에 교육할 것인지, 또는 그들이 성찰할 어떤 경험을 가진 뒤에 제공할 것인지의 여부

어떤 사람들에게는 수퍼비전을 착수하기 전에 교육을 받는 것이 더 바람직하게 보일 수도 있는데, 그래서 그들은 일을 시작하기 전에 자신이 무엇을 제공할 것인지 그리고

어떻게 기능할 것인지 명확하게 알 수 있다. 이 접근법의 한계는 모든 사전 교육처럼, 수련생들이 자신이 수퍼비전을 받은 경험 이외에 그들의 교육과정 내에서 성찰하고 작업해 본 직접적인 경험이 없다는 것이다.

모든 신임 수퍼바이저는 수퍼바이저로 일을 시작하는 첫해에 일정 기간 교육과정을 수료할 것을 추천한다. 만약 신임 수퍼바이저들이 새로운 자기 역할에 대한 모델로, 자신에게 지지를 제공하는 좋은 수퍼비전을 현재 받지 않는 상황에 있다면, 교육은 새로운 역할에 착수하기 전에 선행되어야 한다. 그렇지만 그럴 때 단순히 그들을 짧은 수퍼바이저 교육과정에 보내고 수퍼바이저 일을 잘하기를 기대하는 것은 부적절하다. 좋은 수퍼바이저 개발의 가장 중요한 부분은 교육과정에 참석하는 것이 아니라, 그들이 주는 수퍼비전에 대한 계획과 성찰을 지지받는 데에서 온다. 이 장의 뒷부분에서 당신의 수퍼비전에 대해 수퍼비전 받는 것의 중요성을 탐구한다. 신임 수퍼바이저들이 그들의 단체 안에서나 그 단체의 지원으로 이런 형태의 수퍼비전으로 지지받을 가능성이 없다면, 그 교육과정은 신임 수퍼바이저들이 자기 수퍼비전 프랙티스를 직면하고 성찰하기 위해 동료 그룹이나 지도받는 지지 그룹을 세워 진행하는 것이 좋다.

한 가지 직업이나 한 학파 또는 한 접근법 출신의 사람들을 위한 교육을 체계화할 때와 학제간 교육을 준비할 때

수퍼비전 교육의 초기 단계에는 자신이 교육받은 직업적 배경 그리고 학파나 접근법(심리역동, 인지행동주의, 게슈탈트, 통합분석, 교류분석 등)을 공유하는 다른 사람들과 훈련을 시작하는 것이 도움이 된다. 이것은 특히 신임 수퍼바이저들이 새로운 맥락과 수퍼비전 역할 내에서 이전에 받은 교육을 어떻게 적용할 수 있는지를 보게 한다. 그러나 수퍼바이저가 성장하면서 자기 수퍼비전 교육을 다양한 직업의 사람들과 다양한 학파나 접근법의 사람들과 나누는 것이 유용하다. 이는 수련 수퍼바이저가 다른 문화와 틀을 다루고, 수퍼비전에 적용할 때 자신이 배웠던 어떤 교육 용어와 한계와 가정을 발견하고, 학습해소unlearn하는 것을 배우게 한다. 헨더슨Hendenson(2009)의 휴슨Hewson도 역시 수퍼비전 교육의 나중 단계에서 학제간 접근법의 유용성에 대해 논하고 이것이 수퍼바이저가 권위 있는 전문가 관점에서 나온다고 믿기보다는 오히려 '공동 연구자'가 되는 방법이라고 주장한다.

수퍼바이저로서 수련하며 다시 일을 시작할 때 워크숍을 배치하는 방법
좋은 수퍼바이저가 되는 것은 교육과정에 출석하는 것이 아니라 자신이 직장에서 실행할 수퍼비전 계획과 성찰을 잘 지원받는 것이 가장 중요하다. 수련 수퍼바이저는 수퍼비전을 하고 자기 수퍼비전에 대한 수퍼비전을 받는 충분한 기회를 얻도록 지원받아야 한다(이 장 후반부 참조). 샌드위치나 모듈식 과정의 이점은 수련생들이 과정 중간에 일로 돌아가서 그들이 주고받는 수퍼비전에 대한 어떤 '액션 러닝'을 수행할 수 있는 시간을 갖는다는 것이다. 그러고 나서 과정으로 돌아와 자신들의 실제 경험과 어떻게 특정한 상황을 다르게 다룰 수 있는지 탐구할 기회가 있을 것이다.

훈련 워크숍 사이에 수련 수퍼바이저가 다음 모듈에서 성찰할 수 있게 풍부한 경험을 가진 뒤 수퍼비전 세션을 수행하도록 충분히 길게 간격을 두어야 한다. 그래야 수련생들도 자기 경험과 학습 스타일, 작업의 필요와 관련된 자기 학습과 성장 속도를 맞출 수 있다. 또 모듈 사이 공백이 더 짧은 1년짜리 과정에 참석하는 것도 유익하다. 이것은 모든 수련생이 같은 그룹의 사람들과 함께 배우고 그 훈련 내에서 진행하는 동료 수퍼비전peer supervision도 가능하게 한다.

핵심 커리큘럼
모든 수퍼비전 과정은 수퍼비전 목적과 원리와 과정, 역할이 어떻게 질적이고, 발달적이며 지지적인 기능을 다루는지 그 방법을 망라하는 자원을 포함해야 한다. 그러나 다룰 수 있고, 다루어야 하는 더 많은 것이 있는데, 대부분은 수퍼바이저가 현재 작업하고 있고, 앞으로 작업할 맥락에 의해 결정된다. 이러한 교육 설계는 이 장 후반부에서 (그리고 이 책 전반을 통해) 자기 커리큘럼을 짜는 데 자료로 사용할 수 있을 것이다.

자원 투입, 시연, 3인조나 소그룹 연습, 피드백, 성찰시간 그리고 다른 체험 활동의 조합

실용적 과정을 보장하는 또 다른 방법은 그 과정이 수퍼비전을 주고받고, 관찰하면서 함께 작업하고, 서로 구조화된 피드백을 주면서 수련생들에게 경험할 수 있는 충분한 시간을 주는 것이다. 우리가 직접 운영하는 훈련과정에서 많은 시간을 다양한 삼각구도에 쓰면서 각 참여자가 수퍼바이저, 수퍼바이지 그리고 관찰자가 될 기회를 갖는다. 과정 참여자들은 이것이 흔히 세 역할 모두에서 경험되는 많은 양의 학습과 함께, 그 과정의 가장 귀중한 부분이라고 보고한다.

교육에서 삼각구도를 활용하는 다양한 방법은 스파이스와 스파이스Spice & Spice(1976)가 다음과 같이 설명하였다.

> 3인조 그룹에서 일하기: 초보 수퍼바이저는 번갈아 가면서 수퍼바이저, 해설자, 그리고 조력자 등 3개의 다른 역할에서 기능하기. 초보 수퍼바이저는 실제 수퍼비전의 표본을 제출하고 (예. 오디오테이프, 비디오테이프, 사례 보고서), 해설자는 그 표본을 검토하고 나서 관찰한 것을 나누고 그 세션에 관한 대화를 촉진하고, 그 뒤 조력자는 초보 수퍼바이저와 해설자 사이의 당면한 지금-여기 대화에 대해 논평한다. 삼각구도 모델에서 다음의 4가지 과정을 배운다. a) 수퍼비전 작업의 프리젠테이션, b) 논평의 기술, c) 유의미한 셀프대화 참여, d) 지금-여기 과정의 심화
>
> (Borders & Leddick 1987에서 인용.)

해롤드 마천트Harold Marchant는 청소년과 지역 사회사업 분야에서 수퍼비전 교육을 개발하는 많은 일을 했으며 다음과 같이 주장한다. '수퍼비전은 지식과 기량과 기술을 요구한다. 무엇보다 그것은 다른 사람과의 관계에서 수퍼바이저의 태도와 감정을 포함한다'(Marchant, Marken & Payne 1988:40에서 재인용).

그래서 수퍼비전 교육이 관련 지식과 기술과 유능한 기량의 수퍼바이저가 갖춰야 하는 교육뿐만 아니라, 수련생의 태도와 가정을 탐구하는 데 집중하는 것을 포함하는 것이 중요하다. 또 '공감의 개념을 탐구하고 수퍼비전 관계에서 그 표현을 알아내기'에 집중해야 한다(Marchant, Marken & Payne 1988:40에서 재인용).

따라서 모든 수퍼바이저 교육은 신뢰, 개방성, 차이에 대한 인식, 그리고 상호 탐구 의식에 바탕을 둔 광범위한 수퍼바이지와의 관계를 구축하는 방법에 초점을 두어야 한다. 이 과정에서 교육자는 그 과정 자체가 어떻게 역할 모델을 제공하고 있는지 잘 알고 있어야 하며, 수련생이 자신의 불가피한 두려움과 취약성이 있음에도 자기 경험과 약점을 모두 탐색할 수 있는 따뜻하고 개방적이며 신뢰할 만한 환경을 제공하기 위해 노력해야 한다. 이것은 바바라 딘리Barbara Dearnley(1985:54)가 다음과 같이 말했듯이 어려운 과제이다.

> 수퍼비전 프랙티스를 세세하게 보는 것이 자신의 어려운 사례를 논의하는 것보다 훨씬 더 드러내는 일이라는 것을 알게 되었다. 그것은 마치 수퍼비전할 만한 경험이 충분하다는 공식적 확인이 수퍼바이저는 말과 행동에 잘못이 없어야 한다는 가학적인 개인적 기대로 이어지는 것과 같다.

수퍼바이저가 되는 것은 우리 스스로 학습할 수 있는 공간이 줄어들 수 있다. 그 이유는 이제 우리가 해답을 알고 있어야 하고, 전문가가 되어야 하며, 우리가 무엇을 하는지 모른다는 사실을 확실히 말하지 말아야 한다고 생각할 수 있기 때문이다. 가이 클랙스턴Guy Claxton(1984)은 다음과 같이 성인학습에 방해되는 4가지 신념을 설명했다.

- 나는 **유능해야** 한다.
- 나는 **통제해야** 한다.
- 나는 **한결같아야** 한다.
- 나는 **편안해야** 한다.

이 모든 4가지 신념은 전문가가 수퍼바이저가 될 때 쉽게 강화될 수 있고 수퍼바이저가 다른 수퍼바이저를 훈련하기 시작할 때 두 배로 강화될 수 있다.

교육과정은 이러한 태도에 도전하는 분위기를 조성해야 한다. 즉 실수하고 아주 다양한 접근법을 시도하고 취약성이 존중받는 환경을 말한다. 이 분위기를 조성하기 위해 교육자는 '대단히 유능한 통제 전문가'가 아니라 학습하기와 학습의 필요에 여전히 개방적이고 자기 취약성에도 열려 있는 숙련된 수퍼바이저로서 본보기가 되어야 한다.

과정에 포함되어야 하는 많은 자료가 모든 유형의 수련생 수퍼바이저에게 공통적이지만, 수련생 수퍼바이저가 상황에 맞춰 기능할 수 있는 또 다른 교육이 필요하다. [표 10.1]에 독특한 5가지 유형의 과정을 제시하였다.

이제 이러한 각 과정이 수반해야 하는 것을 살펴보고, 우리 과정의 일부 내용을 설명하면서 이것을 예시한다.

[표 10.1] 수퍼비전 교육과정의 유형

1. 신임 수퍼바이저를 위한 핵심 수퍼비전 과정
2. 학생과 수련 수퍼바이저를 위한 핵심 수퍼비전
3. 팀이나 그룹 환경에서 수퍼비전하는 사람들을 위한 팀과 그룹 내의 수퍼비전 과정
4. 심층 상담이나 심리치료 또는 다른 치료 작업을 하는 사람을 위한 치료therapeutic 수퍼비전 과정
5. 팀과 조직 전반에 걸쳐 수퍼비전 해야 하는 사람들 또는 수퍼비전을 가르치거나 상급 프랙티셔너가 되고 싶은 사람들을 위한 고급 수퍼비전 과정

신임 수퍼바이저를 위한 핵심 수퍼비전 과정

수련 과정생들은 수퍼비전하고 수퍼비전을 받는 데서 어떤 경험을 하는지 분명히 확인하고 그 과정을 시작하는 것이 유용하다. 수퍼비전을 주고받는 경험이 배움이 될 수 있는 유용한 자료를 제공해 줄 것이고, 수련을 시작하는 과정생들의 다양한 태도와 가정을 무색하게 만든다.

수퍼비전을 가르치던 초기에 우리는 과정생들이 이미 수퍼비전은 좋은 것이라 믿고 그 과정에 올 것이라고 순진하게 예상하며 어떻게 해줄지를 배우는 데 열심이었다. 우리의 환상은 곧 깨졌다. 사회복지사, 의사, 작업요법사occupational therapists, 임원전문 코치나 보호관찰관으로 수년간 일해온 많은 수련생이 어떠한 공식적인 수퍼비전을 받아본 적이 없다는 것을 알게 되었다. 매우 부정적인 수퍼비전 경험을 가진 사람들도 있었다. 그들에게 수퍼비전은 과잉 비평하는 수퍼바이저로 인해 자신을 매우 무능하다고 느끼게 하는 곳이었다. 또 어떤 이들은 자기 수퍼바이저를 신뢰하고 자기 어려움과 부적응감을 나누었는데 그 결과로 고위 관리직이 나중에 이것을 그들에게 불리하게 사용했음을 알게 되었다.

우리는 과정 초기에 수퍼비전에 대한 모든 나쁜 경험과 부정적인 태도를 끌어낼 수 있다면, 이것이 그 과정을 은밀히 방해하는 것을 막을 뿐만 아니라 유용한 학습 자료이기 때문에 과정생들로 더 마음을 열게 한다는 사실을 발견했다. 신임 수퍼바이저로서 그들은 동료 과정생들이 경험했던 부정적인 시나리오를 되풀이하지 않을 방법을 탐구할 수 있었다.

또 우리는 경험으로부터 우리가 수퍼비전과 그 유익에 대해 매우 열렬히 피력할수록 과정생들은 부정적인 태도를 지니게 되는 과정을 피하는 것을 배웠다. 어떤 한 과정에서 과정생들 일부는 수퍼비전의 효율성과 이점을 주장하고 나머지는 그 비용과 부정적인 부작용을 주장하는 논쟁을 하게 했다. 토론 중간에 그들에게 모두 처지를 바꿔서 열띤 의견 교환을 하되 이제는 반대편 입장을 주장하라고 요청했다. 이런 과정은 찬성과 반대를 불문하고, 수퍼비전의 비용과 이점 둘 다 분명하게 인정된다는 것을 확인시켰다.

이에 따라 수퍼비전이 무엇인지 탐구하는 것은 중요하다. 이 목적에 사용될 수 있는 많은 도표와 모델이 6장에 있다. 이 단계에서 수련생들은 너무 많은 이론과 도표로 과중한 부담이 되지 않아야 하지만 CLEAR 모델처럼 수퍼비전에 연관된 경계와 과정과 역할을 확인할 수 있는 분명하고 간단한 구조를 주어야 한다.

이는 자연스럽게 수퍼비전 계약에 대한 주제와 그에 따르는 비밀보장과 책임과 적절한 초점에 대한 주제로 이어진다. 또 수퍼비전이 수행되는 환경을 탐구하는 것이 필수적이라는 사실을 알았다. 언제, 어디서 그리고 어떻게 수퍼비전이 열리는가? 항상 전화벨 소리가 울리는 어수선한 사무실에서인가? 건너편 책상에서인가? 수퍼비전을 방해하거나 미루게 하는 것은 무엇인가? 수퍼비전을 위해 약속 시간을 잡고 그대로 되는지 보는 것은 누구의 책임인가 - 수퍼바이저인가? 수퍼바이지인가?

분명한 계약과 마찬가지로 교육에서 암시적인 계약 상황을 탐구하는 것 역시 중요하다. 계약 세션을 실제 '시연'하는 동안, 수련생 한 사람은 관찰한 명시적인 계약을 플립차트에 기록하고 또 다른 사람은 암시적인 계약을 기록하며 나머지 그룹은 관찰한다.

학습의 또 다른 자료는 어떻게 수퍼비전을 시작하느냐이다. 우리는 흔히 수퍼비전 세션의 초기 2분이나 3분이 세션 나머지 시간의 단계와 분위기를 결정한다는 점을 발견했다. 이 과정 초기에 권력 관계와 반차별적인 프랙티스 기반의 중요성을 인식하는 것만큼이나 수퍼비전의 기본적인 윤리 지침을 소개하는 것 역시 중요하다(8장 참조).

수퍼비전의 피드백 기술

피드백을 주고받는 것은 어려움과 염려로 가득 차 있다. 부정적인 피드백은 어린 시절에 혼나던 기억을 불러일으키고 긍정적인 피드백은 '우쭐해하지 마라'라는 경고에 어긋나기 때문이다. 확실히 사람들은 대부분 무언가 잘못되었을 때에만 피드백을 주거나 경험한다. 피드백을 둘러싼 감정은 부정적이었던 기억으로 이어지기에 그것에 대한 두려움이 강화된다. 피드백을 주고받는 이 유익한 거래가 변화로 이어질 수 있게 하기 위한 몇 가지 간단한 규칙이 있다. 좋은 피드백을 주는 방법을 기억하는 데 유용한 기억부호는 CORBS이다. 즉 분명하고$_{Clear}$, 자신만의$_{Owned}$, 정기적인$_{Regular}$, 균형잡힌$_{Balanced}$ 그리고 구체적인$_{Specific}$ 피드백이다. [표 10.2]에 개요를 설명하였다.

[표 10.2] 피드백 주기 - CORBS

Clear. 분명한 피드백. 당신이 주고 싶은 피드백이 무엇인지 분명히 하라. 모호하고 주저하는 것은 받는 사람의 불안을 키우고 이해할 수 없게 한다.

Owned. 자신만의 피드백. 당신이 주는 피드백은 당신만의 관점이고 궁극의 진리가 아니다. 그러므로 그것을 받는 사람에 대한 것만큼이나 당신에 대해 말해주는 것이다. 예를 들어 '당신은 어떠해요'라기보다 '나는 당신이 어떠어떠하다는 것을 발견했어요' 같은 표현이 명시되거나 암시된 경우 피드백을 받는 사람에게 도움이 된다.

Regular. 정기적인 피드백. 만약 피드백이 정기적으로 주어진다면 더 유용할 것이다. 그렇지 않으면 불만이 큰 덩어리가 될 때까지 쌓일 위험이 있다. 되도록 그 사건의 가까운 시간 내에 그리고 그 사람이 뭔가를 하기에 충분히 이른 시간 내에 피드백을 주라. 예를 들어 누군가 그들이 어떻게 하면 그 일을 더 잘할 수 있었는지 이야기하러 갈 때까지 기다리지 마라.

Balanced. 균형 잡힌 피드백. 부정적인 것과 긍정적인 피드백의 균형을 잡는 것이 좋다. 만일 어떤 개인에게 당신이 주는 피드백이 항상 긍정적이거나 항상 부정적이라는 것을 발견한다면, 이것은 아마도 당신의 관점이 어떤 점에서는 왜곡되어 있다는 뜻이다. 이것은 각각의 비평적 피드백이 항상 긍정적인 것이어야 한다는 뜻이 아니고 오히려 시간이 흐르면서 균형이 생겨야 한다.

Specific. 구체적인 피드백. 일반화된 피드백은 그것에서 배우기가 어렵다. '당신은 신경을 거슬리게 하는군요' 같은 표현은 상처를 입히고 화나게 할 뿐이다. 그보다는 '당신이 전화 메시지 녹음하는 것을 잊어버려서 난 좀 화가 났어요' 같은 표현은 듣는 사람이 받아들이거나 무시하거나 선택할 수 있는 어떤 정보를 준다.

피드백을 받는 과정에서 완전히 수동적인 태도는 불필요하다. 잘 주어진 피드백을 받는 데 대한 책임을 공유하는 것은 가능하다. 피드백을 처리하는 것은 거의 전적으로 받는 사람의 책임이다.

- 만일 그 피드백이 위에 제시된 대로 제공되지 않으면 당신은 더 분명하고, 균형 있는, 자신만의, 정기적인 그리고/또는 구체적인 피드백을 요청할 수 있다.
- 시종일관 판단하지 않고 또는 방어적 반응으로 건너뛰지 않고 피드백을 들어라. 그 두 가지 반응은 그 피드백을 오해했다는 뜻일 수 있다.

- 당신이 무언가를 왜 했는지 강박적으로 설명하려고 하지 말고 심지어 긍정적인 피드백도 해명하지 마라. 그저 당신에 대한 그들의 경험으로 다른 사람들의 피드백을 들어라. 흔히 그냥 피드백을 듣고 '감사합니다'라고 말하는 것으로 충분하다.
- 듣고 싶은 피드백을 못 받았다면 다시 요청하라.

피드백에 대한 우리의 강조점은 프리맨Freeman(1985)의 연구와 유사하다. 그의 결론을 카리피오와 헤스Carifio & Hess(1987:247)가 다음과 같이 요약하였다.

프리맨Freeman(1985)은 피드백을 주는 수퍼바이저를 위해 여러가지 중요한 고려사항을 포괄적으로 설명하였다. 그것은 a) 체계적이어야 하고(주관적인 변수에 덜 영향받는 객관적이고, 정확하고, 일관적이고 믿을 만한 피드백) b) 시기적절해야 하고(적시 피드백은 중요한 사건 직후에 바로 주어진다) c) 분명히 이해되어야 하고(긍정적인 피드백과 부정적인 피드백은 명시적이고 구체적인 성과 기준에 근거한다) d) 상호적이어야 한다(피드백은 문제에 접근하는 유일한 방법으로서가 아니라 잠재적으로 유용한 여러 대안 중의 하나로써만, 제안이 이루어지는 양방향 상호작용에서 제공되어야 한다).

수퍼비전의 개입 기술

모든 수퍼비전 교육에 꼭 포함되어야 하는 기술 학습의 한 영역은 과정에 참여하는 수련생들의 촉진 기술을 검토하고 그것들을 수퍼비전에 적절한 방법으로 적용하고 개발하는 것을 돕는 것이다. 한 가지 유용한 도구는 헤론Heron 모델의 6가지 개입 범주이다([표 10.3] 참조). 헤론Heron(1975)은 촉진 또는 활성화 과정에서 모든 가능한 개입을 6가지 범주로 나눈 방법을 개발했다. 그것은 일대일이나 그룹 상황에 똑같이 적용된다. 비록 그것이 완전하지 않더라도 우리가 주로 사용하는, 우리가 편안하게 느끼는 그리고 우리가 피하려는 다양한 개입을 알게 한다. 이를 통해 연습으로 우리의 선택

폭을 넓힐 수 있다. 이것의 강조점은 고객에 대한 개입의 의도된 결과에 있다. 어떤 한 개의 범주가 다른 것들보다 다소 의미 있고 중요하다는 암시는 없다.

이러한 6개 유형의 개입은 고객이나 수퍼바이지를 위한 배려와 관심에 뿌리내리고 있는 경우에만 실질적인 가치가 있다. 변질되거나 정도를 벗어나 사용될 경우 가치가 없어진다(Heron 1975). 변질된 개입은 프랙티셔너가 미숙하고, 강압적이거나 불필요한 방법으로 그것들을 사용할 때 일어난다. 이는 대개 인식하지 못한 것에 원인이 있지만 비정상적인 개입은 주로 개입하는 사람 자신의 욕구를 채우는 것이다.

수퍼바이저가 자기 개입 스타일을 볼 수 있도록 이 모델을 사용할 경우, 그들에게 어느 범주를 주로 사용하며, 어떤 범주를 가장 덜 편안하게 느끼는지에 관해서 평가하게 하는 것이 도움이 된다. 그리고 나서 모든 수련생 수퍼바이저는 제3의 수련생이 그들이 사용하는 개입 패턴을 기록하는 동안 동료 수련생들과 개별적 수퍼비전을 수행할 수 있다.

[표 10.3] 헤론의 6가지 개입 범주

지시적 Prescriptive 개입	직설적으로 조언을 주라(예를 들어, 당신은 그것에 대한 보고서를 작성해야 한다. 당신은 아버지에게 맞서야 한다).
정보제공적 Informative 개입	교훈을 주고, 가르쳐 주고, 알려주라(예를 들어, 사무실의 서류 캐비닛에서 비슷한 보고서를 찾을 수 있을 겁니다. 이것이 우리의 기록 체계가 돌아가는 방식이에요).
직면적 Confrontative 개입	도전적으로 직접적인 피드백 주기(예를 들어, 나는 당신이 지난번 수퍼바이저에 대해 이야기할 때 항상 미소짓는다는 것을 알아챘어요).
정화적 Cathartic 개입	긴장을 풀고, 해제 반응을 보이라(예를 들어, 고객에게 당신이 정말로 하고 싶은 얘기는 무엇인가요?)
촉매적 Catalytic 개입	성찰하는 태도를 보이고, 자발적인 self-directed 문제 해결을 격려하라(예를 들어, 그것에 대해 좀 더 얘기해 주시겠어요? 어떻게 그렇게 할 수 있을까요?)
지지적 Supportive 개입	찬성하고/확증하고/인정하라(예를 들어, 당신이 어떻게 느끼는지 이해할 수 있어요).

이것은 수련생들이 덜 사용하는 개입 기술을 개발할 가능성을 열어준다. 많은 신임 수퍼바이저들에게 프랙티셔너일 때보다 수퍼바이저로서 자기 개입 스타일이 얼마나 다양해져야 하는지 생각할 기회를 준다. 비지시적인 상담가는 자신의 과거 교육과 경험이 그들을 지배적으로 촉매적인 개입을 사용하도록 이끌었다는 것과 수퍼바이저로서 그들이 더 정보제공적이고 직면적인 개입을 포함해야 한다는 것을 알게 될 수도 있다.

이 모델은 수련 수퍼바이저가 자기 수퍼비전 스타일을 발견하는 데 사용할 수 있다. 어떤 수련생들은 그들의 수퍼비전 세션을 녹음하고 그들이 사용한 각각의 개입에 점수를 매겼다. 또 어떤 사람들은 수퍼바이지와 자기 세션을 회상하기 위해 그 모델을 사용하고 특히 수퍼바이저의 개입을 성찰한다. 그 뒤 각자 개입 스타일을 강조하여 어떻게 변화시킬 수 있는지를 탐구한다. 본드와 홀랜드Bond & Holland(2010, 4,5,6장)는 헤론의 개입 스타일 각각을 개발하는 방법에 대한 상세한 지침을 준다.

수퍼비전 지도 작성 Mapping supervision

수련 수퍼바이저들에게 제공할 수퍼비전을 보여주는 또 다른 주요 시스템은 세션 내용의 초점을 경영 이슈에서 고객 이슈까지, 수퍼바이지를 지지할 부분을 어떻게 전환하는지 도표화하는 것을 도와주는 모델이다. 이 모델도 역시 누가 초점의 전환에 책임이 있는지를 살펴보게 한다. 이 내용은 다른 곳에서 출판되었다(Hawkins 1982).

학생과 수련 수퍼바이저를 위한 핵심 수퍼비전

조력 전문가 내에서 학생들과 작업하는 두 가지 유형의 수퍼바이저가 있다. 즉 대학이나 과정 기반의 사람들 그리고 현장실습 또는 업무 기반의 사람들이다. 두 유형의 학생 수퍼바이저를 위한 교육과정은 모두는 아닐지라도 신임 수퍼바이저에게 추천된 자료 대부분을 포함해야 하지만 과정의 맥락과 강조점은 약간 달라야 한다.

먼저 과정 기반의 수퍼바이저는 수퍼비전의 발달적이고 지지적인 측면을 강조하고, 관리적인 측면은 수련 수퍼바이저나 관리자들이 제기하는 다양한 수퍼비전 계약 안에서 작업한다. 심지어 수련 수퍼바이저는 수퍼비전의 발달적 측면을 더 크게 강조하고 있다.

많은 대학 기반의 수퍼바이저들이 겪는 어려움 가운데 하나는 그들은 주로 본교에서 수퍼바이저 역할보다 교사 역할을 한다는 것이다. 이것의 위험성은 그들의 수퍼비전이 교훈적인 가르침이 될 수 있다는 것이고, 수퍼바이지는 자기 경험을 성찰하는 대신 자신의 '부족함'을 알게 하는 이론적 참고를 제공받는다. '네가 X를 읽었더라면, 이렇게 바보같이 하진 않았을 텐데.' 이것이 학생들이 경험하는 태도이다. 이것은 카두신Kadushin(1968)이 말한 '게임'과 유사하다. 즉 '당신도 나처럼 도스토예프스키를 알았더라면……' 같은 태도를 말한다. 그는 이렇게 하는 사람들이 수퍼바이저나 수퍼바이지라고 지적한다(5장 참조). 대학에 기반을 둔 수퍼바이저는 흔히 교육적인 문화에서 나타나는 의존성에서 벗어나 수퍼바이지가 자기 학습에 책임을 지도록 격려하고 수퍼바이저의 지원과 신뢰와 개방성에 의지할 수 있는 환경을 만드는 분위기를 제공해야 한다([표 10.4] 참조).

[표 10.4] 책임에 대한 청사진

수퍼바이저의 책임
- 학생이 자기 방법으로 프랙티스 이슈를 설계할 수 있도록 충분히 안전한 공간 확보하기
- 학생이 자기 프랙티스 근저에 있는 생각, 감정, 판타지를 탐색하고 명확히 할 수 있도록 돕기
- 경험과 정보와 기술을 적절히 공유하기
- 비윤리적이고, 어리석고 무능하다고 판단한 그들의 프랙티스에 도전하기
- 그들이 개인적으로 또는 그룹에서 인지한 개인적, 직업적 사각지대에 도전하기
- 그들과 학생들이 대학, 대학교, 고용주들, 고객 그리고 수퍼비전 그룹과 체결한 조직의 계약을 알기

학생의 책임

- 자신들에 대한 책임
- 자신이 도움을 필요로 하고 그것을 다룰 시간을 요청한 프랙티스 이슈를 확인하기
- 점점 더 자유롭게 이러한 이슈를 공유할 수 있게 되기
- 그들이 어떤 반응을 원하는지 확인하기
- 학생들이 직장과 대학에서, 고객과 수퍼바이저나 수퍼비전 그룹과의 조직적인 계약을 더 잘 알게 되기
- 다른 사람들의 피드백에 열려 있는 자세 갖기
- 정당화하거나, 설명하거나, 방어하는 경향을 모니터하기
- 어떤 피드백이 유용한지 구별하는 능력을 개발하기

다른 사람들에 대한 책임(그룹 수퍼비전에 있는 경우)

- 그룹 내에서 안전과 도전이 가능한 방법으로 수퍼바이저의 모든 책임을 다른 구성원들과 공유하기
- 조언하거나 경쟁하는 경향을 모니터하기

(Proctor 1988a에서 인용함)

학생들의 수퍼바이저가 과정에서 집중해야 하는 또 다른 주요 이슈는 위에서 보듯이 '수퍼바이저와 학생들이 대학, 고용주, 고객 그리고 수퍼비전 그룹과 맺는 조직의 계약을 아는 것'이다. 흔히 학생들의 수퍼바이저는 대부분 두 명의 수퍼바이저(과정에서 한 명 그리고 실습에서 한 명)를 가진 한 학생과 두 개의 단체 사이에서 일하는 맥락을 가진 확장된 삼각구도의 일부분이다. 이전 장에서 우리는 분리를 조장하는 - 하나는 '좋은 수퍼바이저'가 되고 다른 하나는 '나쁜 수퍼바이저'가 되는 - 경향을 가진, 삼각구도 관계에서 만들어지는 역동을 언급했다. 학생들의 수퍼바이저는 프랙티스 환경에서 수퍼바이지 뿐만 아니라 공동 수퍼바이저와도 분명한 계약을 체결하는 법과, 수퍼바이지와 공동 수퍼바이저와 함께 3자 간 심사와 평가 모임을 수행하는 방법을 배워야 한다.

팀과 그룹 수퍼비전 과정

과정들은 때로 지역 작업요법사district occupational therapist, 사회복지사업의 주 보호사principal care officer, 지역 청소년지도사area youth officer, 수많은 다양한 팀을 수퍼비전 해야 하는 지역 심리학자들을 위한 단체에 배치된다. 그러한 과정은 숙련된 팀장들에게 그리고 단지 코스에 그냥 배치된 게 아니라 팀의 컨설팅 서비스 제공을 요청받았다는 것을 점차 알게 된 학습 개발 매니저에게 유용하다. 그런 과정에 다니는 모든 사람이 이미 훈련받고 숙련된 수퍼바이저들이라는 사실이 중요하다. 그렇지 않다면, 그들은 다니기 전에 기본적인 수퍼비전 훈련을 받아야 한다.

핵심 과정에서처럼 과정생들의 지식, 기술, 기량을 검토한 다음 이 특정 과정에서 그들의 학습 요구가 무엇인지 살펴서 시작하는 것이 유용하다. 이 과정은 과정생들에게 그룹이나 팀과 작업 계약을 협상하는 방법에 모델이 된다.

그런 다음 개인, 그룹과 팀 수퍼비전 간의 차이를 탐구하고, 과정생들이 팀과 함께 작업할 때 발생하는 어려움들을 표현하게 해야 한다. 11장은 그룹 수퍼비전의 구체적인 주제를 소개하고 그룹의 역동과 그룹의 형성과 성장의 발달 단계와 팀 개발의 기본 이론을 제시한다.

12장은 우리가 팀 코치나 컨설턴트나 수퍼바이저에게 가르치는 몇 가지 모델과 기법의 개요를 제공한다. 이는 그들이 수퍼비전하는 팀에게 사용하고 훈련과정 동안 자기 작업을 탐색하게 하는 것이다. 과정생들은 다른 그룹원들을 활용해 그들이 탐구하고 싶은 팀을 형상화함으로써 자신이 수퍼비전하는 팀의 역동에 서로 적극적으로 관여할 수 있다. 그런 다음 그 형상을 현실로 가져와 다른 과정생들이 다양한 방법으로 실연enacted 그룹을 수퍼비전하게 한다(형상화하기에 관한 설명은 12장 참조).

그룹 수퍼비전 기술을 가르치는 또 다른 유용한 전략은 다음과 같다.

1. 그룹을 A와 B로 나누라.
2. 먼저 각 그룹은 자기 학습 요구를 탐색하기 위해 개별적으로 잠시 만난다.

3. 그리고 나서 그룹A는 그룹B에게 컨설턴트와 과정 관찰자를 보낸다. 그룹B도 그룹A에게 똑같이 한다.
4. 지정된 시간이 지난 뒤에 컨설턴트와 관찰자는 세 가지 유형의 경험(컨설턴트, 관찰자, 컨설팅 받는 구성원들의 경험)을 검토하기 위해 자기 그룹으로 돌아간다.
5. 이 연습은 그룹 구성원들이 방문 컨설턴트에게 구조화된 피드백을 주는 것도 포함할 수 있다.

이 연습은 몇 번의 주기로 또는 모든 과정생이 각각의 역할을 해보는 기회를 가질 때까지 계속될 수 있다.

되도록 수퍼비전 과정은 샌드위치 과정으로 가르쳐야 한다. 그렇게 함으로써 과정생들은 다른 과정생들과 나눌 수 있는 더 많은 관찰된 경험을 가지고 과정으로 돌아가기 전에, 액션 러닝 단계에서 새로운 자기 관점을 더 탐구할 수 있어야 한다.

면밀한 상담, 심리치료 또는 다른 치료 작업을 수퍼비전하는 사람들을 위한 치료 수퍼비전 과정

이 과정 또한 그 구성원들이 핵심 수퍼비전 과정에 포함된 기술과 지식과 기법들을 이미 습득했는지를 확인해야 한다. 그렇지 않다면, 그러한 가르침이 과정에 포함되어야 한다.

이 과정이 핵심 과정보다 더 나아가고 더 깊어져야 하는 경우는 지료 관계와 수퍼비전 관계에 맞물린 심리역동 프로세스 작업 방식을 이해하는 데 있다. 우리는 이 영역을 가르치기 위해 우리의 모델인 '일곱 눈 수퍼비전'(7장 참조)을 사용하고, 7개 모드 각각에서 수퍼바이저를 훈련하기 위해, 모드를 자기 고유한 개인적 스타일로 통합하는 방법을 연습하고 일련의 다양한 경험적 연습들을 개발하였다.

그 과정도 발달 모델(6장 참조)과 수퍼바이지와 수퍼비전 관계의 발달 단계에 따라서 어떻게 수퍼비전 스타일이 변화하고 적응해야 하는지를 다루어야 한다.

수퍼비전 고급 과정

이 과정은 위에 언급한 과정에서 배우는 것에 상응하는 지식과 기법과 기술을 이미 갖고 있어야 한다. 수퍼비전 고급 과정을 운영한 경험으로 이러한 기술을 자기 작업 환경에 적용하기 위해 수퍼바이저가 초기 수퍼비전 훈련에서 개발한 지식과 기술을 검토하는 학습 공간을 제공하는 데 주요 초점을 두어야 한다. 이는 수퍼바이저들이 자기 수퍼비전 프랙티스에서 어려운 상황을 탐구할 뿐만 아니라 어떻게 자기 학습을 작업환경에 적용해 왔는지 소개하는 기회를 많이 얻고, 그 과정이 적당히 덜 구조화되어 배우는 사람이 초기 과정보다 더 많이 결정한다는 것을 의미한다.

다음은 수퍼바이저들이 이 단계에 도달했을 때 유용하다. 이것은 고급과정에서 배울 수 있거나 별개의 모듈로 제공된다.

- 작업에서 준비되었거나 그 과정에서 녹화된 수퍼비전 프랙티스의 비디오 기록을 가지고 하는 심화 작업
- 녹화된 것의 상세한 역동이나 프랙티스 세션을 성찰하는 대인관계 프로세스 회상 기법(케이건Kagan 1980)
- 수퍼비전의 윤리적 딜레마에 관한 사례연구 세미나(아래 내용 참조)
- 초문화적 능력 계발에 대한 워크숍(아래와 8장 참조)
- 평가, 심사 그리고 자격인증에 관한 이슈를 다루는 세미나
- 기관 사이의 상호 역동에 관련된 사례 자료의 성찰(13장 참조)
- 다양한 작업 환경에서 수퍼바이저가 직면한 어려운 상황을 탐색하는 작업(9장 참조)
- 조직의 수퍼비전 정책을 개발하는 방법 그리고 문화와 풍조, 전략과 체계의 수준에서 조직의 변화를 어떻게 지원할 것인가에 대한 세미나(14장과 15장 참조)

비디오와 대인관계 과정 회상법 사용

비디오 사용은 수퍼비전 훈련에 특별한 차원과 풍부함을 더할 수 있다. 본 연구는 수퍼비전 기술뿐 아니라 성찰적 기술을 발달시키는 비디오 활용법을 개발하기 위해 케이건(1980)과 다른 사람들의 연구를 기반으로 검토했다. 케이건Kagan과 동료들은 1960년대에 교육에서 비디오 활용하는 법을 개발했다. 특강 강사들이 원해서 강사의 강의를 녹화하곤 했고, 그 녹화본을 보는 동안 그때 그들이 가진 다양하고 은밀한 경험에 대해 자연스럽고 별 특징 없이 언급하곤 했다(Allen, Tudor & Worrall 2004: 9장). 케이건과 다른 사람들이 했던 연구에서 보여주는 것은, 자신이 포함된 인간의 상호작용 비디오를 24시간이나 36시간 이내에 당신이 본다면, 당신은 모임에 있는 동안 당신이 했던 것처럼, 그러나 자신뿐만 아니라 고객과 그 관계에서 있었던 일까지도 성찰하는 여분의 공간을 가지고, 똑같은 신체적 반응을 보인다는 것이다.

우리는 1970년대 후반에 수퍼비전을 위한 훈련 방법으로 비디오를 사용하기 시작했다. 한편으로는 비디오에 보이는 자신을 본다는 두려움과 다른 한편으로는 과학기술에 입각한 위협감을 느끼며 초기에 비디오에 대한 저항이 있었지만, 그것은 방 안에 또 다른 수퍼바이저를 두고 있는 것과 같다는 것이 매우 빠르게 분명해졌다.

비디오를 사용했던 첫 번째 교육에서 우리는 수퍼바이저와 수퍼바이지가 갈등 관계로 보이는 세션을 검토했다. 그렇지만 비디오를 보면서 세션 내내 몸의 각도나 팔짱 낀 팔 같은 신체의 자세가 많이 반영되었다는 것이 분명했지만 가장 흥미진진한 것은 그들이 재미없고 반응 없이 대화하는 동안 그들의 발이 활발하게 의견을 교환하는 것처럼 보였다는 점이다. 이 경우에 이것을 알아차린 것은 촬영하는 사람이었다. 그것은 마치 뷰파인더의 좁은 초점처럼 그들의 관찰하는 힘이 커졌던 것이다.

우리는 그 뒤 대인관계 과정 회상interpersonal process recall(IPR) 방법에서 케이건이 개발한 매우 유용한 성찰적 질문을 근거로 비디오 재생을 이용해 작업하는 방법을 개발했다([표 10.5] 참조).

[표 10.5] 대인관계 과정 회상(IPR): 핵심 질문들

이 질문들은 케이건Kagan과 그의 IPR방법에 적용된 것이다. 수퍼바이저나 심리치료사들이 자기 작업 비디오를 검토하는 것을 도울 때 사용할 수 있다.

1. 이 점에서 무엇을 느꼈나요?
2. 무엇을 생각하고 있었나요?
3. 어떤 신체상의 느낌이 있었나요?
4. 무엇을 했나요/어떻게 하실 생각이세요?
5. 오히려 무엇을 하고 싶었나요?
6. 당신이 그렇게 하는 데 무슨 문제나 위험이 있나요?
7. 이 수퍼바이지는 당신을 어떤 사람으로 보나요?
8. 이 사건이 당신에게 어떤 과거의 상황을 떠오르게 하나요?
9. 이 사건과 관련한 어떤 이미지나 연상되는 것이 있나요?
10. 이 상황이 당신에게 불러일으키는 다른 어떤 감정이나 생각이 있나요?

녹화된 세션을 시청할 때 케이건의 질문(1980)이 매우 유용하다는 것을 알게 되었다. 그것은 어느 정도는 사람들이 보는 동안 눈이 게슴츠레해지는 경향이 있을 수 있기 때문인데, 텔레비전에서 뭔가를 볼 때 생기는 졸음을 유발하는 정서 때문에 그리고/또는 그들이 비평하는 데 말수가 적어서일 수도 있다. 사실 이 역동은 사람들이 생각보다 더 많이 서로 그들의 대화를 인지하고 이해하지만, 그들의 직관에 따라 행동하는 것을 두려워한다는 케이건의 전제를 반영하는 것이다. 위 질문들은 자료에 초점을 맞추게 함으로 그들에게 허용하는 구조를 주고, 더 솔직해지도록 격려함으로써 이것을 수퍼바이지가 지지받는 것으로 경험한다는 것을 발견했다.

수퍼바이저 훈련이나 수퍼비전에 대한 수퍼비전에서 비디오를 사용하는 것은 다음과 같은 많은 이점이 있다.

1. 학생들이 세션의 현상들을 비판단적으로 다루는 것을 돕는다.
2. 비언어적 행동에 대한 민감성을 높인다.

3. 어떻게 몇 분의 축소판에서 세션 안에 더 다양한 패턴이나 전체 관계가 성찰되는지를 다룰 수 있다.
4. 비슷한 프로세스를 알 수 있게 된다.
5. 이전에 우리가 무의식적으로 반발했던 것을 인지하고 우리를 촉발하는 특정한 것에 덜 민감하게 해준다.
6. 온전한 몰입을 방해하는 것을 알아차린다.

자기 비디오와 다른 수퍼바이저들의 비디오를 보고 성찰하는 것은 풍부한 학습이며 훈련생들이 이 책에 언급된 많은 다른 모델을 활용하는 연습을 도울 수 있다. [표 10.6]에 성찰 프로세스를 돕기 위해 우리가 사용하는 질문들이 있다.

[표 10.6] 수퍼비전 성찰을 위한 질문들

1. 수퍼바이저가 무엇에 초점을 둔다고 인지했나요?
2. 그들이 이것을 하는 것을 어떻게 생각하나요?
3. 그 세션에서 무엇을 성취했다고 생각하나요?
4. (a) 고객 (b) 수퍼바이지 (c) 수퍼바이저에게 어떤 저항이 있는지 알았나요?
5. 수퍼바이저가 사용한 어떤 전략을 인지했나요?
6. 그 수퍼바이저는 당신이 할 수 있었을 어떤 것을 무시했나요?
7. 그 수퍼바이저는 당신이 무시했었을 어떤 것을 가지고 일했나요?
8. (a) 고객과의 관계 (b) 수퍼비전 관계를 위한 상징을 찾아보시겠어요?

7가지 모드의 수퍼비전 사용하기

1. 그들은 수퍼비전의 어느 모드를 사용했나요? 어느 것을 그들이 무시했나요?
2. 하나의 모드에서 다른 것으로 어떻게 바꿨나요?
3. 무엇이 그들을 바꾸게 했고 그 전환은 얼마나 효과가 있었다고 생각하나요?
4. 다음 중 어떤 양상이 있었지만 탐구되지 않았나요?
    - 평행화
    - 수퍼바이지의 역전이
    - 수퍼바이저의 역전이

윤리적 딜레마 훈련

9장에서는 자신이 속한 전문 협회의 윤리 규범에 정통해야 하는 것처럼 자신만의 윤리적 원칙을 개발하는 것의 중요성을 논의했다. 우리는 마이클 캐롤Michael Carroll의 윤리적 의사결정의 5단계 모델(De Haan 2012)을 인용했다. 캐롤(1996)은 수퍼바이저 교육을 위한 윤리적 의사결정에서 매우 이해하기 쉬운 커리큘럼을 포함했다. 우리 과정에서는 참가자가 내놓거나 우리의 과거 경험에서 가져온 실제적인 윤리적 딜레마를 검토하는 틀로 사용한 이 커리큘럼의 단축된 버전을 제공한다([표 10.7] 참조).

[표 10.7] 수퍼비전 훈련에서 윤리적 결정을 위한 점검표(Carroll 1996에 근거한 점검표)

1. 윤리적 민감성 창출하기
   - 도덕적 원칙에 대한 자신만의 항목을 만들라.
   - 윤리 규범과 관련된 논문을 읽어라.
   - 윤리적이고 다문화적인 예화를 구분하라.
   - 다른 구성원의 고유한 경험에서 중요한 사건을 나누라.
2. 도덕적 행동 방침 세우기
   - 윤리적 문제나 딜레마를 확인하라.
   - 연관된 잠재적 이슈를 확인하라.
   - 관련된 윤리 지침을 검토하라.
   - 다른 누가 상담해야 하는지 확정하라.
   - 가능하고 거의 확실한 행동 방침을 고려하라.
   - 다양한 선택권의 결과를 열거하라.
   - 최상의 행동 방침을 결정하라.
3. 윤리적 의사결정 시행하기
   - 그 결정을 시행하는 데 잠재적 어려움을 예상하라.
   - 행동에 따르는 내면의 두려움과 저항을 탐색하라.
   - 잠재적인 어려움과 저항을 다루는 필수적 지지와 전략을 세우라.

4. 윤리적 의사결정을 내리고 실행해야 하는 이유를 이해당사자들에게 분명히 표현하고 정당화하기
   - 누가 그 결정에 영향을 받는 이해당사자인가?
   - 지금 또는 미래에 그들에게 당신의 행동을 어떻게 해명할 것인가?
   - 언론에, 당신의 가족에게 또는 미래에 질문을 받는다면 당신이 한 일을 어떻게 설명할 것인가?
5. 윤리적 의사결정의 모호함 감수하기
   - 그 결정에 수반하는 분노와 두려움을 다루기
   - 한 사람의 내면적 그리고 예상되는 외부적 비판에 직면하기
   - 연관된 한계를 수용하기
   - 다른 곳에 적용될 수 있는 경험에서 학습 만들어 내기

초문화 수퍼비전 훈련

수퍼비전 훈련은 초문화 수퍼비전과 수퍼비전 프랙티스 힘의 불균형에 대한 인식에 구체적인 초점을 맞추어야 한다. 콜맨Coleman(Holloway & Carroll 1999에서)은 학생들이 문화적 인식에 익숙하게 하고, 수퍼바이저들은 윤리적 실천을 하듯이 이것을 유념하게 하기 위한 훈련의 필요성을 강조한다. 이 주제는 길버트와 에반스Gilbert & Evans(2000) 그리고 라이드Ryde(2009, 2011c)에 의해서 채택되었다. 라이드는, 인지적이고 이론적인 수준만이 아니라 실제 경험적이고 행동적인 수준에서, 초문화 수퍼비전 훈련의 필요성을 강조한다. 이 영역에서의 훈련은 8장에 포함된 자료를 활용하는 것이다. 라이드(2009)는 많은 경험적 훈련과 훈련 상황에 대한 그녀의 백인 인식 모델(Ryde 2009 & 이 책의 8장)의 적용을 포함한다.

한 가지 방법은 사람들에게 그들의 문화적 배경에 관한 것을 나눠달라고 요청함으로써 훈련을 시작하는 것이다. 많은 백인 서양인들은 그들 자신은 전혀 문화를 '소유'하지 않았고, 다른 문화는 그들에게 '정상적'으로 보이는 것과는 다른 방식으로 평가

된다고 생각하는 경향이 있다. 과정생들을 자기 문화적 기준과 추정과 가치에 민감하게 함으로써 이 문제를 다루는 것이 중요하다(Ryde 2005, 2009). 이것은 초기에 강조될 수 있는데, 예를 들어 그들 가운데 누군가의 이름의 유래를 나눠 달라고 요청하는 것이다. 이 연습은 '백인'과 '유색인' 모두에게 적절하다.

초문화 수퍼비전 과정에 참석하는 사람들은 그들 자신의 문화적 가정에 뿌리를 두기 마련이며, 그것의 대부분은 무의식적인 것임을 이해한 뒤 문화의 차이를 넘어 일하는 법을 배우게 된다는 것을 이해하는 것이 중요하다. 이것은 8장에 쓴 대로, 특히 수퍼비전 삼각구도에서 복잡해진다. 다음과 같은 예로 이러한 이슈를 탐구하는 몇 가지 연습을 고안하였다.

- 사람 A가 사람 B에게 말한다: '당신이 알았으면 하는 내 문화적 배경은……'
- 사람 B가 말한다: '내가 들은 것은……'
- 사람 A가 다시 분명하게 수정한다.
- 사람 B가 말한다: '내가 들은 것에 근거하여 당신을 어떻게 다르게 수퍼비전할 것인지는……'
- 사람 A는 사람 B가 제시한 것에서 발견한 도움이 될 만한 것에 대한 피드백을 준다.
- 1~4 단계를 A와 B가 역할을 바꿔서 수행한다.
- 그들의 차이를 탐색함으로써 A와 B가 의식하지 못하는 비슷한 방식을 공유한다.

이것은 8장에서 예화를 사용하며, 다음 3가지 질문에 대한 대답을 그룹에게 요청해 보자.

1. 프랙티셔너와 고객의 행동에 어떤 문화적 가정이 가동되었을까?
2. 어떻게 그들이 자기 사고방식과 행동을 더욱 초문화적으로 유능한 태도로 바꿀 수 있을까?

3. 당신은 그 프랙티셔너를 어떻게 수퍼비전하겠는가?

이것은 그 예화를 가지고 치료사와 수퍼비전 세션 역할극을 할 수 있다.

또 단지 초문화 수퍼비전이 전문가 모듈이나 워크숍에서 다뤄진다는 사실보다 모든 훈련 단체가 그들의 훈련 구조와 접근법과 커리큘럼 안에 있는 문화적 가정과 선입견과 편견을 검토한다는 점이 중요하다. 길버트와 에반스Gilbert & Evans(2000), 그리고 라이드Ryde(2009)는 그들의 강압적인 프랙티스를 다루고 더욱 초문화적으로 일하는 능력을 개발하려는 교육 학회의 시도에 대한 유용한 모범 사례를 제공한다. 그들은 교육 단체들이 자신들의 '민족, 성별, 성적 지향, 종교, 정치적 소속, 계층, 지위, 나이 그리고 장애에 관한 구성방식'을 시험하는 유용하면서도 간단한 검사를 제공한다. 이것은 다음의 것들을 조사하는 것을 포함한다.

- 직원들을 다양한 문화적 그룹으로 채용
- 직원의 구성방식
- 직원 사이의 상호작용 패턴
- 고객 그룹의 구성방식
- 교육 커리큘럼

라이드(2009), 그리고 길버트와 에반스(2000)는 그 커리큘럼이 서구식 이해에 편향되어 다른 문화 출신의 사람들을 멀리할 수 있는 경우를 살펴본다. 어떻게 수련생들이 평가받는지와 마찬가지로, 배웠던 이론의 모든 측면과 채택된 학습 과정에 내재한 문화적 선입견을 성찰하는 것이 중요하다.

수퍼비전에 대한 수퍼비전

수퍼비전에 대한 수퍼비전은 수퍼바이저가 되기 위한 훈련의 핵심이다. 다음은 이 프랙티스에 대한 바스 컨설팅 그룹의 지침에서 가져온 것이다(www.bathconsultancygroup.com).

　신임 수퍼바이저들에게 수퍼비전에 대한 수퍼비전의 목적은 그들로 하여금 수퍼비전 교육에서 그들이 읽고 학습한 것을 포함하여 자기 수퍼비전 프랙티스에서 배운 것을, 그들이 수퍼비전하는 맥락에 적절한 자신만의 특징적인 접근법 개발을 돕는 방식으로 통합하게 하는 것이다.

　모든 수퍼바이저에게 훈련의 중심이 되는 측면은 좋은 수퍼비전을 받는 것이고 효율적이고 주도적인 수퍼바이저가 되는 법을 발견하는 것이다. 한 명 이상의 훌륭한 수퍼바이저에게서 수퍼비전을 받는 경험을 하고 나서 자신이 받은 수퍼비전 스타일에 매이지 않고 좋은 역할 모델을 갖기 위해 균형을 잡는 것이 중요하다. 한 사람의 고유한 스타일을 개발하기 위해 적당한 범위의 경험을 하는 것과 이 스타일을 다양한 맥락과 다양한 수퍼바이지의 필요와 발달 단계에 적용하는 법을 배우는 것이 중요하다. 그러나 좋은 수퍼비전을 받는 것과 수퍼비전 교육 프로그램에 다니는 것은 좋은 수퍼바이저가 되는 교육만으로 충분하지 않고, 당신의 수퍼비전에 대한 수퍼비전이 결정적인 요소라고 우리는 주장한다. 같은 방식으로 조력 전문가로서 한 사람의 기본적인 전문 기능을 개발할 경우 그 수퍼비전은 이론 학습과 수련 학습 사이에 결정적인 관련성을 제공한다. 마찬가지로 수퍼비전에 대한 수퍼비전은 과정에 대한 수퍼비전을 배우는 것이 수퍼비전 수련에서 배우는 것과 본질에서 연결된다.

　이러한 수퍼비전에 대한 수퍼비전은 한 사람이 수퍼바이저로서 자신이 포함된 수퍼비전을 성찰하고, 수퍼바이저로서 자기 프랙티스와 스타일을 포함한 수퍼비전 관계를 뒤로 물러나 바라보는 공간을 제공한다. 수퍼바이저의 수퍼바이저는 그들이 수퍼비전의 전체 7가지 모드 내에 그리고 그 사이에서 수퍼바이저가 공감하는 방식과 행동과 개입이 수퍼비전 프로세스에 어떻게 영향을 주었는지 뿐만 아니라, 어떻게 이것이 수퍼바이지에게 영향을 주는지, 상호 연결된 역동을 인지하게 한다.

　수퍼바이저의 수퍼바이저는 또한 발달하는 수퍼바이저가 그들이 주는 다양한 수퍼비전 세션 내에서 또 세션을 초월하여 나타나는 패턴을 인지하게 한다. 이러한 패턴을 지도와 모델과 수퍼비전 교육 프로그램이나 책이나 기사에게서 배운 틀에 연결하게 한다. 이것은 수퍼바이저가 현재의 자기 이해를 넘어서 수퍼비전에 대한 자신의 이론적이고 실제적인 이해를 발달시키는 것을 도와야 한다. 수퍼비전의 수퍼바이저는 수퍼바이저로 하여금 수퍼바이저로서 자신이 수행한 수퍼비전 세션뿐만 아니라, 자신이 받았던 수퍼비전 경험까지도 성찰하게 할 것이다. 즉 그것이 어떻게 자기 프랙티스에 영향을 주었는지 그리고 그들이 다녔던 교육 프로그램과 그것에서 그들이 배운 것과 어떻게 이 학습이 자기 프랙티스에 가장 잘 영향을 미칠 수 있는지를 성찰하는 것이다.

　신임 수퍼바이저들을 위해 우리는 수퍼비전 프랙티스 5시간당 수퍼비전에 대한 수퍼비전한 시간이 최상의 균형 잡힌 학습을 제공한다는 것을 알았다. 또 그 학습은 신임 수퍼바이저들이 쓸 광범위한 경험을 제공하기 위해 그들이 수퍼비전하는 3명의 다른 수퍼바이지가 있는 경우에 가장 풍부하다.

　수퍼비전에 대한 수퍼비전은 흔히 숙련된 수퍼바이저에게 유익하고, 이 점에서 프랙티셔너로서 한 사람의 작업에 대한 한 사람의 수퍼비전으로 편입될 수 있지만, 시간과 관심을 균등하게 배분하는 것이 중요하다.

평가와 자격인증

이 책의 초판을 쓴 이후로 수퍼비전 교육과 전제 자격인증 영역은 성장했고 더욱 확립되었다. 1980년대에는 수퍼바이저가 되는 데 공식적인 자격인증이 없었고 공식적인 교육이라고 할 만한 것이 거의 없었다.

　대부분 전문직 종사자들이 그 직업에서 아주 오래 일해 온 결과로 수퍼바이저가 되었다. 우리가 수퍼비전 분야에서 연구와 교육과 자격인증의 성장을 환영하는 반면, 지속해서 학습하는 기쁨이 외부에서 생성되는 요구사항을 충족시켜야 할 필요성과 이것이 불러일으키는 불안감에 의해 희미해지지 않는 것이 중요하다.

자격인증은 심사의 형태로 시작한다. 모든 심사 과정은 자신의 개별적 평가와 솔직하게 자기 강점과 약점을 직면하는 도전으로 시작해야 한다. 이것에는 구조화된 형태의 360도 피드백이 뒤따라야 하며 이는 교육 강사와 더 숙련된 수퍼바이저들 뿐만 아니라 수퍼바이지와 동료 훈련생 수퍼바이저들을 포함해야 한다. 그 이유는 수퍼바이저가 자기 권위를 갖도록 지지하고 그들이 다른 사람들의 권위에 의존하거나 반응하는 정도를 줄이는 것이다. 또 다른 이유는 수퍼비전 능력이 언제나 관계에 내재하고 절대로 기계적인 프로세스가 될 수 없다는 것이다. 그러므로 평가는 또한 상호주관적이고 관련된 힘의 규모를 이상적으로 인정하는 관계 안에서 이루어져야 한다(8장 참조).

수퍼비전과 팀 계발 센터(www.cstd.co.uk)는 다양한 수퍼비전 능력, 역량, 수용력에서 점수를 받는 것과 다음의 다수 이해당사자에게서 피드백을 받는 것을 포함해 수련 수퍼바이저를 위한 360도 평가를 개발했다.

- 그들 자신
- 그들의 수퍼바이지들
- 그들의 동료들
- 그들의 수퍼비전의 수퍼바이저

그러면 전체 4명의 이해당사자가 매긴 다양한 등급을 검토하는 것이 가능하고, 심사받는 사람이 어떻게 자기 숙련도와 학습 요구를 다른 사람들의 직관으로 다르게 보는지를 성찰한다. 그리고 자기 강점을 인지하고 수퍼바이저로서 성장을 위한 미래의 계획을 심사받는 것이 가능하다.

자격인증이 직업적 또는 학문적 단체에서 수행되는 경우에, 한편으로는 개별적 자율성을, 다른 한편으로는 제도화된 권위를 무시하는 두 가지 위험을 피하는 것이 중요하다.

개인 자율권의 위험

개개인 자신과 동료 평가에 단지 도장만을 찍어주는 자격인증은 수련 전문가 집단에 새로운 구성원을 입회시킬 필요성에 대한 선배들의 책임을 회피하는 것이다. 이것은 그들의 자아 인식에 도전하고, 훈련 그룹 내에서 동료와의 공모에 도전하고, 그들이 수퍼비전할 작업에 적합하도록 깊고 넓은 필수적인 경험을 가진 훈련에 노출되었는지 확인하는 것이 포함된다. 가장 중요한 도전은 자격인증을 받으려는 수퍼바이저가 자기 결점과 개인의 편견을 인식하고, 개방적이고 비방어적인 태도로 이것들에 대한 피드백에 대응하여 그 이상의 학습과 발달로 이어지게 하는 것이다.

제도화된 권위의 위험

자격인증의 또 다른 위험은 전문 단체가 각 전문가의 필수요건이 되고, 이는 수퍼바이저가 교육과 경험을 통해서 개발한 자질과 능력보다, 수량화할 수 있는 정보를 기반으로 점점 더 많아진다는 것이다. 평가 절차는 멀리 떨어져 있고 알려지지 않은 위원회의 서류심사를 통해서만이 아니라, 직접적인 형태의 관계 내에서 이루어지는 것이 중요하다. 전문 기관은 평가 대상자에게 요구하는 기준을 계속 높이려는 경향이 있다. 이것은 개선하고자 하는 바람으로 정당화될 수 있지만, 이미 붐비는 틈새시장으로 들어가는 문을 제한하려는 전문직의 사회·경제적인 과정의 일환일 수도 있다. 이는 또한 인간의 무지와 불완전성을 받아들이기보다는 완벽함을 추구하는 집단적인 심리 과정에 의해 주도될 수도 있다. 1장에서 우리는, 충분히 좋은 수퍼비전에 대해서 이야기했고 자격인증은 '충분히 좋은' 수퍼바이저로서 그리고 지속해서 자기 학습과 발달에 헌신한 사람으로서 누군가를 평가해야 한다.

인증받은 수퍼바이저는 보통 수퍼바이지의 인증에 대해 평가하고 기여해야 하는 수퍼바이저 역할을 하므로 수퍼바이저 평가와 자격인증을 주의 깊게 관리하는 것은 두 배로 중요하다. 건강한 관계에서 지지와 도전이 결합하는 경우에 효과적으로 그리고 민감하게 이것이 어떻게 이루어질 수 있는지 그들이 경험하는 것은 중요하다.

결론

이번 장에서는 경험적, 실제적이고 액션 러닝을 수반하면서, 과정생들이 받는 수퍼비전 유형에 적절한 수퍼비전 교육의 중요성을 강조하였다. 그러나 수퍼비전 과정은 좋은 수퍼비전을 직접 받는 경험을 결코 대체할 수 없다.

건강한 전통과 수퍼비전 프랙티스가 없는 팀이나 단체나 직업이 수퍼바이저 교육과정을 무작위로 개설하여 생기는 이런 공백을 해결하려고 하는 것은 비현실적이다. 수퍼바이저 교육은 언제나 단체의 학습 문화를 만들려는 전략적 계획의 일부분으로 진행할 때 가장 효과적일 것이다. 수퍼비전이 번창하기에 적당한 조직이나 팀의 분위기를 만드는 방법은 14장과 15장에서 상세히 탐구한다. 그러나 먼저 그룹과 팀 수퍼비전 영역에 도전하는 것과 조직 전반에 그리고 조직들 사이에 수퍼비전하는 것을 살펴본다.

3부

그룹, 팀 그리고 동료 - 그룹 수퍼비전

11장. 그룹과 동료 - 그룹 수퍼비전

> 서론
> 그룹 수퍼비전
>   이점
>   약점
>   그룹을 시작하기 전 초기 단계의 계약
>   그룹 수퍼비전 스타일과 초점들
>   계약하기
>   그룹 구조화하기
>   기법
>   그룹 역동 인정하기
>   그룹 단계들
> 동료 수퍼비전
>   동료 수퍼비전 그룹을 형성하는 방법
> 결론

서론

지금까지는 주로 개인 수퍼비전을 살펴보았다. 이는 그룹 수퍼비전보다 더 자주 이루어지기 때문이고, 그룹의 더 복잡한 환경을 살펴보기 전에 단순한 상황에서 많은 주요 이슈와 프로세스를 다루게 해주기 때문이다. 그러나 계약하기, 수퍼비전 상황, 초문화적이고 반(反)억압적인 프랙티스의 중요성이나 윤리 같이 지금까지 다루어 왔던 이슈들 역시 그룹과 팀의 수퍼비전에 적용된다.

이 장에서 우리는 먼저 그룹 수퍼비전의 이점과 약점을 탐구한다. 이어서 다양한 스타일의 수퍼비전 그룹과 조력자가 각각 어떤 역할을 하는지, 수퍼비전 그룹 세우기, 계약하기, 그리고 분위기 조성을 살펴본다. 이는 그들이 참가자 몇 명을 데리고 유효

적절하게 사용하는 매우 효과적인 기법을 설명하는 것이다. 마지막으로, 동료 수퍼비전에 관련된 이슈를 탐구한다.

그룹 수퍼비전

이점

개인 수퍼비전 대신 그룹 수퍼비전을 선택하는 데에는 몇 가지 이유가 있다. 첫 번째는 시간, 돈 또는 전문지식 측면에서 경제적인 효율성이다. 수퍼비전할 사람들이 부족하거나, 또는 그들의 시간이 제한되어 있다면, 수퍼바이저들은 수퍼비전 그룹을 통해 수퍼바이지를 더 많이 만날 수 있다. 그렇지만 이상적인 그룹 수퍼비전은 그룹의 일원이나 수퍼바이저에게 강요된 타협으로 구성되기보다는 긍정적인 선택에서 비롯된 것이어야 한다

두 번째 이점은 그 그룹이 수퍼바이지의 불안감을 나눌 수 있고, 다른 사람들도 비슷한 문제에 직면하고 있음을 인지하는 동료들의 지지적인 분위기를 제공할 수 있다는 것이다.

세 번째 이점은 그룹 수퍼비전이 그룹 수퍼바이저뿐만 아니라 수퍼바이지로부터 성찰과 피드백과 동료들의 나눔 그리고 정보를 얻는다는 것이다. 따라서 이것은 잠재적으로 과도한 영향과 의존성이 공존하는 위험이 있을 수 있는 수퍼바이저가 덜 지배하는 설정이다. 다양한 수퍼비전 스타일과 초점에 관해 다음 단락에서 이것을 더 상세히 살펴본다. 그룹은 또한 잘 작동할 때, 자신들의 사각지대에 대해 수퍼바이저에게 도전할 수 있다.

네 번째 이점은 다른 그룹 구성원이 같은 반응을 보였는지를 그룹이 확인함으로써 제시된 자료에 대한 그들의 감정적 또는 직관적 반응을 테스트하는 방법을 수퍼바이저에게 제공할 수 있다.

다섯 번째 이점은 그룹이 더 광범위한 인생 경험을 제공할 수 있으며, 따라서 그룹의 누군가는 수퍼바이지와 고객 모두를 공감할 수 있을 가능성이 더 크다는 것이다. 그룹은 성별, 인종, 나이 그리고 성격유형이 더 다양하게 조합되어 공감 범위가 크게 확장될 수 있다.

여섯 번째 이점은 그룹들이 수퍼비전의 하나로 행동 기법을 사용할 기회를 더 많이 제공한다는 것이다. 몇 가지는 이 장 후반부에서 설명한다.

그룹 수퍼비전의 마지막 이점은 가능한 수퍼비전 맥락이 수퍼비전을 받는 작업의 맥락을 반영한다는 것이다. 그러므로, 수퍼바이지가 그룹을 운영한다면 다른 그룹 리더와의 그룹에서 일어나는 수퍼비전을 통해 배울 수 있다. 이것은 그 수퍼바이저가 어떻게 그룹을 운영하는지 그리고 그 그룹의 역동이 어떻게 수퍼비전 그룹에 비치는지 배울 수 있는 기회도 제공한다(7장의 평행화에 관한 단락 참조).

약점

그룹을 수퍼비전하는 데는 약점도 있다. 그룹 수퍼비전은 개인 수퍼비전만큼 명확하게 개인의 작업 역동을 반영하지는 못한다. 또 논쟁으로 드러나는 그룹 역동도 있다. 만약 그것이 그룹 안에서 의식하고 있고 그룹 프로세스에서 자기 역할을 이해함으로써 자기 인식을 높이는 수퍼바이지의 보조자로서 활용된다면, 이점이 있을 수 있다. 그러나 그룹 프로세스는 또한 파괴적이고 수퍼비전의 프로세스를 해치는 것일 수 있다. 그룹은 '집단사고groupthink'와 집단 담합에 휩쓸릴 수 있기 때문이다. 그룹은 도전하기 어려운 매우 강력한 규범을 제정할 수도 있다. 이는 때로 그룹 리더에 의해 시작될 수 있는데, 그것이 무엇에서 비롯되었든 개개인 회원들이 질문하기가 너무 겁나게 만드는 그런 힘으로 행사된다. 때로는 의식하지 못하는 사이에 그룹을 약화시킬 수 있는 그룹 내 경쟁 의식이 드러날 수 있다.

수퍼비전 그룹의 역동은 또 선입견이 될 수 있다. 우리에게도 점차 현재 고객에 관한 관심을 거의 배제하고 자기 역동에 관심을 두는 수퍼비전 그룹에 있었던 경험이 있다. 이 장 후반부에서 그룹 역동을 논의한다.

마지막 약점은 저마다 수퍼비전을 받을 수 있는 시간이 적다는 것이다. 개개인은 그래서 모임을 세 번 할 때 단 한 번만 자기 차례가 올 수 있고, 이것이 격주로 있다고 한다면 한 구성원이 6주에 한 번 겨우 개인 수퍼비전을 받을 거라는 의미이다.

그룹 수퍼비전을 했던 최근의 훈련 그룹은 [표 11.1]에서 보여주는 그룹 수퍼비전의 이점과 약점의 목록을 만들어냈다.

[표 11.1] 그룹 수퍼비전의 이점과 약점

이점	약점
더 지혜로운 통찰 관점	더 많은 혼란, '수퍼바이지 질문공세'
'난 혼자가 아니야-다른 이들도 비슷한 어려움이 있어-그러니까 괜찮아'	집단사고groupthink
다른 사람들의 사례에서 배우기	경쟁-최고의 코치, 수퍼바이저, 그룹원, 최고 권력/지위 되기. 가장 필요하고 유능한 존재 되기
다른 사람들에게서 에너지와 지지받기	내 사례를 다룰 시간은 충분하지 않음
비용 효율적, 시간 대비 더 큰 가치	수퍼바이지가 더 많은 시간 제공
조직적 학습이 더 가능해진다.	그룹 역동이 지배적이고 너무 많은 시간을 요구한다.
우리의 맹점, 약점, 결점을 노출한다.	그룹은 반응에 반응하기 시작하거나 우리가 공유한 것이 우리를 판단하는 데 사용된다.
그룹원들은 목격자로서 행동하며 극복하고 다짐한다.	그룹원의 고객이나 고객의 상황 관련한 경계 이슈를 알게 됨.

그룹을 시작하기 전 초기 단계의 계약

그룹을 구성하는 방법은 전체 그룹 프로세스의 분위기를 만들 수 있다. 이런 초기 계약에서 의도와 경계를 명확히 하는 것은 중요하다. 그룹 참여자들이 서로의 고객에 대해 알고 있거나 그들이 팀이 아니더라도 같은 단체에서 일할 수도 있고 그 단체 안에서 다른 지위에 있을 수도 있다. 또 구성원들 사이에 직업적 경쟁의식이나 미해결 사항이 있을 수 있다. 이런 모든 요인은 그룹 구성과 목적을 분명히 하는 것이 매우 중요하다는 점을 말해준다. 예를 들어, 고용인들이 수퍼비전에 대해 거의 모르는 어떤 조직에 필자 가운데 한 사람이 초빙되었다. 연락을 준 사람과 논의하면서 그 단체가 얼마나 끔찍한지를 들어주어야 하는 은밀한 안건이 있다는 것이 분명해졌다. 그 관계자는 그룹이 고객 그룹보다는 고위 관리직과의 어려움에 주목하기를 원했다. 일대일 수퍼비전처럼 누가 이해당사자들이고 수퍼바이저는 누구에게 책임이 있는지 규명하는 것이 중요하다. 더 많은 사람들이 연관되어 있다는 것을 고려하면, 비밀보장 문제는 틀림없이 훨씬 더 복잡할 것이다. 성찰하기에 유용한 것들은 다음과 같다.

- 그룹의 크기와 회원 수
- 고정된 회원을 가진 폐쇄 그룹이 될 것인지 또는 그룹이 유지되는 동안 회원들이 참가하는 열린 그룹이 될 것인지의 여부. 사람들이 참가하거나 탈퇴하는 것을 어떻게 관리할 것인가?
- 그들의 약속과 기대하는 참석률에 대해 그룹 회원들에게 주는 메시지. 예를 들어, 매 세션에 참석하는 것이 필수인가?
- 결석은 어떻게 다룰 것인가?

그룹이 잠재적으로 변화에 대해 그렇게 강력한 힘을 가진 이유는 그룹이 일반적으로 일대일 세션보다 격한 감정을 끌어내기 때문이다. 이 강력한 에너지를 관리하는 것은 그룹 수퍼비전의 매우 중요한 부분이다. 그룹을 시작하기 전에 수퍼바이저는 자신이 그룹을 얼마나 편하게 느끼는지 성찰하는 것이 중요하다. 어떤 수퍼바이저는 겁을 먹고 일대일 상황을 더 편안하게 느낀다. 그룹의 생태를 이해하면 모든 것이 길들이고 통제되어야 하는 다루기 힘든 동물이 아니라 자원으로서 그것을 보는 데 큰 도움이 될 수 있다. 무엇보다 안전장치가 가장 중요하다. 수퍼바이저의 비언어적 의사소통으로 많은 것이 전달되겠지만, 우리는 옵션에 대해서 되도록 분명하게 하려고 노력한다. 다음 단락에서 다양한 리더십 스타일을 살펴본다.

그룹 수퍼비전 스타일과 초점들

그룹원들은 그들이 매우 숙련되지 않는 한, 대체로 그룹 수퍼바이저를 따를 것이고 비슷한 스타일과 초점을 가지고 개입할 것이다. 그러므로 수퍼바이저들이 공유된 자료에 반응하는 방식을 그들이 어떻게 배우는지 아는 것이 중요하다. 프록터Proctor의 유형 분류 체계(2008)와 비슷하게, 4사분면 모델을 만들었다([그림 11.1]). [그림 11.1]은 그룹 수퍼비전의 다른 스타일을 나타내는 4사분면을 각각 보여준다. A사분면에서, 수퍼비전 그룹은 그룹 수퍼바이저에 의해 더 직접적으로 주도되고 그룹 프로세스에 더 강한 초점을 두고 있다. B사분면에서, 수퍼바이저는 여전히 중심에서 주도하지만 그 사례가 가져오는 내용에 더 초점을 둔다. C사분면에서, 그룹원들은 그 사례가 가져온 과제에 초점을 두면서 스스로 더 많은 리더십 책임을 진다. D사분면에서, 그룹은 자신들의 과정에 초점을 두는 것에 대한 책임을 진다.

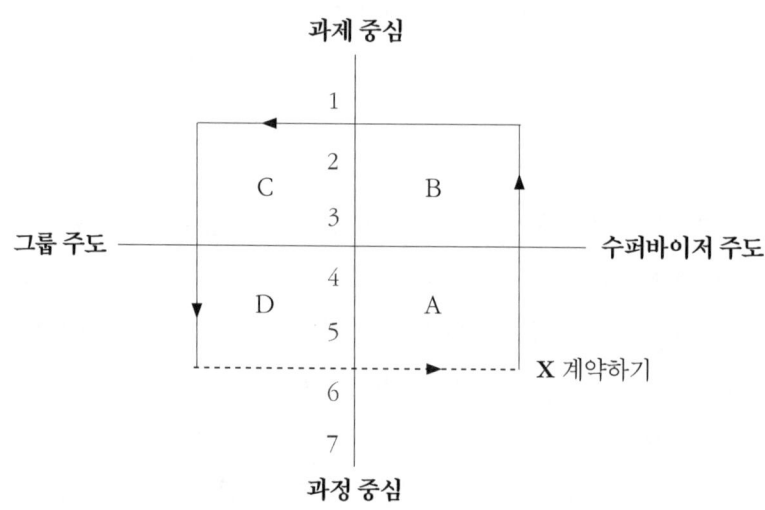

[그림 11.1] 그룹 수퍼비전 스타일 모델

각 사분면에는 수퍼비전 그룹이 하나의 스타일에 고착될 경우 전면에 등장할 각각의 그림자면이 있다. A사분면 그룹은 회원들의 개인적 필요를 다루지만 고객의 이슈는 무시하는 치료therapy 그룹이 될 수 있다. B사분면은 그룹 수퍼바이저가 자기 전문지식을 과시하고 그룹 회원들을 의존하게 만드는 장이 될 수 있다. C사분면에 갇히는 수퍼비전은 그룹 회원들이 '만약 내가 너라면' 해법으로 서로 이기려고 하면서 경쟁적으로 동료들에게 조언을 주는 장이 될 수 있다. D사분면 수퍼비전 그룹은 지나치게 담합적인 동료 지지 그룹이 될 수 있고, A사분면의 그룹처럼, 고객과의 작업에 덜 집중하면서 내부를 들여다본다.

좋은 그룹 수퍼비전은 그룹 회원들과 이해당사자들과 그룹 발달 단계의 필요에 따라 이 모든 스타일을 유연하게 따라갈 수 있어야 한다. 수퍼비전 그룹은 가장 일반적으로 구성과 계약 단계에서 A사분면으로 시작하고, 그 일에 집중하기 시작하면서 B사분면으로 이동하고, 그룹이 더 성숙하고 스스로 책임지게 될 때쯤 서서히 C와 D사분면을 통합시킨다. 그러나 한번 잘 구축된 좋은 수퍼비전 그룹은 4사분면 전부를 순환하고 하나의 사분면 그림자에 갇히지 않을 것이다.

이 모델은 또 우리의 일곱 눈 모델에 연관될 수 있다(7장 참조). 각 초점은 [그림 11.1]에서처럼, 고객-수퍼바이지 관계에 초점을 둔 모드는 B와 C사분면의 중심에 있고, 수퍼비전 관계에 더 초점을 두는 모드는 세로축에 배치될 수 있으며 A와 D사분면에서 더 많이 사용된다.

우리는 수퍼바이저가 자기 스타일을 인식할 수 있을 뿐만 아니라 다양하고 가능한 스타일을 명확하게 표현할 수 있는 능력을 개발해서, 그룹에게 이것에 대해 되도록 다양한 옵션을 설명하고 이를 그룹과 계약하기를 제안한다.

그룹 수퍼바이저는 그룹에서 수퍼비전이 여러 수준의 맥락에 들어 있듯이, 동시에 일어나는 다수의 프로세스를 관리할 수 있어야 한다([그림 11.2] 참조, Proctor 2008 참조).

그룹에서 성찰적인 수퍼비전을 촉진하는 중심 기술은 일대일 작업과 유사하다. 그렇지만 그룹의 풍요로움을 충분히 활용하려면 그룹 수퍼바이저가 그룹원들의 반응을 촉진시켜 이것들을 다시 사례에 연결해야 한다(2번째 고리).

세 번째 맥락의 고리는 그룹 역동과 발달 단계와 그룹 프로세스의 발달상의 요구를 다루는 것이다.

[그림 11.2] 그룹 수퍼비전 프로세스의 동심원

바깥 고리는 수퍼비전이 적절한 계약과 경계 내에서 일어난다는 것을 보장한다. 그룹 계약은 위에서 논의했듯이 단 한 번의 이벤트가 아니라 정기적으로 재고되어야 하는 프로세스다. 계약은 그룹 수퍼비전이 단체 맥락에서 진행되거나 그룹원들이 여러 다양한 단체에서 후원받을 수 있으므로 그룹원들과 수퍼바이저 이상의 더 많은 사람을 포함할 수 있다. 이런 단체들과의 경계와 관계는 수퍼비전에서 수퍼바이저가 적절히 담아주는 느낌을 주기 위해 반드시 돌봐야 하는 중요한 맥락이 된다.

계약하기

수퍼비전 그룹은 어떻게 함께 일할 것인가를 명확하게 하여 계약하여야 한다. 이 계약은 다음 내용을 포함해야 한다.

- 비밀보장, 출결 규정, 시간 엄수 등을 포함한 기본 규칙과 서약.
- 그룹원들의 기대와 그것을 어떻게 충족시킬 것인지(또는 아닌지) 확인.
- 고객, 고용 단체, 전문가 단체, 교육 단체 등에 관련된 이해당사자들의 기대가 포함되어야 한다.
- 모임을 어떻게 구조화할 것인가?
- 수퍼바이저의 역할과 기대
- 그룹원들의 역할과 기대
- 그룹이 현실적으로 그룹원 모두에게 필수적으로 수퍼비전을 받게 할 것인지, 또는 그들이 추가로 개인별 수퍼비전이나 전문화된 수퍼비전을 받아야 하는지 여부
- 한 사람이 소개한 고객을 다른 그룹원이 아는 경우 그 상황을 그룹이 어떻게 다룰 것인가?
- 평가 프로세스
- 어떻게 계약 내용을 검토하고 수정할 것인가?

이 계약은 경험에 비추어 검토되고 수정되어야 한다. 그룹 초기 단계에서, 수퍼바이저는 그룹원들이 자신들의 어려움을 개방하고 자기 취약성을 나눌 수 있을 만큼 충분히 안전하다고 느낄 수 있는 그룹 분위기를 조성해야 한다. 수퍼바이저는 여러 가지 방법으로 이것을 할 수 있다.

- 그룹원들에게 그룹 수퍼비전에 관한 희망사항과 두려움을 나눠달라고 요청하라.
- 그들에게 이전의 그룹 경험이나 수퍼비전에서 유익했던 점과 어려웠던 점을 나눠달라고 요청하라.
- 몇 가지 단순한 기본 원칙을 수립하라.
- 그룹에 대해, 자기 성장과 취약성에 대해 자기 희망과 두려움을 공유함으로써 역할모델이 돼라.

- 각 그룹원이 자기 강점과 개발해야 할 영역과 그 그룹이 어떻게 그들의 발달을 돕고 싶은지를 나누게 하라.
- 각 그룹원이 다음의 문장을 완성하게 하라.
  '나에 대해서 당신이 알아야 하는 것은 _____ 이다.'
  '내가 이 그룹에서 얻을 수 있는 최상의 것과 내가 줄 수 있는 최상의 것은 _____ 이다.'

단순한 기본 원칙은 그룹 프로세스를 파괴적이지 않게 진행하고 통제하면서 안전한 분위기를 만들도록 돕는 것이다. 그러나 안전만큼이나 위험을 감수하는 것을 격려할 필요가 있다. 역설적이지만 약간의 위험을 감수하지 않는 한 그 그룹은 그다지 안전하지 않다고 느낄 것이고 수퍼바이저는 도전과 피드백을 주고받음으로써 편안해지도록 만들어야 한다.

마지막으로, 잘 작용하는 모든 그룹은 리더가 선의에 의존하고 있다. 이것은 '공동으로 노력'함으로써 개발된다(Hawkins 2011 참조). 그룹 수퍼비전에서 우리는 공동으로 그룹의 목적과 목표를 개발함으로써 이를 확립했다. 이는 특히 다음과 같다. 고객과 작업의 질을 개선하기, 우리 자신과 우리의 프랙티스와 개개인과 공동의 학습 지원하기. 공유된 목적과 목표를 세우는 것은 모든 회원으로 하여금 우리가 같은 편이며 그룹 수퍼바이저 혼자 해낼 수 없는 공통의 과제가 있다는 걸 자각하게 한다. 우리는 서로 책임을 져야 한다.

그룹 구조화하기

그룹 수퍼바이저가 그룹 세션을 구조화하는 방법에는 많은 선택권이 있다. 그들이 선택한 것은 자기 스타일과 성향뿐만 아니라 그룹의 유형과 크기에 따라 결정될 것이다. 여기 5가지 가능한 옵션이 있다.

옵션 1은 각 그룹원들에게 자신이 그룹에 내놓고 싶은 이슈를 분명히 말하도록 요청하는 것이다. 다음으로 순서와 각 사람에게 배분할 시간을 결정하기 위한 경쟁적인 요구사항 사이에 협상이 이어진다.

옵션 2는 옵션 1의 변형으로 현재 그 그룹의 '주요 관심사core concern'를 가장 잘 나타내는 이슈를 탐색하여 그것을 따르는 것이다. 이는 자기 문제가 아닌, 다른 문제를 파악하도록 요청하여 가장 관심 있는 이슈를 탐색하고 다루는 과정에서 가장 잘 배울 수 있다. 이것은 작업의 중심에 있는 사람이 자기 자신만을 위해 작업하는 것이 아니라 반드시 그룹의 에너지와 관심을 받는다.

옵션 3은 그룹이 모일 때마다 자신이 주목을 받는다는 것을 알 수 있도록 참석한 사람 모두에게 시간을 균등하게 배분하는 것이다. 이것은 그룹이 너무 크거나 시간이 너무 짧다면 (또는 둘 다) 실행 불가능하다.

네 번째 옵션에서 그룹은 각 그룹원이 사례를 발표할 때 미리 알 수 있도록 일정을 조정한다. 이때 그 사례에 대한 간단한 개요를 사전에 볼 수 있다. 이것은 그 세션을 현재의 관심사와 어려움에 집중하기보다 공유한 개요로 학습하는 것을 중시하는 그룹 사례연구로 바뀌게 한다. 이런 구조는 그룹원들의 수퍼비전 요구를 더 즉각적으로 해결하기 위해 다른 수퍼비전을 받게 할 수 있다.

옵션 5는 새롭게 나타나는 프로세스를 신뢰하고 어떤 이슈와 필요가 드러나는지 그리고 어디로 그룹의 관심이 움직이는지를 관망하는 것이다.

5개 옵션 모두 이전 모임에서 탐구되었던 이슈에 어떤 일이 있었는지 확인하고 첫 시작 프로세스를 조정할 수 있다.

기법

그룹 수퍼비전 작업기법은 그룹원들이 서로 유용하게 기여하고, 활발히 관여할 때 가장 잘 작용한다. 많은 자원과 관점을 제공할 수 있다는 것이 위에 언급한대로 그룹의 큰 이점 가운데 하나이다.

질의 응답 나누기

아주 간단한 한 가지 기법은 발표하는 사람이 일정 시간 동안(5분 정도) 고객을 소개하게 하는 것이다. 그룹의 각 사람은 한 가지씩만 질문할 수 있고 발표자는 자신에게 가장 관련 있는 질문을 받으며 그 탐색 방법을 따른다.

반응 나누기

더 복잡한 방식은 누군가 고객을 소개하면 각 구성원은 자신이 그 고객을 어떻게 느끼고 의식하는지를 그룹과 공유하도록 요청하는 것이다. 이것은 모드 6 개입과 같은 방식으로 가장 잘 공유할 수 있는 방식이다(7장 참조). 이것은 생각, 이미지, 감정, 신체 감각 또는 판타지일 수 있다. 모두가 이바지할 기회를 얻어야 하고 경험의 다양한 측면을 생각해야 한다. 중요한 것은 어떤 반응이 다른 반응보다 더 좋게 보이는 것은 없다는 것이며, 그것들은 단지 경험일 뿐이다. 그룹 수퍼바이저는 수퍼바이지가 그들을 이해하기에 앞서, 자신의 직관적인 반응을 나누는 것을 신뢰하라고 격려해야 한다.

이 접근법은 또한 평행화 프로세스의 원리를 사용한다(7장에서 모드 5 단락 참조). 대체로 수퍼비전에 가져온 사례들은 고객 작업의 어떤 면이 잘 진행되지 않거나 이해되지 않은 경우의 것들이다. 사례가 제출된 경우 그들이 경험한 것을 다시 살펴보라고 회원들에게 요구함으로써, 평행화 프로세스를 발견할 수 있을 것이다. 그룹 안에서 틀림없이 다양한 반응이 있을 것이고, 수퍼바이저가 할 일은 어느 것이 유용한지를 보도록 제출한 사람을 돕는 것이다. 아래에 이것에 대한 실례를 들었다.

발표자는 단순히 듣고 반응에 압도당하지 않도록 또는 반응한 사람이 화날까 봐 응답의 부담을 느끼지 않도록 모든 반응을 그룹 리더에게 주도록 요청하는 것이 도움이 된다. 그러면 발표자는 그냥 듣고 나서 모든 것을 공유한 후에 그룹원들이 생각한 반응을 자기 탐구 과제로 더 가져올 수 있다. 여기 로빈Robin의 작업 사례를 보자.

> 치료 공동체 회원들의 수퍼비전 그룹에서, 새로운 직원이 어려움을 느끼고 있던 고객을 소개했다. 그 고객은 처음엔 열정을 보였고 자기 어려움에 대해 개방적이

었으나, 그 고객은 곧바로 세션을 빼먹거나 의사소통 하기가 어려워졌다. 그 직원이 자기 고객을 소개하기 시작하자마자, 나는 내가 신경을 끈 상태라는 것을 발견했다. 나는 그냥 귀찮아지기 싫었다. 그렇지만 나는 더는 참을 수 없을 때까지 몇 분간 표면상 적절한 질문을 계속했다. 나는 관심 없는 내 느낌을 머뭇거리며 나누었다. 그들은 단지 맞지 않는 것처럼 보였고 그룹원들은 매우 몰두한 듯이 보였다. 사실상 그 그룹은 분열되었다는 것이 밝혀졌다. 반은 매우 몰두했고 나머지 반은 완전히 신경을 끈 상태였지만, 나처럼 몰두하는 척하고 있었다. 그 발표자는 자기 고객에게 매우 몰두하며 그녀와 동질감을 느끼고 있었고, 또 한편으로 그녀를 알고 싶어하지 않으며, 고객에 대한 자기감정이 얼마나 정확하게 반영되었는지를 알고 깜짝 놀랐다. 그 그룹은 실제로 그 이후로 작업을 깊이 잘하기 시작했다. 왜냐하면 분명한 소극성을 나누는 것이 허락되었을 뿐만 아니라 그 관련성이 확인되었기 때문이다.

등 뒤에서

또 다른 변형은 발표자에게 그룹 밖에 앉아서 그룹이 들은 내용과 불러일으켜진 반응에 관해 토론하는 동안 들어 보라고 요청하는 것이다. 수퍼바이지는 그리고 나서 다시 안으로 들어와 그들이 발견한 유용한 것을 말하게 된다.

실습 그룹

호킨스와 스미스(2006)는 코치와 멘토와 조직 컨설턴트들을 훈련하기 위한 실습 그룹이라 불리는 수퍼비전 접근법을 개발하였으며 다른 직업에서 그룹 수퍼비전에 사용될 수 있다.

각 그룹원들은 서로 다음의 역할을 해볼 기회가 있다. 첫째, 실제 당면한 도전이 되는 경우의 상황을 가져오는 수퍼바이지, 둘째, 약 45분 안에 수퍼바이지가 자기 사례에 관하여 생각하고, 느끼고, 행동하는 방식을 전환하게 하는 목표를 가진 수퍼바이저, 셋째, 7개 모드, 헤론Heron의 개입 범주(9장 참조), 비언어적 의사소통 등의 어떤 수퍼비전 프로세스 측면을 감시하는 책임을 가진 그림자 수퍼바이저 등 이렇게 3가지 역할이다. 정기적인 휴식시간에 퍼실리테이터나 수퍼바이저는, 그림자 수퍼바이저와 퍼실리테이터가 수퍼비전에 대해 수퍼바이저를 수퍼비전하는 동안, 수퍼바이지가 조용하게 앉아 있는 '타임아웃'(잠깐 정지)을 제안할 수 있다.

변형적transformational 수퍼비전의 의도는 이슈를 가져오는 사람이나 새로운 통찰에 맡길 사례나 '필수 행동 목록'을 위한 것이 아니다. 오히려 그들이 관심이 있는 상황을 다르게 생각하고 느끼고, 행동하기를 시작하면서, 세션에서 '전환shift된 느낌'을 경험한다. 우리의 연구는 사람들이 좋은 의도를 갖고 떠날 때보다 이런 전환된 느낌을 경험할 때 실제 상황으로 되돌아가서 변화하고 학습할 기회가 훨씬 더 많다는 것을 보여준다.

실습 그룹에서 우리는 고객에게서 수퍼바이지와 수퍼비전 그룹으로 흘러올 수 있지만, 또 반대 방향으로 흘러갈 수도 있는 '평행화 프로세스'에 대한 체계적인 이해를 바탕으로 작업한다.
이것의 의미는 그림자 수퍼바이저의 과제는 수퍼바이저를 변화하게 하는 것이고, 그래서 그들은 수퍼바이지와 관계 맺는 방식을 바꾸고, 그러므로 수퍼바이지가 달라지고, 그들이 고객과 관계 맺는 방식이 변화되고, 그래서 우리는 완전히 고객 체계가 유익하게 달라질 것을 확신할 수 있다는 것이다.
'시스템 접근법'은 최초의 개입 지점이 변화에 대한 최대의 효과나 최소의 저항을 위해 선택된 경우, 시스템의 어느 지점에서든 변화를 위한 개입이 전체적으로 퍼지고 모든 단계에서 변화를 일으킨다는 것을 의미한다.

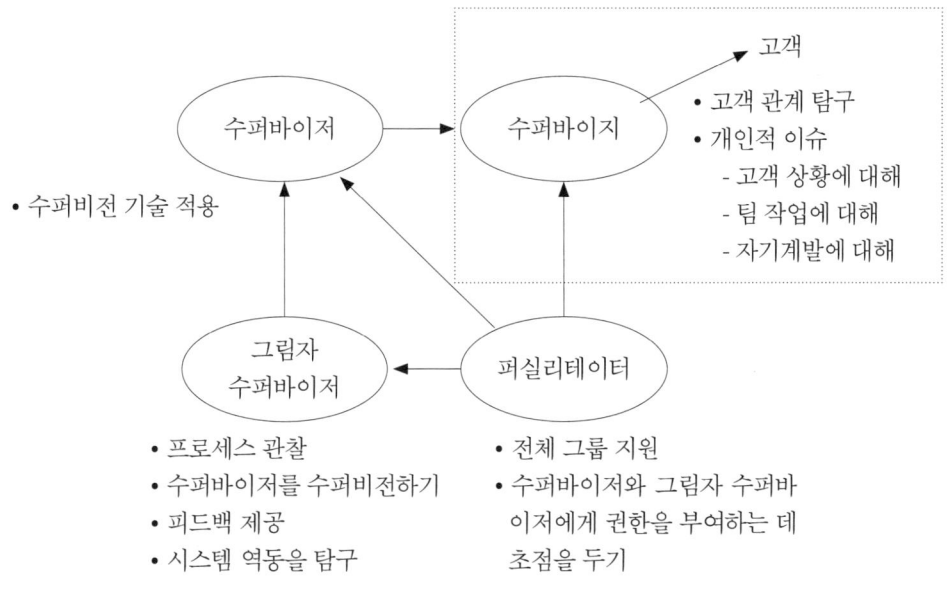

[그림 11.3] 실습 그룹에서의 역할

태그 수퍼비전

이 접근법에서는 사례를 소개하는 수퍼바이지와 수퍼바이저에게 각각의 자리가 있다. 수퍼비전에서 아무 때나 수퍼바이저는 수퍼바이저 역할과 자리를 다른 그룹원에게 넘겨줄 수도 있고, 또는 다른 그룹원이 박수로 그 역할에 선출될 수도 있다.

이 접근법을 수퍼비전의 일곱 눈 모델(7장 참조)과 함께 사용할 수 있다. 각 그룹원은 7개 모드 가운데 하나를 할당받는다. 그룹 수퍼바이저는 수퍼비전 프로세스를 어떤 모드로 시작해야 할지 결정하고 그 역할에 할당된 그룹원이 수퍼비전을 시작한다. 이 사람은 그들을 내보낼 수도 있고 그 그룹의 누군가가 그들을 들어오게 할 수도 있고, 또는 그룹 수퍼바이저가 박수를 쳐서 다른 모드로 바꿀 것을 제안할 수도 있다.

태그 수퍼비전은 여러모로 유용하다는 것이 증명되었다. 그것은 각 모드를 연습하고 다른 사람들이 그것을 사용하는 것을 보도록 한다. 또 그들이 서로 얼마나 잘 맞는지 보는 기회가 되기도 한다. 비록 이 방법이 처음엔 인위적이고 일관성 없어 보일지도 모른다. 그렇지만 그룹원들에게는 보통 그들이 했던 것보다 다른 수퍼비전 모드를 사용하는 위험을 감수하는 데 표면상 걱정이 없는 반면, 수퍼비전 결과는 놀랍게도 면밀하고 통찰력 있게 나올 수 있다.

그룹 역동 인정하기

그룹 리더는 그룹 역동이 인정되지 않은 채 진행되지 않도록 하고, 그룹의 주요 초점을 빼앗지 않고, 그들이 다루고 그것에서 배울 수 있도록 그 역동을 인식하게 하는 방법을 찾는 것이 중요하다.

마거릿 리오치Margaret Rioch는 수퍼비전과 그룹 역동 사이의 접점에 대하여 광범위하게 글을 썼다. **치료사들을 위한 대화**Dialogues for Therapists(리오치Rioch 외 1976)에서 그녀는 훈련 중인 치료사들과 세미나라고 명명한 일련의 완전한 그룹 수퍼비전 도표를 만들었다. 각 세미나 뒤에 그녀는 그룹 역동에 대해 이렇게 결론지었다. '그룹 상호작용이 때로 학습을 촉진하고, 때로는 대립하는 프로세스의 주요 부분인 것이 분명하다.'

지금-여기에서의 역동을 인식하고 활용하는 것은 기본적인 학습 과정이지만 수퍼비전 그룹과 치료 그룹 사이의 구별은 반드시 유지되어야 한다. 이것은 친교를 보장하면서, 그룹으로 하여금, 모든 그룹원들을 지지하고 발전시킬 뿐만 아니라 고객과의 작업을 개선시키는 그룹의 공동 노력에 우선적으로 초점을 두도록 확실히 상기시킬 수 있다.

그룹 단계들

대부분 이론과 우리의 경험은 그룹이 식별할 수 있는 많은 단계를 통해 가장 많이 진보한다는 것을 시사한다. 그룹 수퍼바이저로서 이것을 이해하고 인정하면서 그것에 대응하는 수퍼비전 스타일에 적응하는 것을 돕는다. 이러한 단계들은 예정되었거나 불가피한 것으로 보이지 않아야 한다. 그룹 수퍼비전은 각각의 경계선, 구성원 확정,

그리고 그룹의 규칙과 기대를 다루는 것으로 시작한다. 슈츠Schutz(1973)는 이것을 포함과 배제라고 부른다. 터크맨Tuckman(1965)은 형성forming과 규범화norming의 단계라고 하고, 스캇 펙Scott Peck(1978)은 유사 공동체의 단계라고 하며, 비온Bion(1961)은 의존 단계([표 11.2])라고 부른다. 이것은 흔히 그룹 수퍼비전의 계약 단계에서 비밀보장이나 그룹에의 위탁, 시간을 어떻게 배분할 것인지에 대한 이슈가 있는 경우에, 무엇에 초점을 두고 무엇을 배제할 것인지를 결정하고 명확하게 해야 한다.

수퍼비전 그룹의 기본 구조를 명확히 하고 나면 곧, 그룹 안에 권력과 권위를 시험하는 기간과 마주친다. 이것은 경쟁의식과 경쟁력의 형태를 띤다. 즉 '누가 가장 일을 잘했지?', '누가 고객을 가장 잘 돌봤지?', '누가 가장 어려운 사례를 담당했지?', '누가 가장 꿰뚫어 보는 통찰력있는 언급을 했지?' 등이다. 한 사람이 다른 그룹원들보다 더 잘 수퍼비전할 수 있다는 것을 보여주거나 그들이 작업하지 못한 것을 보여주려고 어울리지 않게 자기 권고를 제공하거나 수퍼바이저의 접근법에 도전함으로써 그의 권위를 시험하는 형태를 취할 수도 있다. 이것을 비온Bion은 '투쟁/탈출'의 단계라고 부른다. 슈츠Schutz는 '권한'의 단계라고 하고, 터크맨Tuckman은 '폭풍우'의 단계라 하고, 스캇 펙Scott Peck은 '혼돈'의 단계라고 부른다.

[표 11.2] 그룹/팀 단계: 비교 모델들

터크맨Tuckman(1965): 그룹 단계	슈츠shutz(1973): 주요 역동 주제	비온Bion(1961): 기본적 가정	스캇 펙Scott Peck(1978): 공동체 단계
형성	포함/배제	의존	유사 공동체
폭풍우	권위	투쟁/탈출	혼돈
규범화	애착	짜짓기pairing	비우기
수행		작업 그룹	공동체
애도			

각 개인을 존중하는 분위기로, 그리고 수퍼바이저에 대한 관계에서 의존이나 경쟁 없이 그룹이 가장 생산적인 일을 해결할 수 있는 것은 이러한 단계들이 성공적으로 다루어질 때뿐이다. 그룹은 이따금 더 초기의 단계로 자주 되돌아가고, 그래서 관련된

역동의 이해는 그 그룹이 지속하는 한 필수적이다.

리오치Rioch가 운영한 세미나에 대한 그녀 자신의 해설은 어떻게 이러한 그룹 발달 단계가 확실히 그룹에서 수퍼비전할 때 무시되지 않을 수 있는지를 보여준다(Rioch 외 1976). 그룹 발달 이론에 대한 이해와 그룹 역동의 통찰을 갖는 것만으로는 충분하지 않다. 그룹 수퍼바이저는 또한 그룹 프로세스를 직면하는 법과 긍정적인 그룹 행동을 촉진하는 법을 알아야 한다.

마거릿 리오치는 수퍼비전 그룹에서 경쟁과 권위라는 두 가지 이슈 직면의 중요성을 상세히 기술했다(Rioch 외 1976). 그녀는 세미나에서 참석자들과 오랜 논의 끝에 다음과 같이 말했다.

> 누가 최고의 치료사인가라는 질문을 과연 회피할 수 있을까? 그것은 의심할 여지 없이 뜨거운 감자이다. 더 심한 것은 누가 최악의 치료사인가 하는 질문이다. (p.24)

경쟁과 그룹 프로세스의 이슈에 대해 또 이렇게 썼다.

> 경쟁 이슈는 모두가 최선을 다하고 있다면 그것이 그룹의 작업에 기여할 수 있다. 또 사람들이 거절당하거나 선망의 대상이 되는 것을 너무 두려워하게 된다면 충돌할지도 모른다……. 이 세미나에서, 대부분 그룹처럼 강한 경쟁적 요소가 있었다. 강사는 사람들이 공공연하게 다른 이슈들을 논의하고 있는 바로 그 순간에도 이것이 계속되고 있었다는 것을 지적하려 했다. 자체 프로세스를 배우는 것이 그룹의 주된 과제는 아니었지만 특히 이 과정이 고객에게 유용한 학습이라는 주된 과제를 방해하는 경우에는 그룹이 무엇을 하고 있었는지 관찰하는 것이 흔히 바람직했다. 그 세미나의 문제는 고객을 어떻게 돕는가를 다룰 때 강사에 대한 학생들의 경쟁, 저항 그리고 전이를 사용하는 것이었다. (Rioch 외 1976:24)

수퍼바이저도 프로세스의 일부라는 그녀의 유효한 지적은 다음과 같다.

교사와 수퍼바이저에게 그들 역시 자신들의 학생에게 영향을 미치는 대상이라는 것을 잊지 않게 하는 것이 도움이 된다. 다른 말로 하면, 교사와 수퍼바이저는 자기 실패와 무능력과 불안정을 드러내는 데 경쟁적이고 저항하며 주저한다. 그다지 완벽하지 않은, 실은 불가능한 자신의 불완전함에서 기꺼이 배우려고 하는 학생들의 모델이 되는 것은 중요하다. (Rioch 외 1976:25)

권위자로서 투사를 받고 그것들에 익숙해지는 것은 수퍼바이저와 조력자 역할의 일부분이며 다음과 같다.

세미나 구성원들에게 의식적인 수준에서는 꽤 사랑받았던 그 강사는, 수강생들이 가끔 그랬듯이 자신들을 동화 속 학대받은 어린아이처럼 느낄 때, 무의식적으로 판타지의 늙은 '마녀'의 역할을 기꺼이 떠맡게 된다. 헨젤과 그레텔은 결코 고객을 치료하는 처지가 아니다. 어느 아이도 해피엔딩에서 오븐 안에 밀어 넣은 늙은 마녀에게 따뜻한 감정을 품을 수 없다. (Rioch 외 1976:220)

그룹 구성원들이 리더가 없으면 더 좋고 더 자유로울 거라는 암시를 주었던 논의 뒤에, 구성원 가운데 한 사람이 이렇게 말했다. "진짜 문제는 그녀가 없으면 얼마나 좋을 것인가가 아니라, 그녀와 어떻게 화합할 것인가이다. 이는 그녀뿐만 아니라 모든 권위자와의 문제이기도 하다(p.223)." 리오치는 우리 생각의 양면성이 수퍼비전 그룹에, 특히 훈련생들에게 흔히 존재한다고 설명하며 다음과 같이 말했다.

분별 있는 청년들이 진지한 연구에 참여하면서 학생들은 의식적으로 강사를 타도해야 할 적이나 그들을 돌봐주는 부모가 아니라 교사와 책임자로 활용하고 싶어 한다. 그러나 덜 의식적으로는, 모든 그룹에 청소년기의 반항과 어린애 같은 의존성 요소가 있어서 그것이 활성화된다. (p.226)

또 다른 함정은 (이전에 '환자 사냥'이라고 묘사된) 거짓 치료에 참여하는 것이다. 문제의 사례나 구성원은 어떻게 보면 동정 어린 시선이겠으나 확실히 미묘하게 깔아뭉개는 방식으로 다루어졌다. 이 게임의 목적은 다시 한번 그룹원들이 이러한 불안과 불완전함을 완화해서 더 편안한 조력자의 역할로 나아갈 수 있게 하는 것이다.

마지막으로, 사례들이 그룹 역동을 언급하는 것만으로도 어떻게 수퍼비전에 소개되는지 듣는 것을 통해 그룹 역동을 바라보는 것이 가능하다. 예를 들어, 조금이라도 앞으로 나아가려고 애쓰는데 아무도 그를 도와주지 않아서 화가 나 있는 고객의 이야기를 누군가 해준다면, 그 수퍼바이지는 그룹에서도 역시 그렇게 느낄 수 있다. 그룹이 듣고 응답한 고객 작업의 이야기 방식이 단서를 줄 수 있다.

> 이것에 대한 예는 우리가 연 여러 과정 중 한 과정에 다니면서 매우 힘든 시간을 보내던 수련생에게서 일어났다. 그녀는 거의 절망적이며 그녀가 이 고객과 작업하는 것이 너무 늦은 일이 아닐까 생각하고 있던 한 고객을 소개했다. 그룹은 도움이 될 만한 제안을 주었지만, 수퍼바이저가 아마도 그녀가 과정에서 사태가 안 좋아진 것과 상담자인 그녀가 바로잡기에 너무 늦었다는 것을 두려워하는 것 같다고 넌지시 비칠 때까지 아무 도움도 안 되는 듯 보였다. 그녀가 그 고객을 통해 그녀의 절망을 그룹원들과 얼마나 소통하려고 노력했는지를 깨닫는 것만으로도 이것은 굉장한 위안이 되었다.

동료 수퍼비전

많은 전문가들이 동료 수퍼비전할 것을 검토하지 않은 채 수퍼비전할 시간도 능력도 없는 직속 상사 때문에 좋은 수퍼비전을 받을 수 없다고 불평할 수 있다. 수년 전, 피터 호킨스가 치료 공동체를 운영할 때 그의 직속 상사(계통 관리자)는 치료 공동체나 수퍼비전에 직접적인 경험이 없는 큰 정신보건 자선단체의 보조 책임자였다. 이 경험은 다양한 직업에서 의료적 경험이 거의 없거나 전혀 없는 임원에게 명목상 수퍼비전을 받는 선임 전문가에게서 우리가 발견한 많은 상황과 비슷하다. 이 상황에 대처하기 위해 호킨스는 동료 수퍼비전을 마련했다. 가장 성공적인 것은 전문가 협회의 시설을 이용한 것이었고, 이 경우 치료 공동체 협회는 공동체 안에서 고위 간부들을 위해 동료 수퍼비전 그룹을 마련했다. 그는 자원봉사 단체와 사회복지부, 그리고 국가 보건 서비스에서 많은 다른 선임 전문가들이 수퍼비전에 대해 같은 결핍과 요구가 있다는 것을 발견하고 깜짝 놀랐다. 이것은 전체 공동체 문제와 역동에 집중하는 기회를 가진 풍부하고 보상적인 그룹임을 보여주었다. 이 그룹은 호킨스와 다른 원구성원들이 떠난 뒤에도 계속 잘 유지되었다.

나중에 호킨스는 컨설턴트 정신과 의사/심리치료사 그리고 의료 심리학자/심리치료사들과 동료 3인조로 그의 심리치료 작업을 위한 자신만의 동료 수퍼비전을 마련했다. 매번 모임에서 셋 중의 한 사람은 수퍼바이저로서 차례가 왔다. 다른 두 사람 각각은 40분간 수퍼비전을 받았다. 각 사람의 수퍼비전의 끝에 그 수퍼바이지는 그가 발견한 도움이 될만한 것과 어려운 것을 수퍼바이저와 나누고 그 뒤 그 수퍼바이저는 그 세션에 대한 자기 성찰을 나누었다. 이것은 세 번째 구성원에게 이어지는데 그는 관찰하고, 수퍼바이저에게 긍정적이고 발전적인 피드백을 준다. 이런 방식은 자기 심리치료에 대한 수퍼비전을 받을 뿐만 아니라 어떻게 수퍼비전했는지에 대해 성찰과 학습을 원하는 3인조 사람들의 필요에 적합하다.

동료 수퍼비전은 개별적으로 대등하거나 비슷한 요구와 접근법과 전문지식 수준을 가진 사람들 그룹에서 있을 수 있다. 그 이야기도 역시 당신의 직속 일터 안에서뿐만 아니라 당신의 단체 안에서나 다른 단체 출신의 사람들과 비슷한 일터에서도 동료 수퍼비전을 찾는 것이 어떻게 가능한지를 설명한다. 우리는 많은 직원이 자신민의 동료 수퍼비전 시스템을 세우는 것을 돕는 데 관여해 왔다. 이는 한 지방정부 당국에서 상호 수퍼비전을 해주는 아동보호소 소장들과 또 다른 지방정부 당국에서 동료 수퍼비전을 위해 정기적으로 모이는 관리부장 한 그룹, 그리고 숙련된 심리치료사, 임원 전문 코치들, 지역사회 정신보건팀 상호간 동료 수퍼비전 시스템을 포함한다.

동료 수퍼비전을 활발하게 장려해온 영역은 심리치료 분야이다. 이는 한 사람의 직업 경력을 통하여 지속적인 수퍼비전에 대한 직업의 전문적 헌신으로 이루어졌다. 5년마다 멤버십을 갱신해야 하는 회원들이 후원하였고, 갱신할 때는 현재 무슨 수퍼비전을 맡고 있는지 명시해야 한다.

동료 수퍼비전은 분명히 많은 이점이 있지만, 또한 많은 함정과 덫도 있다. 지정된 그룹 리더가 없는 경우에 견고하고 분명한 구조가 더욱 필요하고 그룹 구성원들의 더 큰 헌신을 필요로 한다. 가이 휴스턴Gaie Houston(1985)은 동료 그룹이 빠지기 쉬운 몇몇 덫과 업무분석에서 명명한 게임에 대해 썼다.

- **'가장 유능한 존재가 되려는 경쟁'**: 다양한 구성원들이 자신이 얼마나 일을 잘하는지를 서로 보여주려는 욕구 때문에 매우 경쟁적이 되는 그룹을 기술했다. 그들은 흔히 다음과 같이 말하곤 한다. '내 고객은 아주 협조적이야……. 내 경우를 말하자면 나는 그들을 많이 도왔어', '그건 정말 굉장한 경험이었어'. 또 계속해서 이렇게 쓴다. '내가 아는 한 미국인 컨설턴트는 이 활동을 '수탉 무게 달기'라고 부른다. 그 안의 모든 주장은 "내 것은 네 것보다 더 낫다."라는 것이다. 한 사람이 이긴다면 그리고 가장 크거나 최고라는 평가를 받는다면 다른 누군가는 진다는 것을 알기에 모두가 긴장한다.' (Houston 1985)
- **'끔찍하지 않아요?'**: 이 게임에서 동료 그룹은 둘러앉아 서로의 무력감을 강화한다. 이 게임의 한 가지 변형은 이 '주최 측'이나 '병원'에서 일하는 것에 당신이 얼마나 화가 났는지를 나누면서 시간을 보내는 것이다. 또 다른 변형은 치료사나 상담가가 고객들이 얼마나 지긋지긋하고 악의적인지, 최선을 다하며 노력하는 당신에게 저항하며 조종하는 존재인지 얘기하면서 시간을 보내는 것이다. 이것은 '고객을 이해하라'라고 부르는 또 다른 게임으로 이어질 수 있다.
- **'우리는 모두 너무 훌륭해'**: 동료 그룹원들은 호의를 호의로 갚는 무의식적인 보답으로 다른 동료 구성원에게 지나친 찬사를 듬뿍 줌으로써 비난받을지도 모른다는 염려를 피할 수 있거나 알아차리게 된다. 이것은 은밀한 '보호 보장protection racket'이고, 장기적으로 그 그룹이 새로운 구성원이 가입하거나, 이것이 숨겨진

것을 폭로할 위협이 될 수도 있기 때문에 기존 구성원이 탈퇴하려고 할까봐 너무 두려워한다는 것이 분명해진다. 존 헤론John Heron은 이것을 여론 담합consensus collusion으로 표현한다(Heron 1975).

- **'누가 최고의 수퍼바이저인가?'**: 이것은 직접적이지만 흔히 그룹 수퍼바이저가 없음으로써 생긴 공백을 채우려고 하는 보이지 않고 의식하지 못하는 경쟁이다. 그것은 그룹원들이 가장 현명하거나 가장 유익한 언급을 하려고 긴장하거나, 이 접근법 또는 저 접근법의 효능에 대한 지엽적인 논쟁으로 혼란에 빠질 때 나타날 수 있다. 동료 그룹에는 흔히 그룹 역동을 다루는 기제가 없고, 진행 중인 프로세스를 지적하는 그룹원은 불행하게도 '수퍼바이저'가 되려는 경쟁에 휘말릴 수도 있다.

- **'환자를 사냥하라'**: 그룹은 가족처럼 한 구성원을 환자로 간주해서 다른 사람들이 별로 원하지 않는 부적절하고 힘든 감정에 대한 초점을 확인할 수 있다. 주목받는 환자identified patient를 정하는 것은 또한 다른 그룹원들이 치료사의 안전하고 잘 알려진 역할로 숨게 하고, 단결하여 뽑힌 환자를 치료하려고 하는 것을 묵인한다. 이를테면 한 보호관찰사를 동료 그룹의 모든 폭력에 대한 두려움을 짊어지기 위해 뽑는다. 이 구성원이 그들의 두려움을 탐색하는 것을 다른 구성원들이 '돕는' 동안, 그들은 또한 자신들 안에 있는 비슷한 두려움을 직면하는 것에서 자신들을 보호한다.

이러한 게임들은 동료 그룹만의 유일한 특권이 아니라, 프로세스를 지켜보는 외부의 퍼실리테이터가 없음으로 인해 그 일이 (또는 그 중의 하나가) 몇몇 다른 게임으로 빠지는 더 큰 위험이 있다.

동료 수퍼비전 그룹을 형성하는 방법

동료 수퍼비전이 많은 함정이 있지만, 제대로 조직된다면 많은 이점도 있다는 것은 분명하다. 성공적인 그룹을 운영하기 위한 몇 가지 권고 사항은 다음과 같다.

- 다양한 접근법 외에도 가치를 공유하는 그룹을 형성하라. 적절히 합의된 언어와 신념체계 안에서 함께 대화할 수 있다는 것은 중요하지만, 모두가 같은 교육을 받고 작업 스타일이 같다면 그 그룹은 더 공모하게 되고 더 다양한 관점이 결핍될 수도 있다.
- 그룹은 7명 이상 되어서는 안 된다. 게다가 모든 구성원의 필요를 충족하는 충분한 시간을 보장해야 한다. 그룹이 정기적으로 최소 두 시간이나 세 시간 동안 모임을 갖지 않는 한 수퍼비전을 원하는 많은 고객을 가진 7명의 동료 수퍼비전 그룹을 세우는 것은 아무 소용이 없다.
- 책임에 대해 분명히 하라. 그룹원들이 마땅히 해야 한다고 생각하고 그 다음에 약속을 이행하지 못해서 어정쩡한 태도를 취하는 것은 도움이 되지 않는다. 구성원들은 수퍼비전 모임에 대한 자신들의 저항을 나누고, 가능하다면, 어떻게 피할 수 있는지 아니면 그것이 어떻게 수퍼비전 그룹을 방해할 수 있는지에 대해 나눌 수 있어야 한다. 예를 들어, 한 구성원이 자신이 더 긴급한 용무로 너무 바빠질 것 같다고 그룹에게 통보할 수도 있고, 반면에 다른 구성원이 그의 방식이 골칫거리가 된다고 말할 수도 있다.
- 명확하게 계약하라. 시간제한이나, 비밀보장, 그리고 시간은 어떻게 배분할 것인지 그리고 그 과정은 어떻게 운영될 것인지 뿐만 아니라 모임의 빈도와 장소도 분명해야 한다.
- 한 구성원이 수퍼비전에 내놓은 고객을 아는 그룹원이 있다면 이를 어떻게 다룰 것인지 분명히 하라. 그 고객이 논의되는 동안에 그 사람이 그룹을 빠질 것인가? 그 작업자가 다른 곳에서 그 사람에 대한 수퍼비전을 받을 수 있게 할 것인가?
- 기본 원칙을 정하라. 예를 들어 구성원들은 직접적이고 균형 잡힌 그리고 자신만의 피드백을 준다. 잘난 체하는 조언은 자제한다. 시간은 동등하게 분배한다.

- 다양한 기대에 대해 분명히 하라. 어떤 구성원들은 다른 사람들이 편안하게 느끼는 것보다 자신의 개인적인 프로세스에 더 집중하기를 기대할 수 있다. 다른 사람들은 다른 곳에서 개별적인 수퍼비전을 받을 수 있는 반면에, 어떤 구성원들은 자신의 모든 고객 작업이 그룹에서 다루어지기를 기대할 수도 있다. 다른 사람들이 역할극이나 다른 경험적 기법을 사용하기를 기대하는 반면 어떤 구성원들은 다음에 어떻게 해야 할지에 대해 훨씬 더 많은 조언을 기대할 수도 있다. 어떤 숨겨진 그룹 안건이 있다면 발견하려고 노력하라. 우리는 그들의 관계를 다루는 두 개의 분리된 하위 그룹으로 구성된 하나의 동료 그룹을 우연히 발견했다.
- 모든 구성원들이 그들이 나누는 것과 관련해서 그룹에서 그들이 필요로 하는 것에 대해 분명히 하도록 격려하라. 그들은 단지 들어주는 것이 필요한지, 피드백을 받는 것이 필요한지, 고객에게 했던 인식하지 못한 대응을 탐구하도록 촉진하는 것이 필요한지, 또는 다음은 어디로 가야 하는지 탐색하고 다양한 옵션에서 어느 것을 선택할지 등을 분명히 하게 한다. 그 사람이 원하는 것을 모른다면 '어떻게 오늘 이 특별한 이슈를 가져오게 되었나요?' 또는 '이 사례와 관련해서 당신에게 필요한 것은 무엇인가요?'라고 묻는 것이 흔히 유용하다.
- 일상적인 시간을 정하라. 정해진 친교나 일상적인 대화의 시간이 없다면, 서로의 소식을 묻는 일이나, 잡담이나 개인적인 연락은 흔히 그룹의 다른 할 일을 방해할 수 있다. 어떤 동료 그룹은 수퍼비전 그룹의 시작이나 끝에 짧은 친교의 시간을 정해 놓는다.
- 역할 기대에 대해 명확히 하라. 누가 시간제한을 관리하거나 어떤 방해물을 다룰 것인가? 누가 공간을 준비할 것인가? 매번 촉진하는 책임을 진 한 사람을 둘 것인가 또는 이것이 그룹 프로세스에서 나오게 할 것인가?
- 각 모임에(5분에서 10분 정도만 필요하다) 각 사람에게 수퍼비전이 어땠는지에 대한 피드백을 주는 시간을 만들라. 여기에는 감사하거나 억울함을 표출하는 시간도 포함될 수 있다.

- 모든 구성원이 그룹에서 자기 역할에 대한 피드백을 받고, 그룹의 역동을 살피고, 계약이 재협상되는 경우 몇 개월마다 복습 세션을 계획하라. 팀의 역동을 탐구하는 다음 장에서 언급된 많은 연습과 접근법은 자체 점검에서 동료 그룹이 채택할 수 있다.

그룹 수퍼비전을 구조화하는 많은 제안 또한 동료-그룹 수퍼비전에 적용한다.

결론

학습 기회 제공과 다양한 관점 제공으로 그룹 수퍼비전은 분명히 개별 수퍼비전 이상으로 많은 이점이 있다. 반면 잠재적 함정도 많다. 그렇게 이끄는 수퍼비전 그룹은 그룹의 역동을 알아야 하고 그 역동과 작업해야 한다. 그리고 그룹 리더십과 역동에 대해 훈련할 필요가 있다. 동료 그룹은 또한 주의를 돌리거나 방해하기sabotaging보다 수퍼비전 과제를 계속 건강하게 지지하기 위하여 그들 자신의 프로세스를 다루는 시스템을 가져야 한다. 수퍼비전 모드는 수퍼비전 받는 것을 성찰해야 하고, 그래서 그룹 수퍼비전의 어떤 유형은 그룹 작업에 대해 수퍼비전 받는 사람들에게 이상적으로 맞는다. 그룹 수퍼비전은 또한 한 사람의 개별적 작업을 성찰할 때 누군가 활용하는 관점의 범위를 확장하는 데 유용하다. 그렇지만 심층 개인 상담과 심리치료의 경우에, 그룹 수퍼비전은 개인적 수퍼비전의 대체물보다는 부가물이 되어야 한다는 것을 권고하고자 한다. 이에 대한 예외는 동료나 그룹 수퍼비전이 충분한 선임권을 가진 수퍼바이저를 찾는 데 어려움이 있고 자기 개인 역량 뿐만 아니라 통합된 형태의 셀프-수퍼비전을 개발한 고위 프랙티셔너에게는 동료나 그룹 수퍼비전이 꽤 적합할 수 있다는 것이다(2장 참조).

12장. 팀과 팀 개발 수퍼비전하기

> 서론
> 팀 수퍼비전
> 고성과 팀이란 무엇인가?
> 팀 개발과 팀 코칭을 대상으로 작업하는 중요한 방법
>   팀 전체와 계약하기
>   위임하기
>   명료화
>   공동 창작
>   연결
>   핵심 학습
> 팀 촉진, 컨설팅, 팀 코칭수퍼비전
> 6단계 팀 코칭과 수퍼비전 모델
> 결론

서론

이전 장에서 수퍼비전 그룹에서 일어날 수 있는 몇 가지 역동을 간단히 언급하였다. 이번 장에서는 우선 수퍼비전 그룹이 같이 일하는 팀이라면, 그룹 수퍼비전이 어떻게 달라져야 하는지를 탐구한다. 그리고 나서 고성과 팀의 몇 가지 특징을 설명한다. 이는 수퍼바이지가 팀 이슈와 복잡한 팀 역동을 수퍼비전에 가져오기 때문에, 개별적으로만 수퍼비전하는 사람들에게도 유의미하다. 또 모든 수퍼바이저들이 필요할 때 적절한 형태의 팀 개발을 권고할 수 있게 하는 것이 중요하며, 우리는 각양각색의 다양성이 가능하다는 것을 분명히 밝힌다. 그 뒤 팀의 역동을 촉진하거나 전체 팀 코칭에 관여하는 법을

살펴본다. 그러한 직업을 수년 이상 수퍼비전을 해온 호킨스(Hawkins 2011a)가 개발해 온 팀 촉진, 팀 코칭 또는 팀 컨설팅 수퍼비전을 위한 모델을 제안한다.

그룹이 같이 일하는 팀을 구성한 고객 작업에 대한 그룹 수퍼비전을 팀 수퍼비전으로 정의한다. 팀의 성과와 기능을 개선하는 데 초점을 둔 팀 개발과는 다르다고 본다. 팀 코칭은 시간이 지나면서 팀 개발 작업의 특별한 형태가 되었다. 팀 수퍼비전은 팀의 역동을 다루는 것을 포함하므로 팀 개발에 기여해야 하지만 이는 주요 초점이 아니다.

우리는 모든 수퍼바이저가 팀 코치가 되기를 기대하지 않는다. 그것은 다양한 전문가 교육을 요구하지만, 순전히 개별적으로 일하는 사람들을 포함하여 모든 수퍼바이저는 자신이 수퍼비전하는 사람들의 직장 생활 양상과 맥락을 다루기 위하여 팀과 팀 개발 형태가 가능하다는 것을 이해해야 한다. 또 어떤 수퍼바이저들은 팀 리더들을 수퍼비전할 것이고, 이는 그들의 주요 업무 가운데 하나가 자기 팀 개발이나 팀 코칭인 경우이다.

팀 수퍼비전

팀 환경에서의 수퍼비전이 다른 형태의 그룹 수퍼비전과는 다르다고 인식하는 것이 중요하다. 이는 단지 합동joint 수퍼비전 목적을 위해서 모인 것이 아니라 그룹 외부의 직장 생활과 밀접한 관련이 있는 그룹과의 작업을 포함한다. 그러므로 비록 이전 장에서 개요를 설명한 그룹 수퍼비전에 대한 많은 접근법이 관련 있지만, 다루어야 할 다른 요인들이 있다.

정신과 병원의 정신보건 팀이나 보호소 직원처럼 같은 고객과의 작업을 공유하는 팀과, 비록 비슷한 접근법으로 같은 지역에서 일하는, 지역 보건의 실습이나 현장 사회복지 팀처럼 별개의 고객을 가지고 있는 팀 사이에는 차이점이 있다. 팀의 특성을 분류하는 간단한 방법은 운동에 비유하는 것이다. 축구팀에서는 모든 구성원이 동시에 같은 경기를 하고, 각각 다른 특정한 역할을 가지고 있지만, 매우 상호의존적이다.

테니스 경기에서 팀 구성원은 같은 경기를 하지만 개개인이거나 둘씩 짝을 지어 한다. 육상 경기 팀에서 구성원들은 아주 다른 종목에 다른 시간대에 참가하지만 가끔 함께하고(릴레이로), 함께 훈련하고, 그들의 점수를 합산하고 서로 사기를 진작한다. 케이시Casey(1985)는 모든 일이 팀에서 처리되어야 하고 팀워크가 필요할 때 결정할 수 있는 모델을 제공해야 한다는 생각은 위험하다고 경고한다. 페인Payne과 스코트Scott(1982) 역시 어떤 종류의 수퍼비전이 어떤 종류의 팀에 적절한지에 대한 지침을 제공한다.

수퍼비전에서는 자주 '저 바깥에out there' 있는 고객이 아니라 어떻게 그 고객이 수퍼바이지 내면의 삶으로 들어오는지를 다루기 때문에, 서로의 고객을 알고 있는 팀 수퍼비전은 이점과 약점이 다 있다.

아동보호소 직원인 제인Jane은 로버트Robert라는 이름의 한 까다로운 소년에 대해 그녀의 마음에서 우러나는 격앙된 감정을 탐색하고 있었고, 그 팀의 다른 구성원들은 로버트Robert를 다루는 그들의 방식을 모두 질타했다. 수퍼바이저는 로버트가 그녀에게 촉발하는 것이 무엇인지, 그녀에게 누구를 생각나게 하는지를 제인이 탐구하고, 그 아이에게 반응하는 더 많은 옵션을 만들어 내도록 돕기 위한 자리를 아주 힘들게 재개해야 했다. 팀 수퍼바이저는, 그녀가 고군분투하는 로버트가 그들이 각각 관련된 어떤 로버트들과 거의 다른 로버트라고 생각할 수 있다는 것을 팀에게 지적하면서 이 공간을 만들었다. 이것은 두 가지 이유로 맞는 말이다. 첫째, 로버트는 매우 파편화되어있고 각 직원에게 꽤 다른 모습을 보이는 교활한 소년이었지만, 모든 직원이 저마다의 성격과 내력 그리고 반응하는 방식에 따라 그 아이에게 다양하게 영향받기도 했다.

이 경우 제인은 보호받는 입장이 되거나 아니면 로버트에게 대처하지 못하고 로버트와 그를 대상으로 하는 팀 작업의 무력한 측면을 감당하도록 재빨리 은밀히 뽑힌 직원이 되었을 것이라는 사실이 중요하다. 팀이 그녀에게 이 소년을 다루는 좋은 아이디어를 제공하게 함으로써, 그 수퍼비전은 팀 내에서와 그 뒤 로버트

> 에게서 분열을 심화시키는 데 밀약했을 것이다. 확실히 제인의 무력감을 다루고, 그녀가 자신을 이해하고 스스로 더 창의적인 선택을 하도록 도운 다음에, 팀 수퍼바이저는 팀에게 관심을 돌려 그들의 다른 경험과 소년의 관점을 탐구하는 것이 가능해졌다. 그래서 그들은 그 팀 전체에 흩어진 분열된 감정들을 하나로 모을 수 있었다.

팀 수퍼비전을 수행할 때 그룹 선정이 여전히 문제이다. 첫째, 그 팀의 경계를 정해야 한다. 보조 직원이나 사무직원이나 훈련생들을 포함하는가? 만약 그들이 전문가로 이루어진 팀이라면, 포함과 배제의 이슈가 더 많은 논쟁을 초래한다.

둘째, 팀 수퍼비전은 팀 구성원의 고객 작업뿐만이 아니라 구성원들 사이의 동료 관계도 다루어야 한다. 8장에 다음과 같이 썼다. '우리는 개인 수퍼바이저로서 흔히 수퍼바이지가 고객과의 작업보다 동료들과의 어려운 관계 때문에 스트레스를 받는다는 것을 알았다.' 또 스케이프Scaife(2001)는 이렇게 썼다. '우리 경험에서 고객과 관련된 작업에서 일어나는 감정의 범위는 동료가 유발한 것보다 크지 않다면 최소한 동등하다.' 비록 가끔 개인 수퍼비전에서 동료 관계를 다루는 것이 유용할 수 있지만, 당사자들이 다 참석할 때 더 효과적으로 다루어진다.

팀 수퍼비전에서는 동료 갈등을 대인관계 수준에서나 팀 역동의 증상, 단체의 갈등, 또는 고객 역동의 집단적 평행화로서 다루어야 하는 범위를 탐구하는 것이 가능하다. 좋은 팀 수퍼비전은 또한 '우리 같은 사람들'로 빈자리를 더 채우려는 경향이 보이는 위험성을 팀에게 경고해야 한다. 팀에게는 어느 정도의 동질성을 갖는 것이 필요하지만, 또한 성격유형, 나이, 성별과 기술 면에서도 균형이 필요하다. 벨빈Belbin(1981)은 효율적인 팀이 되는 데 필요한 역할 범위에 관한 고전적 연구를 수행했다.

팀 수퍼비전은 수퍼비전 그룹에 속한 개개인 외에도 팀 자체가 수퍼비전이 필요한 독립체로 간주될 수 있다고 가정한다. 우리는 팀을 구성원의 총합 이상이면서 그 자체의 인격과 내면생활을 가진 독립체로 간주한다. 이것을 어떤 저자들은 팀 문화와 팀 역동이라고 한다. 이 장 후반부에서 이것을 더 논의할 것이다. 팀 수퍼비전이 팀 개발에 대한 어떤 관심을 불가피하게 포함하고 있기에 수퍼비전의 다른 형태와 다르다는 점을 주목하는 것이 중요하다.

스티브 파인맨Steve Fineman(1985)은 사회복지 부서에 관한 그의 연구에서 5개의 다른 팀을 살펴보았다. 한 팀이 다른 네 팀보다 훨씬 높은 사기와 낮은 수준의 스트레스를 유지하는 데 두드러지게 더 효과적이었다. 이런 성공을 거둔 주요 요인 가운데 하나는 팀 리더에 의한 효과적인 수퍼비전이었다.

> 상호 신뢰 확립은 지지를 장려하는 팀 리더의 활동과 연계되어 있음을 발견했다. 사실 - 자신과 다른 사람의 보고서에서 그가 가장 심각하고 민감하게 판단했던 - 전문적인 문제에 대한 직원과의 통합 회의는 아마도 지지적 분위기를 만드는 데 중요한 요소였을 것이다. (Fineman 1985:106)

팀 수퍼비전은 팀 역동과 팀 개발을 다루는 동안 팀 개발의 대체물이 아니다. 팀 수퍼비전은 우선적으로 어떻게 팀과 그 구성원들이 개별적으로 또 공동으로 고객 작업을 수행할 것인지에 초점을 둔다. 팀 개발은 여러 형태가 있으나 우선하여 집단적 팀의 성과와 과정을 개선하는 데 초점을 둔다.

고성과 팀이란 무엇인가?

고성과 팀을 구성하는 주요 요소에 관한 많은 연구가 있다(Katzenbach & Smith 1993; Hackman & Wagerman 2005; Wagerman 외 2008; Hawkins 2011a 참조). 카첸바흐와 스미스Katzenbach & Smith(1993)는 고성과 팀에 다음과 같은 특징이 있다는 것을 발견했다.

- 서로 공유하고 소유한 목적과 큰 목표
- 구체적인 팀 성과 세부목표
- 공유된 접근법

- 상호 책임적인
- 칭찬의 기술과 스타일
  - 기술적/기능적
  - 문제 해결/의사결정 스타일
  - 대인관계의 스타일과 성격유형

호킨스Hawkins(2011a)는 고성과 팀이 정기적으로 5가지 주요 훈련([그림 12.1] 참조)을 다룬다고 주장한다. 팀이 성공하기 위해서는 '분명한 위임하기clear commissioning'가 필요하다. 이것은 명확한 목적과 팀 성과를 평가하는 성공 척도를 규정한다. 그러면 그 팀은 의도, 목적과 목표, 핵심 가치, 작업 방식, 역할과 기대 그리고 중요한 것은 성공을 위한 강렬한 비전을 포함한 팀 자체의 사명을 명확히 해야 한다. 이것을 실행하는 것은 색다른 도전이다. 팀은 지속해서 함께 공동 창조하고, 함께 작업 과정을 다루고, 그 사명이 성과에 유익한 영향력을 갖도록 해야 한다. 그리고 팀은 직원과 이해당사자들을 참여시키고, 관계를 변화시켜 조직의 성과향상을 이끌어야 한다. 모델의 중심에는 한가운데 자리잡고 다른 넷보다 위에 있는 핵심 학습이 있다. 이는 팀이 물러나 자신들의 성과를 성찰하여 다음 활동주기에 대한 학습을 강화하는 지점이다.

고성과 팀은 5가지 훈련에 모두 유능해야 한다. 비록 이 훈련을 통해 움직이는 뚜렷하게 함축된 진전이 있다 해도, 그것들은 계속되는 주기이고 그들은 서로 지속해서 대화한다. 사례에서 보듯이, 위임하기가 분명하지 않다면, 그 팀은 그들만의 사명을 창출하는 것과 이해당사자의 합의를 확고히 하는 것 사이에 대화가 있어야 한다. 고성과 팀은 점검하기 위해 타임아웃을 하고 내부적으로 또 외부적으로 그들만의 팀 작용을 훈련하고 더 배우는 것 사이에 그리고 그 안에서 패턴을 성찰한다. 훌륭한 팀은 무엇이 필요한지 정확히 알고 자신들의 공동 목적에 열정을 가지고 있는 사람들이다. 그들은 서로 성공, 좌절, 학습에 대해, 팀과 보고해야 하는 사람들과 그 주요 관계자들 사이의 파트너십의 진정한 의미에 깊은 관심을 두고 있다. 이것은 우연히 일어나지 않는다. 5가지 훈련이 준비되어 있고 일관되고 균형 잡혀 있을 때 일어난다.

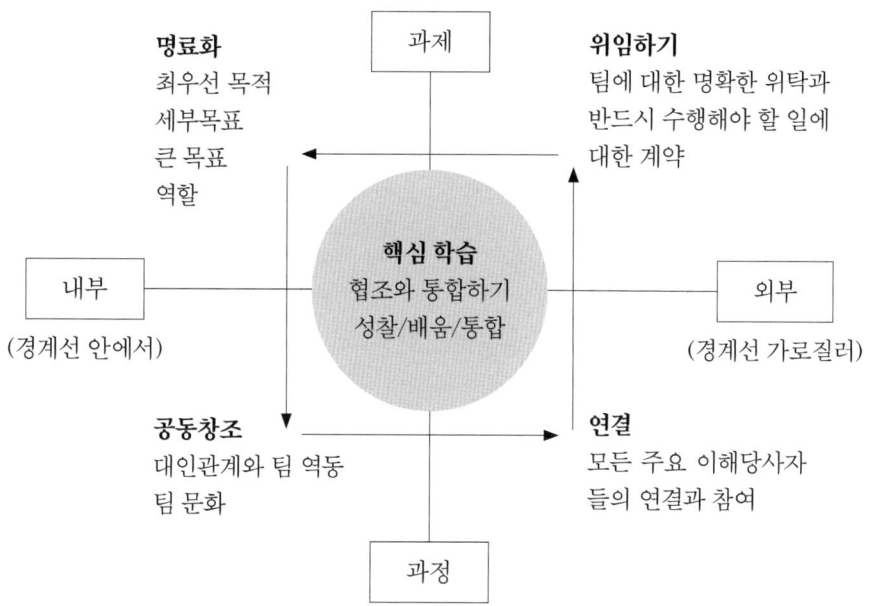

[그림 12.1] 고성과 팀의 5가지 훈련(Hawkins 2011)

팀 개발의 다양성

팀은 그들의 개발에 매우 많은 관심을 두지 않고는 고성과를 낼 수 없다. 팀 수퍼바이저는 자신이 수퍼비전하는 팀이 팀 개발의 어떤 유형에서 유익을 얻을 수 있다고 권고할 수 있고, 만일 그러한 팀 개발의 가능한 여러 다양성을 그들이 안다면 그것은 매우 유용하다. 팀 개발을 권고하거나 추구할 때의 어려움 가운데 하나는 그 분야에 있는 많은 추정과 제한적 신념들이다. 팀 수퍼비전이나 팀 개발을 제공할 때 중요한 것은 팀과 팀 개발에 대한 몇몇 제한적 사고방식에 도전했다는 것이다. 호킨스와 스미스(2006)의 글에 그러한 신념들과 가능성 있는 해결책의 개요가 있고 여기 [표 12.1]에 인용하였다.

[표 12.1] 팀 개발 작업의 10가지 제한적 사고방식: 반대 의견(Hawkins & Smith 2006)

제한적 사고방식	해결책
1. 팀 구축은 팀이 처음 형성될 때만 해야 한다.	최고의 팀은 평생의 학습과 개발에 관여한다.
2. 팀 개발은 사태가 어려워질 때만 필요하다.	이혼 법정에서 관계의 문제를 처음 제기한다면 너무 늦었다!
3. 팀의 성과는 팀 구성원들 성과의 총합이다.	팀 성과는 각 구성원들의 총합 이상일 수도 있고 그 미만일 수도 있다.
4. 팀 개발은 서로 더 잘 이해하게 하는 것이다.	팀 개발은 팀이 모든 이해당사자들을 어떻게 잘 이해할 것인가와 또 조직의 더 큰 사명에 맞추는 것에 관한 것이다.
5. 팀 개발은 팀이 더 나은 회의를 하는 것에 관한 것이다.	팀 성과는 팀이나 그 하위부서가 팀의 이해당사자와 함께 참여할 때 일어난다. 팀 회의는 시합이 아니라 그 자체로 훈련장이다.
6. 팀 개발은 따로 정한 날에 외부 장소에서 하는 것이다.	팀 개발은 외부 장소에서 따로 정한 날 할 수도 있지만 핵심 개발은 함께 일하는 열기 속에서 일어난다.
7. 팀 개발은 팀원 간 상호신뢰에 관한 것이다.	사람 사이의 완전한 신뢰는, 특히 작업팀에서는 실현할 수 없는 목표다. 좀 더 유용한 목표는 그들의 불신을 드러낼 수 있을 만큼 팀이 서로 신뢰하는 것이다.
8. 팀 내의 갈등은 나쁜 것이다.	너무 많거나 너무 적은 갈등은 팀에 도움이 되지 않는다. 훌륭한 팀은 그들의 더 넓은 시스템 내에서 대립하는 요구를 통해 창의적으로 일할 수 있다.
9. '같은 일을 함께 하지 않는 한 팀이 아니다.'	팀은 구성원들이 서로 협력하지 않고는 일할 수 없는 조직을 공유하는 것으로 정의될 수 있다.
10. 팀 개발은 그 자체로 중요한 것이다.	팀 개발은 팀의 사업 성과 향상에 관련되었을 때에만 가치가 있다.

호킨스(2011a)는 다양한 그룹과 팀 코칭과 개발 과정의 분류를 제안한다. 팀 개발을 추천하거나 요청하는 사람들과 그 영역을 가르치고 조사하고, 그것을 제공하는 사람들에게 유익하고 그 현장을 명확하게 하기 위해서다.

1. 팀 개발
2. 팀 구축

3. 팀 촉진
4. 팀 프로세스 자문
5. 팀 코칭

팀 개발

이것은 팀이 수행하는 어떤 프로세스로써 외부의 지원이 있든 없든, 합동 과제를 가지고 잘 협업하는 능력capability과 수용력capacity을 개발하는 것이다. 팀 개발은 해외 원정 행사부터, 유대감 형성을 위한 재미있는 활동, 자체 행동에 대한 팀 분석, 작업 프로세스나 기간에 대한 검토 등 여러 형태를 취할 수 있다. 그렇지만 이에 대한 연구 결과는 팀의 유대와 팀 성과에 영향력 있는 팀 활동 결과의 적은 증거만을 보여준다 (Katzenbach & Smith 1993; Klien 외 2009; Kriek & Venter 2009; Wagerman 외 2008).

팀 구축

팀 구축은 팀 개발의 초기 단계에 팀을 돕는 한 과정이다. 그래서 터크맨Tuckman(1965)이 형성과 규범화의 단계라고 이름 붙인 것에 초점을 두는, 팀 개발의 하위 범주로 보일 수 있다. 웨이저맨Wagerman 외(2008), 해크맨과 웨이저맨Hackman & Wagerman(2005), 호킨스(2011a) 같은 여러 저자가 초기 팀 참여의 이 단계가 팀 성과에 대한 사명과 목표 그리고 기대에 초점을 맞춤으로써 가장 잘 달성될 수 있다고 주장한다.

팀 촉진

팀 촉진은 특정한 개인 (또는 개인들)이 팀을 위해 과정을 관리하면서 팀을 촉진해야 할 때도, 팀 구성원들이 그 과제에 자유롭게 집중할 수 있게 한다. 다음의 경우를 포함해서, 퍼실리테이터가 팀을 촉진하는 광범위한 영역이 있다.

- 특정한 갈등이나 곤경을 해결하기
- 운영하고 관계 맺는 팀 방식에 대한 팀 점검 수행하기
- 전략이나 계획한 과정을 가능하게 촉진하기
- 따로 날을 정해 외부활동 운영하기

분명히 팀 촉진을 가능하게 하는 많은 요구가 있겠지만, 그것들은 대체로 팀 퍼실리테이터가 구체적인 과정을 가능하게 하는 데 집중할 것을 권하고 내용이나 팀 성과에 관여하지 않는다.

팀 프로세스 자문

팀 프로세스 자문은 팀 컨설턴트가 팀의 모임과 계획된 세션을 수행하는 팀 옆에 앉아서 '어떻게' 그 팀이 팀 업무에 착수하는지 성찰하고 검토하는 팀 촉진의 한 형태이다. 샤인Schein(1988:34)은 프로세스 자문을 다음과 같이 정의한다. '고객이 인식하고, 이해하고, 고객 환경에서 발생하는 프로세스 결과에 따라 행동하도록 돕는 컨설턴트 측의 일련의 활동이다.' 이 프로세스 컨설팅은 그것이 진행하는 것처럼 팀이 그 과정을 성찰할 수 있는 개입뿐만 아니라, 회의 전, 회의 중 그리고 끝에, 다양한 피드백과 탐구 과정을 진행할 수 있다.

팀 코칭

최근에 많은 여러 연구자가 이 분야를 명확하게 하려고 부단히 노력한 결과 팀 코칭에 대한 다양한 정의가 나왔다. 해크맨과 웨이저맨이 제안한 팀 코칭의 정의는 구성원들이 협력할 수 있도록 만들어진 팀과 팀 작업의 완수를 위해 그들의 공동 자원을 적절히 사용하는 업무의 '직접적인 상호작용'이다(Hackman & Wagerman 2005:269). 이것은 분명하게 팀 구성원들만이 아닌 전체 팀 작업이 포함되는 것을 나타내며, 업무와

최상의 자원 활용에 초점을 둘 것을 강조한다.

데이비드 클러터벅David Clutterbuck(2009:77)은 팀 코칭을 '팀이 성과를 향상하는 걸 돕는 것이고, 성찰과 대화를 통해 성과를 내면 그 프로세스는 성취된다'라고 정의한다. 그는 팀 코칭이 성과와 프로세스 초점을 어떻게 결합해야 하는지 매우 유익하게 보여주며 그의 책 다른 곳에서 매우 유용하게 팀의 지속적인 학습의 측면을 상세히 설명한다(2009:123-198).

호킨스와 스미스(2006:62)는 팀 코칭을 '팀이 그 사명을 명료화하고 내부적 또 외부적인 관계를 개선함으로써, 부분들의 총합보다 더 기능하게 하는 것. 그러므로 그것은 자신들의 팀을 이끄는 법에 대해 팀 리더를 코칭하는 것이나 그룹 환경에서 개개인을 코칭하는 것과는 다르다'라고 정의한다.

호킨스(2011a)는 이것을 더 발전시켜 팀 코칭이 업무와 팀 구성원들이 어떻게 서로 관여하는지 뿐만 아니라, 어떻게 팀이 모든 이해당사자와 관계 맺고, 공유된 가치를 창출하는지에도 초점을 맞추어야 한다고 제안한다. 이어서 체계적 팀 코칭을 다음과 같이 정의한다. '체계적 팀 코칭은 팀 코치가 전체 팀과 작업하는 과정이다. 그들이 함께할 때나 떨어져 있을 때나, 공동의 성과를 향상하고, 어떻게 함께 일하고, 또한 어떻게 함께 더 넓은 사업으로 변화시키기 위한 모든 주요 이해당사자 그룹과 더 효율적으로 관계 맺는 공동의 리더십을 개발하는지를 돕기 위하여 작업하는 모든 과정이다'(Hawkins 2011a:60).

이와같이 우리는 팀 코칭이 전체 팀과 코치 사이에 일정 기간 다음과 같은 개선해야 할 사항들을 위한 공동 작업으로 생기는 관계 그 자체와는 구별된다고 주장한다. 즉 공동의 팀 성과, 같이 하는 작업의 과정, 그들 모두의 이해 관계사들과 관계 맺는 과정, 그리고 그들의 집단적이고 개별적인 학습과 개발 등이다.

팀 코칭은 위에 언급한 모든 5가지 고성과 팀 훈련을 연구 대상으로 해야 하고, 그 각각은 다양한 팀 코칭 접근법이 필요하다. 개인, 대인관계, 그룹, 단체, 더 넓은 체계, 그리고 사업 역동을 연결할 수 있는 팀 코치는 그 팀이 고성과를 낼 뿐만 아니라 그들이 일하는 체계를 위한 더 큰 가치를 창출해낼 수 있도록 돕는다.

팀 개발과 팀 코칭을 대상으로 작업하는 중요한 방법

여기서는 팀 코치가 각각의 5가지 훈련에서 사용될 수 있는 팀 개발 방법의 개요를 설명한다. 이 가운데 몇 가지는 팀 수퍼바이저나 팀 리더들에 의해 사용되었다.

호킨스(2011a)의 책에서 저자는 6장에 수퍼비전 모델에서 개술한 CLEAR 단계에 앞서는 3가지 단계의 필요를 보여주는 팀 코칭 프로세스 모델(CIDCLEAR)을 제공하였다. 이 3가지 초기 단계는 계약Contracting, 탐문Inquiry, 진단Diagnosis과 설계Design이다. 초기의 계약은 흔히 팀 리더나 팀 개발의 후원자와 하는 것이고, 그것은 팀 전체와 모든 구성원들과의 계약과 혼동하지 말아야 하며, 보통 탐문과 진단 시기 이후에 일어난다. 이것은 모든 팀 구성원들과 개별적으로 만나는 팀 코치와 어쩌면 팀 이해당사자들, 그리고/또는 모든 주요 대상자에게서 데이터를 모으기 위해 설문지를 사용할 수도 있다. 바스 컨설팅 그룹은 이 일에 사용할 수 있는 인터넷 기반의 팀 360도 피드백 도구를 가지고 있다(www.bathconsultancygroup.com).

성공적인 탐문은 목표를 염두에 두고 시작하고 의도적으로 다음과 같은 고지식한 질문을 던지는 능력을 수반한다.

- 구성원들이 따로따로 일하면서 이룰 수 없었던 것을 성취하는 팀은 어느 팀인가?
- 언제 그 팀은 최상으로 일하는가?
- 언제 그 팀은 최악으로 행동하는가?
- 당신들이 회의하는 목적은 무엇인가?
- 서로에게 무엇을 기대하는가?
- 왜 팀 코치로서 또는 컨설턴트로서 나를 불렀는가? 그리고 왜 지금인가?
- 이 코칭이 당신에게 잘 된 것인지 어떻게 알 수 있는가?
- 구체적으로 무엇이 다르게 일어나고 있는가?

팀 전체와 계약하기

과정 탐문 단계에서 나타난 것을 공유하고 탐구한 이후에, 우리는 더 분명하게 팀과 그 구성원들과 이해당사자들이 팀 개발 활동에서 이루어야 할 목표와 구체적인 성공 모습에 관해 팀과 모든 구성원들과 계약한다. 때로는 함께 작업하기 위해 팀에게 다음 4개의 문장 완성 항목을 요구한다.

- 만약 …… 라면 팀으로서 우리에게 이 개발은 성공일 것이다.
- 만약 …… 라면 우리 단체에게 이 개발은 성공일 것이다.
- 만약 …… 라면 우리 고객에게 이 개발은 성공일 것이다.
- 만약 …… 라면 우리 이해당사자들에게 이 개발은 성공일 것이다.

그리고 나서 우리는 서로에게서 필요로 하는 것과 그 성공을 이루기 위해서 컨설턴트나 팀 코치로서 우리에게 요구하는 것을 묻는다.

명확한 계약은 팀 코칭의 성공을 위해 중요할 뿐만 아니라 그 팀의 구성원들이 일반적으로 어떻게 만나는지 그리고 저마다 그룹과 그들의 수퍼비전 요구를 협상하는 데 어떻게 주도적일 수 있는지에 대해서도 계약할 수 있는 모형이 되기도 한다.

탐문, 진단과 계약에 근거하여, 코칭이나 팀 개발은 다음 내용에 초점을 둔다.

위임하기

팀이 만약 왜 구성되었는지 또는 고위 간부들이나 이해당사자들이 팀에게 무엇을 기대하는지가 불확실하다면, 팀 코치는 그들이 위임을 분명히 하도록 돕는 것이 중요하다. 이것은 팀과 보고받는 단체의 고위 부서 사이에 대화를 촉진하는 것을 포함한다.

명료화

팀이 더 넓은 시스템에서 분명한 위임을 받았다 할지라도, 이에 대해 주인의식을 가지고 자신만의 사명감과 목적을 만들어내는 것이 중요하다. 이것은 그들 공동의 노력, 즉 그들이 따로따로 할 수 없는 것을 함께 할 수 있는 것, 그들 공동의 대상과 목표, 그들의 역할과 목표를 성취하기 위한 주요 프로세스, 서로에 대한 그들의 기대와 어떻게 상호 간에 책임감을 유지할 것인가 등에 대해 명확히 하는 것을 포함한다.

공동 창작

코치가 그들의 팀 모임을 돌보고 프로세스에 개입하는 것부터, 팀 공동 작업의 역동을 탐구하고 발전시키기 위해 따로 정한 날을 마련하는 것까지, 팀이 어떻게 함께 일하는지를 탐구하는 많은 방법이 있다. 팀의 더 깊은 역동을 탐구하는 데 사용할 수 있는 몇 가지 유용한 문장은 다음과 같다:

- 이 팀의 불문율은 …… 이다.
- 내가 이 팀에서 내 작업에 대해 인정하기 어렵다고 발견한 것은 …… 이다.
- 내가 여기서 이야기하기를 피한다고 생각하는 것은 …… 이다.
- 내가 여기서 다른 사람들에 대해 말하지 않으려고 억제하는 것은 …… 이다.
- 이 팀이 갖고 있는 숨겨진 안건은 …… 이다.
- 우리는 …… 때 가장 좋은 상태이다.
- 우리가 가장 좋은 상태일 때 방해하는 것은 …… 이다.

그룹 형상화하기

이것은 우리가 팀과 그룹의 잠재적인 역동을 탐구하기 위해 적용하고 개발시킨, 사회극에서 택한 접근법이다.

- **1 단계**. 그룹에게 그 그룹의 중심이나 핵심을 나타내는 물체나 상징을 찾게 한다. 이것을 방의 중앙에 놓는다.
- **2 단계**. 의논하지 않고, 그룹 안에서 그들의 위치를 상징적으로 나타내는 지점을 찾을 때까지 그룹원들로 하여금 서서 움직이게 한다. 예를 들어, 중앙에서 얼마나 떨어져 있는지, 그들에게 가까이 있는 사람은 누구이고, 누구에게서 멀리 떨어져 있는지를 찾게 한다. 그러고 나서 그들에게 그룹에서 자신들의 위치를 상징하는 동상 같은 자세를 취하게 한다. 이것은 흔히 저마다 움직임이 다른 사람들의 움직임에 영향을 받기 때문에 몇 분 정도 걸린다.
- **3 단계**. 각 사람에게 다음과 같이 시작하는 문장을 만들게 한다. '그룹의 이 위치에서 내가 느끼는 것은……'
- **4 단계**. 모든 구성원들에게 그룹의 다른 위치로 어떻게 움직이고 싶은지 그리고 그러한 이동이 자기 자신과 다른 사람들에게 의미하는 것은 무엇인지 탐색할 기회를 준다. 예를 들어, 그룹의 바깥쪽에 자신을 둔 사람이 가능하면 그룹의 바로 가운데에 있고 싶다고 말할지도 모른다. 이런 욕구를 말로 표현함으로써 그에게 중앙으로 이동하는 자신만의 방법을 발견하고, 그러한 변화가 자신과 중앙의 다른 사람들에게 어떻게 느껴지는지 보게 될 것이다.
- **5 단계**. 구성원들에게 다음과 같이 질문해 그룹을 재구조화하게 한다. '만약 이 그룹이 가족이라면 어떤 가족일까요?', '누가 어떤 역할을 하면 좋을까요?', '누가 확인된 환자[IP]일까요?' 등. 또는 만약 이 그룹이 텔레비전 프로그램이라면 무슨 프로그램이 될까요? 누가 무슨 역할을 하고 무엇을 처리하게 될까요? 또 그룹이 자신들의 구조를 시험해보는 것도 가능하다. 식사, 동물, 나라들, 운송 수단, 신화들, 셰익스피어의 연극 등 많은 것들이 비유가 가능하다.
- **6단계**. 그러고 나서 '창의적 컨설턴트의 의자'라고 이름 붙인 의자를 소개한다. 초대 받은 사람은 거기 앉아서 다음의 문장을 만든다: '내가 이 그룹의 창의적 컨설턴트라면 나는……' 이것은 각자에게 자기 역할에 묶인 관점을 벗어나 전체 체계를 보고 외부에서 한마디 하는 기회를 준다.

연결

모드 7이 그 작업이 처리하는 광범위한 사회적, 조직적 맥락에 초점을 맞추는 개별 수퍼비전의 경우처럼, 팀이 모든 이해당사자와 어떻게 연결되는지에 초점을 두는 것도 중요하다. 모든 팀은 그들이 서로 영향을 주고받는 더 넓은 맥락 안에 존재한다. 따라서 사회복지팀은 다음과 같은 맥락 안에 존재한다. 즉 일하는 대상으로서의 고객, 그 팀이 속한 전체 조직, 함께 일하는 다른 기관들, 지방 납세자들, 활동을 통제하는 의회, 그것을 운영하는 지역사회 등의 맥락이다. 이렇게 더 넓은 체계는 이른바 '제정된 역할군'으로 형상화될 수 있다.

- 1단계. 팀은 그룹이 영향을 주고받는 모든 중요한 역할에 대해 브레인스토밍한다. 그 뒤 탐구해야 할 가장 중요한 역할과 관계를 고른다.
- 2단계. 한 사람씩 더 넓은 한 체계의 역할을 담당한다. 예를 들어 한 사람은 모든 고객을 대표하고, 한 사람은 그룹원들의 파트너가 된다.
- 3단계. 팀은 상징적으로 방의 한 가운데에 자리잡고 그룹에 관련된 다양한 역할들은 스스로 배치하고 형상화한다.
- 4단계. 각 역할은 다음 세 가지 문장을 만든다.
    1. 내가 이 팀에게 줄 수 있는 것은 …… 이다
    2. 내가 이 팀에게 기대하는 것은 …… 이다.
    3. 내가 본 이 팀에서 일어난 일은 …… 이다.
- 5단계. 그리고 나서 극적으로 팀과 관련된 이해당사자들 사이에 대화를 탐구하는 것이 가능하다.
- 6단계. 이 연습을 완수함으로써 그 팀은 주요 이해당사자들과 소통하는 방식을 어떻게 변화시킬 수 있는지 탐구하고 결정할 수 있다. 그 한 예는 다음과 같다.

한 지역 사회사업팀은 그들이 어떻게 자기 팀의 기능을 개선할 수 있는지 탐구하고 있었다. 이 주제로 이틀 동안 팀 개발 연수회를 했다. 첫날에 그들은 자기 내부 역동과 지지와 수퍼비전 협의에 관해 작업했고 서로에게 많은 피드백을 주었다. 둘째 날에 그들은 어떻게 더 넓게 네트워크를 형성해 관계를 변화시킬 수 있는지 탐구하기를 원했다. 더 넓은 네트워크에서 누가 중요한 타인인지, 누가 그들의 운영에 이해관계가 있는지 브레인스토밍했다. 다음 목록에서 그에 따른 이해당사자들에 대한 관계 탐구를 선택한다.

- 고위 관리직 팀
- 책임을 맡고 있는 지역사회 여가부 임원
- 지역사회 여가 위원회
- 지방세 납세자
- 의회의 인사부
- 사회사업부
- 교육부

이 모든 역할은 다른 이해당사자들과 지역 사회사업팀을 대표하는 자리에 자신을 형상화한 팀 구성원들이 맡는다. 역할을 맡은 사람들은 다음의 세 가지 문장을 완성한다.

- 내가 이 팀에게 줄 수 있는 것은 …… 이다
- 내가 이 팀에게 기대하는 것은 …… 이다.
- 내가 본 이 팀에서 일어난 일은 …… 이다.

다른 이해당사자들의 역할을 하면서 자신들의 팀에게 많은 도전적인 말을 말할 수 있다는 것을 알았을 때, 큰 웃음과 즐거움과 놀라움이 있었다.

> 예를 들어, 교육부 역할에서 한 팀원이 팀을 대변하고 또 다른 팀원은 대응하는 대화를 창작함으로써 이런 몇몇 이해당사자들과의 관계를 극적으로 탐구할 수 있었다.

핵심 학습

모든 팀이 자신의 일상적인 일에서 물러나 팀원들에게 학습과 개발을 제공하는 것뿐만 아니라 어떻게 공동으로 학습하고 팀의 집단 수용력을 개발할 수 있는지 살펴볼 시간을 갖는 것은 중요하다. 이를 위한 한 가지 간단한 방법은 저마다 지난 기간 동안 그룹에 자신이 이바지한 것에 대해 인식한 것과 발견한 어려움에 대해 다른 그룹원이나 팀원들에게서 피드백을 받는 것이다. 그러면 저마다 자신이 전체 그룹에 대해 가장 제대로 인식한 것과 가장 어렵다고 발견한 것을 말할 수 있다. 다음 세 가지 목록을 활용하자. 즉 그룹의 가치와 세워져야 할 것은 무엇인지, 변화시키고자 하는 것은 무엇인지, 그리고 놓쳤던 것과 창안해야 할 것은 무엇인지 등이다.

호킨스(2011a)는 5가지 훈련 각각을 연구 대상으로 하는 더 많은 방법을 제시했다.

팀 촉진, 컨설팅, 팀 코칭수퍼비전

다음 단락은 호킨스의 책 『**리더십 팀 코칭**Leadership Team Coaching』에서 허락을 받아 수록했다(Hawkins 2011a).

모든 형태의 팀 개발, 특히 효과적인 팀 코칭에는 팀 역동과 문화의 독자성과는 별도로 그 팀과 긴밀히 협력하는 어려운 경계를 유지할 수 있는 사람이 필요하다. 그 사람은 팀 내부에서, 그리고 팀과 그 안에 팀이 중첩된 더 넓은 체계 사이에서 체계의 역동을 인지할 수 있어야 한다. 이 복잡한 체계의 역동을 감지하고 이해하는 것은 혼자 일한다면 거의 불가능하겠지만 좋은 수퍼비전을 받는다면 가능해진다. 영국은 물론 국제적으로 지난 10년간 개인 코칭에 대한 수퍼비전의 긍정적인 성장이 있었던 반면(Hawkins & Schwenk 2006; Hawkins & Smith 2006), 팀 코칭과 이 분야의 수퍼바이저 교육을 위한 명확한 수퍼비전 성장은 한 두 군데에서 시작되기는 했지만 여전히 뒤처져 있다.

개인이 더 넓은 팀의 체계적 맥락과 팀 역동의 여러 단계를 인식하는 것은 거의 불가능하기에 수퍼비전은 팀과의 작업에 더욱 필수적이다. 게다가 팀 코치는 팀 리더나 팀의 하위부서에서 영입하기에 전체 팀이나 더 넓은 체계에서 팀 후원자가 그를 팀 전체의 이익을 위해 일하는 신뢰할 만한 사람으로 받아들이기 어려울 수 있다. 코치가 팀 전체와 작업동맹을 맺고 유지하기 위해서 지속해서 경계할 필요가 있다. 물론 한 사람이 완벽하고 충분한 팀 코칭을 할 수도 있지만, 코치로서 참여한 세션 외부에서 벌어지는 보이지 않는 팀과 조직의 정치에 의해 망칠 수 있다는 것을 나는 자주 발견했다.

팀 개발 수퍼바이저가 훈련받는 것은 개인 작업과 수퍼비전뿐만 아니라, 팀 코칭과 팀 코치의 수퍼비전에도 중요하다. 그러나 이 모델은 팀 맥락이 중요한 개인을 수퍼비전하는 사람들과 팀 리더들에게도 적절하다.

팀 코칭을 수퍼비전하기 위한 여러 가지 맥락

팀 코치들의 수퍼비전은 다음과 같이 다양한 방법으로 열릴 수 있다.

1(a). 개인과 팀 코칭 작업에 초점을 두는 지속적인 일대일 수퍼비전의 하나로.
1(b). 특히 팀 코칭 프랙티스에 중점을 두는 일대일 수퍼비전으로.
2(a). 개인 코칭과 팀 코칭을 다루는 그룹 수퍼비전의 하나로.
2(b). 특히 팀 코칭 프랙티스에 중점을 두는 그룹 수퍼비전으로.
3. 같은 조직 내의 다른 팀과 함께 작업하고 있는 컨설턴트 팀과 팀 코치에 대한 그림자 자문의 하나로.

이들 접근법에는 각각 이점과 약점이 있다. 1(a)와 2(a) 접근법은 코치의 고객 리스트에 개인과 팀이 섞여 있고 개인 코칭과 팀 코칭 모두 수퍼비전한 경험이 있는 개인 수퍼바이저나 그룹 수퍼바이저가 있을 때 가장 흔하다.

1(b)와 2(b) 접근법은 수퍼바이지의 코칭 프랙티스 대부분이 팀 코칭일 때, 또는 개인 코칭을 위해 수퍼비전에 가는 수퍼바이저가 팀 코칭을 수퍼비전한 경험이 없는 경우에 더 유익할 것이다.

그림자 자문인 3번 접근법은 다양한 다른 동료들과 관련된 광범위한 조직의 자문직의 하나로 팀 코칭을 수행하는 경우에 가장 유익하다. 이 경우에, 수퍼바이저는 컨설팅하는 조직의 팀 도처에 자주 드러나는 팀 역동과 평행화 프로세스를 다루는 것은 물론, 광범위한 조직과 체계의 역동을 대상으로 작업하는 데 능숙해야 한다(Hawkins & Smith 2006; 11장; Hawkins 2011a; De Haan 2012). 그러한 형태의 수퍼비전에서 자주 그림자 자문이나 팀 수퍼바이저로서 다루기 가장 어려운 역동은 컨설턴트 팀의 역동이라는 것을 알았다. 이런 역동의 일부는 고객 조직의 평행화 프로세스일 것이고, 일부는 컨설팅 조직의 역동을 풀어낼 것이며, 다른 일부는 이 특별 할당 팀에만 해당될 수 있다. 보통 이 역동들은 세 가지 모두가 뒤섞여 있으며, 각각의 구조는 유사점이 있어야 한다.

중요한 것은 수퍼비전 프로세스의 명확한 계약이고(Hawkins & Smith, 2006과 이 책에서 계약에 대한 단락 참조), 수퍼바이저와 수퍼바이지가 팀 코칭이 수퍼비전 관계에 포함될 것인지 아니면 또 다른 수퍼비전 환경에 더 잘 받아들여질 것인지 명확하게 하는 것이다. 팀 코칭수퍼비전을 포함하여 단지 부지중에 휩쓸려 수퍼바이저가 되는 것이 아니라, 스스로 팀 코칭 경험이 있고 팀 코치 수퍼비전 교육을 받았다면 그런 수퍼비전을 해야 한다고 권고한다.

팀 코칭을 수퍼비전할 때의 5가지 상황에 적용될 수 있는 또 다른 위험은 제시된 데이터의 잠재적인 양에 압도당하는 것이다. 본질에서 팀 코치는 팀이 운영되는 조직적이고 광범위한 체계적 맥락과 팀, 그 팀의 내력, 업무, 프로세스와 역동뿐만 아니라 팀 안에서의 대인관계 역동에 대해서도 다루어야 한다. 팀 코치는 그들이 보유하고, 처리하고 이해하려는 모든 데이터에 압도되는 기분을 느낄 수 있다. 그리고 혼란스럽고 무질서하게 나타나는 (코치에게 나타날 수도 있지만) 많은 양의 데이터로 수퍼바이저를 압도하려는 시도가 이 과정을 유사하게 보여줄 것이다. 수퍼바이저가 동시에 침수되지 않고 적어도 그런 일이 발생할 때 그 프로세스에 대해 논평할 수 있다는 점이 중요하다. 이 결과 가운데 하나는 이야기를 듣는 데에 수퍼비전 시간이 과도하게 할애될 수 있어서 더 심오하게 상황을 탐구하고, 팀뿐만 아니라 코치와 팀의 관계에서 그리고 코치 자신 안에서 무엇이 바뀌어야 하는지 살피는 데 너무 적은 시간이 남게 된다는 것이다.

팀에 대해 자세히 들을 수 있다는 것이 얼마나 매혹적이든 수퍼비전에서 당신이 시스템에 영향을 끼칠 수 있는 유일한 부분은 팀 코치이며 바로 이 점에서 수퍼비전이 가장 큰 영향력을 미칠 수 있다는 점을 늘 기억해야 한다.

6단계 팀 코칭과 수퍼비전 모델

1 단계: 계약하기

팀 코치/수퍼바이지에게 이 팀에 대한 수퍼비전에서 원하는 것과 필요한 것을 물어보면서 프로세스를 시작하는 것이 중요하다. 이는 끝을 염두에 두고 시작하여 다음과 같이 질문하는 것이다. '이 수퍼비전이 당신과 팀 그리고 고객 조직에 성공적인 수퍼비전이 되기 위해서 이 세션에서 무언가를 성취하고 떠나려면 무엇이 필요합니까?'

'그리고 그런 성공을 서두기 위해 수퍼바이저인 나와 다른 그룹원에게 가장 필요한 것은 무엇입니까?'

이 두 질문에서 무엇이 나왔든지 프로세스의 나머지 부분을 균형 있게 주목해야 하고, 그 프로세스는 세션의 계약상 목표가 어떻게 해결되고 충족되었는지 검토하고 살피며 종결해야 한다.

2 단계: 상황 설정하기

팀 코치는 1분 이하로 자신이 작업하는 팀이 어떤 유형인지와 팀에 대한 간략한 데이터를 이야기한다.

3 단계

그룹 참가자는 차례로 참여하여, 다음 주목할 것에 관해 묻는다. 팀 코치가 먼저 팀원들과 팀을 둘러싼 이해당사자들 사이의 연결을 나타내기 위하여 상징과 이미지와 색깔을 사용하여 개개인을 상징적으로 그릴 수 있는 플립차트가 있다면 도움이 된다. 이것은 일종의 그림 형상화picture sculpting이다.

- **개개인**: 이 팀의 개개인에게 무슨 일이 있었나?
- **대인관계**: 개개인 사이의 공간에서 무슨 일이 있었나?
- **팀 역동**: 이것은 다음 질문으로 끌어낼 수 있다: '만일 이 팀이 하나의 음악, 식사, 지리적 장소 등이라면 어떤 것인가?'
- **팀 사명과 의도**: 현재는 도달하지 못했지만, 팀이 성취하기 원하는/필요로 하는/열망하는 것은 무엇인가?
- **이해당사자 약속**: 팀이 교류해야 하는 주요 이해당사자는 누구이며 이러한 관계를 각각 어떻게 변화시켜야 하는가?
- **광범위한 체계의 맥락**: 광범위한 체계의 맥락에서 팀이 창조해야 하는/창조하고 싶은/창조를 열망하는 변화는 무엇인가 그리고 그들이 보고자 하는 변화가 일어나려면 팀에서 무엇을 바꾸어야 하는가?

4 단계: 3방향 계약과 의도를 명확하게 하고 코칭 연속체continuum 가운데서 작업을 집중해야 할 곳 결정하기

1. 팀 코치는 팀 집단을 대변하며, 팀으로서 팀 코칭과 팀 코치에게서 팀이 원하고 필요로 하는 것은 무엇인지 명시한다.

2. 팀 코치는 그 뒤 팀 코치 자신으로 되돌아가 이 팀과 작업하는 데 대한 자기 의도/관심/투자를 표명해야 한다.
3. 그런 다음 한 번 더 옆으로 이동해 그 팀이 존재하는 더 광범위한 조직이나 시스템을 대변해야 한다. 이 역할은 팀 코칭에서 그 조직이 원하고 필요로 하는 것이 무엇인지 이야기한다. 그 조직이 암시적으로 또는 노골적으로 바라는 투자 수익률에 대한 그들의 견해를 말해야 한다. 또 팀이 보고해야 하는 그 조직의 고위직들이 얼마나 팀 코칭 과정과 결과에 계속 관여하고 싶어 하는지에 관한 이야기도 할 수 있다.

5 단계: 팀과 팀 코치에게 요구되는 변화 만들기

첫 세 단계에서 발견한 것에 근거해 다음 질문에 답할 것을 팀 코치에게 권장한다.

- 모든 당사자의 열망을 충족하기 위해서 팀에 필요한 변화는 무엇인가?
- 그들 각자가 팀과의 관계에서 어떤 변화가 필요한가?
- 고객에게 보기 원하는 변화가 있으려면 코치에게 무엇이 요구되는가?
- 그들의 구체적인 약속은 무엇인가?

이 과정에서 체화된 학습이 되도록 팀 코치를 촉진하는 것이 중요하다(Hawkins & Smith 2010 참조). 이는 팀 코치가 다음에 팀을 만날 때 사용해야 하는 가장 중요한 방침을 예행연습하거나, 또는 그들 안에서 역동을 바꿀 수 있는 올바른 감정 상태를 찾고 실연하는 것이다.

6 단계: 검토

계약을 되돌아보며 수퍼바이지와 세션에서 가장 도움이 되었던 것과 그들의 작업과 학습에 훨씬 더 도움이 될 만한 것은 무엇인지 확인하면서 수퍼비전을 종결한다. 또 수퍼바이지, 수퍼바이저 그리고 수퍼비전 그룹에게 그들이 지속해서 학습하고 팀 코칭을 수퍼비전하는 그들의 집단적 수용력collective capacity을 높이기 위해 그들이 하는 일들을 확인하는 것이 중요하다.

결론

당신이 팀에서 일하든, 팀 환경에서 수퍼비전하든, 팀을 코칭하거나 팀과의 작업을 수퍼비전하든, 과정 안에서 일어나는 역동에 주기적으로 주의를 기울여야 한다. 당신이 팀 내에서 작업하는 개인을 수퍼비전한다 하더라도, 개인이나 대인관계 기준으로 제기된 모든 문제를 축소하는 실수에 걸려들지 않기 위해 팀 역동을 충분히 이해하는 것이 중요하다.

    좋은 팀 수퍼비전은 팀 업무와 과정 사이에 그리고 내적, 외적 관계의 균형을 잡을 것이다. 그렇지만 팀 리더는 역동을 처리할 수 있는 사람일 뿐만 아니라, 운영하는 역동의 일부분일 수도 있다. 그리고 뒤로 물러나 더 넓고 깊은 팀 기능 측면에 집중하기 위해 그들의 개인 수퍼비전이나 외부 팀 코치와 협력하여 도움을 요청할 것이다. 팀 리더나 팀 수퍼바이저는 이러한 복잡한 체계에서 인지할 수 있는 정도의 한계가 분명히 있을 수밖에 없다. 그러므로 전체 그룹이 업무의 필요만이 아니라 개인과 그룹 유지관리 요구에 초점을 두는 책임을 공유할 수 있게 하는 어떤 구조를 세울 필요가 있다.

    어떤 구조는 팀 모임에 정기적인 부분으로 만들 수 있는데, 예를 들어 매번 회의가 끝날 때 10분간 각 팀원이 '이 모임에서 내가 가장 감사한 것은 ……. 우리 다음 모임에서 우리가 더욱 효율적으로 할 수 있다고 내가 생각하는 것은 …… 이다'라는 얘기를 나누는 것이다. 다른 구조는 팀이 어떻게 기능하는지 3개월마다 다시 검토하기로 하는 합의와 같이 간격을 더 크게 두고 진행될 수 있다. 정기적으로 그리고 집중적으로 작업하는 모든 팀은 최전방 근무의 압박에서 벗어나 별도의 정기적인 시간을 가져야 한다. 뒤로 물러나 자신들이 개인별로 또 집단으로 어떻게 기능하고 있는지, 자신이 속한 더 넓은 시스템과 어떻게 연관되어 있는지 관찰할 필요가 있다. 이것은 따로

정한 행사의 날이나 팀 개발 프로세스 또는 팀 코치나 컨설턴트와의 작업, 어쩌면 더 큰 조직적 변화와 개발 프로그램의 일부가 될 수도 있다.

어떤 방식으로 팀 역동을 관리하기로 결정하든, 그룹이나 팀이 위기에 처할 때까지 기다리지 말고, 모든 일이 잘 되어가고 있을 때가 과정에서 발생하는 상황에 집중하기 시작할 때라는 것을 기억하라. 갈등과 상처와 두려운 정도가 커지면, 무슨 일이 일어나는지 파악하고 변화를 일으키는 위험을 감수하는 것이 훨씬 더 어려워진다. 그러나 어떤 팀에게는 그들이 위기에 처할 때 비로소 무슨 일이 일어나고 있는지 직면할 동기를 만들어내고, 때로 '위기는 새로운 학습이 벼려지는 열기를 창조한다'(Hawkins 1986).

04

4부

조직적 접근법

13장. 네트워크 수퍼비전하기

> 서론
> 담아주기containment와 전치displacement의 양동이 이론
> 앤드루Andrew와 그의 다수의 치료 기관들 이야기
> 브렌다Brenda와 불안감 확산 이야기
> 클리블랜드Cleveland의 아동 성학대 사건 이야기
> 결론

서론

이전 장에서는 개인 차원에서나, 팀 부서와 단체 등 모든 차원에서 수퍼비전이 필요하다고 주장하였다. 또 각각의 차원은 수퍼비전 개발을 전체 조직, 즉 하나의 부서로서 어떻게 기능하는지를 다룰 것을 우리는 권고한다. 만일 각 차원이 사회복지 부서, 병원, 또는 학교에 있더라도 내부에서 발생한 일 담아주기, 안아주기, 그리고 이해하기의 척도를 제공한다면 이런 개발은 필수적이다.

담아주기containment와 전치displacement의 양동이 이론

때로 한 기관이 '양동이 이론'이라고 부른 개념으로 담아주기 과정을 설명한다. 모든 조력 조직들은 본래 걱정과 불안, 분열과 요구를 이입하고 있다. 이것은 대개 개인 작업자들에게 나타나는데 만일 그들이 감정을 이입하여 고객의 고통을 공감한다면, 자신들 안에서 비슷한 고통과 때로 불안과 분열을 경험할 것이다. 이것을 얼마만큼 담아주고 작업을 해낼 수 있는지는 그들의 정서적 그릇(또는 양동이)의 크기에 달려 있

을 것이다. 즉 그들의 성격, 정서적 성숙과 전문성 개발, 현재 직장에서나 집에서 받는 스트레스와 압박 정도, 그리고 가장 중요하게는 그들이 받는 수퍼비전의 질과 주기에 관련되어 있다.

    이 차원에서 담아주지 못한 것은 작업자의 기능 저하로 이어질 것이고 또한 팀의 분열을 초래할 수 있다. 이것은 꽤 자주 스트레스를 받는 사람들이 그들의 동료들에게 이 스트레스를 푸는 행동으로 나타난다. 그들은 비서에게 짜증을 잘 내거나, 상사에게 화가 나거나, 동료들에게 비협조적이 될 수 있다. 누가 무엇에 책임이 있는지에 대한 다툼이나 의무 당번표에 대한 논쟁으로 나타날 수 있다. 팀 모임은 점점 더 늦게 시작하게 되고 더욱 다루기 힘들어진다.

    12장에서 팀이 개별적으로 그리고 전체 단위로서 어떻게 기능하는지 찬찬히 조사할 필요에 관해 이야기했고, 좋은 팀 코칭은 압박과 스트레스와 불안을 수용하는 팀 능력을 증진시킨다고 했다. 팀이 수용할 수 없는 것은 한 번 더 나아가 부서나 단체로 흘러나올 수 있다. 팀에서 관리팀과 다른 팀으로, 조직의 다른 부서들에서 팀으로 서로 투사가 증가하면서 의사소통 경로들이 가장 먼저 나빠진다.

    팀은 그 단체의 주목받는 환자identified patient나 희생양(그들의 문제아)이 될 수 있다(13장 병리화되는 문화에 대한 단락 참조). 주목받는 환자나 희생양이 된다는 것은 그 팀이 자체의 문제가 있을 뿐만 아니라 그 팀에 투사되는 조직의 다른 곳에 불안이 있을 수 있다는 뜻이다.

    조직은 양질의 정기적인 조직 개발과 뒤로 물러나 자체 상태와 기능을 성찰하는 시간이 필요하다. 이는 특히 자원이 줄어드는 시기에 필수적이지만 흔히 무시된다. 그 결과는 예를 들면 이렇다. 컨설턴트 정신과 의사나 서비스 부서장이 협력하지 않고 자원 절감을 놓고 서로 싸우기 시작하면 기초 직급에 있는 직원들은 자기 팀의 고립된 지대로 물러선다.

    이러한 조직 개발 일부는 단체 안에서 리더가 수행해야 한다. 그러나 사람들을 돌보거나 조직하는 리더가 수퍼비전 개요와 조직적 프로세스의 리더십에 요구되는 기술을 배우는 좋은 훈련을 받는 경우는 거의 없다. 리더가 되는 것은 좋은 관리자가 되는 것과 다른 추가적인 기술을 필요로 한다. 또 아무리 컨설턴트 정신과 의사나 사회복지 사업의 임원이나 학교의 대표들이 리더십과 '헬리콥터 기술'이 훌륭해도, 그들은 언제나 그들이 지지하고 수퍼비전하려고 애쓰는 조직 체계의 일부일 것이다. 이는 그들 역시 그 체계 문제의 일환이며, 무의식적으로 자신들의 특정한 조직문화의 관점에 갇혀 있다는 뜻이다. 더군다나 그들 역시도 명백하게 체계에 대한 '고위자들'의 불완전한 관점에 갇혀 있을 것이다(Oshry 2009).

조직이 수용하지도, 처리하지도, 이해하지도 못한 것은 전체 조직의 경계로 흘러 넘칠 수 있고 전문가들과 조직 사이에 서로 지칠 수 있다. 이것은 모든 조력 전문가에게 터무니없이 큰 손실일 뿐만 아니라, 수퍼비전하기가 매우 어렵다. 그래도 외부 컨설팅 수퍼비전의 형태는 거의 언제나 필요하다.

스트레스가 최일선 작업자들을 통해 고객에게서 더 넓은 조직 체계로 흘러나오는 것만은 아니라는 것을 인지하는 것 또한 중요하다. 사회적, 경제적 그리고 생태학적 미해결 이슈와 도전들 역시 조력 단체들에 스트레스를 일으키는데, 그것이 처리되고 통합되지 않는다면, 최일선 작업자들과 그들의 고객에게 스트레스를 줄 것이다(1장 참조). 이러한 예는 더 적은 세금을 내기 원하면서 동시에 더 고품질의 보건과 사회복지를 원하는 것을 들 수 있다. 그래서 조력 단체들이 더 적은 자원으로 더 질 높은 서비스를 제공하기를 요구한다. 사실 리더십과 수퍼비전의 역할은 단체의 위아래로 넘치는 스트레스가 되는 과정을 중재하고 총합하는 것이며 처리되지 못한 일을 최소화하는 것이다.

여기 다양한 전문가 기관 사이에서 벌어지는 고객의 프로세스에 대한 세 가지 사례연구가 있다. 이 기관들 안에서 그리고 그 사이에서 수퍼비선이 어떻게 복잡한 관련 이슈들을 다루는지, 즉 전문가 사이의 경쟁을 통해 고객의 프로세스를 규정하기보다 어떻게 고객의 관심사를 가지고 함께 작업하는 직원을 도울 수 있는지 탐구하고 싶다. 비밀보장을 위해 사례의 중요한 세부 사항들은 바꾸었고 한 사례 이상의 자료를 결합하였다. 그러나 그 사례들은 본질적으로 다수의 다양한 기관들에 걸쳐서 우리가 경험한 전형적인 조직간 작업이며 사실이다.

앤드루Andrew와 그의 다수의 치료 기관들 이야기

첫 번째는 흔히 다양한 기대를 가진 고객이 조력 전문가의 전체 네트워크에 관련된 방식을 설명하는 사례이다. 우리는 여러 상황에서 어떻게 고객이 수많은 조력 전문가들과 연관되는지를 설명하기 위해 이 사례를 다룬다. 각 전문가들은 그에게 개별적으로 노력하고 고객에 대한 자기 관점을 가지고 있다. 이런 사례에서 수퍼바이저는 수퍼바이지와 고객과의 관계에만 집중할 수 없고, 전문가 네트워크 외부와 그들이 고객의 다양한 면을 어떻게 규정하는지에도 집중해야 한다.

고객은(그를 앤드루라고 부르기로 한다) 슈퍼마켓 방화범으로 정신이상 범죄자들을 위한 특별 병원에서 수년을 보냈다. 그는 서서히 지역사회로 갱생하기 위해 사회복귀 훈련시설인 치료공동체로 보내졌다. 그에게 재범은 그 특별병원으로의 즉각적인 소환을 의미했다.

치료 공동체 상담사는 앤드루가 표현하는 욕구를 이해할 뿐만 아니라, 그가 관련된 직업 네트워크와 개인적인 압박과 요구에도 대처해야 했다.

그 병원에서는 앤드루가 다시금 범죄를 저지르지 않도록 치료공동체가 보장할 것을 요구했다. 지역 보호관찰관은 인원 부족인 팀에서 엄청난 압박으로 지나치게 과로하고 있었으며, 그 공동체가 앤드루를 '자기 등에서' 떼어놓기를 원했다. 앤드루는 공동체에서 화가 나거나 외로울 때마다 - 마치 기숙학교에 새로 입학한 소년이 엄마에게 전화를 걸듯이 보호관찰관에게 습관적으로 전화를 걸었다.

반면 앤드루의 부모는 종교적이고 엄격한 도덕적 가치관을 갖고 있으며, 앤드루 문제의 시작으로 생각하는 그 탈선에서 앤드루가 돌아올 수 있도록 치료공동체가 도와주기를 원했다. 그들은 교구사제가 정기적으로 앤드루와 통화하게 해달라고 집요하게 요구했다. 앤드루의 치료공동체 비용을 대는 지방정부는 앤드루가 언제 일을 시작해서 정부의 재정적 부담을 줄일 수 있는지 알고 싶어했다.

앤드루는 양가감정이 있었다. 그룹과 상담에서 자신을 열고 탐구해보고도 싶은 한편 직원이 마법으로 자신의 들끓는 분노를 제거하거나 그가 어린 시절 받아보지 못했던 돌봄을 주기를 원했다. 그는 아주 침착하고 차분하며 아무 문제도 없어 보였다. 자기 모든 걱정과 두려움을 치료공동체 외부의 다른 전문가들에게 흘려보내는 듯이 보였다. 상담사는 다른 사람들이 왜 모두 걱정하는지 이해할 수 없었고, 앤드루의 회복 과정이 네트워크 단계에서 어떻게 실행되는지를 볼 수 있는 수퍼바이저의 도움이 필요했다. 수퍼바이저 역시 그 네트워크와 관련된 각 사람들이 어떻게 치료팀의 일원인지 뿐만 아니라, 그들의 행동이 앤드루가 회복하는 과정의 증상일 가능성이 있다는 것을 그들이 이해하도록 작업할 책임이 있다.

한 명 이상의 조력 전문가가 관련된 어떤 상황에서, 누가 주요 작업자인지 그리고 조력 네트워크를 관리하고 수퍼비전하는 것은 누구의 업무인지를 (원칙적으로 이것은 주요 작업자의 수퍼바이저가 되어야 한다) 그 네트워크가 직면하고 결정하는 것이 중요하다.

브렌다Brenda와 불안감 확산 이야기

이것은 일반의(GP) 수련에 배치된 상담사를 만나려는 런던에 살고 있는 20대 초반의 브렌다에 관한 이야기이다. 그녀의 아버지는 지난 해에 돌아가셨고, 항상 가벼운 우울증을 앓고 계시는 어머니는 그녀를 많이 도와줄 수 없었다. 그녀는 대학 생활을 잘해낼 수 없었고, 그 일반의는 그녀에게 적은 양의 항우울제를 처방해 주며 그녀를 수련 중인 여성상담사에게 위탁하였다. 그 상담사는 그녀를 격주로 한 시간 세션으로 만나면서 천천히 그리고 꾸준히 작업하였다. 그 고객은 꽤 방어적이었고 마음을 여는 데 오래 걸렸다. 만일 감정적인 세션이 진행되었다면, 약속된 다음 세션에 빠지는 경향이 있었다.

1년간 작업한 다음 6개월간 학교로 돌아가 있었는데도 브렌다는 여전히 어려움과 과식하는 문제를 갖고 있었다. 그녀는 하부 요통이 발병해 다시 학교를 빠져야 했다. 상담사는 접골사에게 그녀가 직접 진료받으러 갈 거라고 말했다. 접골사에게 가서 처음엔 기뻐했다. 치료는 고통을 경감시키는 듯 보였고 그녀 자신이 훨씬 나아졌다고 느끼게 했다. 그 뒤 갑자기 그 남성 접골사와의 치료 세션에서 우연히 그녀가 남자에게 성추행 당했던 때의 감정이 일어났고, 그 결과 그녀는 접골사와 상담사 둘 다 만나는 것을 그만두었다.

브렌다의 우울증은 더 심해졌고, 불안해진 일반의는 상담사와 어떠한 사전 협의 없이, 그녀를 젊은 수련의가 심리치료를 맡기로 결정한 지역 정신병원의 외래환자국으로 보냈다.

명백히 고객의 프로세스는 조심스러운 치료 상황에서가 아니라, 4가지 다른 전문가들에게 여러 번 이동함으로써 소진되었다. 그 전문가들은 고객의 다양한 단면의 과정을 통합하기 위한 협업에 실패했을 뿐만 아니라 각각의 역할 안에서나 그 사이에서 전형적인 전문가 사이의 고질적인 경쟁을 보여주었다.

분열된 상황과 다양한 전이는 어떤 조력자도 어려운 수퍼비전 과정을 필요로 하는 사례 회의의 전체 과정을 다룰 수 없게 한다. 이 경우 사례 회의는 보건 상담사, 지역보건의, 접골사, 정신과 수련의, 그리고 가능하면 대학 강사까지도 참여해야 한다. 그렇게 되기 위해서는 다음 몇 가지 주요 장애물을 극복하는 게 필요하다.

- 고객은 무의식적으로 다양한 전문가들을 따로따로 떨어뜨리려고 한다.
- 모든 바쁜 전문가들이 (아직) 중대한 위기도 아닌 고객에 관련한 이 사례 회의에 기꺼이 시간을 낼 가능성이 적다.
- 다양한 전문교육이 전문가 사이의 작업에 영향을 미친다. 전통의학 수련의와 대체의학 수련의들은 대개 서로를 신뢰하지 않으며 함께 작업하는 것을 피한다. 어떤 의료 교육은 의사들에게 다른 직원을 '보조 의료원'으로 대하라고 가르친다.
- 그러한 모임을 소집하는 사람과 수퍼비전 개요를 제공하려는 사람의 이슈가 있을 수 있다. 만약 아무도 이 개요를 제공하지 않으면, 더 나은 이해와

새로운 작업방식에 이르기 보다는, 그 사례 발표회의가 단지 고객의 프로세스를 보여주기만 할 위험이 뚜렷하다.

분명히 수퍼비전은 이 상황에 도움이 될 수 있었다. 가장 큰 변화를 만들 수 있었던 곳은 정신과 수련의 수퍼비전이었을 것이다. 그는 6주에 한 번 자기 사례를 발표하는 컨설턴트 정신과 의사와의 수퍼비전 그룹에 매주 참석했지만, 이것은 일대일 관계에 초점을 두기 때문에 도움이 되지 않았을 것이다. 그의 수퍼비전은 고객의 여러 치료 과정 대부분 재연되었던 더 광범위한 사회적 네트워크를 무시하는 경향이 있었다.

그 정신과 의사 컨설턴트는 사례 회의를 소집하기에 가장 좋은 지위에 있긴 했지만, 치료 작업을 인계받아 정신의학 서비스를 해주는 대신에, 그 기술과 자원들을 활용하여 재배치하고, 일선 작업자들과 공동체로 돌아가 치료 작업을 지원할 수 있었다.

지역보건의 팀은 우선 자체 상담사들과 또 관련된 방문 간호사들의 사례를 탐구하기 전에 왜 그들이 고객의 정신 상태 악화에 대응해서 환자들을 정신의학 서비스에 위탁하는 경향이 있는지 탐구하기 위해 수퍼비전이 필요하다. 흔히 지역보건의들은 고객들을 자신들의 노이로제로 인해 부담을 느끼는 상담사들에게 위탁했지만, 만약 같은 고객이 나중에 불안하거나 불안감을 주는 수술을 받으러 오게 되면, 지역보건의들은 우선 상담에서 무슨 일이 있었는지 확인하지도 않고 정신과 병원으로 보내곤 한다. 보통 병원에서 고객을 만나는 주니어 수련의보다 상담사가 치료적으로 더 잘 훈련을 받았는데도 이런 일이 일어난다.

수퍼비전은 다른 관련된 전문가들에게 이 경험에서 많은 배움을 얻을 수 있다. 상담사는 고객이 자신을 치료한 남성 접골사에 관련한 그녀의 무의식적인 동기를 탐구하는 수퍼비전을 더 잘할 수 있다.

그 접골사는 또 성추행 당한 경험이 있는 여성 고객들에게서 오는 신호에 민감해지도록 돕는, 즉 그런 고객들을 적절히, 민감하게 그리고 치료적인 방법으로 어떻게 작업하는지 그리고 언제 여자 동료에게 위탁해야 하는지 등을 알 수 있도록 돕는 수퍼비전이 필요했다.

클리블랜드Cleveland의 아동 성학대 사건 이야기

북동 잉글랜드의 클리블랜드 사건은 그 당시에 악명 높았지만, 지금은 꽤 오래된 일이 되었다. 이 책 4판에 그 일이 벌어진 체계적 패턴으로 이 이야기를 계속해서 수록하기로 했고, 조사에서 작성된 권고들은 여전히 오늘날에도 적절하다. 사실 그 이후로 똑같은 실패를 반복하고 그러한 사고에서 배우거나 적절한 시점에 적절한 관계 부처 사이의 수퍼비전과 성찰하는 공간을 제공하는 데 얼마나 연대적으로 실패했는지 보여준 많은 사례가 있었다. 버틀러-슬로스Butler-Sloss 보고서(1988)가 처방한 다수의 권고가 빅토리아 클림비Victoria Climbie(Laming 2003)와 '베이비 피터Baby Peter'(Laming 2009) 사건처럼 유명한 스캔들이 이어지는 영국 사회복지에 대한 레이밍Laming(2009)의 보고서 (15장에 인용 참조)에 의해 다시 되풀이되었다.

조사에 의하면 아동 성학대로 의심되는 사례들이 클리블랜드에서 어떻게 처리되었는지에 대한 버틀러-슬로스Butler-Sloss 보고서(1988)는 건강보험공단, 사회복지, 경찰과 지역보건의 사이에 훨씬 광범위한 협력을 권고했다. 이 중요하고 유효한 권고안을 실천하는 것이 어려운 이유 가운데 하나는 이렇게 여러 전문 분야에 걸친 다각적인 환경에서 좋은 수퍼비전을 제공해야 한다는 것이다. 위의 두 사례에서 설명했듯이, 각 학문 분야 내에 좋은 수퍼비전이 있어야 하고 또 전체 치료 네트워크의 수퍼비전이 있어야 하므로 충분하지 않다.

우리가 그러한 사례와 어떻게 그들이 기관 사이에 실행할 수 있는지 이해하게 하는 하나의 간단한 모델은 가해자, 희생자, 구원자의 드라마 삼각구도이다(Karpman 1968). 이 모델에서는 각각의 역할이 체계 안에 갇혀있을 뿐만 아니라 그 역할들이 갑자기 바뀔 수도 있다. 이것을 클리블랜드 상황에서 설명해보자(Butler-Sloss 1988; Campell 1988 참조).

그 상황은 두 명의 의사가 100건 이상의 사례에서 아동 성학대라고 진단함으로써 시작되었다. 그들은 사회복지부에 이러한 아동들을 보호시설에 보내야 한다고 권고했다. 이 단계에서 드라마 삼각구도는 [그림 13.1]과 같이 나타난다.

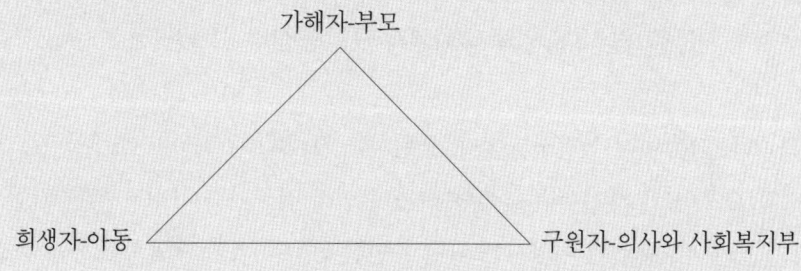

[그림 13.1] 가해자/희생자/구원자 삼각구도(1단계)

곧 부모들에게서 격렬한 항의와 함께 아동 성학대가 확산될 수 있다고 믿는 대중매체에 의해서 불신이 나타난다. 지역 하원의원과 다수의 지역신문과 전국의 신문들이 희생된 가족을 구하려고 운동을 시작한다([그림 13.2]).

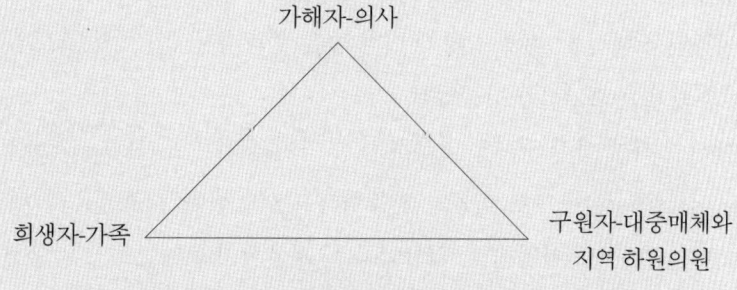

[그림 13.2] 가해자/희생자/구원자 삼각구도(2단계)

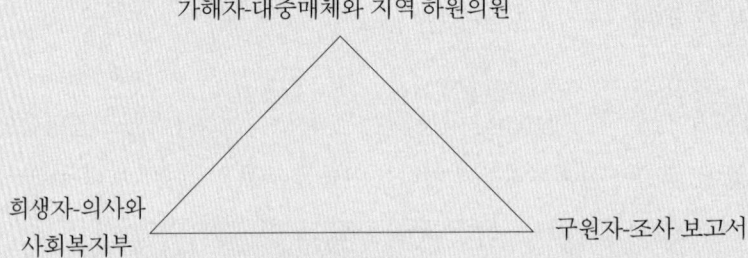

[그림 13.3] 가해자/희생자/구원자 삼각구도(3단계)

그러나 그런 여러 삼각구도에서, 구원자는 가해자로 바뀐다. 사람들은 그들의 면직을 요구하고, 자기 직무를 다하려는 헌신적 전문가가 아니라 나쁜 악한으로 그들을 그린다. 관련된 여의사는 어떤 유명한 신문에 의해 거의 무고한 가족을 무너뜨리려는 마녀로 묘사되었다. 그 삼각구도는 [그림 13.3]과 같다.

그 모든 과정처럼, 이것은 오랫동안 지속될 수 있었다. 그 과정을 멈추는 유일한 방법은 선택된 구원자 가운데 한 사람이 이전의 가해자를 다시 학대하는 것이 아니라 그 과정을 전체로서 이해하는 것이다. 즉 '선인과 악인'은 없고, 모든 면에서 선의를 가졌으나 실수하거나 잘못 이해하는 사람들만이 있다고……. 이런 점에서 버틀러-슬로스와 그녀의 팀은 성급히 비난하며 드라마 삼각구도에 말려드는 것을 피하면서 대신에, 전체 상황에 대한 좋은 수퍼비전적인 이해를 도입하여 두드러지게 유효한 보고서를 만들었다.

8장에서 드라마 삼각 구도를 극복하는 한 가지 방법은 프록터Proctor(2008:119)가 제안한 이로운 삼각구도로 이동하는 것이라고 언급했다. 데이비스와 베도Davys & Beddoe(2010:174)는 또 어떻게 각 역할이 더욱 자율적이고 개발적인 역할을 찾음으로써 한 사람이 드라마 삼각구도에서 빠져나올 수 있는지 보여준다. 희생자는 적극적인 학습자로 이동하고, 가해자는 교육적이거나 자문적 역할로 이동하며, 구원자는 중재자 역할로 이동하는 것이다. 이것은 각 당사자가 비난하고 판단하기

> 보다 다른 사람과 대화를 시작할 수 있게 한다.
> 　매우 고통스럽고 손실이 컸던 클리블랜드 상황에서 배울 수 있는 핵심 부분 가운데 하나는 모든 직원이, 그들이 시니어 소아과 의사들이거나 사회복지 부장이라 하더라도, 그들에게 지지적인 방식으로 자기 작업을 연구하도록 돕는 어떤 형태의 정기적 수퍼비전이 필요하다는 것이다. 그래야 그들이 절대적인 신념으로 은둔하지도 않고, 다른 한편으로 보고도 못 본 척하지 않을 수 있다. 클리블랜드 사건 전문가들이 다른 전문직 사람들이 무시했을 수도 있는 아동 성학대 사건을 발견했다는 것을 기억하게 하라.

결론

버틀러-슬로스 보고서는 그 뒤 레이밍과 다수의 다른 보고서들이 했던 것처럼 모든 조력 기관 사이에 훨씬 더 잘 협력하기를 마땅히 요구한다. 여전히 더 개발되어야 할 것은 사회복지, 병원, 일반의원, 경찰 등에서 좋은 수퍼비전 프랙티스뿐만 아니라 복잡한 학제간 상황을 수퍼비전하는 방법에 대한 고위 간부들의 훈련이다.

　우리는 이 책 다른 장에서도 모든 최일선에서 일하는 수퍼바이저들이 수퍼비전 훈련을 받아야 한다고 주장했다(10장 참조). 또 단체 고위직에서 수퍼비전하는 사람들에게 특히 전문가 사이의 복잡한 조직 상황을 작업하는 데 초점을 둔 진보한 수퍼비전 기술 훈련을 시작할 기회를 주어야 한다고 강력히 주장한다.

14장. 학습 문화를 향하여

> 서론
> 문화란 무엇인가?
> 문화의 수준
> 수퍼비전을 퇴보시키는 조직문화 역동
>   개인의 병리를 추적하라
>   과잉 경계하고 관료주의적인 문화
>   뒤를 조심하라
>   위기에 따른 역동
>   중독적인 조직
> 문화 패턴 전환하기
> 학습 개발문화 창조하기
> 수퍼비전과 학습하는 조직 그리고 학습하는 전문가
> 수퍼비전의 생성 학습 검토
> 결론

서론

수퍼비전 일곱 눈 프로세스 모델에서(7장), 모드 7은 수퍼비전이 시행되는 맥락에 집중한다. 맥락의 핵심은 고객 작업과 수퍼비전이 시행되는 단체의 문화이다. 4장에서 조직문화가 어떻게 수퍼비전에 영향을 미치는지, 또 효과적인 수퍼비전이 시행되는 것을 막을 수 있는지를 보여주었다. 8장에서는 고객 작업과 수퍼바이지 작업에 영향을 미치는 더 넓은 사회 문화를 탐구하였다.

    이번 장에서는 조력 단체들의 다양한 문화와 그런 문화들이 어떻게 수퍼비전에 작용하는지를 설명한다. 다음 장에서는 구성원의 학습과 수퍼비전에 더 도움이 되는 문화를 형성하기 위해 조직이 어떻게 변화해야 하는지를 탐구한다.

문화란 무엇인가?

8장에서 문화를 '다양한 명시적, 암시적 가정들과 다양한 그룹의 행동과 사회적 인공유물에 영향을 미치는 가치들(Herskovits 1948)'이라고 정의하였다.

인류학에서 파생된 문화에 대한 이해는 조직의 심층적 맥락을 이해하기 위해 최근에 더 많이 사용되고 있다. 호킨스와 스미스Hawkins & Smith(2006)는 조직문화를 연구한 여러 저자의 정의를 다음과 같이 인용한다.

- …… 주변상황이 어떻게 돌아가는지에 대한 인식(Ouchi & Johnson 1978)
- …… 조직의 구성원들이 공유하는 가치와 기대(Van Maanen & Schein 1979)
- …… 단체를 하나로 붙잡아주는 사회 결속력(Baker 1980)
- …… 어떤 그룹을 특징짓는지 생각하고 말하고 상호작용하는 방식(Braton 1983)
- …… 사람들이 자신의 사회적 환경에서 지정한 당연시되고 공유된 의미(Wilkins 1983)
- …… 조직에서 우리가 행동하고 생각하는 모든 것에 스며든 맥락을 구성하는 전통, 가치, 정책, 신념 및 태도(Mclean & Marshall 1988)
- …… 3개월간 조직에서 일했을 때 주목하는 것을 멈추고 성찰하게 되는 것(Hawkins 1997)

맥클린과 마샬Mclean & Marshall(1988)은 로고나 명망 있는 행사나 교육 프로그램같이 세간의 이목을 끄는(고인지도high-profile) 상징들뿐만 아니라 되풀이되는 이야기처럼 주목을 거의 못 받는(저인지도low-profile) 상징들에서도 문화가 어떻게 전해지는지를 탐구한다.

와익Weick(1995)은 조직의 근본을 일상의 대화를 통해 지속해서 진화하는 집단적 의미화sense-making라고 본다. 즉 '조직은 상호주관적으로 공유한 의미의 네트워크이며 이는 공통언어의 사용과 매일의 사회적 상호작용과 발전을 통해 지속된다'(1995:38-39).

조직의 모든 것은 본래 상징적이다. 다양한 형태의 표현 - 언어, 관계, 서류작업(또는 그것의 부족), 물리적 환경 - 에 반영된 의미의 패턴, 회의가 어떻게 소집되고 수행되었는지, 누가 누구 옆에 앉았고, 누가 방해했으며, 몇 시에 다른 주제를 주었고, 어떤 추론방식이 우세했는지 등.

그러므로 조직의 수퍼비전 문화는 수퍼비전에 대한 자체 정책의 고인지도 상징에서 보일 수 있지만, 더 정확하게는 저인지도 상징에서 나타날 수 있다. 즉 어디서 수퍼비전이 열리는지, 누가 수퍼비전하는지, 세션은 얼마나 정기적인지, 그들에게 어떤 중요성이 있는지 그리고 시간 압박으로 무언가를 취소해야 할 때 그들은 어떤 우선순위를 가졌는지 등에서 볼 수 있다.

아지리스와 숀Argyris & Schon(1978)이 '지지 이론espoused theory'과 '실천 이론theory in action'을 구별하여 이와 유사하게 신봉하는 문화와 실제 문화 사이의 차이를 지적했다. 예를 들어 어떤 사회복지부는 수퍼비전의 핵심 중요성과 진행 중인 직원의 개발과 지지에 대한 원대한 정책 어구를 가지고 있으면서도 직원이 부족할 때 수퍼비전을 가장 먼저 취소한다.

다른 저자들은 상황을 경험한 방식에 내장된 것처럼, 조직문화가 조직의 무의식을 나타내는 것으로 본다. 그러므로 그들은 문화를 이미 있었던 일과는 관련이 적고, 그것이 어떻게 보이고 들리고 경험되는지에 더 관련 있는 것으로 본다.

문화의 수준

호킨스(1995, 1997) 그리고 호킨스와 스미스(2006)의 이론은 기어츠Geertz(1973), 샤인Schein(1985)의 글과 같이 각 수준이 근본적으로 그 아래 수준에 영향을 받은, 조직문화의 5가지 수준 모델을 전개한 이 작업을 기초로 했다.

- 인공유물: 의례, 상징, 예술, 건물, 사명 선언문, 정책 등
- 행동: 말과 행동의 패턴, 문화적 규범

- 사고방식: 세계를 바라보고 경험을 구조화하는 방식
- 정서적 기반: 의미를 형성하는 감정의 패턴
- 동기의 근원: 선택을 하게 만드는 근본적 열망

샤인(1985)처럼 우리는 그 모델을 설명하기 위해 수련 꽃을 이용하였다([그림. 14.1] 참조). 수련의 꽃은 인공유물을 나타내고 이는 문화에서 가장 눈에 띄는 것 - 건물, 로고, 사명 선언문, 연간 보고서 등이다. 수면 바로 위의 수련 잎은 전형적인 문화의 행동을 나타낸다. 만약 인공유물이 그 조직이 신봉하는 가치를 입증한다면, 행동은 실천하는 가치를 보여준다. 많은 조직이 그들의 수사법(말)과 현실(행동) 사이에 균열이 있을 때 어려움을 겪는다.

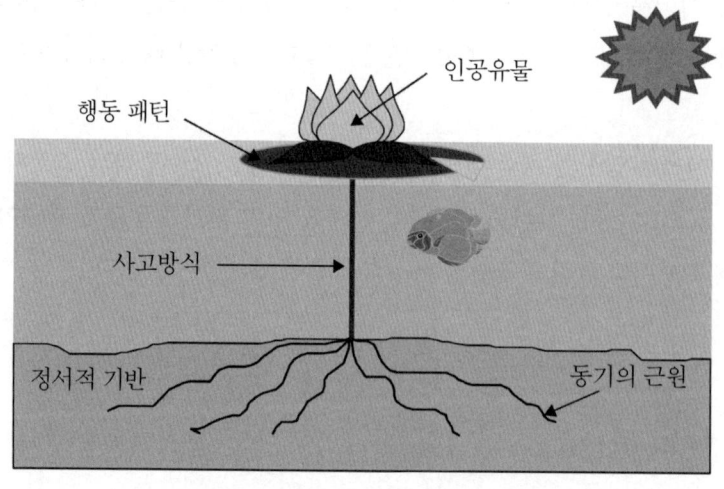

[그림 14.1] 조직문화의 5가지 수준

표면 아래에는 사고방식이 있는데 그것은 문화의 신념체계를 고정한다. 이것은 결국 정서적 기반이나 조직의 분위기에서 자라나는 것이다. 정서적 근원이란 공동의 조직과 함께 개개인의 목적과 동기의 일치alignment등을 말한다.

수퍼비전을 퇴보시키는 조직문화 역동

수많은 보건 서비스, 사회복지부, 보호관찰팀, 학회, 대학교, 상담과 심리치료 단체에서 자문으로 일하면서, 우리는 어떤 차이와 모든 조력 전문가 전반에 존재하는 전형적인 문화 패턴을 인식하게 되었다. 다음 5가지를 문화 역동이라고 부른다.

- 개인의 병리를 추적하라
- 과잉 경계와 관료주의적인 문화
- 뒤를 조심하라
- 위기에 의한 역동
- 중독성 있는 조직

이미 많이 나와 있으므로 또 다른 유형학이나 조직문화 분류법을 새로 만들고 싶지는 않다(Handy 1976, Harrison 1995). 오히려 우리는 이러한 패턴을 지배적인 조직문화 내에서 인식할 수 있는 체계 역동으로 보고 싶다. 사실 한 조직은 동시에 여러 패턴을 담을 수도 있다. 각각의 문화적 패턴은 수퍼비전을 중심으로 다양한 동기와 정서적 감정들, 태도, 행동, 정책을 만들 것이다. 각각은 이윽고 퇴행하거나, 심지어 왜곡된 형태의 수퍼비전으로 이어질 것이다.

개인의 병리를 추적하라

이 문화는 모든 문제를 개개인의 개인적 병리에 있는 것으로 보는 데 근거한다. 정신역동 케이스워크 이론에 크게 영향받았지만, 두 그룹의 역동이나 체계가 어떻게 기능하는지에 대한 이해는 거의 없었다.

부서 기능에 문제가 있다면, 문화적 사고방식을 가진 관리자들이 하는 첫 번째 일은 문제가 되는 사람을 찾는 것이다. 이는 흔히 부서의 우두머리이다. 위 신념은 만일 아픈 개개인을 치료할 수 있다면 그 부서는 건강해진다는 것이다. 만일 아픈 개인이 치료에 반응하지 않는 것처럼 보이면, 그 사람을 제거할 방법을 찾는다.

이 접근법은 조직의 모든 차원에서 일어날 수 있고 매우 빠르게 희생양을 찾는 것으로 타락할 수 있다. 아동보호소는 만약 어린 토미Tommy를 어딘가 다른 곳에 보내는 방법을 찾을 수만 있다면 그들의 모든 문제가 해결될 거라고 보고할 것이다. 그러나 토미를 다른 집에 보내고 나면, 이번엔 샐리Sally가 문제 아동이 된다.

우리는 또한 모든 문제가 한 구성원에게 있는 팀과도 작업해왔다. '잭Jack이 조기퇴직을 했더라면' 하고 모두 한숨을 내쉰다. 이 태도는 처음에 개인의 문제가 일부 관련된 문제를 한사람이 해결할 수 없을 때 공동으로 팀 문제를 처리하는 데 무력하다는 것을 보여준다.

어느 큰 자원봉사 단체에서 개별 보호소는 한 번에 하나씩 그 단체의 '문제 아동'으로 뽑혔다. 이 보호소를 골라낼 수 있다면 조직 전체가 문제가 없어질 것이라는 무언의 신념 때문이었다.

이런 문화에서 수퍼비전은 문제중심적이 되고 병리를 치료하는 데 목표를 둘 수 있다. 이것은 고객의 병리에 계속 집중할 수 없을까 봐 두려워하는 수퍼바이지에게 미묘한 형태의 편집증을 만들 수 있고, 그 수퍼바이지들은 스스로 '치료에 알맞은 사례'가 될지도 모른다. 우리의 수퍼비전 훈련 과정 가운데 하나에서 노인 보호시설의 우두머리가 그의 중간 프로젝트로 수퍼비전을 소개하려고 보호소로 돌아갔다. 그는 직원회의에서 수퍼비전을 소개할 예정이며 제임스James부터 시작할 거라고 발표했다. 제임스는 그 순간 '왜 나를 뽑았죠? 내가 뭘 잘못했는데?'라고 소리쳤다.

또 이런 문화에서 직원이 때로 '나는 아무 문제가 없기 때문에 이번 주에 수퍼비전이 필요 없어'라고 말하는 것을 볼 수 있다. 팀 리더들은 '문제가 일어날 때' 임시로 수퍼비전을 해줄 거라고 말할 것이다. 이런 문화는 '당신이 수퍼비전에 간다는 것은 문제가 있다는 것이다' 또는 더욱 심하게는, '너한테 틀림없이 뭔가 잘못된 것이 있다'라는 믿음을 만든다. 또 학생에게는 정기적으로 가장 자주 수퍼비전을 해주고, 새로운 직원에게는 그다음 빈도로, 고위직은 전혀 수퍼비전을 받지 않는 식의 정책으로 이런 태도는 더 심해진다. 이런 저인지도 상징의 메시지는 아주 분명하고 다음과 같은 의미를 나타낸다. '만일 이런 문화에서 성공하고 싶다면, 당신은 수퍼비전이 필요하지 않다는 것을 입증하라' 그리고 '수퍼비전은 훈련되어 있지 않고, 미숙하고, 부족하거나 자신감이 없는 사람들만을 위한 것이다.'

이런 문화적 패턴에 갇혀 있는 수퍼비전은 거짓치료pseudo-therapy나 '우리 같이 고객을 분석합시다'로 전락할 수 있다. 더 중요하게는, 이런 접근은 강점이 무엇이고 그것이 잘 작동하는지에서 시작하는 '강점탐구 이론Appreciative Inquiry'에 초점을 두는 사전 예방적 과정으로 수퍼비전을 보지 못하게 한다. 다르게 말하자면, 수퍼비전이 문제 기반보다는 보건 기반 주도 모델링의 한 부분이 될 수 있다. 쿠페리더와 스리바스트바Cooperrider & Srivastva(1987)는 강점탐구 이론과 어떻게 '조직이 질문의 방향으로 변화되는지'에 관한 글을 썼다.

과잉 경계와 관료주의적 문화

이런 형태의 조직에 대해서는 이소벨 멘지스Isobel Menzies(1970)가 『불안에 대한 방어로서 사회적 체계의 기능The Functioning of Social Systems as a Defence against Anxiety』이라는 제목의, 병원에서의 간호 문화에 대한 그녀의 고전적인 출판물에서 광범위하게 기술했다. 이런 형태의 조직은 업무 지향성은 높고 개인적 관련성은 낮다. 만일 모든 사태를 떠맡는 정책과 규칙이 있고 모든 회의는 팽팽한 이슈들을 가지고 있다면 그때부터 고소인과 언론 폭로와 법적인 사건들에 대한 두려움에 쫓겨서 과잉 경계하는 조직으로 이어지는 '위험 사회' - 라고 다수가 표현한 - 로 등극한다. 데이비스와 베도Davis & Beddoe(2010:80)는 '우리는 안전을 유지해야 하고 보호받아야 한다는 믿음이 있는 경우에⋯⋯. 위험에 대응하고 안전에 집착하는 데' 체계화된 사회를 설명한다. 이런 문화에서 수퍼비전은 주로 모든 업무가 정확하게 완수되고 목표는 충족되었는지 확인하는 데 관심이 있다. 우리는 기계공의 점검표 같은 이슈를 가지고 직원과 수퍼비전에 온 팀 리더들과 일한 적이 있다. 그들이 모든 항목을 체크했을 때, 그 수퍼비전은 끝났다. 그들은 문밖으로 걸어나가면서 '아 그런데 참, 안녕하세요?' 이렇게 말할지도 모른다. 게다가 어쩌면 그 대답을 듣지도 않고 나갈 수도 있다. 관리적이고 질적인 수퍼비전 기능이 압도해버린다.

수퍼바이지에게는, 수퍼비전이 자신이 성취한 일과 하지 못한 일을 보고하는 것이 된다. 게다가 또 문화는 문제중심적이지만 이번에는 질병과 치료보다는 기계공의 기풍이었다. 깔끔한 답을 찾아 몰리면서 이해의 여지가 거의 없다. 피치와 호너Peach & Horner(2007:229)는 '수퍼비전의 유일한 목표가 실무자와 그 성과에 대한 세부적인 관리와 감시를 통해 위험을 제거하는 것이 될 우려가 있다'라고 경고한다.

뒤를 조심하라

이런 형태의 조직문화는 분위기가 매우 정치적이 되거나 고도로 경쟁적일 때 만연하게 된다. 어떤 부서는 하위 그룹들 사이에 내부 권력 경쟁으로 찢어진다. 때로 이것은 정치적 또는 인종적 근거로 그럴 수 있지만 때로는 파벌과 누가 누구 편인가 하는 것에 더 관련이 있다. 이런 분위기에서는, 사람들이 아는 것을 자신에게 대항해서 사용할 가능성에 대한 두려움 때문에 다른 편이 모든 정보를 가지지 못했다는 것을 보장하는 데 많은 에너지가 들어간다. 한편으로 당신은 할 수 있는 모든 것을 다른 그룹을 폭로하는 데 사용한다는 것을 확인한다. 찰스 핸디Charles Handy(1976)는 그의 책 『조직의 이해Understanding Organizations』에서 다음과 같이 지적한다.

> 모든 조직에는 영향력과 자원에 대한 개별적, 그룹 사이의 경쟁이 있고, 견해와 가치의 차이, 우선순위와 목표의 갈등이 있다. 압력단체와 로비, 도당과 파벌, 경쟁과 다툼, 성격의 충돌과 동맹을 위한 유대가 있다.

조력 전문직에서는 흔히 권력과 경쟁을 인정하지 않다가 나중에 깨닫지 못하는 보이지 않는 힘으로 더 강력해지기도 한다.

이런 문화는 또 조직의 분위기가 '문제가 될 일을 하지 않는' 사람들의 승진이 보장되는 매우 위계적인 조직에서 발달할 수 있다. 이는 직원들로 하여금 이런 문제들을 공유하는 것이 불리할 수 있기 때문에 현재 겪고 있는 어떤 어려움이나, 부족한 점이나 문제들을 반드시 덮게 만든다.

> 나는 내 수퍼바이저와 정기적으로 만나지만, 언제나 내 보고서 작업을 해결하는 것이 내 문제로 정리되었다. 내가 그녀를 믿을 수 있을까? 나는 경력 향상을 위해 그녀의 후원이 필요한데, 그녀는 나한테 불리한 증거로 이런 것들을 사용하지 않을까? 결코 논의되지 않지만 너무나 많은 논의가 필요한 어떤 고통스러운 영역들이 있다. 이것이 나에겐 끔찍한 딜레마이다. (Fineman 1985:52)

이런 문화의 수퍼비전에서 무슨 일이 일어났는지는 누가 당신의 수퍼바이저인가에 달려있다. 만약 당신이 권력 하위 그룹의 한 사람에게 수퍼비전을 받는다면, 공모하는 상황이 되어서 '상대편이 얼마나 끔찍한지'에 대한 논의로 빠져들어간다. 만약 그것이 '그들 가운데 하나'인 누군가이거나 당신이 믿지 않는 관리자와 함께라면, 그러면 은폐에 중점을 두고, 당신이 한 일에 윤을 내고 확실히 유리하게 보이도록 할 것이다.

위기에 의한 역동

우리가 도움의 원형적 역할을 가르치던 과정 가운데 하나에서(5장 참조), 구성원의 한 사람이 수퍼바이저들이 하는 원형적 역할로서 수퍼맨을 제안했다. 우리는 바로 그다음 과정이 될 때까지도 이것에 자신이 없었다. 구석에 앉아서 필기하는 매우 조용한 성격의 아동보호소 소장이 있었는데 그는 다른 과정생들보다 더 구식으로, 타이를 매고 재킷을 입고 있었다. 거기다 그의 안경과 학구적인 열정은 그를 사회복지사라기보다는 도서관 사서처럼 보이게 했다. 둘째 날 수업 중에 그에게 집에 문제가 있다는 메시지가 도착했다. 그는 세션 중에 벌떡 일어서서 바로 우리 눈앞에서 갑자기 키가 크는 듯이 보였다. "나는 가야만 해요. 우리 보호소가 위기예요."라고 크게 소리치며 미끄러지듯이 방에서 나갔다. 이 보호소 소장은 그가 처리해야 할 적절한 위기가 있을 때 훨씬 더 활발해지는 게 분명했고 우리는 그의 고객이 예상대로 그가 대응해야 할

주기적인 위기들을 만들어내는 은혜를 베푼다는 것을 확신했다.

우리는 또 직원들 가운데 한 명은 언제나 긴박한 위기에 대응하고 있기 때문에 방해 받지 않고 만날 시간이 절대 없는 다른 병원과 부서들을 방문했다. 이런 유형의 조직에서는 결코 작업에 대해 제대로 성찰하거나 미리 계획을 세울 시간이 없고, 초점은 항상 순간의 강렬함에 있다. 다음의 이야기에서처럼, 고객은 이런 문화를 알게 되고 만약 여기서 관심을 받고 싶다면 위기를 만들어야 한다는 것을 깨닫는다.

> 처음 우리가 성인 정신질환자를 위한 사회복귀 훈련시설에서 일했을 때, 한 사람이 손목을 긋는 것이 전염되는 것처럼 보였다. 심지어 이전에 손목을 그어본 이력이 없던 사람들도 시작하게 되는 것 같았다. 그 직원은 항상 급히 붕대를 감은 팔을 붙들고 지역 응급처치실로 달려가야 했다. 결국 우리는 이것을 충분히 성찰할 직원 모임을 열어 간신히 위기의 홍수를 막았다. 우리는 손목을 긋는 사람들이 다른 거주자들보다 훨씬 더 많은 관심을 받는다는 것을 깨달았다. 우리는 직원 그룹으로서, 이 특정한 위기 문화를 계속되게 하고 있었다. 그 직원은 앞으로는 약을 과다 복용하거나 손목을 그은 사람들을 위해 병원에 방문하지 않을 것이며 그 대신에 그러한 행동을 하지 않은 사람들에게 더 신경을 쓸 거라는 것을 공동체에 분명히 했다. 위기 지수는 즉시 극적으로 떨어졌다.

다른 조직에서 어떤 직원이 우리에게 대표와 시간을 갖는 유일한 방법은 당신 부서가 위기에 처하는 거라고 했다. 그러면 시간을 내기에 언제나 너무 바쁜 그 대표는 당신에게 긴급 호출을 보내 만나자고 한다. 또 다른 자원봉사 단체에서는 부원장이 비행기나 헬리콥터로 날아와서 '본부'로 돌아가기 전에 근처 카페나 맥주집이나 차 안에서 수퍼비전을 해준다.

이런 문화에서 수퍼비전은 높은 우선순위인 경우가 드물고, 항상 매우 중요한 이유로 수퍼비전은 자주 취소될 것이다. 이런 일이 발생할 때, 흔히 굉장히 서두르는, 그리고 모두를 향해 돌진하는 다음 파도나 맹공격이 오기 전에 급히 문제를 해결해야 하는 분위기를 만든다.

중독적인 조직

초판을 쓴 이후로 필자들은 광범위하게 중독 치료센터와 또한 중독 개념의 조직과 일하는 데 관련되었다. 1993년에 섀프와 파셀Schaef & Fassel(1990)이 『**중독적인 조직**』이라고 제목을 붙인 책의 논평(Hawkins & Schohet 1993)을 썼는데 거기서 조직에 있어서 중독의 4가지 주요 유형을 아래와 같이 기술했다.

1. 조직의 핵심 인물이 중독자인 경우. 우리는 알코올 의존증이거나 또는 그 인생이 직장 생활에 흡수되어버린 일 중독자인 지도자나 최고경영자들을 알고 있다.
2. 조직의 수많은 사람이 그들의 중독적이고 동반 의존적인 패턴을 복제하는 경우. 섀프(1992)는 충격적인 통계를 인용한다. 미국의 간호사들에 관한 한 연구에서 83%가 알코올 중독 부모의 맏이인 것으로 밝혀졌다.
3. 그 조직 자체가 중독적인 실체인 경우, 그 구성원들에게서 고도의 의존과 일 중독을 끌어낸다. 이것은 만일 당신이 여기서 성공하고 싶다면 점심시간 휴식이나 저녁에 일찍 퇴근하는 것은 안 된다는 은밀한 메시지에서 야기된다.
4. 중독자로서의 조직. 그 조직의 체계는 중독적인 기질과 유사한 방식으로 부인함으로써 기능한다. 그 조직은 진실을 마주하고 어려움을 직면할 수 없게 되고, 정직하지 않고 폭력적인 행동을 합리화하고 방어하기 시작한다.

중독 분야에서 섀프와 파셀(1990)이 사용한 주요 개념 가운데 하나는 동반 의존이다. 이들은 중독자와 그들의 중독을 돕고, 수용하고 보호하는 애인이나 가족 또는 직장 동료이다. 중독적인 조직의 사례에서, 전체 노동자는 중독적으로 행동하거나 동반 의존으로 공모하거나 할 수 있다. 우리의 논문(Hawkins & Shohet 1993)에서 독자를 그들이 일했거나 수퍼비전했던 조직을 성찰하도록 초청하고 다음 질문에 대답하게 한다.

1. 조직의 가족적인 비밀은 무엇인가 - 대부분의 사람들이 알고 있지만 공개적으

로 터놓고 이야기하지 않는 것은 무엇인가? 왜 그들은 언급하지 않는가?
2. 누구의 행동이 언급, 직면 되지 않는가?
3. 조직에서 일하는 사람들에게 영감을 주었던 잃어버린 이상과 동기를 부여하는 비전은 무엇인가?
4. 역기능적 가족 체계(Subby 1984)를 구성하는 다음 규칙 가운데 조직에 적용된 것은 몇 개인가?

- 문제에 관해 이야기하는 것은 괜찮지 않다.
- 감정은 솔직하게 표현하지 말아야 한다.
- 의사소통은 두 사람 사이에서 한 사람이 전달자로 행동하는 것으로 간접적인 것이 가장 좋다.
- 강하고, 착하고, 올바르고, 완벽해야 한다.
- 우리를 자랑스럽게 하라.
- 이기적으로 되지 마라.
- 내가 행동하는 대로가 아니라 내가 말하는 대로 하라.
- 놀거나 놀기를 좋아하는 것은 괜찮지 않다.
- 평지풍파를 일으키지 마라.

만일 그 조직이 중독 문화를 갖고 있다면, 그러면 개발의 어떠한 모드이든지 시도하기 전에 부인과 부정직을 중단하는 것이 중요하다. 섀프와 파셀은 고객 단체가 더 기술적으로 중독에 머무르도록 촉진하는 조직 개발에 대한 많은 접근법에 날카롭게 비판적이다. 그들이 비판하는 것은 다음과 같다.

- 개인 관리자가 더 길게 더 철저하게 일 중독을 유지하는 전문기술을 갖도록 돕는 스트레스 관리 프로그램
- 통제력을 유지하는 미묘한 방식이 되는 근로자 참여 프로그램
- '해결책'이 되는 사명 선언문 - '그것은 우리는 중요한 존재이고 중요한 일을 한다고 우리를 안심시킨다.'

문화 패턴 전환하기

문화 패턴을 바꾸는 첫 단계는 문화를 인식하는 것이다. 이는 '바다를 아는 최후의 존재는 물고기다'라는 중국 속담도 있듯이 말처럼 쉽지 않다. 피터 호킨스는 조직문화를 이렇게 정의한다. '당신이 어떤 곳에서 3개월 이상 일했을 때 알아채지 못하게 되는 것이다'(Hawkins 1997). 신입사원들과 방문자들은 흔히 당신의 문화에 대해 통찰력 있는 피드백을 줄 수 있다. 또 당신이 당연한 것으로 여기는 것에서 벗어나 위에 언급한 5단계에서 자기 문화의 더 깊은 패턴을 바라보기 위한 유용한 방안들이 호킨스와 스미스(2006)에 있다.

문화에 대한 인식을 높이는 것만으로도 어느 정도 변화를 가져올 수 있다. 개인과 조직은 똑같은 신념과 규정된 작업 방식을 계속 유지할 필요가 없다는 것을 갑자기 깨달을 수도 있다. 그들의 새로운 인식은 더 큰 선택으로 이어진다.

조직이 자기 문화에 대한 인식을 발전시켰을 때 그 문화가 어떻게 바뀌기를 바라는지 탐구하는 데로 나아갈 수 있다. 이 과정을 시작하는 한 가지 방법은 '세 갈래 분류'라고 알려진 것이다(Hawkins 1994c). 팀이나 조직은 위의 연습을 통해 자기 문화에 대한 많은 양의 데이터를 생성했을 수 있다. 그리고 나서 다음 3가지 새로운 목록을 만들어야 한다.

1. **계속하라**: 조직이 나아감에 따라 무엇이 안전하게 보호받고 육성되고 유지되어야 하는가?
2. **멈추라**: 버릴 수 있는 것은 무엇이고, 더는 적절하지 않고 그 유용성보다 오래 지속한 것은 무엇인가? 변화를 늦추고 있는 초과 수하물은 무엇인가?
3. **시작하라**: 통합하고 습득하고 다르게 처리해야 하는 것은 무엇인가?

이 연습은 문화 전환을 만드는 첫 단계를 나타낸다. 지속 가능한 방법으로 문화를 진짜로 바꾸는 것은 이 특정한 책의 초점을 넘어선 훨씬 더 길고 더 어려운 과정이며,

호킨스는 이 문제에 대해 다른 곳에서 썼다(Hawkins 1995, 1997, 2012). 그러나 우리는 모든 조력 전문가가 위의 역기능적 형태에서 좀 더 내재한 학습과 개발적 문화를 향해 나아가야 한다고 제안한다.

학습 개발 문화 창조하기

수퍼비전은 학습 개발 문화에서 가장 번성한다. 그것은 모든 조력 전문가의 방대한 작업이 환경과 관계 만들기에 관한 것이라는 신념체계를 바탕으로 이루어진다. 그 환경과 관계 안에서 고객은 자신이 도착할 때보다 떠날 때 더 많은 선택권을 가지고 떠나는 방식으로 자신과 자기 환경을 배운다. 게다가 조력 전문가들이 지속해서 배우고 자신을 개발하는 데 지원을 받는다면 학습을 가장 잘 촉진할 수 있다고 믿는다. 위에서 아래로 학습하고 개발하는 조직은 직원의 요구를 충족시키기 때문에 고객 요구를 충족시킬 가능성이 훨씬 더 크다. 호킨스는 다른 여러 곳에서 학습 문화를 폭넓게 연구, 집필하였으며(Hawkins 1979, 1980, 1986, 1991, 1994a, 1994b) 최근에 **코칭 문화의 창조**Creating a Coaching Culture(Hawkins 2012)에 대해 연구하고 글을 썼다. 이러한 문화의 주요 특성과 그것이 수퍼비전에 미치는 영향을 다음과 같이 요약한다.

- 학습과 개발을 일생의 지속적인 과정으로 본다. 그러므로 그런 문화에서 가장 숙련된 최고위급 간부는 수퍼비전이나 코칭을 계속 받고 있으며, 수퍼비전을 단지 훈련되지 않고 미숙한 사람들만을 위한 것으로 보지 않는다. 최고위급 관리자의 행동은 그들의 정책 강령보다 큰 효과가 있으며 다른 어떤 것보다 스스로 코칭 또는 수퍼비전을 받거나 고위급 팀을 위한 팀 코칭을 받음으로써 눈에 띄게 학습문화의 본보기가 되는 것이 중요하다.
- 학습문화는 모든 다양한 작업 상황이 개별적으로나 공동으로 학습 가능성을 갖고 있다는 점을 강조한다. 학습은 단지 교실이나 훈련 프로그램에서만 발생하

는 것이 아니라 작업 구조에 내재하는 것이다.
- 문제와 위기는 개인적, 조직적으로 학습과 개발에 중요한 기회로 본다. 주요 위기는 성장 포인트로, 실패는 개인을 고발하기 위한 증거로서가 아니라 배울 수 있는 계기로 보기 때문에, 문화는 모험하기에 안전한 영역이다.
- 좋은 프랙티스는 항상 최근의 문제와 위기를 다루는 행동 문화에서 나오는 것도 아니고, 이론적 정책 문서를 작성하기 위해 실제 이슈에서 손을 떼는 이론화 문화에서 나오는 것도 아니다. 좋은 프랙티스는 행동에서 성찰로, 새로운 생각으로, 계획으로 그리고 다시 행동으로 돌아가는 학습 사이클의 모든 부분에서 잘 균형 잡힌 직원, 팀, 부서에서 나온다(2장 참조).
- 이것은 수퍼비전이 빠른 해결책을 서두르지 않고 추상적인 이론화에서 길을 잃지 않아야 한다는 의미이다. 오히려 구체적인 경험을 성찰하는 데서 시작해야 하고, 경험을 통해 세상을 보고 생각하는 방식에 도전하는 방식으로 이를 이해하려고 노력해야 한다. 그러나 수퍼비전은 새로운 통찰점에 머물러서는 안 되며 오히려 이 새로운 통찰을 사용해 새로운 선택지를 만들고 이런 선택지를 평가하고 운영할 새로운 전략을 선택해야 한다. 이 새로운 활동은 학습 사이클이 하나의 순회 과정이 되지 않도록 다음 수퍼비전에서 검토되어야 한다(2장 참조).
- 학습은 그 자체로서 중요한 가치가 된다. 수퍼바이저는 '내가 어떻게 하면 수퍼바이지가 실수하지 않고 내가 옳다고 생각하는 방식으로 하게 할 수 있을까?' 하는 태도보다, '어떻게 이 수퍼바이지들이 이 상황에서 그들의 학습을 극대화해서 고객이 배우는 것을 도울 수 있도록 할 수 있을까?' 하는 태도를 유지한다.
- 개인과 팀은 그들의 효율성, 학습, 개발을 성찰하는 타임아웃time out을 갖는다. 학습하는 문화에서는 팀 코칭과 팀 개발 세션이 있다. 또 성과 측면에서 고위직을 훨씬 뛰어넘는 360도 직원 평가도 있다. 그것은 직원들이 자기계발과 자기 강점과 약점, 그것에 대해 받은 피드백과 동료와 선임자에게서 받은 평가에 대한 개선, 그리고 그들에게 낸 보고서를 평가하는 협력적인 과정이다. 또 고위급 팀에게도 그들의 팀 기능에 대한 360도 피드백이 있을 것이다(12장 참조).

- 좋은 평가 시스템은 성과에만 초점을 두지 않고, 직원이 무엇을 배웠는지, 그들이 어떻게 개발했고 어떻게 그들의 학습과 개발을 가장 잘 수행해 나아갈 수 있는지, 그리고 다가오는 시대에 맞는 교육을 받을 수 있는지에도 집중한다.
- 조직 안에서 계층 사이에 그리고 동료에게서 높은 수준의 피드백이 있을 수 있다. 피드백은 작업팀이나 조직에 연관된 사람들, 즉 고객, 다른 조력 조직, 직업 네트워크, 정치가 등에게서 권장된다.
- 시간과 관심을 들여 새로운 직원이 어떻게 환영받고 팀과 조직에 입성하는지, 어떻게 조직 내에서 이동이나 지위의 변화를 거치는 데 도움을 받는지 등과 같은 주로 개인의 이행transition을 다룬다. 시간은 팀 회의와 개인 수퍼비전 둘 다에 주어질 것이다.
- 정기적으로 역할을 검토하고 협상할 것이다. 그것들은 단순히 효율성을 바탕으로 한 것이 아니라, 각 역할이 재임자에게 학습 기회를 제공할 가능성에 따라 할당될 것이다. 이는 수퍼바이저 역할을 포함할 것이며 조직 위계의 고위직에게 자동으로 할당되지 않을 것이다.
- 그러한 문화에서 학습은 떠날 수도 있는 개인에게만 있는 것이 아니라, 조직 프로세스의 구조에 내장된다. 학습은 팀과 조직 수준에서 이루어지며, 발전하는 문화에서 기록되고 생존한다.

수퍼비전과 학습하는 조직, 그리고 학습하는 전문가

조직이 수퍼비전을 퇴보시키는 문화적 패턴에 직면하고 더 건강한 학습과 개발 문화를 발달시켜온 경우에, 효과적인 개인의 학습과 개발이 있을 것이다. 그러나 모든 개개인이 학습하더라도 조직 자체가 학습과 개발을 중단할 위험이 여전하므로 이것은 충분하지 않다.

수퍼비전은 현존하는 전문가나 조직이 숨 쉬고 배우도록 돕는 주요 과정을 제공할 수도 있다. 너무 오랫동안 전문직 공동체의 선배들이 수습생과 수련생들의 연습, 행동, 이해, 직관, 감정과 동기를 구체화한다는 점에서 문화적 사회화 과정으로 수퍼비전 개념을 축소해왔다.

위의 문화적 패턴에서 논의한 모든 접근법은 수퍼바이저에게서 흘러나와 수퍼바이지에게 가는 학습을 하고 있다. 학습은 미리 형성된 전문적 규범과 수칙 - 문화의 성문화되거나 되지 않은 규칙들 - 을 따르게 하는 것이다. 질적 관리와 신입사원들에게 전문 집단의 지혜를 전수하기를 아는 것이 수퍼비전의 중요한 측면이라고는 해도, 만일 수퍼비전이 이 두 가지 측면으로만 축소된다면, 흔히 있는 일이지만, 우리는 배우고 개발하기를 그만두고 자기만을 강화하는 전문가가 된다. 점차 그 직업은 경직되고, 점점 더 낡은 실습 틀 내에서 운영된다.

뛰어난 핵물리학 교수이면서 정신적 스승인 크리슈나무르티Krishnamurti의 유창한 추종자인 데이비드 봄David Bohm은 조직과 직업과 사회에서 자기혁신 문화를 창조하는 도전에 관해 다음과 같은 강연을 했다.

핵심 질문은 이렇다. 지속해서 창조적인 문화는 가능한가? 당신이 문화를 만드는 즉시 그 의미는 반복되고 그것들은 방해가 되기 시작한다. 그렇지만 우리는 문화가 필요하다.

비전을 어떻게 계속 새롭게 할 수 있는지의 문제는 아무도 해결하지 못했다. 그것은 더욱 정적이고 더 습관적으로 되었다. 문제는 점차 굳어져 기질이 된다는 것이다. 그것은 기질로써 한 세대에서 다른 세대로 전해진다. 그리고 그것을 받아들인 사람들은 그것을 가진 사람들과 같은 방식으로 이해하지 못한다. 왜냐하면 그들은 단지 그 기질을 모방하고 있을 뿐 그것이 나온 의미를 이해하지 못하기 때문이다. 그들은 부분적으로는 이해하지만 이전 사람들만큼은 아니다. 매시간 조금씩 더 약해졌다.

> 그것은 낡은 사고방식과 모든 낡은 사회적 관계와 낡은 문화에 동의하는 습관을 강화하는 세대를 통해 반복되는 것이다. 특히 문명이 살아남으려면 이제는 이 문제가 해결되어야 한다. 옛날에는 이렇게 말할 수도 있었다 '글쎄, 문명은 소멸하고 또 다른 것이 시작되겠지' 그러나 현대 기술로 우리는 모든 것을 파괴할 수도 있다. 문제는 더 긴급해졌다. (Bohm 1989:73)

수퍼비전은 6장에 규정한 것처럼 다음 3가지 중심 기능 너머로 나아가야 하는 주요한 도전 과제가 있다.

- 질적인 기능
- 개발적인 기능
- 지지적이고 자원 조달적인 기능

만일 우리가 지속해서 자기 문화를 새롭게 하고, 학습하는 직업을 만든다면, 수퍼비전은 그 직업 단체가 배우고 개발하고 문화적으로 발전하도록 지원하는 학습의 장이 되어야 한다. 이것은 수퍼바이지와 수퍼바이저 두 사람의 학습에 집중할 뿐만 아니라, 두 사람 사이의 공간에서 나타날 수 있는 새로운 학습이 있는 대화의 그릇을 제공하는 것이다. 수퍼비전은 다음의 관계를 형성하는 세 가지 고유한 경험 영역 사이의 상호작용에서 학습이 나타나게 하는 방식으로 실행되어야 한다.

- 고객 상황과 맥락
- 수퍼바이지의 경험과 이해
- 수퍼바이저의 경험과 이해

너무 자주 우리는 수퍼비전이 이미 존재하는 '사고'와 지식의 교환으로 축소되는 것을 보아왔다. 수퍼바이지는 수퍼바이저에게 자기 고객에 대해 이미 생각하고, 알고 있는 것을 이야기하고 수퍼바이저는 비슷한 고객이나 프로세스에 대해 이미 존재하는 지식을 공유한다.

수퍼비전의 생성 학습 검토

수퍼비전 세션이 새로운 생성 학습을 제공하는지 아닌지 검토하는 하나의 유용한 테스트는 세션 끝에 다음 네 가지 질문을 하는 것이다.

1. 우리 중 아무도 수퍼비전에 오기 전에 몰랐던 것을 배운 것은 무엇인가?
2. 혼자서는 아무도 도달할 수 없는 것을 배운 것은 무엇인가?
3. 이 세션에서 우리가 만들어 낸 새로운 역량은 무엇인가?
4. 우리 각자가 얻은 새로운 해법은 무엇인가?

이 4가지 질문에 대한 대답은 기존의 사고와 '감정들'의 교환에서 생기는 것보다는, 우리가 함께 생각하고 느끼는 공간에서 발생하는 대화 학습의 가능한 결과를 보여줄 것이다. 1990년에 있었던 세미나에서 데이비드 봄은 사고$_{thoughts}$와 생각$_{thinking}$의 차이를 다음과 같이 정의했다.

> 생각$_{thinking}$은 현재 시제를 의미한다. 즉 무엇이 잘못될 수 있는지에 대한 중요한 민감성을 포함하는 어떤 활동이다. 또 새로운 아이디어와 아마도 때로 내면의 어떤 지각이 있을 수 있다. '사고$_{thought}$'는 그것의 과거분사이다. 우리는 뭔가를 생각하고 난 뒤 그냥 그것이 증발한다는 생각을 가지고 있다. 그러나 생각$_{thinking}$은 사라지지 않는다. 그것은 어떻게든 두뇌 속으로 들어가고 뭔가 사고$_{thought}$가 되는 …… 흔적을 남긴다. 사고$_{thought}$는 - 과거로부터, 행했던 일로부터 - 기억으로부터의 반응이다.(Bohm 1994)

학습하는 전문가에게 수퍼비전이 사고$_{thought}$의 교환에서 대화적이고 생성적인 생각$_{thinking}$으로 전환되는 것만으로는 충분하지 않다. 또 어떻게 이런 수퍼비전 대화에서 나온 학습이 더 광범위한 직업의 학습과 문화적 진화로 유입될 수 있는지 고찰해야 한다. 어떻게 학습이라는 폐가 그 조직의 생명선에 필요한 산소를 공급할 수 있을까?

우리는 조력 전문직에서 일하는 모든 조직이나 전문가가 수퍼비전 세션에서 새로운 학습을 수확하고, 이 학습을 새로운 공동의 프랙티스와 표준으로 사용할 수 있는 학습 경로를 만들어야 한다고 믿는다. 그런 학습 경로는 다음 항목들을 포함한다.

- 수퍼비전 사례 비평과 액션 러닝action learning 세트
- 학습 교환을 위한 수퍼바이저 세미나
- 새로운 프랙티스에 대한 토론회
- 수퍼비전에서 알맞게 위장된 사례의 자료를 사용한 전문적인 프랙티스에 대한 새로운 논문, 논설과 가이드라인
- 효과가 없었던 것과 문제 해결 방법에 초점을 두기보다, 효과 있었고 그 효과 위에 구축된 것은 무엇인지에 초점을 두는 강점탐구 이론 접근법(Cooperrider 외. 2000)
- 조직에서 일하는 모든 수퍼바이저, 코치 그리고 팀 코치가 모여서, 비밀보장을 보호하는 방식으로 조직 전반에 걸쳐 모든 수퍼비전과 코칭 세션에서 드러나는 집단 문화 패턴을 성찰하는 '학습 수확' 접근법(Hawkins 2012). 이는 공동체와 조직의 고위 임원들 사이에 유용하게 촉진된 대화로 이어질 수 있다(Hawkins 2012).

결론

이번 장에서는 수퍼비전이 그냥 단순한 이벤트가 아니라 모든 실질적인 조력 조직의 문화에 스며들어야 하는 지속적인 과정이라는 것을 보여주고자 했다. 거의 모든 조직 문화는 우리가 설명하고 풍자적으로 묘사한 조직의 여러 역기능이 섞여 있다. 우리는 아직 학습하고 개발하는 문화에 온전히 부응하는 조직을 만나지 못했다. 어떤 조직은 그러한 환경을 만들기 위해 먼 길을 간다. 애석하게도 같은 방식으로 더는 기능하

지 않는 사례 한 가지는 스코틀랜드Scotland의 딩글턴Dingleton 병원이다. 어떻게 기능했고 점차 학습하는 문화가 되었는지는 존스Jones(1982)에서 볼 수 있다. 호킨스(2012)도 다양한 나라와 조직 유형에서 얻은 코칭 문화를 만든 일련의 조직 사례를 제공하고 있으며, 조력 전문가에게서 나온 사례도 일부 포함하였다.

다음 장에서는 어떻게 자신이 속한 조직이나 다른 조직에서 수퍼비전을 개발할 수 있는지 탐구한다. 수퍼비전 정책과 실습 개발은 조직문화를 다루고 이 장에서 설명한 일부 패턴을 떠나 학습과 개발 문화로 발전하도록 돕는 것을 포함해야 한다. 그러한 문화에서, 학습과 개발은 직장의 모든 측면에서 본질적인 부분이다. 결국 모든 조력 전문가의 고객은 직원과 전체 조직이 지속해서 학습하는 곳에서 배우고 발전하고 가장 잘 치유된다고 우리는 믿는다.

15장. 조직의 수퍼비전 정책과 프랙티스 개발

> 서론
> 1 단계: 이미 수행중인 수퍼비전에 대한 강점탐구 이론을 만들라
> 2 단계: 수퍼비전 실습과 정책 개발에 대한 관심을 일깨우라
> 3 단계: 실험을 시작하라
> 4 단계: 변화에 대한 저항을 다루라
> 5 단계: 수퍼비전 정책을 개발하라
> 6 단계: 지속적인 학습과 수퍼바이저, 수퍼바이지, 조직의 성장을 도모하라
> 7 단계: 지속적인 심사와 검토 과정
> 결론

서론

지난 장에서 조력 전문가의 다양한 조직문화 유형을 탐구하고 학습 개발 문화로 나아가야 할 필요에 대해 썼다. 우리는 수퍼비전이 그러한 조직문화의 핵심이라고 믿는다. 많은 훈련과정과 회의에서 다양한 직업에서 헌신하는 직원들에게서 이런 질문들을 받았다. '어떻게 제가 우리 단체에서 수퍼비전 프랙티스 개발을 시작할 수 있을까요?' 이 질문에 대한 답이 전혀 쉽지 않은 것은 다음 몇 가지 이유 때문이다.

- 모든 조직은 다르며 서로 다른 요구를 한다.
- 그것은 어디에서부터 시작하느냐에 달려있다.
- 조직의 변화는 복잡한 과정이다. 단순한 처방을 따르거나(또는 권고하거나), 아니면 다른 사람의 해결책을 사는 것은 위험하다.

그러나 자체적인 수퍼비전 정책과 프랙티스를 개발하려고 시도하는 다양한 조직과 작업하면서 더 많은 것을 듣고 읽었기에, 우리는 그런 개발을 운영하는 패턴이나 지도

를 분별할 수 있게 되었다. 바라건대, 이 지도가 단순한 처방은 피하겠지만 다른 이들을 위해 어떻게 일해 왔는지뿐만 아니라 도중에 만나게 되는 몇몇 덫과 함정을 지적할 것이다. 지도가 영토는 아니라는 격언을 기억하는 것이 중요하다. 수퍼비전 정책과 프랙티스를 소개하고 개선하기 위해 조직 개발 과정에 다음과 같은 일곱 단계가 있다고 주장한다.

1. 이미 진행 중인 수퍼비전에 강점탐구 이론 만들기
2. 수퍼비전 프랙티스와 정책 개발에 관한 관심 일깨우기
3. 실험 시작하기
4. 변화에 대한 저항 다루기
5. 수퍼비전 정책 개발하기
6. 지속적인 학습과 수퍼바이저, 수퍼바이지, 조직의 성장을 도모하라
7. 지속적인 심사와 검토 과정 포함하기

이 단계들은 선형 과정일 뿐만 아니라 개발의 지속적인 사이클이다.

1단계: 이미 수행중인 수퍼비전에 대한 강점탐구 이론을 만들라

많은 변화의 노력은 기존의 것이 불충분하며 변화는 반드시 외부에서 유입되어야 한다는 태도로 시작함으로써 불필요한 저항을 만든다. 이런 접근은 조직에서 수퍼비전을 해주려고 열심히 헌신하며 노력한 사람들의 수고를 존중하지 않는 것이다.

거의 40여 년 전 이 분야에서 처음 일할 때, 들어보지 못한 개념인 수퍼비전을 조직이 이해하는 것은 불가능했다. 그렇지만 대부분의 전문직과 여러 나라에서 더는 그런 사례가 없다. 변화는 이미 진행 중인 일과 개개인과 팀이 이미 성취한 것을 통찰하는 것으로 시작해야 한다. 그리고 나서야 이 개척자들은 조직의 수퍼비전 프랙티스를 개

발하는 데 동료와 협력자가 될 수 있다. 변화를 위한 강점탐구 이론 접근법에 대해 더 읽으려면 쿠페리더Cooperrider 외(2000)를 보라.

2단계: 수퍼비전 실습과 정책 개발에 대한 관심을 일깨우라

이 책 앞 부분에 당신은 가지지 않은 문제를 해결할 수는 없다는 격언을 언급했듯이, 조직 변화에 있어서 변화해야 한다고 인식하지 못한 단체나 부서나 팀을 변화시키려는 것은 소용이 없다. 변화를 위한 자극은 내부에서 와야 한다. 만일 직원이 문제가 없다면, 그들은 해결책도 가질 수 없을 것이다. 외부의 대리인은 그들이 더 높은 고위 경영진이거나 수퍼바이저거나 또는 외부 컨설턴트여도, 조직이나 부서가 스스로 인식한 강점과 문제를, 활용되지 않은 수용력과 자원을, 조직에 작용하는 환경적 변화와 현재 상황에 대한 불만족을 표면으로 끌어내는 것은 도울 수 있다. 그들이 할 수 없는 것은 반드시 내부에서 나와야 하는 변화에 대한 헌신을 만드는 것이다.

수퍼비전의 필요성에 대해 참여를 장려하는 가장 효과적인 두 가지 방법은 수퍼비전을 받지 않을 때의 비용을 입증하고 좋은 수퍼비전의 이점을 보여주는 비전을 창조하는 것이다. 수퍼비전이 없어서 치루는 대가는 다음과 같은 여러 다양한 자료에서 찾아볼 수 있다.

- 빈약하고 낡은 프랙티스
- 고객의 불만
- 직원들의 사기
- 직원 태도 조사
- 직원 이직률과 질병률
- 프랙티스 감사
- 그 분야 최고의 프랙티스와의 비교

변화를 원하는 부서나 조직과 관련해서 권위자들에게서 변화 과정을 위임받는 것도 필수이다. 한 조직 부분에서의 변화는 다른 부분들에까지 영향이 있고 위나 옆에 사람들에게 저항을 만들 수 있으며, 그들은 변화하려는 노력을 방해할 수도 있다. 어떤 변화 프로그램에 착수하기 전에 모든 이해당사자들(변화 과정으로 인해 영향을 받을 사람들)을 배치하고 어떻게 그들이 이 과정에 참여하게 되었는지 이해하는 것이 중요하다.

글로벌 조직의 변화를 다루는 보브 가랏Bob Garratt(1987)는 광범위한 네트워크의 변화 노력을 위해 정치적 지원이 최대화되도록 다음 3가지 질문을 제안한다.

- **누가 아는가?** 누가 문제에 대한 정보를 가지고 있는가? 견해, 관점, 반쪽 진실, 공식 정책이 아니라, 엄정한 사실이 문제의 차원을 결정할 것이다.
- **누가 관여하는가?** 누가 변화를 만드는 데 감정적 부담이 있는가? 다시 말해서, 이것은 누가 문제를 이야기하는가가 아니라 누가 깊이 관여하고 결과에 헌신하였나이다.
- **누가 할 수 있는가?** 누가 변화를 일으키기 위해 자원들을 다시 정비할 힘을 갖고 있는가? …… 누가, 사실과 책임과 에너지에 직면했을 때, '네'라고 할 힘을 가졌는가?

조직이 수퍼비전 프랙티스를 개발하려고 할 때, 흔히 '하향식' 변화가 나은지 아니면 '상향식' 변화가 더 나은지 질문을 받는다. 우리의 대답은 둘 다이며 게다가 '중간에서 나오는' 변화도 필요하다. 가장 빠른 변화는 이런 경우에 일어난다.

- 고위직 사람들은 다른 사람들이 헤쳐 나가 변화를 일으킬 수 있는 분위기와 구조를 만든다.
- 하위직 사람들은 수퍼비전이 없다고 불평하던 자세에서 더욱 전문적이 되고 수퍼비전 필요성을 분명하게 표현하는 자세가 된다.
- 중간 관리직 사람들은 변화 과정을 조직화하는 책임을 맡는다.

3 단계: 실험을 시작하라

대부분의 조직에 좋은 프랙티스 고립지대가 있을 뿐만 아니라(1단계 참조) 진보하려는 열망과 헌신하려는 소수의 사람도 있다. 조직의 중심이나 상부에서 변화를 추진하는 것보다는, 중간에 있는 사람들의 창조적인 에너지를 지지하고 기대하는 것이 더 효과적이다. 계속하여 새로운 프랙티스를 시도하거나 고위직 사람들이 외부 교육 프로그램을 도입하기를 원하는 한 조직단위나 부서를 찾는 것은 그 자체의 경계선을 훨씬 넘어서는 관심을 불러일으킬 수 있다.

한 부서가 지나치게 엘리트주의가 되거나 특별하게 될 위험이 있는데, 그것은 그들로 하여금 시기의 대상이 되거나 무시를 당하게 할 수 있다. 이를 피하려면 둘이나 셋 단위로 하고, 각각은 자신들의 실험을 수퍼비전 접근법에 대한 실험이나 그 부서가 지속해서 실험이나 탐구과정에 다른 사람들을 포함시킬 수 있다.

4 단계: 변화에 대한 저항을 다루라

그러나 위에서 설명한 많은 양의 전제조건들을 갖춘 조직이라 해도, 변화는 여전히 저항을 만들어낸다. 차이점은 그러한 조직에서 변화에 대한 저항이 더 성공할 확률이 높다는 것이다. 새로운 행동을 할 때 변화에 대한 저항과 관여하기를 꺼리는 마음은 다음과 같은 다수의 요인으로 발생한다.

- 미지의 것에 대한 두려움
- 정보의 결핍
- 오해
- 역사적 요인들
- 핵심 기술과 능력에 대한 위협

- 지위에 대한 위협
- 권력 기반에 대한 위협
- 인지된 혜택이 없음
- 조직에서의 낮은 신뢰도
- 빈약한 관계
- 실패에 대한 두려움
- 어리석어 보이는 것에 대한 두려움
- 실험에 대한 반항
- 관습의 영역
- 해고에 대한 반항
- 강한 동료 그룹의 규범

키건과 라헤이Kegan & Lahey(2001)는 저항을 이해하고 다루는 다수의 유용한 접근법을 개발했는데, 그것은 우리의 핵심 신념과 우리가 현재 일하는 방식에 대한 애착과 '보상'을 탐구하는 것이다. 그들은 우리의 의식구조와 사회적 제도를 전환하기 위해 새로운 언어를 개발할 것을 지적한다.

커트 르윈Kurt Lewin(1952)은 인간관계에 다음과 같은 물리학 원리를 적용했다. '모든 힘은 동등하고 상반하는 힘을 만들어낸다.' 변화를 위해 더 밀어붙일수록, 더 많은 저항을 만든다는 장애 구역 분석 개념을 개발했다. 이것은 명백히 집단 간 협상에서 가져온 다음 예에서 나타난다.

> A그룹은 그들의 사례를 지지하는 3가지 논쟁을 가져온다. B그룹도 자신들의 사례를 지지하는 3가지 논쟁을 가져온다. A그룹은 공통점을 바라보는 대신에 그들이 어떻게 옳은지 보여주는 3가지 추가적인 이유를 더하는 실수를 한다. B그룹은 즉시 그 관점에 대해 수많은 이유를 두 배로 첨가하고 동시에 언성을 높인다. A그룹은 거의 같은 양으로 언성을 높이면서 허를 찔러 대꾸하는 B그룹의 사례를 비웃기 시작한다.

어떤 형태든지 변화를 만드는 것은, 개인 작업자든 전체 조직이든 저항하는 결과를 가져온다. 변화를 위해 더 강하게 밀어붙이는 것은 더 큰 저항을 만들 뿐이다. 르윈(1952)은 멈추어 서서 무엇이 이 난국을 만들었는지 보라고 제안한다. 페이지 아래 줄을 긋고 변화를 지지하는 모든 힘을 한편에 두라. 다른 한편은 변화에 저항하는 모든 힘을 보여준다. 그러고 나서 그 현상을 전환하기 위해, 그것을 야기하는 잠재된 요구를 충족시키는 방식으로 저항을 처리하는 방법을 찾으라. 만일 저항이 존중되고 재조정될 수 있다면 변화는 더 큰 영향력을 사용하지 않고도 일어날 것이다.

[표 15.1]은 새로 온 팀장이 전에 없던 수퍼비전을 팀에 소개하려 하는 상황에 대한 장애구역 분석의 예를 설명한다.

이 상황에서 수퍼비전에 대한 팀 리더의 열정은 증가하고, 좋은 수퍼비전이 얼마나 그들을 위한 것인지 팀원들을 이해시키려 노력해도, 그들에게 무엇을 시키려고 하는지에 대해 강한 불신을 증가시킬 뿐이다. 그렇지 않으면 그들에게 정말로 수퍼비전이 필요하다고 강요하는 나쁜 방식이라는 느낌을 줄 것이다. 현명한 팀 리더는 그 대신에 그들의 저항을 존중하고 재조정하는 방식을 고려할 것이다. 그들에게 이전의 수퍼비전에 대한 안 좋은 경험을 이야기하는 시간을 주거나 그들이 이 특정한 팀을 위해 최고이자 시간상으로 가장 효율적인 수퍼비전 시스템을 기획하게 할 것이다.

[표 15.1] 팀에 개별 수퍼비전을 소개하기

구동력	저항력
직원은 더 많은 지지를 원한다 ▶ ◀	평가받는 것에 대한 두려움
팀 리더의 열정 ▶ ◀	팀 리더의 서의에 대한 편집증
팀 리더는 그의 목표가 분명하다 ▶ ◀	어떤 팀원 때문에 안 좋았던 예전의 수퍼비전 경험
'나를 위한 시간' ▶ ◀	수퍼비전은 실패한 사람들이 받는 것이라는 생각
직원들은 수퍼비전이 팀 리더가 문제를 더 잘 이해하게 돕는다고 느낀다 ▶ ◀	시간 소모가 매우 크다

저항을 다룰 때 중요한 것은 흔히 시간이 흐르면서 저항이 변화하고 다양한 단계를 통과할 수 있다는 것을 알아야 한다. 핑크Fink 외(1971)는 그룹이나 조직이 변화에 대응해 지나갈 4개의 국면을 이렇게 가정한다.

- 충격
- 방어적 후퇴
- 인정
- 수용과 변화

충격으로 대인관계가 깨지고, 의사결정이 무력해지고 의사소통은 혼란스러워진다. 이것은 다음과 같은 방어적 후퇴로 이어진다. 즉 개인은 자기방어적이 되고, 팀은 자신들만의 공간으로 후퇴하고, 내향적이 되고, 의사결정은 더욱 독재적이 되고, 의사소통은 더욱 의례적으로 된다. 인정하는 단계에서 개개인과 팀은 그들이 변화와 더 많은 지지가 필요한 부분이 있다는 것을 받아들이기 시작하고 현실적으로 직면하게 된다. 수용과 변화의 네 번째 단계에서는 관계가 더욱 상호의존적이 되고, 개개인 사이에 그리고 팀 경계를 넘어 더 많은 의사소통이 있고, 다른 방식의 운영을 더 기꺼이 탐구하고 실험하려고 하며, 의사소통은 더 직접적이고 개방적으로 된다.

그래서 사람들에게 그들의 미래에 대한 놀라운 시나리오를 주는 것은 역효과가 날 수 있다. 그들이 반응하고, 변화의 필요를 이해하고 그 뒤 미래의 필요에 적응할 기회를 얻기 위해 변화를 고찰하고 계획하는 데 참여시켜야 한다. 우리가 문제를 해결해왔고 좋은 해결책을 내놓았기 때문에 다른 사람들은 오직 해결책의 정당성을 받아들여야 하고 자신들을 위해 생각하는 과정을 거칠 필요가 없다고 생각하기는 매우 쉽다.

5 단계: 수퍼비전 정책을 개발하라

모든 조직은 수퍼비전 정책의 분명한 표현이 필요하다. 켐셜Kemshall(1995)은 그런 정책이 다음 내용을 명시해야 한다고 제안한다.

1. 수퍼비전의 목적과 기능
2. 수퍼비전이 어떻게 단체의 종합적 목표에 이바지하는지
3. 수퍼비전 내용과 최소 운영 기준
4. 빈도와 안건 결정을 포함하는 수퍼비전 계약의 최소한의 요구사항
5. 반反 차별적인 프랙티스에 대한 성명
6. 수퍼비전을 어떻게 기록할 것인지와 수퍼비전 문서의 중요도
7. 수퍼비전과 업무 평가 사이의 관계에 대한 명시적 성명
8. 수퍼바이지와 수퍼바이저 두 사람의 권리와 책임
9. 과정에서 불일치와/또는 결렬을 해결하는 방법
10. 예상되고 보증되는 비밀보장의 유형
11. 어떻게 '저성과자'가 다루어지고 '좋은 성과'가 인정받는지에 대한 분명한 언급

여기에 다음의 것들을 추가하고자 한다.

12. 어떤 수퍼비전에 초점을 두어야 하는지
13. 다른 업무와 관련해서 어떤 수피비전이 우선순위로 주어져야 하는지

리즈 핏맨Liz Pitman(personal communication 1999)은 지역의 자원과 현실 조건에 맞는 좋은 수퍼비전을 적용하는 방식으로 많은 조직이 자체적인 수퍼비전 정책을 수립할 수 있도록 이 접근법을 개발하였다. 조직의 수퍼비전 정책은 수퍼바이저와 수퍼바이지 사이의 공식적인 계약의 근거로 사용될 수 있다. 토니 모리슨Tony Morrison(1993)이 견본 계약서를 제공하였다.

6 단계: 지속적인 학습과 수퍼바이저, 수퍼바이지, 조직의 성장을 도모하라

10장에서 우리는 수퍼비전 훈련에 꼭 필요하다고 생각하는 대략의 일반적인 커리큘럼 개요를 간략히 설명했다. 그렇지만 우리는 또한 배움과 실천을 분리하는 의식구조를 경고하고자 한다. 즉 배움은 교육과정에서 생기는 직업적 일 이외의 것이고 프랙티스는 일에서 생기는 것이라고 여기는 의식구조이다. 그에 반해 모든 조력 조직은 개요에 따라 수퍼바이저를 위해 지속적인 훈련 프로그램을 수립해야 한다는 것과, 또한 수퍼비전 방법에 대한 최고의 학습은 실제 수퍼비전에서 나온다고 믿는다.

숙련된 수퍼바이저가 되는 첫 단계는 좋은 수퍼비전을 받는 것이다. 이런 기초적인 단계 없이는 수퍼바이저에게 좋은 롤모델도 없을 것이고, 한 사람의 직업 인생에 수퍼비전이 얼마나 유익할 수 있는지에 대한 견고한 내적 경험을 가질 수 없게 된다. 두 번째 단계는 자기만의 스타일을 개발할 수 있는 다양한 롤모델을 개발하도록 시간이 지나면서 두 명 이상의 수퍼바이저에게 수퍼비전을 받는 것이다.

이 기초적인 학습은 숙련된 수퍼바이저들과 좋은 수퍼비전 프랙티스의 전통을 아직 세우지 못한 조직에서는 어렵다. 그러므로 더 좋은 프랙티스 개발의 초기 단계에서 다음과 같은 전략들이 사용될 수 있다.

- 고위직 프랙티셔너들을 위해 외부의 수퍼비전 활용하기
- 특히 수퍼비전이 확립된 기관에서 새로운 직원 채용하기
- 처음 수퍼비전 교육을 수행한 직원들 사이에 동료 수퍼비전을 마련하기
- 수퍼비전에 대한 수퍼비전 제공하기(10장 해당 단락 참조)

좋은 수퍼비전을 받는 것은 또한 주도적으로 좋은 수퍼바이지가 되는 기술을 배우는 것도 수반한다. 수퍼비전 훈련이 수퍼바이저에게 초점을 둔다고 믿는다면 오산이다. 모든 직원을 위한 워크숍, 회의, 수퍼비전에서 최대한 이익을 얻는 방법은 수퍼비

전 프랙티스의 수준을 높이도록 자극을 줄 수 있다.

수퍼비전 훈련 계획의 마지막 함정은 프로그램을 다 완료했다고, 내 개발은 완성되었다고 체크할 수 있는 프로그램이 있다고 믿는 것이다. 수퍼비전에 관한 책과 마찬가지로, 수퍼비전 학습은 지속적이고 갱신되어야 한다! 훈련의 본질은 변화이며, 고위 수퍼비전 프랙티셔너들은 덜 구조화된 입력과 그들의 수퍼비전 프랙티스에서 나타나는 것을 성찰하고 새롭게 드러난 도전을 탐구할 더 많은 공간이 필요하다. 이것은 다양한 문화의 사람들(8장 참조), 다양한 직업, 다양한 지향점, 부딪히는 새로운 윤리적 이슈나, 전문적인 프랙티스의 변화에 대한 수퍼비전을 포함할 수도 있다.

수퍼비전에서 드러난 것에서 조직이 배울 수 있는 조직 매커니즘을 구축하는 것이 중요하다. 지난 장에서 수퍼비전과 효과적인 프랙티스에 대해, 수퍼비전에서 공유된 일선의 경험들에서 공동의 지식과 지혜에 이르기까지, 학습 경로를 만들기 위해 조직 내부에 포함될 수 있는 많은 프로세스 항목을 나열했다.

7 단계: 지속적인 심사와 검토 과정

개인 수퍼바이저의 개발이 지속적인 과정인 것과 같이 조직과 전문가의 수퍼비전 프랙티스와 정책 개발도 그러하다. 매년 각 조직은 자체적으로 수퍼비전 프랙티스를 검토해야 한다. 전체 검토가 매년 가능하지 않을 수도 있는데, 그런 경우 조직의 계획과 점검 과정의 일환으로 매년 중간 점검을 하며 3년마다 전체적으로 검토한다. 검토와 심사는 다음 사항들을 포함해야 한다.

- 어디서, 어떤 수퍼비전이 얼마나 있었나?
- 수퍼비전의 질에 대한 직원 만족도
- 프랙티스에 대한 수퍼비전의 영향력 평가
- 훈련을 수행한 수퍼바이저의 수와 어느 수준까지 했는지
- 조직 내부의 모범 프랙티스 사례

- 그 직종에서 최고의 프랙티스와의 비교
- 반反 억압적인 심사

심사는 그것이 만들어 내는 프랙티스의 변화만큼 좋다. 전체 심사와 검토는 정책과 훈련과 프랙티스 지침과 실제적인 프랙티스에 변화를 만들어야 한다. 수퍼비전은 되도록 다음과 같은 매커니즘을 통해 조직의 지속적인 구조로 구축되어야 한다.

- 도입 프로그램
- 채용과 승진의 척도
- 직원 평가
- 직무 분담
- 직원 역량의 틀
- 일반 감사와 프랙티스의 검토

결론

수퍼비전을 조직에 소개하려는 초기의 열정은 쉽게 흔들릴 수 있다. 우리는 조직 내 다른 이들의 기대와 바람과는 다른 무반응 때문에 그들의 열정이 좌절로 바뀌는 것을 본 담당자들의 높은 참여율로 수퍼비전 훈련을 성공적으로 운영한 여러 번의 경험이 있다.
  전체 조직의 과정을 주의 깊게 설계하고 감시한다면, 수퍼비전은 더 지속 가능한 방법으로 확립될 가능성이 크다. 발생할 수 있는 잠재적인 개인적, 문화적, 조직적 저항을 예상하고, 반대편 요구를 받아들이는 방법을 찾아야 한다.
  수퍼비전 프랙티스와 정책을 개발하는 7단계 주기는 모든 조직의 변화 과정에 적절하며, 변화를 주도하는 직원을 수퍼비전하는 데 유용한 아이디어를 제공할 수 있다.

16장. 결론: 열린 생각과 마음으로 일하기

최근까지 글래스고우Glasgow엔 환자들이 한 의사를 피해 꼭 다른 의사에게 진료를 보려고 3시간 이상이나 줄을 서는 일이 있었다. 그 지역 보건의는 관심 부족과 민감성 결핍 그리고 수년 동안 '보살핌'을 받아야 하는 환자를 지겨워하며 결국 환자들을 멀리하였다. 그의 손자가 백혈병 판정을 받고 나서야 비로소, 그는 서서히 상처와 고통과 분노를 통해 다시 환자를 접촉할 수 있었다. 우리의 고통과 질병, 어쩌면 죽음의 괴로움까지 이해해주길 바라는 바로 그 사람들이, 전문가 의식이 변하고, 그 문제에 대해 자신도 비슷한 트라우마를 갖게 되는 그러한 시간까지 뒤로 물러나는 일이 왜 그렇게 자주 있는 것일까?

(「가디언Guardian」지 'Society tomorrow', 1986년 10월 1일 자)

사회복지부터 대체의학 전문의까지, 의사부터 교사까지, 그리고 간호사부터 관계 상담사까지, 많은 조력 전문가에게 가장 힘든 일이면서 또한 가장 단순한 일은 고통과 무력함 속에 있는 고객을 만나는 일이다. 어떤 전문가들은 위에 인용한 「가디언」지의 그 의사처럼, 자기 고통에서 도피함으로써 자신과 고객의 고통 사이에 거대한 장벽을 세워야 한다. 다른 전문가들은 고객에게 자신을 투사하고 고객을 더 나은 사람으로 만들어야 하는 필요를 통해 그들의 고통을 돌본다.

고객과 너무 가까워지면 의사는 처방전을 쓰려고 하고, 사회복지사는 조언하고, 보호관찰관은 계약을 맺듯이 각각 자기만의 방법으로 고통을 없애려고 한다. 때로 고객의 고통과 상처가 자신에게 버겁게 되고, 내면의 상처를 직면하기 위해 돌이키기 전 일시적인 위안이 필요할 때 이것은 필수적으로 된다. 그러나 전문가들은 더 나아지는 방법이나 자기 필요에 너무 빨리 손을 뻗을 수 있다. 이는 고통과 괴로움을 못 견디는 쪽은 고객보다는 그들이기 때문이다. 때때로 어떤 수퍼바이지는 아주 여러 해 동안 고통으로 지내며 고통을 견디는 능력이 아마도 그들보다 더 뛰어났던 고객이 있었던 경우가 기억난다. 현재 일어나는 일에 '머무는' 방법을 보여준 많은 심리치료사가 있었다. 위니캇Winnicott(1971)은 이렇게 썼다. '만일 우리(치료사)가 기다릴 수만 있다면 (그리고 개인적으로 해석하고 싶은 욕구를 참을 수 있다면) 그 환자는 창의적으로 이해에 도달한다.'

세상엔 너무나 큰 고통과 상처가 있다. 만일 우리가 영웅처럼 모든 것을 더 나아지게 만들어야 한다는 생각에 사로잡힌다면, 이 때문에 스스로 압도당하고 금세 소진될 것이다. 반면 냉정한 직업적 방어로 이러한 현실에 반응한다면 우리는 그 증상을 치료할 수는 있겠지만 이런 증상들을 통해서 소통하는 존재를 충족시키고 지지하는 것은 실패할 것이다. 절충안은 우리의 그림자, 두려움, 상처, 불안, 무력함을 직면하는 길에 있으면서 말하는 대로 실천하는 언행일치의 책임을 지는 것이다. 이것은 우리의 지지와 자원 체계를 관리하는 것이며, 우리를 그냥 안심시키지 않고 우리의 방어막에 도전하는 친구와 동료를 찾는 것이다. '드라마 삼각구도'에서 빠져나와 '이로운 삼각구도'로 이동하는 것이며 고객 치료방식이 누가 가장 강력할 수 있는지 보려고 공모하지 않고, 대신에 함께 일하는 사람들의 온전한 진실에 대해 우리가 얼마나 갇혀 있었는지에 귀를 기울이는 수퍼바이저나 수퍼비전 그룹을 찾는 것을 의미한다.

흔히 막혔다고 느끼고 고객과 다음에 무엇을 해야 하는지 확신하지 못하는 수퍼바이지를 수퍼비전한 경험이 있다. 그 수퍼비전에서 수퍼바이지들은 그런 고객을 관리하는 더 나은 해답과 기술을 찾으려 하지만, 진정한 전환은 고객에 대한 자기 반응을 보기 시작할 때 온다. 그들은 고객이 표현하는 자신들의 면모를 두려워하는 자신을 발견할 수도 있고, 고객이 이전의 누군가를 떠오르게 할 수도 있다. 또 고객이 자기 안에 과거의 불안을 다시 자극하거나, 자기 문제에 대한 강한 반작용을 일으킬 수도 있다.

이것이 탐구되었을 때, 수퍼바이지들은 흔히 놀라움을 가지고, '마치 고객이 수퍼비전을 듣고 다음 세션에 훨씬 자유로워져서 온 듯'해서 고객을 다루는 어떤 새로운 전략을 사용할 필요가 없다고 다음 세션에서 말할 것이다. 어떤 사람들은 이것을 '부재 치료absent healing'라고 부르지만, 더 단순하게 말하자면 조력자가 이제 그들이 나누어야 할 것을 들을 준비가 되었다는 인식에 고객이 아주 빠르게 반응한 것으로 생각한다.

잠폴스키Jampolsky(1979)는 셀프-수퍼비전으로 자신의 준비됨이 고객에게 직접적이고 즉각적인 영향력을 주었던 이야기를 들려주었다.

> 이 에피소드는 1951년 당시 샌프란시스코에 있는 스탠포드 레인Stanford Lane병원에서 있었던 일이다.
>
> 그 상황은 내가 두려움에 사로잡혀 꼼짝할 수 없었던 것이었다. 나는 감정적 고통을 느꼈고, 잠재적인 신체 고통으로 위협받고 있다고 생각했다. 그 과거는 확실히 현재의 내 인식에 영향을 끼쳤다.
>
> 어느 일요일 새벽 2시에 갑자기 난폭해진 정신병동에 감금된 환자를 진료하라고 불려갔다. 전에 본 적도 없는 그 환자는, 전날 오후에 심한 조현병 진단을 받고 수용되었다. 그를 만나기 약 10분 전쯤, 그는 문 주위의 나무로 된 몰딩을 뜯어내었다. 나는 방의 작은 창문을 통해, 192cm 정도의 키에 몸무게가 127kg인 한 남자를 보았다. 그는 발가벗은 채 못이 튀어나온 큰 나무 조각을 들고 방 안을 뛰어다니며 횡설수설하고 있었다. 나는 정말 어떻게 해야 할지를 몰랐다. 거의 150cm도 안 되어 보이는 두 명의 남자 간호사가 '저희가 바로 뒤에 있습니다. 선생님'이라고 말하고 있었다. 나는 전혀 안심되지 않았다.
>
> 계속 창문을 들여다보다가 문득 그 환자가 얼마나 무서워하고 있는지 깨달았고, 그러고 나서 내가 얼마나 무서워하고 있는지가 내 의식 속으로 흘러들어오기 시작했다. 갑자기 그와 내가 하나가 될 수 있다는 생각이, 즉 우리가 둘 다 무서워하고 있다는 공동 유대가 생겼다는 것이 떠올랐다.
>
> 또 뭘 해야 할지 모르는 상태로, 나는 두꺼운 문을 향해 소리쳤다. '내 이름은 잠폴스키 박사고, 들어가서 당신을 돕고 싶은데, 나는 무서워요. 난 내가 다칠까 봐 무섭고 또 당신이 다칠까 봐 무서워요. 난 당신도 무섭지 않은지 궁금해요.' 이 말에 그는 횡설수설을 멈추고 뒤돌아서 말했다. '맞아 빌어먹을…… 나도 무서워.'
>
> 나는 계속 그에게 소리치며, 내가 얼마나 무서워하고 있는지 그에게 말했고, 그도

나에게 그가 얼마나 무서운지 소리쳤다. 어떤 의미에서 우리는 서로에게 치료사였다. 서로 얘기하며 우리의 두려움은 사라졌고 우리 목소리는 가라앉았다. 그러고 나서 그는 내가 혼자 들어가서, 그와 이야기하고 그에게 먹는 약을 주고 떠날 수 있게 했다.

잠폴스키는 또한 모든 치료 작업에서 자신과 다른 사람을 용서하는 것의 중요성에 관한 책을 썼다(Jampolsky 1999).

이 책에서는 수퍼비전의 본질과 더 불안하고 불통인 세상에서 '더 큰 요구, 더 높은 기대 그리고 줄어드는 자원을 가지고' 거대한 도전에 직면하는 맥락에서 그것이 어떻게 모든 조력 전문가에게 더 필수적인 것이 되었는지를 탐구했다. 조직과 개개인 직원들이 충실한 성찰을 위한 공간을 보존하기 위해 열심히 노력하지 않는 한, 이 맥락은 과로와 위기관리의 문화를 몰아갈 수 있다. 2장에서 조력 전문직에서 일하는 모든 사람에게 꼭 필요하다고 생각하는 5가지 핵심 수용력을, 즉 지속적 학습과 학습해소, 성찰, 공감하기, 협력하기, 그리고 자기 회복탄력성 유지하기의 개요를 서술했다. 그리고 어떻게 이것들이 사전에 지지와 수퍼비전 요구를 우리가 담당하는 데 활용될 수 있는지 보여주었다. 유능한 수퍼바이저가 되기 위해 유능한 수퍼바이지가 되어 배울 수 있는 기술이 있다는 것도 강조하였다.

이 책 2부(5장~10장)에서는 수퍼바이저가 되는 데 따른 많은 이슈를 소개하였다. 수퍼비전 과정과 구조, 관계의 경계들, 몇몇 기술들을 이해할 수 있게 하는 지도와 모델들은 효과적인 수퍼비전과 윤리적이고 도전적인 상황을 다루는 데 필요한 것이다. 또 다양한 유형의 수퍼바이저를 위한 교육과정을 만드는 방법도 살펴보았다. 이 탐구를 통해서 우리는 한 접근법에 우리를 한정하지 않고, 오히려 각 수퍼바이저가 개인적인 수퍼비전 스타일을 수립하는 과정을 이해해야 한다는 다양한 판단과 이슈를 내놓았다. 선택된 스타일은 수퍼바이저의 성격뿐만 아니라 수퍼비전이 시행되는 조직과 개발 수준과 수퍼바이지의 요구와 그 직업에 적절해야 한다.

3부(11장~12장)에서는 그룹과 동료 그룹과 작업팀의 수퍼비전을 탐구하였다. 이러한 형태의 수퍼비전의 이점과 약점, 그리고 그룹 역동을 다루는 방식을 탐구하였다.

또 팀 개발과 팀 코칭 분야를 탐구하고 그러한 작업을 수퍼비전하는 새로운 모델을 제공하였다.

그러나 수퍼비전은 별개로 시행되지 않으며 이 책 4부(13장~15장)에서 수퍼비전이 시행되는 조직의 맥락을 살펴보는 데 심혈을 기울였다. 조직의 '문화'와 조력 전문직 내에 만연한 어떤 전형적인 문화적 역기능을 바라보는 방식의 개요를 설명했다. 공식적인 세션에서만이 아니라 작업 맥락의 필수적인 부분으로서, 수퍼비전을 지지하고 유지하는 분위기를 제공하기 위해 학습하는 문화를 만드는 것의 중요성도 살펴보았다. 또 수퍼비전 정책과 프랙티스를 조직에 소개하고 변화의 과정을 관리하는 방식을 설명하였다.

몇몇 공개된 아동 성학대 스캔들에 비추어본 사회복지 보고서에서 레이밍 경Lord Laming은 이렇게 썼다.

> 과정과 목표를 지나치게 강조했기 때문에 사회복지사들이 자신감을 상실했고 그 결과 신중하고 성찰적인 사회복지 프랙티스의 전통이 위험에 처했다는 우려가 있다. 사회복지가 직업적 판단력과 기술의 지속적인 개발을 적극적으로 장려하는 지지적인 학습환경에서 수행된다는 것은 지극히 중요하다. (Laming 2009:30)

사회복지, 특히 아동보호는, 공공의 비판과 수요에 최우선으로 비난을 받을 처지에 있었고 상충하는 이해당사자들의 요구를 처리하고 있었다. 그러나 레이밍 경Lord Laming이 쓴 내용 대부분은 다른 모든 조력 전문가에게도 똑같이 적용된다. 이것이 이 책에서 수퍼비전, 학습, 개발에 대한 개인, 팀, 조직적 접근법을 계속 유지하게 하는 이유이다.

이 책을 쓰면서 또한 감성적인 사람들과 이성적인 사람들, 개인주의적인 사람들과 집단주의적인 사람들, 그리고 수퍼비전의 개발적이고, 자원 조달적이고 질적인 측면을 통합할 필요를 계속 강조했다. 이 통합은 불가피하게 끊임없이 이해되고 다루어져야 하는 창조적 긴장을 제공한다.

우리의 연구 방법은 엑스타인과 윌러스타인Ekstein & Wallerstein(1972)이 최초로 주창한 수퍼비전의 과정 중심 접근법을 따르고 개발했으며, 지난 30년 이상 우리의 다양한 글에서 개발했고 그 강조점이 고객과 작업자와 수퍼바이저 사이의 상호작용에 있다. 이 접근법에서는 고객이나 수퍼바이지에게 단독으로 집중하는 양극화를 피하고, 대신에 수퍼비전 세션에서 드러난 수퍼바이지와 고객의 관계에 초점을 두었으며, 이는 수퍼바이지가 가져온 내용과 수퍼바이지와 수퍼바이저 사이에 드러나는 과정을 모두 포함한다.

책 전반에서 우리는 어떤 가정, 즉 수퍼비전은 가치가 있다는 가정에 따라 행동했다는 것을 알았다. 때때로 직업 만족도는 좋은 수퍼비전을 받는 것과 관련이 있다는 증거를 인용했고, 고객의 유익을 위해 했던 작업에서 수퍼비전이 긍정적인 변화를 가져온 사례를 인용했으며, 이론과 개인적 설명을 포함했다. 그러나 궁극적으로 리오치 Rioch 외(1976)는 다음과 같이 주장했다.

> 다른 사람을 돕는다는 것은 비용을 계산하거나 결과를 측정할 수 없다는 사실에서 벗어날 수 없다……. 진실은 우리가 믿음의 행동 - 즉 고객, 그리고 우리가 수퍼비전하는 작업자들에 대한 믿음 - 을 수행한다는 것이다. 때때로 잘못 배치되거나 많은 경험과 기술이 있는데도 한 번 이상 실패한다는 것은 그리 중요하지 않다. 다른 믿음처럼, 본 적 없고 들은 적 없는 것에 근거한 것이라 해도 이 믿음은 지속한다. 그것은 본래 진실의 가치에 대한 믿음이며, 궁극적인 실체의 본질을 가리키는 신앙의 진리Truth만큼은 아니지만, 작은 일상의 자기기만이나 그들 자신과 서로에 대한 사람들의 존중을 파괴하는 많은 편집증적 망상의 반대편인 진실이다. (Rioch 외 1976:233)

진실에 대한 이 책임은, 우리가 믿기로는, 모든 기법과 이론적 접근법보다 더 중요하다. 점점 우리 내면의 어떤 깊은 곳에서 - 아마도 위기에 의해서나 우리를 시험하거나 우리와 매우 비슷한 고객에 의해 - 행동해야 할 때가 온다. 이 때에는 옳은 행동이 우리의 모든 과거 신념을 거스르는 것일지도 모른다.

호킨스와 스미스(2006)에서 코치들과 멘토들을 수퍼비전하는 사람들에게 필요한 기술과 수용력을 상세히 설명했다. 그들의 가장 중요한 자질은 '두려움 없는 연민'으로, 진실을 말할 용기와 다른 이들을 위한 존중과 연민으로 말한 대로 행동하는 용기라는 것을 강조했다. 이것의 생생한 예가 1990년대 남아프리카의 변화 이후에 진실과 화해 위원회(TRC)의 의장을 맡았던 데스몬드 투투Desmond Tutu 대주교이다. 2006년 3월에 BBC는 데스몬드 투투가, 북 아일랜드에서 한쪽이 다른 쪽의 파트너를 살해한 개신교와 가톨릭의 첫 번째 만남을 감독(수퍼비전)한, 진실 마주하기Facing the Truth라는 세 편의 영화를 상영했다. 이 만남에서 투투는 지속해서 두려움 없는 연민을 예증하였다. 그의 전 존재는 그야말로 사랑과 존중이었다. 그는 사람들이 자신들의 이야기를 하며 한 방에 있었던 것에 감사를 표했다. 그는 의제가 없었다. 변화나 성과를 요구하지도 않고, 사람들이 그들의 진실을 말하기만을 바랐다. 그는 온전히 양 당사자들과 그들 관계의 고통스러운 진실에 함께 했다.

두려움 없는 연민 같이 좋은 수퍼비전은, 우리 생각에는, 교육과정에서 배울 수 있는 것이 아니라 지속해서 개인적, 직업적 성장을 필요로 하는 것이다. 이 책에 제공된 이해와 지도와 기법은 자기성찰과 의심하는 순간에 수퍼바이지와 수퍼바이저를 보호할 수 없고, 아마도 하지 않아야 할 것이다. 위기와 의심의 때에 수퍼바이지를 붙잡아 주고 지지하는 것은 그들 사이에 이미 세워진 관계의 질이다. 우리가 개인적으로 우리의 수퍼바이저와 수퍼바이지에게 어떻게 공감하느냐는, 모든 기법이 좋은 관계에 내재하여야 하므로 단순한 기술보다 훨씬 더 중요하다. 우리는 헌트(1986)가 이렇게 말한 것에 동의한다. '어떤 접근법이나 방법을 사용했든지 수퍼비전이 효과적인지 아닌지를 결정하는 것은 결국 수퍼바이저와 수퍼바이지의 관계의 질인 것 같다.'

이 관계는 조력자를 담아주는 그릇이 되고 1장에서 우리가 거론한 치료 3인조 부분을 형성한다. 다른 관계처럼 어려움이 있겠지만 그것이 없는 고객과의 작업이 불완전한 것이 관계이다. 마거릿 토네스만Margaret Tonnesmann 박사(1979)가 도날드 위니캇의 작업을 기념하기 위한 네 번째 연례회의에서 했던 강연에서 다음과 같이 강조했다.

> 조력 전문가에게 인간의 만남은 본래 스트레스가 많은 것입니다. 일어난 그 스트레스는 수용될 수 있고 우리의 환자와 고객의 이해를 위해 사용될 수 있습니다. 그러나 인

간의 참 만남이 우리가 일하는 단체 안에 수용될 수 없다면 우리의 감정적 반응은 쇠퇴할 것입니다. 그러면 방어전략이 가동하게 되고 비록 치료가 과학적 방법과 전문적 기술과 조직적 능력에 따라 유지되더라도 이것은 치유를 방해할 것입니다. 그에 반해서, 만일 우리가 우리 고객과 우리 자신의 감정적 현실을 가지고 접촉을 유지할 수 있다면 그리고 나서 인간의 참 만남은 치유 경험뿐만 아니라, 그들과 우리를 위한 경험을 풍부하게 만드는 것을 촉진할 수 있습니다.

좋은 수퍼비전 관계는 자신에게 그리고 고객에게 개방되어 있으면서 일에서 배우고, 성장하고, 번성을 계속하게 하는 최고의 방법이다. 수퍼비전은 수퍼바이지와 수퍼바이저가 지속해서 배우고 성장하는 협력적 프랙티스이다. 그 프랙티스는 전문가들의 학습과 개발, 고객에 대한 서비스의 질, 그리고 조력 전문직의 발달과 조직의 효율성 면에서 수행된다. 아이작Issacs(1999:79-80)은 프랙티스를 다음과 같이 정의한다.

> 반복적으로 특정한 경험을 성취하기 위해 하는 활동. 프랙티스는 대개 이론 기반이며 오랜 기간 개발된 깊은 원리에서 유래된 의미이다. 이런 의미에서 그것은 비결이라기보다는 오히려 명상에 가깝다. 즉 수년 이상, 사람은 항상 배울 것을 조건으로 지속적인 반복이 필요하다. 프랙티스는 결국, 대개 이 지식에 진입하는 전통을 세우려는 사람들의 집단인 공동체의 맥락에서 일어난다. 공동체는 지속적인 성찰과 개선을 지지하면서 프랙티스의 필요성을 강화한다.

자원이 남용되고 도전이 증가하는 때에, 인간성이 가장 연약한 사회 구성원들을 위한 돌봄을 보존하고 개발한다면, 수퍼비전 프랙티스는 점차 필수적으로 될 것이다.
모든 조력 전문가의 서비스 질을 높이기 위해, 이 책이 계속해서 수퍼비전 프랙티스의 전 세계적인 공동체를 지원하고 발전시키는 데 이바지하기를 진정으로 바란다.

용어사전

강점탐구 이론appreciative inquiry　데이비드 쿠페리더David Cooperrider와 그의 동료가 개발한 강점탐구 이론은 사람들과 그들의 조직과 관련 있는 주변 세계에서 최선을 모색하는 공동 진화적 탐색에 관한 것이다. 그 광범위한 초점은 살아있는 체계가 가장 활기 있고 유능하며 경제적, 생태적, 인간적 측면에서 가장 건설적일 때 무엇이 살아있는 체계에 '생명'을 부여하는지에 대한 체계적 발견을 포함한다.

개인 구성 이론personal construct theory　상호 관계적인 대립관계 사이에 경험이 조직되는 방식을 탐구하는 이론.

게임game　두 명의 개인이 상호 관련 역할을 하는 습관적이고 패턴화된 관계 맺기 방식으로 교류분석에 처음 사용되었다(Berne).

계약contract　수퍼바이저와 수퍼바이지가 함께 업무 경계에 관해 합의한 내용(4장 참조).

공감empathy　타인의 관점에서 타인을 이해하는 것(대개 마음으로 느껴지는 이해).

공동 상담co-counselling　하비 재킨스Harvey Jackins가 고안한 상호 상담의 한 유형으로, 두 사람이 차례로 고객과 상담자 역할을 하는 것이다. 감정적 표현과 배출이 도움이 되는 것으로 이해하며 이 방법을 수행하는 사람들은 이를 끌어내는 기술을 배운다.

공생symbiotic　두 사람이 마치 같은 사람인 것처럼 정서적으로 동화되는 심리적 상태.

교류분석transactional analysis　에릭 번Eric Berne이 창안한 심리치료 이론과 방법으로 이는 정신이 부모, 성인, 아이의 세 자아 상태로 나누어지는 것으로 이해하고, 그들 사이의 상호작용으로 더 긍정적이고 삶의 질을 높이도록 분석, 이해 및 변화하는 것이다.

그림자shadow　부인되거나 분리되는 성격 부분을 나타내기 위해 융Jung이 만든 용어. 그림자는 성격에서 불가피한 부분이며 '긍정적인' 측면에 대응하는 것으로 이해된다. 심리치료에서 그림자는 일반적으로 이해되어야 하고, 몰아내기보다 받아들여야 하며, 그러면 무의식적인 영향을 미치지 않고 파괴적인 패턴을 가장하여 나타나지 않는다.

극대화maximize　어떤 주어진 상황에서 최대의 잠재력을 촉진하는 것.

내사introjection　타인과의 경험을 자신의 것으로 받아들이지만 정신으로 적절하게 통합되지 않는 심리적 기제.

다문화multicultural　여러 문화에 해당되는 상황이나 관점.

동료 수퍼비전peer supervision　한 그룹의 동료들 사이에 서로 주고받는 식으로 수퍼비전하는 것.

드라마 치료drama therapy　참가자가 경험하는 갈등과 쟁점을 탐색하고 표현하기 위해 고안된 연극 상연과 활동적인 연습을 수반하는 치료 유형.

로저주의Rogerian 칼 로저스Carl Rogers의 이론에 따라 이해하거나 행동하는 방법. 그는 치료사가 고객을 이해하고 작업하는 데 있어 고객의 경험을 특권으로 하는 고객(내담자) 중심의 접근 방식을 지지했다.

리비도libido 이 단어는 프로이트가 만든 것으로 개인 정신 내부의 에너지(일반적으로 성 본능)를 설명하는 것이다.

메타비전metavision 주어진 상황의 참조 틀을 벗어나서 더 넓은 맥락 안에서 그것을 이해하기 위해 취한 관점

무의식unconscious 의식적 사고를 할 수 없는 마음 상태. 그러므로 무의식적 의사 소통은 사고를 통해 중재되지 않으며 따라서 흔히 비언어적인 것이다.

무의식의 수퍼비전unconscious supervision 환자/고객에게서 치료사로 전달되는 무의식의 의사소통으로 작업 내에서 일어나는 일을 시정하거나 확인한다.

문화culture 다양한 집단의 행동과 사회적 유물에 영향을 미치는 명시적이고 암시적인 다양한 가정과 가치(Herskovits 1948). 조직 문화는 조직에 내장된 특정 문화이다.

민족ethnic 다양한 지리적 또는 '인종적' 분류를 형성하는 문화적 구성체

민족 상대주의ethnorelative 다양한 문화적 관점을 고려하고 적응할 수 있는 세계관을 갖는 것

반 억압적 프랙티스anti-oppressive practices 인종, 성별, 성적 지향, 나이, 장애 등에 근거한 과거와 현재의 억압적인 경험을 다루는 행동을 장려한다.

반 차별 프랙티스anti-discrimination practices 소수 집단에 대한 차별적인 행위와 정책에 맞서 주의를 끌고 이를 위해 노력한다.

번아웃burn-out 스트레스, 질병 및 피로로 계속할 수 없는 작업 과정에서 개인이 도달한 심리적 상태. 일반적으로 '번아웃된' 개인은 다른 사람들에게 나누어 주는 것과 자신이 받는 것 사이에 균형이 이루지 못한다.

분리하기Splitting 한 부분이 다른 부분을 인식하지 못하는 방식으로 정신이 분리되는, 멜라니 클라인Melanie Klein이 처음으로 설명한 방어기제.

사이코드라마Psychodrama 모레노Moreno가 개발한 초기 인본주의 심리치료 형태로 과거나 미래의 사건이 상연된다.

사회극/소시오드라마sociodrama 극의 상연과 다른 연기 기법을 통해 주로 사회적 논점을 탐구하는 집단 작업의 한 형태. 모레노Moreno가 처음 사용했다.

상호수체성 이론intersubjectivity theory 별도의 '섯'이 아니라 상호 영향을 미치는 '장' 또는 맥락의 일부인 마음을 이해하고자 하는 시스템 또는 장 이론.

선 성찰preflection 성찰은 적극적으로 되돌아보고 과거의 사건으로부터 배운 것을 이해하는 방법이지만, 선 성찰은 미래의 행동을 생각하거나, 계획하거나, 리허설하거나 관찰하는 방법이다(6장 참조).

수용력capacity 어떤 과제를 수행하는 내재된 또는 학습된 능력

수퍼비전supervision 실제 일을 하는 실무자가 수퍼바이저의 도움으로 자신의 고객, 고객-전문가 관계의 일부인 자신, 더 넓은 체계적 맥락까지 다루는 공동의 노력이며, 그렇게 함으로써

업무의 질을 향상시키고 고객 관계를 변화시키며, 지속적으로 자기 자신과 자신의 프랙티스와 폭넓은 전문성을 발전시킨다(6장 참조).

스트레스Stress 고통스럽고 힘들거나 감정적으로 압도된 일로 야기된 피곤하고 건강하지 않으며 (자주) 우울한 상태. 전형적으로 이런 상태의 개인은 주어진 상황과 스스로 회복하고 재충전하는 것 사이의 균형을 잃는다.

액션러닝action learning 이론과 경험에서 배우는 데에 기반을 둔 학습 방식. 레그 레번스Reg Revans에 의해 처음 사용된 액션러닝 세트에는 실제 작업 문제, 이슈와 도전을 탐구하기 위해 소그룹으로 작업하는 직원을 포함한다.

양육 3인조nursing triad '양육'하는 엄마와 아기 그리고 그 두 사람을 지켜보고 보호하는 아빠의 합류.

역동dynamic (정신역동psychodynamic 용어에 언급된) 마음 안에, 또는 집단 역동처럼 사람 사이에 패턴화된 행동이나 기분 상태의 특정 움직임에 대한 경향

역전이countertransference 환자/고객에 대한 상담사나 심리치료사의 의식적, 무의식적 반응. 다양한 유형의 역전이에 대한 자세한 설명은 7장 모드 4에 있다.

역할극role play 역할을 맡아 수행함으로써 상황을 즉각 상연하는 것

유도된 판타지guided fantasy 촉진자가 다른 사람들이 상상력을 발휘하여 자기 마음 속에 펼쳐지는 대로 상황에 몰두하도록 격려하는 활동

윤리적 성숙ethical maturity 행동의 옳고 그름이나 좋고 더 나은지를 결정할 수 있는 성찰적, 이성적, 감정적, 그리고 직관적인 수용력을 갖는 것, 그러한 결정을 시행할 수 있는 탄력성과 용기를 갖는 것, (공적으로나 사적으로) 윤리적인 결정에 대해 책임을 지고, 경험(들)에서 배우고 수용하는 능력이 있음(Carroll & de Haan 2012, 9장 참조).

인본주의 심리학humanistic psychology 심리학에서 인간의 가치를 핵심으로 삼는 '제 3의 방법'(정신분석적 또는 행동주의적 아님)으로 고안되었다. 치료 작업에서 고객의 잠재력은 고객의 직접적인 경험에 가깝게 유지되는 과정에서 드러난다. 마음과 몸, 그리고 영혼이 하나로 합쳐지는 것을 가치 있게 여긴다.

인종race 신체 유형, 피부색, 얼굴 특징 등을 기반으로 다양한 집단을 명확하게 설명하는 문화적 개념으로 다양한 지리적 영역에서 나타나는 경향이 있다.

인종차별주의racism 한 '인종'의 지배적인 문화로 다른 문화나 '인종'에 대해 편견 있는 태도를 갖게 되는 현상. 조직이나 사회가 인종차별주의자의 추정에 물들면 제도화된 인종차별이 발생한다.

인지 행동 치료cognitive bahavioural therapy 정신병리학의 인지 이론에 기초한 인지 모델은 상황에 대한 사람들의 인식 또는 즉흥적인 생각이 어떻게 그들의 정서적, 행동적 (그리고 종종 생리적) 반응에 영향을 미치는지를 기술한다.

자민족 중심주의ethnocentric 자기 자신의 문화적 기준에 따라 제한된 세계관을 갖는 것

장애구역분석force field analysis 변화하는 힘과 저항하는 힘의 균형을 보여주기 위해 주어진 상황 또는 '현장'내에서 패턴화된 행동에 대한 분석. 커트 레빈Kurt Lewin이 처음 사용했다.

재자극restimulation 현재 비슷한 사건으로 자주 떠오르는, 과거 사건에 대한 신체적이며/이거나

감정적인 느낌의 기억(종종 일어나지만 꼭 무의식적인 것은 아니다.)

적합성congruence　정서적, 신체적, 언어적 반응이 서로 일치하고 따라서 모순되지 않는 상태. 따라서 일치하는 반응이 진정한 것으로 느껴진다.

전이transference　상황/관계라는 감정적 렌즈를 통해 현재의 상황/관계를 보는 것. 특히 정신분석학과 정신역동 학파 내에서 환자/고객에 의해 그들의 치료사와 관련하여 생긴 관계를 기술하는 데 자주 사용된다. 그룹 구성원이 다양한 전이를 가진 여러 그룹 구성원과 관련될 때 그룹 내에서 다중 전이가 발생한다.

정신psyche　'마음'에 대한 라틴어로, 일반적으로 의식적인, 생각하는 마음뿐만 아니라 자기 생각의 감정적, 영적, 무의식적 측면을 전체적으로 의미하는 데 사용된다.

정신내부intrapsychic　개인의 내부 세계에서 발견되는 것

정신분석학psychoanalytic　지그문트 프로이트Sigmund Freud의 작업에서 비롯된 심리치료 학파. 정신분석학의 핵심 신조는 정신분석 학자 또는 심리치료사가 일반적으로 전이와 역전이 관계에서 발견되는 무의식 자료를 이해하고 드러내는 것이다.

정신역동psychodynamic　정신분석적 사고에 의해 정보가 제공되는 모든 형태의 심리학과 심리치료 접근법

조각하기sculpting　상징적으로 표현하기 위해 그룹의 구성원을 배치함으로써 상황이나 역동을 생생하게 탐색하는 사이코드라마에서 처음으로 사용된 기법

조직학습organizational learning　조직의 변화에 의해 증명되는 학습. 이것은 조직 내 개인에 의한 학습의 총합이 아니라 조직 전체와 그 문화 내에서 변화를 이끌어내는 학습을 포함한다.

집단간intergroup　집단 사이에 역동적으로 일어나는 일을 가리키는 용어

집단 수퍼비전group supervision　수퍼바이저가 함께 있는 그룹 내에서 행해진다.

체계system　'부분들 사이의 관계에서 발생하는 본질적 속성이 통합된 전체'(Capra 1996:27)

체계적 수퍼비전systemic supervision　'코치나 코칭팀의 수퍼비전으로 체계적인 관점에서 정보를 얻고, 시스템 학습과 모든 개발 부분을 돕는다. 또 그들의 체계적 맥락과 관련하여 고객을 다루며, 체계 장의 일부로 수퍼바이지와 수퍼바이저를 포함하고 성찰한다'(Hawkins 2011c: 167).

체계적인 사고systemic thinking　'커다란 전체 맥락에서 현상을 이해하는 것'(Capra 1996:27). '체계적 사고 훈련은 마음의 변화에 있다. 즉 연속적인 원인과 결과의 연결고리보다는 상호관계를 보는 것, 그리고 단편보다는 변화 과정을 보는 것'(Senge 1990:68)

체계적 팀 코칭systemic team coaching　'체계적 팀 코칭은 공동의 성과 향상을 돕기 위해 팀 코치가 함께 있을 때나 떨어져 있을 때나 전체 팀과 작업하는 과정이다. 더 대규모 비즈니스를 공동으로 혁신하기 위해 협력하는 법과 모든 이해당사자 그룹에 더 효과적으로 관여하는 공동 리더십을 개발하는 법을 다룬다'(Hawkins and Smith 2006, 12장 참조).

초문화적 능력transcultural competence　문화적 차이를 뛰어넘어 효율적으로 일하는 능력

치료 공동체therapeutic community　그 내부에 있는 사람들, 특히 특정한 목적을 위해 그곳에 온 환자/고객의 정신적, 정서적 건강을 향상시키기 위해 존재하는 의도된 공동체

치료 3인조therapeutic triad　고객(내담자), 치료사 그리고 수퍼바이저. 여기 양육 3인조에 대한 언

급이 있다. 수퍼바이저는 마치 아버지 역할과 같다.

투사projection 한 개인이 (일반적으로 고통스럽거나 용납할 수 없는) 감정적 반응을 부정하거나 차단하고 다른 사람 안에서 그것을 발견하는 것처럼 보이는 상태를 설명하는 데 사용되는 용어

투사적 동일시projective identification B에서 비롯되었지만 B는 접근할 수 없는 감정을 A가 경험하는 상황에서 발생한다. 도리어 B는 무의식적으로 그 감정들을 A로 '투영'한다.

트라우마(외상)trauma 말 그대로 신체에 난 심각한 상처 또는 충격을 말하지만, 흔히 사람의 심리적 발달에 상당하고 지속적인 손상을 가져오는 정서적 상처나 충격을 묘사하는 데 사용된다. 외상후 스트레스장애(PTSD)는 정신의학적 진단으로 외상성 사건으로 인해 악몽과 침투적 사고 및 원래의 트라우마로 인한 기억과 같은 쇠약하고 고통스러운 증상을 유발한다.

팀 코칭team coaching 팀의 임무를 명확히 하고 외적, 내적 관계를 개선함으로써 팀이 부분의 합 이상으로 기능할 수 있게 하는 것. 그러므로 팀을 이끄는 방법에 대해 팀리더를 코칭하는 것과 그룹 설정에서 개인을 코칭하는 것은 다르다(Hawkins and Smith 2006, 12장 참조).

평가appraisal 작업 내용을 체계적으로 평가하고 향후 개발내용을 계획하는 고위직과 부하직원의 만남. 360도 평가는 고객, 동료 및 부하 직원의 피드백을 포함한다.

평행화 과정parallel process 하나의 상황이나 관계에서 일어나는 과정이 다른 상황에서 반복되는 것

프로세스process 개인 또는 집단 내에서 일어나고 펼쳐지는 역동

해석interpretation 환자에 대한 분석가의 개입을 설명하기 위해 프로이트가 만든 용어로 일반적으로 무의식 자료를 의식으로 가져오는 것

행동주의자bahaviourist 인간 행동을 이해하고자 하는 심리학 및 심리치료 학파. 행동 치료사는 일반적으로 조건반응을 바꾸는 시도로 원치 않는 행동 패턴을 바꾸는 것을 돕는다. 이러한 패턴 뒤에 의미를 이해하려는 시도는 없다.

현상학phenomenology 경험적 현상과 관련된 철학 이론

희생양scapegoat 원래 희생양은 희생이 불가피한 부정적인 형질을 지니고 있는 것처럼 신들이나 하나님에게 희생 제물로 바쳐지는, 말 그대로 인간을 대신하는 염소였다. 마찬가지로 집단역동에서 한 개인이 집단에 대한 어떤 부정적인 특성이나 경험을 상징적으로 지니고 있을 수 있으며, 이를 부정하는 방어적인 방법으로 집단에 의해 버림받거나 비난받을 수 있다.

피드백 요청

이 책에 대한 모든 피드백과 이후 출판물을 위한 기고에 대한 어떠한 제안이든 환영합니다. 다음 주소로 보내주세요.

Peter Hawkins
Center for Supervision and Team Development, Barrow Castle
Rush Hill, Bath BA2 2QR

Email: peter.hawkins@cstd.co.uk

참고문헌

Abrams, D. (1996) *The Spell of the Sensuous*. New York: Random House.
Albott, W. (1984) Supervisory characteristics and other sources of supervision variance. *The Clinical Supervisor,* 2, 27-41.
Aldridge, L. (1982) Construction of a scale for the rating of supervisors of psychology. Unpublished master's thesis, Auburn University, USA.
Adams, D. (2003) *The Salmon of Doubt*. London: Pan Macmillan.
Argyris, C. and Schon, D. (1978) *Organizational Learning*. Reading, MA: Addison-Wesley.
Bachkirova, T., Jackson, P. and Clutterbuck, D. (2011) *Coaching and Mentoring Supervision Theory and Practice*. Maidenhead: Open University Press.
Bandler, R. and Grinder, G. (1979) *Frogs into Princes: Neurolinguistic Programming*. Boulder, CO: Real People Press.
Bateson, G. (1972) *Steps to an Ecology of Mind*. New York: Ballantine Books.
Batts, V. (2009) Developing trans-culturally sensitive theory and practice. In P. Henderson (ed.) *Supervision Training: Issues and Approaches*. London: Karnac.
Belbin, M. (1981) *Management Teams: Why They Succeed or Fail*. London: Heinemann.
Bennett, M.J. (1993) Towards ethnorelatativism: a developmental model of intercultural sensitivity, in R. M. Paige (ed.) *Education for the Intercultural Experience*, 2nd edn. Yarmouth, ME: Intercultural Press.
Bernard, J. M. (1994a) Ethical and legal dimensions of supervision, in L. D. Borders (ed.) *Supervision: Exploring the Effective Components*. Greensboro N C: University of North Carolina at Greensboro.
Bernard, J. M. (1994b) Multicultural supervision: a reaction to Leong and Wagner, Cook, Priest and Fukuyama. *Counselor Education and Supervision*, 34, 159–171.
Bernard, J. M. and Goodyear, R. (1992) *Fundamentals of Clinical Supervision*. Boston, MA: Allyn and Bacon.
Bion, W. (1961) *Experiences in Groups*. London: Tavistock.
Bion, W. (1974) *Brazilian Lectures 1*. Rio de Janeiro: Imago Editora.
Bohm, D. (1980) *Wholeness and the Implicate Order*. London: Routledge and Kegan Paul.
Bohm, D. (1987) *Unfolding Meaning*. London: Routledge and Kegan Paul.
Bohm, D. (1989) Meaning and information, in P. Pylkkanen (ed.) *The Search for Meaning*. Bath: Crucible/Thorsons.
Bohm, D. (ed.) (1994) *Thought as a System*. London: Routledge.
Bond, M. and Holland, S. (2010) *Skills of Clinical Supervision for Nurses: A Practical Guide for Supervisors, Clinical Supervisors and Managers*. Maidenhead: Open University Press.
Bond, T. (1993) *Standards and Ethics for Counselling*. London: Sage.
Borders, L. D. and Leddick, G. R. (1987) *Handbook of Counseling Supervision*. Alexandria, VA: Association for Counsellor Education and Supervision.
Boyd, J. (1978) *Counsellor Supervision: Approaches, Preparation*, Practices. Muncie, IN: Accelerated Development.
Bramley, W. (1996) *The Supervisory Couple in Broad-Spectrum Psychotherapy*. London: Free Assocation Books.
British Association for Counselling and Psychotherapy (1987) *How Much Supervision Should You Have?* Rugby:

BACP.
Bråten, S. (1983) Asymmetric discourse and cognitive autonomy, in A. Pedretti and G. de Zeeuw (eds) *Problems of Levels and Boundaries*. London/Zurich: Princelet Editions.
Butler-Sloss, E. (1988) *Report of the Inquiry in Child Abuse in Cleveland 1987*. London: HMSO.
Campbell, B. (1988) *Unofficial Secrets: Child Sexual Abuse. The Cleveland Case*. London: Virago.
Capewell, E. (1997) *Handouts of Working with Trauma*. Newbury: Centre for Crisis Management and Education.
Capra, F. (1996) *The Web of Life*. London HarperCollins.
Carifi o, M. S. and Hess, A. K. (1987) Who is the ideal supervisor? *Professional Psychology: Research and Practice*, 18, 244–250.
Carroll, M. (1994) Counselling supervision: international perspectives, in L. D. Borders (ed.) *Supervision: Exploring the Effective Components*. Greensboro, NC: University of North Carolina at Greensboro.
Carroll, M. (1995a) The stresses of supervising counsellors, in W. Dryden (ed.) *The Stresses of Counselling in Action*. London: Sage.
Carroll, M. (1995b) *Counsellor Supervision: Theory, Skills and Practice*. London: Cassell.
Carroll, M. (1996) *Counselling Supervision. Theory, Skills and Practice*. London: Cassell.
Carroll, M. (2011) *Supervision: matters of the heart*, in R. Shohet (ed.) *Supervision as Transformation: A Passion for Learning*. London: Jessica Kingsley Publishers.
Carroll, M. and De Haan, E. (2012) Ethical maturity and contracting for supervision, in E. De Haan (ed.) *Supervision in Action: A Relational Approach to Coaching and Consulting Supervision*. Maidenhead: Open University Press.
Carroll, M. and Gilbert, M. (2011) *On Being a Supervisee: Creating Learning Partnerships*, (2nd edn). London: Vukani.
Carroll, M. and Holloway, E. (1999) *Counselling Supervision in Context*. London: Sage.
Carroll, M. and Tholstrup, M. (eds) (2001) *Integrative Approaches to Supervision*. London: Jessica Kingsley Publishers.
Carson, R. (1962) *Silent Spring*. Boston, MA: Houghton-Miffl in.
Casement, P. (1985) *On Learning From the Patient*. London: Tavistock.
Casey, D. (1985) When is a team not a team? *Personnel Management*, 26–9 January.
Cherniss, C. and Egnatios, E. (1978) clinical supervision in community mental health, *Social Work*, 23(2), 219–223.
Claxton, G. (1984) *Live and Learn*. London: Harper and Row.
Clutterbuck, D. (2009) *Coaching the Team at Work*. London: Nicholas Brealey Publishing.
Coche, E. (1977) Training of group therapists, in F. W. Kaslow (ed.) *Supervision, Consultation and Staff Training in the Helping Professions*. San Francisco: Jossey-Bass.
Collins, S. (2007) Social workers, resilience, positive emotions and outcomes, *Practice Social Work in Action*, 19(4), 255–269.
Cooperrider, D. et al. (2000) *Appreciative Inquiry: Rethinking Human Organization Towards a Positive View of Change*. Champaign, IL: Stipes Publishing.
Cooperrider, D. L. and Srivastva, S. (1987) Appreciative inquiry in organizational life, in D. L. Cooperrider and S. Srivastva (eds), *Research in Organizational Change and Development* Cleveland, OH: Journal of Appreciative Inquiry Press.
Dass, R. and Gorman, P. (1985) *How Can I Help?* London: Rider.
Davies, H. (1987) Interview with Robin Shohet.
Davys, A. and Beddoe, L. (2010) *Best Practice in Professional Supervision: A Guide for the Helping Professions*. London: Jessica Kingsley Publishers.
Dearnley, B. (1985) A plain man's guide to supervision. *Journal of Social Work Practice*, November, 52–65.
De Haan, E. (2012) *Supervision in Action: A Relational Approach to Coaching and Consulting Supervision*. Maidenhead: Open University Press.

Denise, S. (2009) Training for supervising transpersonal therapists and others, P. Henderson (ed.) *Supervisor Training: Issues and Approaches*. London: Karnac.
Doehrman, M. J. G. (1976) Parallel processes in supervision and psychotherapy. *Bulletin of the Menninger Clinic*, 40(1).
Driver, C. and Martin, E. (2005) *Supervision and the Analytic Attitude*. London: Whurr.
Dryden, W. and Thorne, B. (eds) (1991) *Training and Supervision for Counselling in Action*. London: Sage.
Edelwich, J. and Brodsky, A. (1980) *Burn-Out*. New York: Human Sciences.
Eckstein, R. (1969) Concerning the teaching and learning of psychoanalysis. *Journal of the American Psychoanalytic Association*, 17(2), 312–332.
Ekstein, R. and Wallerstein, R. W. (1972) *The Teaching and Learning of Psychotherapy*. New York: International Universities Press.
Eleftheriadou, Z. (1994) *Transcultural Counselling*. London: Central Book Publishing.
Ellis, M. V. and Dell, D. M. (1986) Dimensionality of supervisor roles: supervisor perception of supervision. *Journal of Counseling Psychology*, 33(3), 282–291.
Ellis, M. V., Ladany, N., Krengel, M. and Schult, D. (1996) Clinical supervision research from 1981–1993: a methodological critique. *Journal of Counselling Psychology*, 43, 35–40.
Feltham, C. and Dryden, W. (1994) *Developing Counsellor Supervision*. London: Sage.
Fineman, S. (1985) *Social Work Stress and Intervention*. Aldershot: Gower.
Fink, S. L., Beak, J. and Taddeo, K. (1971) Organizational crisis and change. *Journal of Applied Behavioral Science*, 17(1), 15–37.
Fleming, I and Steen, L. (2004) *Supervision and Clinical Psychology*. Hove, UK: Brunner-Routledge.
Freeman, E. (1985) The importance of feedback in clinical supervision: implications for direct practice. *Clinical Supervisor*, 3(1), 5–26.
Freire, P. (2001) *Pedagogy of the Oppressed*. New York: Continuum.
French, J. R. P. and Raven, B. (1959) The bases of social power, in D. Cartwright (ed.) *Studies in Social Power*. Ann Arbor, MI: Institute for Social Research.
Freud, S. (1927) The future of an illusion. *Standard Edition*, 21. London: Hogarth Press.
Friedman, T. (2008) *Hot, Flat and Crowded*. London: Allen Lane.
Furedi, F. (2009) Fear and security: a vulnerability led policy response, in D. Denney (ed.) *Living in Dangerous Times: Fear, Insecurity, Risk and Social Policy*. Chichester: Wiley.
Garratt, B. (1987) *The Learning Organisation*. London: Fontana/Collins.
Geertz, C. (1973) *The Interpretation of Cultures*. New York: Basic Books.
Gilbert, M. and Evans, K. (2000) *Psychotherapy Supervision: An Integrative Approach*. Maidenhead: Open University Press.
Gilbody, S., Bower, P., Fletcher, J., Richards, D. and Sutton, A. J. (2006) Collaborative care for depression: a meta analysis and review of longer-term outcomes. *Archives of Internal Medicine*, 166, 2314–2320.
Gilding, B. (2011) *The Great Disruption: How the Climate Crisis Will Transform Society*. London: Bloomsbury.
Gitterman, A. and Miller, I. (1977) Supervisors as educators, in F. W. Kaslow (ed.) *Supervision, Consultation and Staff Training in the Helping Professions*. San Francisco: Jossey-Bass.
Grinder, J. and Bandler, R. (1981) *Trance-Formations*. Boulder, Co: Real People Press.
Guardian Newspaper (1999) Front and back pages.
Guggenbuhl-Craig, A. (1971) *Power in the Helping Professions*. Dallas, TX: Spring.
Hackman, J. R. (2002) *Leading Teams: Setting the Stage for Great Performances*., Boston: MA Harvard Business School Press.
Hackman, J. R. and Wagerman, R. (2005) A theory of team coaching. *Academy of Management Review*, 30, 269=–287.

Hale, K. K. and Stoltenberg, C. D. (1988) The effects of self-awareness and evaluation apprehension on counselor trainee anxiety. *Clinical Supervisor*, 6, 46–69.

Handy, C. (1976) *Understanding Organizations*. London: Penguin.

Harrison, R. (1995) *The Collected Papers of Roger Harrison*. Maidenhead: McGraw-Hill.

Hartley, P. and Kennard, D. (eds) (2009) *Staff Support Groups in the Helping Professions: Principles, Practice and Pitfalls*. Abingdon: Routledge.

Hawkins, P. (1979) Staff learning in therapeutic communities, in R. Hinshelwood and N. Manning (eds) *Therapeutic Communities: Reflections and Progress*. London: Routledge and Kegan Paul.

Hawkins, P. (1980) Between Scylla and Charybdis, in E. Jansen (ed.) *The Therapeutic Community Outside of the Hospital*. London: Croom Helm.

Hawkins, P. (1982) Mapping it out. *Community Care*, 21 July, 17–19.

Hawkins, P. (1985) Humanistic psychotherapy supervision: a conceptual framework. *Self and Society: Journal of Humanistic Psychology*, 13(2), 69–79.

Hawkins, P. (1986) *Living the Learning*. Bath: University of Bath.

Hawkins, P. (1991) The spiritual dimension of the learning organisation. *Management Education and Development*, 22(3).

Hawkins, P. (1993) *Shadow Consultancy*. Bath: Bath Consultancy Group.

Hawkins, P. (1994a) The changing view of learning, in J. Burgoyne (ed.) *Towards the Learning Company*. Maidenhead: McGraw-Hill.

Hawkins, P. (1994b) Tacking stock, facing the challenge. *Management Learning Journal*, 25(1).

Hawkins, P. (1994c) *Organizational Culture Manual*. Bath: Bath Consultancy Group.

Hawkins, P. (1995) Supervision, in M. Jacobs (ed.) *The Care Guide*. London: Mowbrays.

Hawkins, P. (1997) Organizational culture: sailing between evangelism and complexity. *Human Relations*, 50(4).

Hawkins, P. (2004) Gregory Bateson: his contribution to action research and organization development. *Journal of Action Research*, 2(4), 409–423.

Hawkins, P. (2005) *The Wise Fool's Guide to Leadership*. London: O Books.

Hawkins, P. (2006) Coaching supervision, in J. Passmore (ed.) *Excellence in Coaching*. London: Kogan Page.

Hawkins, P. (2010) Coaching supervision, in E. Cox, T. Bachkirova and D. Clutterbuck (eds) *The Complete Handbook of Coaching*. London: Sage.

Hawkins, P. (2011a) *Leadership Team Coaching: Developing Collective Transformational Leadership*. London: Kogan Page.

Hawkins, P. (2011b) Expanding emotional, ethical and cognitive capacity in supervision, in J. Passmore *Supervision in Coaching*. London: Kogan Page.

Hawkins, P. (2011c) Systemic coaching supervision, in T. Bachkirova, P. Jackson and D. Clutterbuck *Supervision in Mentoring and Coaching: Theory and Practice*. Maidenhead: Open University Press.

Hawkins, P. (2012) *Creating a Coaching Culture*. Maidenhead: Open University Press.

Hawkins, P. and Chesterman D. (2006) *Every Teacher Matters*. London: Teacher Support Network.

Hawkins, P. and Maclean, A. (1991) *Action Learning Guidebook*. Bath: Bath Consultancy Group.

Hawkins, P. and Miller, E. (1994) Psychotherapy in and with organisations, in M. Pokorny and P. Clarkson (eds) *Handbook of Psychotherapy*. London: Routledge and Kegan Paul.

Hawkins, P. and Schwenk, G. (2006) Coaching supervision. CIPD Change Agenda, London.

Hawkins, P. and Schwenk, G. (2010) The interpersonal relationship in the training and supervision of coaches, in S. Palmer, and A. McDowell, (eds) *The Coaching Relationship: Putting People First*. Abingdon: Routledge.

Hawkins, P. and Schwenk, G. (2011) The seven-eyed model of supervision, in T. Bachkirova, P. Jackson and D.

Clutterbuck *Coaching and Mentoring Supervision: Theory and Practice*. Maidenhead: Open University Press.

Hawkins, P. and Shohet, R. (1991) Approaches to the supervision of counsellors, in W. Dryden (ed.) *Training and Supervision for Counselling in Action*. London: Sage.

Hawkins, P. and Shohet, R. (1993) A review of the addictive organisation by Schaef and Fassel. *Management Education and Development*, 24(2), 293–296.

Hawkins, P. and Smith, N. (2006) *Coaching, Mentoring and Organizational Consultancy: Supervision and Development*. Maidenhead: Open University Press.

Hawkins, P. and Smith, N. (2010) Transformational Coaching, in E. Cox, T. Bachkirova and D. Clutterbuck (eds) *The Complete Handbook of Coaching*. London: Sage

Hawthorne, L. (1975) Games supervisors play. *Social Work*, 20(3), 179–183.

Haynes, R., Corey, G. and Moulton, P. (2003) *Clinical Supervision in the Helping Professions*. Pacific Grove, CA: Thomson-Brooks/Cole.

Henderson, P. (ed.) (2009) *Supervisor Training: Issues and Approaches*. London: Karnac.

Heron, J. (1974) Reciprocal counselling. Unpublished Human Potential Research Project. Guildford: University of Surrey.

Heron, J. (1975) *Six-Category Intervention Analysis*. Guildford: University of Surrey.

Heron, J. (1996) *Co-operative Inquiry: Research into the Human Condition*. London: Sage.

Herskovits, M. J. (1948) *Man and his Works*. New York: Knopf.

Hess, A. K. (1987) Psychotherapy supervision: stages, Buber and a theory of relationship. *Professional Psychology: Research and Practice*, 18(3), 251–259.

Hess, A. K. (ed.) (1980) *Psychotherapy Supervision: Theory, Research and Practice*. New York: Wiley.

Hillman, J. (1979) *Insearch: Psychology and Religion*. Dallas, TX: Spring.

Hofstede, G. (1980) *Culture's Consequences: International Differences in Work-related Values*. Beverly Hills, CA: Sage.

Hogan, R. A. (1964) Issues and approaches in supervision. *Psychotherapy: Theory, Research and Practice*, 1, 139–141.

Holloway, E. L. (1984) Outcome evaluation in supervision research. *Counseling Psychologist*, 12(4), 167–174.

Holloway, E. L. (1987) Developmental models of supervision: is it development? *Professional Psychology: Research and Practice*, 18(3), 209–216.

Holloway, E. L. (1995) *Clinical Supervision: A Systems Approach*. Thousand Oaks, CA: Sage.

Holloway, E. L. and Carroll, M. (eds) (1999) *Training Counselling Supervisors*. London, Sage.

Holloway, E. L. and Gonzalez-Doupe, P. (2002) The learning alliance of supervision research to practice, in G. S. Tyron (ed.) *Counseling Based on Process Research: Applying What We Know*. Boston, MA: Allyn and Bacon.

Holloway, E. L. and Johnston, R. (1985) Group supervision: widely practised but poorly understood. *Counselor Education and Supervision*, 24, 332–340.

Holloway, E. L. and Neufeldt, S.A. (1995) Supervision: its contributions to treatment efficacy. *Journal of Consulting and Clinical Psychology*, 63(2), 207–213.

Honey, P. and Mumford, A. (1992) *The Manuel of Learning Styles*. Maidenhead: Peter Honey.

Houston, G. (1985) Group supervision of groupwork. *Self and Society: European Journal of Humanistic Psychology*, 13(2), 64–66.

Houston, G. (1990) *Supervision and Counselling*. London: Rochester Foundation.

Hunt, P. (1986) Supervision. *Marriage Guidance*, Spring, 15–22.

Illich, I. (1973) *Deschooling Society*. London: Penguin.

Inskipp, F. and Proctor, B. (1993) *The Art, Craft and Tasks of Counselling Supervision: Pt. 1: Making the Most of Supervision*. Twickenham: Cascade Publications.

Inskipp, F. and Proctor, B. (1995) *The Art, Craft and Tasks of Counselling Supervision: Pt. 2: Becoming a Supervisor.*

Twickenham: Cascade Publications.
Issacs, W. (1999) *Dialogue: And The Art of Thinking Together*. New York: Doubleday.
IUPsyS (2008) *The Universal Declaration of Ethical Principles for Psychologists*. www.iupsys.net/index.php/policy/113-universaldeclaration-of-ethical-principlesfor-Psychologists (accessed December 29 2011).
Jampolsky, G. (1979) *Love Is Letting Go of Fear*. Berkeley, CA: Celestial Arts.
Jampolsky, G. (1999) *Forgiveness: The Greatest Healer of All*. Hillsboro, OR: Beyond Words Publishing.
Jones, M. (1982) *The Process of Change*. London: Routledge and Kegan Paul.
Juch, B. (1983) *Personal Development*. Chichester: Wiley.
Kaberry, S. E. (2000) Abuse in supervision, in B. Lawton and C. Feltham (eds) *Taking Supervision Forward: Enquiries and Trends in Counselling and Psychotherapy*. London: Sage.
Kadushin, A. (1968) Games people play in supervision. *Social Work*, 13.
Kadushin, A. (1976) *Supervision in Social Work*. New York: Columbia University Press.
Kadushin, A. (1977) *Consultation in Social Work*. New York: Columbia University Press.
Kadushin, A. (1992) *Supervision in Social Work*, 3rd edn. New York: Columbia University Press.
Kagan, N. (1980) Influencing human interaction – eighteen years with IPR, in A. K. Hess (ed.) *Psychotherapy Supervision: Theory, Research and Practice*. New York: Wiley.
Kareem, J. and Littlewood, R. (1992) *Intercultural Therapy: Themes, Interpretations and Practice*. Oxford: Blackwell.
Karpman, S. (1968) Fairy tales and script drama analysis (selected articles). *Transactional Analysis Bulletin*, 7(26), 39–43.
Katzenbach, J. R. and Smith D. K. (1993) *The Wisdom of Teams: Creating High Performance Organisations*. Boston, MA: Harvard Business School Press.
Kegan, R. and Lahey, L. (2001) *How the Way We Talk Can Change the Way We Work*. San Francisco: Jossey-Bass.
Kelly, G. A. (1955) *The Psychology of Personal Constructs*(Vols 1 and 2). New York: Norton.
Kemshall K. (1995) Supervision and appraisal in the probation service, in J. Pritchard (ed.) *Good Practice in Supervision*. London: Jessica Kingsley Publishers.
Kevlin, F. (1987) Interview with Robin Shohet.
Kevlin, F. (1988) *Peervision. A Comparison of Hierarchial Supervision of Counsellors with Consultation among Peers*. Guildford: University of Surrey.
Klien, C., Diaz Granados, D., Salas, E. Le H., Shawn Burke, C., Lyons, R., Goodwin, G. F. (2009), Does team building work? *Small Group Research*, 40, 181–222.
Knowles, M. S. (1984) *Andragogy in Action: Applying Modern Principles of Adult Education*. San Francisco: Jossey-Bass.
Kohlberg, L. (1981) *Essays on Moral Development, Vol. I: The Philosophy of Moral Development*. San Francisco: Harper and Row.
Kolb, D. A. (1984) *Experiential Learning: Experience as the Source of Learning and Development*. London: Prentice Hall.
Krause, I. (1998) *Therapy Across Culture*: London: Sage.
Kriek, H. S. and Venter, P. (2009) The perceived success of team building interventions in South African organisations. *South African Business Review*, 13 (1) 112–128.
Kuhn, T. (1970) *The Structure of Scientific Revolutions*, 2nd edn. Chicago: University of Chicago Press.
Ladany, N. (2002) Psychotherapy supervision: how dressed is the emperor? *Psychotherapy Bulletin*, 37, 14–18.
Ladany, N. (2004) Psychotherapy supervision: what lies beneath. *Psychotherapy Research*, 14(1), 1–19.
Ladany, N., Ellis, M. V. and Friedlander, M. L. (1999) The supervisory working alliance, trainee self-effi cacy and satisfaction. *Journal of Counseling and Development*, 77, 447–455.
Lago, C. and Thompson, J. (1996) *Race, Culture and Counselling*. Maidenhead: Open University Press.

Lambert, M. J. and Arnold, R. C. (1987) Research and the supervisory process. *Professional Psychology: Research and Practice*, 18(3), 217–224.

Laming, Lord (2003) *The Victoria Climbié Inquiry*. London: HMSO.

Laming, Lord (2009) *The Protection of Children in England: A Progress Report*. London: HMSO.

Lane, D. (2011) Ethics and professional standards in supervision, in T. Bachkirova, P. Jackson and D. Clutterbuck (eds) *Coaching and Mentoring Supervision: Theory and Practice*. Maidenhead: Open University Press.

Langs, R. (1978) *The Listening Process*. New York: Jason Aronson.

Langs, R. (1983) *The Supervisory Experience*. New York: Jason Aronson.

Langs, R. (1985) *Workbook for Psychotherapists*. NJ: Newconcept Press.

Langs, R. (1994) *Doing Supervision and Being Supervised*. London: Karnac.

Laske, O. (2003) Executive development as adult development, in J. Demick, and C. Andreoletti (eds) *Handbook of Adult Development*. New York: Plenum/Kluwer.

Lawton, B. and Feltham, C. (eds) (2000) *Taking Supervision Forward: Enquiries and Trends in Counselling and Psychotherapy*. London: Sage.

Leddick, R. and Dye, H. A. (1987) Effective supervision as portrayed by trainee expectations and preferences. *Counselor Education and Supervision*, 27, 139–154.

Leong, F. T. L. and Wagner, N. S. (1994) Cross-cultural counseling supervision: What do we know? What do we need to know? *Counselor Education and Supervision*, 34, 117–131.

Lewin, K. (1952) Defining the field at a given time, in D. Cartwright (ed.) *Field Theory in Social Sciences*. London: Tavistock.

Liddle, B. J. (1986) Resistance in supervision: a response to perceived threat. *Counselor Education and Supervision*, 26(2), 117–127.

Loevinger, J. (1976) *Ego Development*. San Francisco: Jossey-Bass.

Loganbill, C., Hardy, E. and Delworth, U. (1983) Supervision, a conceptual model. *Counseling Psychologist*, 10(1), 3–42.

McLean, A. and Marshall, J. (1988) Working with Cultures: *A Workbook for People in Local Government*. Luton: Local Government Training Board.

Marken, M. and Payne, M. (eds) (1988) *Enabling and Ensuring: Supervision in Practice*. Leicester: National Youth Bureau and Council for Education and Training in Youth and Community Work.

Martindale, B., Morner, M., Rodriquez, M. E. C. and Vidit, J. (1997) *Supervision and its Vicissitudes*. London: Karnac Books.

Maslach, C. (1982) Understanding burnout: definitional issues in analysing a complex phenomenon, in W. S. Paine (ed.) *Job Stress and Burnout*. Beverley Hills, CA: Sage.

Matthews, S. and Treacher, A. (2004) Therapy models and supervision in clinical psychology, in I. Fleming and L. Steen (eds) *Supervision and Clinical Psychology: Theory, Practice and Perspectives*. Hove, UK: Brunner-Routledge.

Mattinson, J. (1975) *The Reflection Process in Casework Supervision*. London: Institute of Marital Studies.

Mearns, D. (1991) On being a supervisor, in W. Dryden and B. Thorne (eds) *Training and Supervision for Counselling in Action*. London: Sage.

Menzies, I. E. P. (1970) *The Functions of Social Systems as a Defence Against Anxiety*. London: Tavistock.

Mezirow, J. (1991) *Transformative Dimensions of Adult Learning*. San Francisco: Jossey-Bass.

Milne, D. (2009) *Evidence-Based Clinical Supervision: Principles and Practice*. Chichester: Wiley.

Mintz, E. (1983) Gestalt approaches to supervision. *Gestalt Journal*, 6(1), 17–27.

Modood, T., Berthoud, R. *et al*. (1997) *Ethnic Minorities in Britain: Diversity and Disadvantage*. London: Policy Studies Institute.

Morrison, S. and H. Halpern (2012) Supervision skills to enhance appraisals, in D. Owen and R. Shohet (eds)

Supervision in Medical Settings. Maidenhead: Open University Press.

Morrison, T. (1993) *Staff Supervision in Social Care: An Action Learning Approach*. London: Longman.

Munson, C. E. (1987) Sex roles and power relationships in supervision. *Professional Psychology: Research and Practice*, 18(3), 236–243.

Nelson, M. L. and Holloway, E. L. (1990) Relation of gender to power and involvement in supervision. *Journal of Counseling Psychology*, 37, 473–481.

Oshry, B. (1996) *Seeing Systems*. San Francisco: Berret Koehler.

Ouchi, W. G. and Johnson, J. B. (1978) Types of organizational control and their links to emotional well-being. *Administrative Science Quarterly*, 23, 2.

Page, S. and Wosket, V. (1994) *Supervising the Counsellor: A Cyclical Model*. Abingdon: Routledge.

Page, S. and Wosket, V. (2001) *Supervising the Counsellor: A Cyclical Model*, 2nd edn. Abingdon: Routledge.

Papadopoulos, R. K. (2002) Refugees, home and trauma, in R. K. Papadopoulos (ed.) *Therapeutic Care for Refugees: No Place like Home*. London: Karnac Books.

Parlett, M. (2000) Creative adjustment and the global field. *British Gestalt Journal*, 9(1), 15–27.

Parlett, M. (2003) Creative abilities and the art of living well, in M. Spagnuolo Lobb and N. Amendt-Lyon (eds) *Creative License: The Art of Living Well*. Wien: Springer-Verlag.

Patton, M. J. and Kivlighan, D. M. (1997) Relevance of the supervisory alliance to the counseling alliance and to treatment adherence in counselor training. *Journal of Counseling Psychology*, 44(1), 108–115.

Payne, C. and Scott, T. (1982) *Developing Supervision of Teams in Field and Residential Social Work*. London: National Institute for Social Work.

Peach, J. and Horner, N. (2007) Using supervision: support or surveillance, in M. Lymbery and K. Postle (eds) *Social Work: A Companion to Learning*. London: Sage.

Pines, A. M., Aronson, E. and Kafry, D. (1981) *Burnout: From Tedium to Growth*. New York: Free Press.

Ponterotto, J. G. and Zander, T. A. (1984) A multimodal approach to counselor supervision. *Counselor Education and Supervision*, 24, 40–50.

Pritchard, J. (ed.) (1995) *Good Practice in Supervision*. London: Jessica Kingsley Publishers.

Proctor, B. (1988a) *Supervision: A Working Alliance* (videotape training manual). St Leonards-on-Sea: Alexia Publications.

Proctor, B. (1988b) Supervision: a co-operative exercise in accountability, in M. Marken and M. Payne (eds) *Enabling and Ensuring*. Leicester: National Youth Bureau and Council for Education and Training in Youth and Community Work.

Proctor, B. (1997) Contracting in supervision, in C. Sills (ed.) *Contracts in Counselling*. London: Sage.

Proctor, B. (2008) *Group Supervision: A Guide to Creative Practice*, 2nd edn. London: Sage.

Ramos-Sanchez, L., Esnil, E., Riggs, S., Goodwin, A., Touster, L.O., Wright, L.K., Ratanasiripong, P. and Rodolfa, E. (2002) Negative supervisory events: effects on supervision satisfaction and supervisory alliance. *Professional Psychology: Research and Practice,* 33(2), 197–202.

Regan, F. (2005) *Faith Communities Toolkit*. London: Centre for Excellence in Leadership.

Rapp, H. (2001) Working with difference and diversity: the responsibility of the supervisor, in S. Wheeler and D. King (eds) *Supervising Counsellors: Issues of Responsibility*. London: Sage.

Reason, P. and Bradbury, H. (2004) Action research: purpose, vision and mission. *Action Research*, 2(1).

Rioch, M. J., Coulter, W. R. and Weinberger, D. M. (1976) *Dialogues for Therapists*. San Francisco: Jossey-Bass.

Rogers, C. R. (1957) The necessary and sufficient conditions of therapeutic personality change. *Journal of Counseling Psychology*, 21, 95–103.

Rosinsky, P. (2003) *Coaching Across Cultures*. London and Boston: Nicholas Brealey Publishing.

Rowan, J. (1983) *Reality Game: A Guide to Humanistic Counselling and Therapy*. London: Routledge and Kegan Paul.
Ruch, G. (2007) Thoughtful practice in contemporary child-care social work: the role of containment. *British Journal of Social Work*, 12(4), 370–379.
Ryan, S. (2004) *Vital Practice*. Portland: Sea Change.
Ryde, J. (1997) *A Step Towards Understanding Culture in Relation to Psychotherapy*. Bath: Bath Centre for Psychotherapy and Counselling.
Ryde, J. (2005) White racial identity and intersubjectivity in psychotherapy. Doctoral thesis, University of Bath, Bath.
Ryde, J. (2009) *Being White in the Helping Professions: Developing Effective Intercultural Awareness*. London: Jessica Kingsley Publishers.
Ryde, J. (2011a) Supervising psychotherapists who work with asylum seekers and refugees: a space to refl ect where feelings are unbearable, in R. Shohet (ed.) *Supervision as Transformation* London: Jessica Kingsley Publishers.
Ryde, J. (2011b) Issues for white therapists, in C. Lago (ed.) *Handbook of Transcultural Counselling*. Maidenhead: Open University Press.
Ryde, J. (2011c) Culturally sensitive supervision, in C. Lago (ed.) *Handbook of Transcultural Counselling*. Maidenhead: Open University Press.
Sansbury, D. L. (1982) Developmental supervision from a skills perspective. *Counseling Psychologist*, 10(1), 53–57.
Savickas, M. L., Marquart, C. D. and Supinski, C. R. (1986) Effective supervision in groups. *Counselor Education and Supervision*, 26(1), 17–25.
Scaife, J., Walsh, S., InsKipp, F. and Proctor, B. (2001) *Supervision in the Mental Health Professions*. Hove, UK: Brunner-Routledge.
Schaef, A. W. (1992) *When Society Becomes an Addict*. London: Thorsons.
Schaef, A. W. and Fassel, D. (1990) *The Addictive Organization*. San Francisco: Harper and Row.
Schein, E. H. (1985) *Organizational Culture and Leadership*. San Francisco: Jossey-Bass.
Schein, E.H. (1988) *Process Consultation: Its Role in Organisational Development*, 2nd edn. London: Wesley
Schon, D. (1983) *The Reflective Practitioner*. New York: Basic Books.
Schroder, M. (1974) The shadow consultant. *Journal of Applied Behavioral Science*, 10(4), 579–594.
Schutz, W. C. (1973) *Elements of Encounter*. Big Sur, CA: Joy Press.
Scott Peck, M. (1978) *The Road Less Travelled*. New York: Simon and Schuster.
Searles, H. F. (1955) The informational value of the supervisor's emotional experience, in H. F. Searles *Collected Papers on Schizophrenia and Related Subjects*. London: Hogarth Press.
Searles, H. F. (1975) The patient as therapist to his analyst, in R. Langs (ed.) *Classics in Psychoanalytic Technique*. New York: Jason Aronson.
Shainberg, D. (1983) Teaching therapists to be with their clients, in J. Westwood (ed.) *Awakening the Heart*. Boston, MA: Shambhala.
Sharpe, M. (ed.) (1995) *The Third Eye: Supervision of Analytic Groups*. Abingdon: Routledge.
Shohet, R. (ed.) (2009) *Passionate Supervision*. London: Jessica Kingsley Publishers.
Shohet, R. (ed.) (2011) *Supervision as Transformation: A Passion for Learning*. London: Jessica Kingsley Publishers.
Shohet, R. and Wilmot, J. (1991) The key issues in the supervision of counsellors, in W. Dryden and B. Thorne (eds) *Training and Supervision for Counselling in Action*. London: Sage.
Shulman, L. (1993) *Interactional Supervision*. Washington, DC: NASW Press.
Smit, T. (2009) Institute of Directors Annual Convention Lecture, 28 September.
Spice, C. G. J. and Spice, W. H. (1976) A triadic method of supervision in the training of counselors and counseling supervisors. *Counselor Education and Supervision*, 15, 251–258.
Stevens, D. T.; Goodyear, R. K. and Robertson, P. (1997) Supervisor development: an exploratory study in changes in

stance and emphasis. *Clinical Supervisor*, 16(2), 72–88.

Stoltenberg, C. and Delworth, U. (1987) *Supervising Counselors and Therapists: A Developmental Approach*. San Francisco: Jossey-Bass.

Subby, R. (1984) Inside the Chemically Dependent Marriage: Denial and Manipulation, in R. Subby *Co-dependency: An Emerging Issue*. Hollywood Beach, FL: Health Communications.

Sue, D. W. and Sue, D. (1990) *Counseling the Culturally Different: Theory and Practice*. New York: Wiley.

Teitelbaum, S. H. (1990) Supertransference: the role of the supervisor's blind spots. *Psychoanalytic Psychology*, 7(2), 243–258.

Thompson, J. (1991) *Issues of Race and Culture in Counselling Supervision Training Courses*. London: Polytechnic of East London.

Thompson, N. (1993) *Anti-Discriminatory Practice*. London: BASW/Macmillan.

Thornton, C. (2010) *Group and Team Coaching: The Essential Guide*. Abingdon: Routledge.

Tonnesmann, M. (1979) The human encounter in the helping professions. Paper presented at the London Fourth Winnicott Conference.

Torbert, W. (2004) *Action Inquiry: The Secret of Timely and Transforming Leadership*. San Francisco: Berrett-Koehler.

Trivasse, M. (2003) Counselling through an interpreter. *Counselling and Psychotherapy Journal*, 14(4), 21–22.

Trompenaars, A. (1994) *Riding the Waves of Culture*. Burr Ridge, IL: Irwin.

Tuckman, B. (1965) Developmental sequence in small groups. *Psychological Bulletin*, 63(6), 384–399.

Tudor, K. and Worrall, M. (2004) *Freedom to Practice: Person-Centred Approaches to Supervision*. Ross on Wye: PCCS Books.

Tyler, F. B., Brome, D. R. and Williams, J. E. (1991) *Ethnic Validity, Ecology and Psychotherapy: A Psychosocial Competence Model*. New York: Plenum Press.

van Ooijen, E. (2003) *Clinical Supervision Made Easy: A Practical Guide for the Helping Professions – The 3-Step Method*. Oxford: Churchill Livingstone.

Van Mannen, J. and Schein, E. H. (1979) Towards a theory of organizational socialization, in B. M. Straw and Cummings (eds) *Research in Organizational Behavior, Vol. 1*. Greenwich, CT: JAI Press.

van Weerdenburg, O. (1996) Thinking values through and through, in B. Conraths (ed.) *Training the Fire Brigade: Preparing for the Unimaginable*. Brussels: efdm.

Wagerman, R., Nunes, D. A., Burass, J. A. and Hackman, J. R. (2008) *Senior Leadership Teams*. Harvard, MA: Harvard Business School Press.

Weick, K. E. (1995) *Sensemaking in Organisations*. Thousand Oaks, CA: Sage.

Weiner, J., Mizen, R. and Duckham, J. (2003) *Supervising and Being Supervised: A Practice in Search of a Theory*. Basingstoke: Palgrave Macmillan.

Weiss Ogden, K. R. and Sias, S. M. (2010) An integrative spiritual development model of supervision for counselors-in-training. Paper presented at the ACES Conference, San Diego, USA.

Wheeler, S. (2003) *Research on Supervision of Counsellors and Therapists: A Systematic Scoping Search*. Lutterworth: BACP.

Wheeler, S. and King, D. (eds) (2001) *Supervising Counsellors: Issues of Responsibility*. London: Sage.

Wheeler, S. and Richards, K. (2007) *The Impact of Clinical Supervision on Counsellors and Therapists, Their Practice and Their Clients*. Lutterworth: BACP.

White, E. and Winstanley, J. (2010) Clinical supervision for mental health professionals: the evidence base. *Social Work and Social Sciences Review*, 14(3).

Whitehead, A. N. and Russell, B. (1910–13) *Principia Mathematica*. Cambridge: Cambridge University Press.

Wilkins, A. L. (1983) Organizational stories as symbols which control the organization, In L. R. Pondy (ed.)

Organizational Symbolism. Greenwich, CT: JAI Press.

Williams, B. (1973) *Problems of the Self.* Cambridge: Cambridge University Press.

Wilmot, J. and Shohet, R. (1985) Paralleling in the supervision process. *Self and Society: European Journal of Humanistic Psychology*, 13(2), 86–92.

Wilmot, J. (2011) If you want to go faster, go alone. If you want to go further go together: work as transformation through supervision, in R. Shohet (ed.) *Supervision as Transformation: A Passion for Learning*. London: Jessica Kingsley Publishers.

Winnicott, D. W. (1965) *Maturational Processes and the Facilitating Environment*. London: Hogarth Press.

Winnicott, D. W. (1971) *Playing and Reality*. London: Tavistock.

Winstanley, J. (2000) Manchester Clinical Supervision Scale. *Nursing Standard*, 14(19), 31–32.

Winstanley, J. and White, E. (2011) The MCSS-26©: Revision of the Manchester Clinical Supervision Scale© Using the Rasch Measurement Model. *Journal of Nursing Measurement*, 19(3).

Worthington, E. L. (1987) Changes in supervision as counselors and supervisors gain experience: a review. *Professional Psychology: Research and Practice*, 18(3), 189–208.

Yalom, I. (2002) *The Gift of Therapy: An Open Letter to a New Generation of Therapists and Their Patients*. New York: HarperCollins.

색인

360 피드백 평가　99, 262, 306, 349
　　BACP 영국 상담 심리치료 협회 참조
CLEAR 수퍼비전 모델　101, 111~114, 150, 242, 306
CPD 지속적인 전문성 개발 참조
CPPD 지속적 자기계발 및 전문성 개발 참조
CSTD 수퍼비전 및 팀 개발 센터 참조
e-수퍼비전　120~121

ㄱ

감정, 다루기　229
감정적 스트레스　51
감정적 행복　48
강박적 실용주의　39
강점탐구 이론　341, 354, 357~359
개방성　369~376
개방성
　수퍼바이저의 학습 개방성　91, 230
　수퍼비전에 개방적인 태도　369~376
　질문에 열려 있기, 초문화적 작업　178, 199, 240
개인간 프로세스 회상, 활용　252~255
개인 구성 이론　157, 378
개인 권력　189~190
개인 병리, 추적 사냥　339~241
개인 자율권, 자율권의 위험　263
개인지도 수퍼비전　109~110
개입
　개입 기술
　　수퍼바이저　91, 104, 197~198, 209~211, 245~247
　　수퍼바이지, 탐색　136, 139, 140~143, 148~152, 179, 181
　　일곱 눈의 수퍼비전, 프로세스 모델　140~143, 162, 165
　　초문화적 수퍼비전　194~196
　　개입의 범주, 기술　111, 140~143, 216, 245~247
거래
　공모적 거래　95

지명된 거래　95
혼선된 거래　96
거리, 분리 및 거리　150~153
검토
　개발적 접근　133~135
　계약 검토　277
　생성 학습　353~354
　수퍼비전 실행방안　111, 113
　팀 검토, 검토의 촉진　303
　프랙티스 개발의 심사 및 검토　367~368
경계　242, 284, 292, 297, 364
　계약하기에서　114, 276
　비밀보장　115~116
　수퍼비전과 상담 사이 또는 치료법　116
　수퍼비전, 이해　93, 372
　어려운 경계 상황　225~226
　윤리적, 적절한 행동　116~118
　경영 관리 수퍼비전　110
계약　109, 111
　계약과 수퍼바이저　68~69
　계약의 비밀 보장　115~116
　그룹 수퍼비전 계약　243, 275
　그룹 수퍼비전, 계약 내　277~278
　그룹 수퍼비전 계약의 초기 단계　269, 270~272
　삼각 구도 수퍼비전 관계, 계약의　248~249
　수퍼비전 관계　27
　수퍼비전 팀, 계약과　295, 306~308, 314
　탐색적 계약 인터뷰　71, 118
　평가 및 심사　220
계약하기
　CLEAR 모형　111~113
　경계　114~116, 118
　명료성　76
　비밀 보장의 경계　116
　세션 형식　117
　윤리　118
　작업 동맹　117

조직적, 전문적 맥락 117
　　　탐색적 계약 인터뷰, 계약의 개요 69, 118
　　　협상 118
　　　회의 준비, 실용성 114
계통 관리 책임, 다루기 221~222
고객
　　　고객 맥락, 초점 165
　　　고객 소개 142, 144~147
　　　고객/수퍼바이저 관계 164~165
　　　고객/수퍼바이지 관계 143, 150~153, 166, 178, 275
　　　고객/수퍼바이지 관계내에서의 어려운 감정 228~229
　　　고객/수퍼바이지 매트릭스 140, 141, 174
　　　고객 중심 수퍼비전 접근법 129~130
　　　무의식의 수퍼비전 152~153
　　　비밀보장 226~227
　　　수퍼바이지 개발의 고객 중심 단계 133
　　　작업의 경계 225~226
　　　전이 151~152, 154
　　　프랙티셔너 관계 103
고립된 프랙티셔너 76
고통과 상처, 다루기 369~371
공감 91, 106, 118, 211, 239
공감의 차원 45~46
공동 상담 154, 378
공동의 노력 279
공동 의존 345
공모적 거래 95
관계 179, 293, 304
　　　관계맺기의 4차원 45~47
　　　관련성있는 25
　　　관계 질의 중요성 161, 374~375
　　　권력 관계 166, 189~190, 242~243
　　　다른 사람과 관계하기, 공감 능력 높이기 45~46
　　　동료 관계 158, 297
　　　사회적 관계 351
　　　삼각 관계 249
　　　수퍼바이저의 관계 구축 240
　　　수퍼비전 관계 115, 191, 351
　　　역할과 관계 311
관계 구축 117~119
관계, 수퍼비전 질의 중요성 374~376
교류 분석 97, 173, 237, 290
교육적인 개입 245~247

구근불 크레이그Guggenbuhl-Craig, A. 59
권력
　　　감정의 불일치 60
　　　권력 관계 190
　　　권력욕 59~61
　　　권력의 잠재적 오용 59, 190, 191
　　　권력 포기 게임 96
　　　권력 획득 게임 97
　　　문화 권력 190~192
　　　수퍼비전의 개인 권력 190
　　　역동 189~190
　　　역할 권력 189~190
　　　적절한 권력 취하기 96~97
　　　적절한 권한 191
　　　적절한 힘 다루기 92
　　　정당한 권력 189
　　　준거적 권력 189
　　　차이 및 권력 189~190
권위 180, 217, 228
　　　권위의 어려움 73~75
　　　그룹 수퍼비전의 권위 132, 284, 286
　　　적절한 권위 취하기 96~97, 190~192
　　　제도화된 권위 263
　　　현존과 영향, 권위 모델 97, 235
그룹 및 팀 수퍼비전, 교육과정 내의 수퍼비전 250~251
그룹 수퍼비전 201, 249
그룹 수퍼비전 269~288
　　　그룹 개발 132
　　　그룹 구조화 278
　　　그룹 단계 277, 284~286
　　　그룹 및 팀 수퍼비전 과정 250~251
　　　그룹 수퍼비전 계약의 초기 단계 272, 273
　　　그룹 수퍼비전 내의 경쟁 285~287, 269~272
　　　그룹 수퍼비전 내의 계약 276~278, 284~286
　　　그룹 수퍼비전 중 치료적 관여 도중, 그룹 수퍼비전의 함정 287
　　　그룹 수퍼비전의 계약 276~278
　　　그룹 수퍼비전의 권위 284~286
　　　그룹 수퍼비전의 기술 279~284
　　　그룹 수퍼비전의 난점 270~272
　　　그룹 수퍼비전의 이점 270
　　　그룹 수퍼비전의 환경 설정 269, 276~278, 299
　　　그룹 역동, 그룹의 승인 284
　　　그룹 역동 탐구 284~288

그룹 조각하기 250, 309~311
넓은 맥락, 그룹 수퍼비전의 탐구 309~312
동료 수퍼비전 288~294
반응 공유하기 326~330
반응 나누기, 그룹 수퍼비전 사례 280~281
스타일과 초점 274~276
실습 그룹 281~282
이해 관계자 273
일곱 눈 수퍼비전, 그룹 수퍼비전의 프로세스 모델 139~176
자기 공개 276~278
참조 동료 수퍼비전, 팀 수퍼비전
태그 수퍼비전 283~284
팀 리뷰, 그룹 수퍼비전의 촉진
팀 수퍼비전 296~299
프로세스 276~278
피드백 270, 289, 293
그룹 수퍼비전 기술 가르치기 250
기관의 자율성, 위험 263
길버트와 에반스Gilbert, M. and Evans, K. 74, 92, 168, 185, 257, 259

ㄴ
나누기, 다중 전이 327~330
난민 184, 187~192, 201
느낌, 다루기 힘든 감정 228~230

ㄷ
다각적 관점 91
다양한 치료 기관, 고객 관련 동기 326~327
다중 전이 327~329
담아주기, 양동이 이론 323~325
담아주기와 전치의 양동이 이론 323~325
대붕괴The Great Disruption(Gilding, P) 32~34
더넓은 맥락에 대한 민감성 92
도덕적 행동, 교육과정의 공식화 257
도덕적 행동, 행동 방침 만들어 내기 256
동기 부여
  그림자 동기 59
  돕기 위한 동기 부여 59~60
  사랑받고 싶은 욕구 63
  이해 동기, 관련성 57~58

치유, 소망 64
핵심 신념, 밑바닥에 잠재한 64~65
동료 수퍼비전
  그룹의 역동 285~288
  동료 수퍼비전 그룹의 구성 291~294
  동료 수퍼비전의 단점 290~291
  동료 수퍼비전의 이점 288~289
  동료 수퍼비전의 함정 290~291
두려움과 부정 24~26
두려움없는 연민 374
두어맨Doehrman, M. 160
드라마 삼각형 192
등 뒤에서, 반응 공유 281
딘리Dearnley, B. 60, 165, 241

ㄹ
라이드Ryde, J. 177, 181, 183, 184, 185, 190, 201, 257, 258, 259
랭스Langs, R. 152~153
레번스Revans, R.W. 36
로건빌 외Loganbill, C, et al 105, 130
로완Rowan, J. 123, 155
로저리안 379
  로저리안 상담사 122
  로저리안의 가치 185
  로저리안 치료사 185
로즈Rose G. 79~81
리더십과 수퍼비전 325
리오치 외Rioch, M,et al. 27, 284, 286, 287, 374

ㅁ
마지못해 되는 수퍼바이저 88
마천트Marchant, H. 240
망명 신청자 201, 217
매슬로우Maslow, A. 148
맥클린과 마샬McLean, A. and Marshall, J. 336
모두드와 버트후드Modood, T. and Berthhoud, R. 187
문제 중심 수퍼비전 340
문화 330~331
  개인 병리학 339
  경쟁 342~343
  문화적 가정 178, 199, 258, 259

문화에 대한 반응 179
문화 역동 339
문화의 해설 336~337
문화적 가정을 다루기 177, 178
문화적 지향, 문화의 차원 180~181
문화적 지향 틀 181
문화적 차이에 대한 인식 177, 178, 185~188, 198, 240, 255, 347~348
문화적 차이에 대한 인정 178, 180~182
문화적 힘 97, 189~190
문화 수준 178, 337~338
비교 문화적 작업 179, 193
조직 문화 336~337, 339~346
지나치게 경계하고 관료적인 문화 341~342
문화간 민감성 181~182
문화에 대한 배타주의자 반응 179~180
문화에 대한 보편주의자 반응 179~180
문화에 대한 초월주의자 반응 179
문화 이해 178~179
문화적 가정, 다루기 258, 259
민족 운동 개발 181~182
민족적
    배경 131
    민족 집단 122, 180, 185, 189, 190, 202
    소수 민족 187

ㅂ

바스 상담 그룹 141, 260, 306
바스 심리치료 상담 센터(BCPC)
박해자/희생자/구원자 삼각형 331~332
반 억압적 관행 97, 211, 368
반응적 대응, 촉발제 230
받아 적기 117, 127, 141, 363
발달 181
발달적 접근의 검토 133~135
버틀러-슬로스Butler-Sloss, 데임 엘리자베스Dame Elizabeth 330, 334, 335
번아웃 27, 52~54, 81, 107
변화
    변화에 대한 저항 282, 357~364
    수비수 퇴장 364
    응답 단계 364
    저항력을 높이는 요인들 65

'하향식'또는 '상향식' 360
변화를 위한 정치적 지원, 극대화 358~360
변화에 대한 저항, 다루기 315, 361~363
변화에 저항을 북돋는 요인 361~363
보살핌의 역할에 대한 기대 30~31
본드와 홀랜드Bond, M. and Holland, S. 79, 92, 247
봄Bohm, D. 65, 351, 353
분석에 의한 마비 40
분열 333
    다중 전이 328
불안
    다중 전이와 불안 327~328
    불안 관리 60
    수퍼비전에서 수퍼바이지의 불안 76, 128~129, 217
브라운과 본Brown, A. and Bourne, I. 185, 189
브레인 스토밍 149, 310
비공식 수퍼비전 준비 120
비공식적 수퍼비전 배치 120
비교, 고객의 수퍼바이지 활용 157
비교 문화 및 초문화 작업 180, 193
비디오, 비디오의 활용 253~255
비밀보장의 경계 115~116, 226~227
비언어적 행동, 민감성 255
비온Bion, W.R. 145, 285

ㅅ

사례 메모, 다루기 117
사회극Sociodrama 309, 379
사회 사업 60~61, 93, 105, 136, 311, 330, 373~374
사회 제도의 기능화(Menzies, I.) 341
상담
    공동 상담 155, 378
    로저주의 상담사 122
    상담 수퍼비전 105
    상담의 윤리적 성숙도 207
    상담 활용의 증가 26
    수퍼비전과 상담의 경계 115
    심리학 135
    심층 상담 수퍼비전 252, 264
    온라인 상담 121
    코칭 기술과 상담 92
상담 및 코칭 기술 92
샤인Schein, E.H. 338

새프와 파셀 Schaef, A.W. and Fassel, D. 345~346
성과 기반 연구 126, 135
성인 학습, ~의 주요 원리 235~236
성찰적 프랙티스 27, 35~36
    다른 사람들과의 관계 45~46
    성찰 40~41
    성찰의 단계 43~44
    성찰 프랙티스 모델 41~42
    스트레스 49~50
    정의 41
    학습 및 학습해소 38~40
    협업 47~48
    회복탄력성, 유지 49
성학대, 다루기 226~227, 330~331
셀프-수퍼비전 27, 82~83, 294, 372~373
설즈 Searles, H. F. 64, 143, 258~159
셰인버그 Shainberg, D. 144, 145
쇼헤트 Shohet, R. 53, 117, 157, 160, 173, 345
쇼헤트와 윌모트 Shohet, R. and Wilmot, J. 117, 160
숀 Schon, D. 41, 44, 168, 235
수용 능력, 성찰 프랙티스 35~56
수직적 수퍼비전 110
    참조 계약 맺기, 그룹 수퍼비전 28
    눈 수퍼비전, 프로세스 모델
수퍼바이저
    경계 90, 225~226
    고급 수퍼비전 과정 252~255
    권력 포기 게임 97
    권위, 적절한 권위 취하기 92~93, 217
    능력 195~197
    수용력 195~197, 198
    수퍼바이저 되기 87~100
    윤리적 결정의 모호성 256
    자격 및 평가 261~263
    학습 요구 평가 99
수퍼바이저가 되는 숨겨진 동기 59, 64, 90
수퍼바이저가 되는 이유 87~88
수퍼바이저/수퍼바이지 관계 140
수퍼바이저의 겸손, 수퍼바이저의 자질, 유머 92
수퍼바이저의 경험적 훈련 236, 239, 252, 256
수퍼바이저의 역할 94~96
수퍼바이저의 인내심 92
수퍼바이지
    능력 및 한계 223

성찰 및 선숙고 방법 125~127
셀프-수퍼비전 82~83
수퍼바이저/수퍼바이지 매트릭스 140~141
수퍼바이지 개발의 프로세스 중심 단계 130, 133
수퍼바이지/고객 관계, 맥락에 초점두기 166
수퍼바이지의 개발 132
수퍼비전 마련하기 70
수퍼비전을 통해 자원조달하기 68~69
참조 수퍼비전, 수퍼바이저
평가, 수퍼바이지의 불안 74~75
수퍼바이지 개발의 자기 중심 단계 127~129
수퍼바이지, 세션 사이의 연락 227
수퍼바이지/수퍼바이저 매트릭스 141
수퍼바이지에 대한 책임 67, 107
수퍼바이지에 의한 수퍼바이저 평가 72
수퍼바이지와의 라포, 성취 124
수퍼바이지의 자기 중심 단계 131~133
수퍼비전
    강점 탐구 이론, 자극 358
    결핍의 비용, 실증 359~360
    계약
        계약 구성 114~118
        수퍼비전 요구에 대한 계약 70~72
        협상 118, 249
        협상(CLEAR 모델) 112, 113
    고객/수퍼바이지 매트릭스 140~142
    교육과정 내용 238~241
    권위, 어려움 73, 75
    담아주기, 양동이 이론 323~325
    도전적 상황, 다루기 218~232
    문화 권력 189, 190
    문화적 성향 180~182
    문화적 중립성, 결핍에 대한 인식 177, 199~200
    발달 기능 105~107
    발달적 접근 127~135
    발달적 접근법의 적용 109~110, 127~135
    복잡성 26~27
    비교 문화 및 초문화 작업 199~200
    사각 지대 123
    수퍼바이지 개발의 고객 중심 단계 129~130
    수퍼비전 CLEAR 모델 111~114
    수퍼비전의 BACP 기본 원칙 209
    수퍼비전의 경계 93, 225~226
    수퍼비전의 도전 28~32

수퍼비전 필요의 배치 368
　　　수퍼비전 학습의 연속성 366~367
　　　수퍼비전의 맹점 123
　　　수퍼비전의 방어 관례 74~75
　　　수퍼비전의 정의 26, 102~105
　　　수퍼비전 정책 개발 358~368
　　　약점 123
　　　윤리적 원칙 210, 226~227
　　　자민족 중심주의부터 민족 상대주의
　　　적극적 듣기 111
　　　적절한 권위, 연습 학습하기 87, 96~97, 192, 232
　　　적절한 수퍼비전 받기의 장애물 73~81
　　　전치, 양동이 이론 323~324
　　　초문화적 수퍼비전 개발 324~325
　　　촉매적 개입 111~217, 245~247
　　　컨설팅 수퍼비전 110
　　　클리블랜드 성학대 사례 330~333
　　　트라우마와 결합했을 때의 차이 201
　　　프랙티스 개발의 감사와 검토 367~368
　　　학생과 실습 수퍼바이저의 핵심 수퍼비전 247~249
　　　행동 연구 41
　　　행동 협약 111
　　　협력 탐구 127
　　　협업 47~48
수퍼비전 관계 26~27, 215~217
수퍼비전 관계
　　　개입 기술 245~247
　　　계통 관리 221~223
　　　복잡한 상황 관리, 수퍼비전 관계의 어려움 215~217
　　　피드백 기술 243~247
수퍼비전 및 팀 개발 센터(CSTD) 100, 139, 190, 262, 382
수퍼비전 스타일 122~124, 108~170
수퍼비전 연구 126, 135~138
수퍼비전 요구에 대한 책임감 갖기 70~71
수퍼비전 요구의 반영 66, 256
수퍼비전에 대한 개인적 거리낌 67~73
수퍼비전에 대한 개인적 억제 73~75
수퍼비전에 대한 방어 관례 67, 68, 73~75
수퍼비전에 대한 수퍼비전 260~261
수퍼비전을 통해 자원 조달하기 54~56
수퍼비전의 개인적 권력 189~190
수퍼비전의 기능 26, 105~109
수퍼비전의 두려움과 부정성 24~26
수퍼비전의 맹점 123~272

수퍼비전의 믿음과 진실 187~188
수퍼비전의 생성 학습 353~355
수퍼비전의 수퍼비전 260~261
수퍼비전의 약점 123, 272
수퍼비전의 유형 109~110
수퍼비전의 이론적 틀 101~138
수퍼비전의 주요 초점 109
수퍼비전 정책개발에 대한 관심, 자극 358~360
수퍼비전 정책 개발의 단계 358~368
수퍼비전 정책 개발의 실험, 개시 358~360
수퍼비전 탐구 194, 201~202
수퍼비전 틀
　　　수퍼비전 틀 개발 90~91, 92~94, 100
　　　수퍼비전 틀 선택 138
수퍼비전 프로세스 모델 101~138
수퍼비전 피드백 기술 243~245
수퍼비전 학습의 연속성 366~367
스케이프 Scaife, J. 299
스톨텐버그와 델워스 Stoltenberg, C. and Delworth, U. 127~135
스트레스 49~52
스트레스, 수용 376
스트레스, 흐름 324~325
스파이스와 스파이스 Spice, C.G.J. and Spice, W.H. 239~241
신경 언어 프로그래밍 123
신앙
　　　수퍼비전의 진리, 그리고 신앙 327
　　　종교, 종교를 뛰어넘어 작업하기 187~188
　　　종교 툴킷(Faith Regen) 187
신임 수퍼바이저를 위한 핵심 수퍼비전 과정 241~243, 247~249
신체적 스트레스 49~52
신체적 안녕 50
실습 그룹 281~283
심리치료 26, 95, 213, 228, 242, 251, 289
심리학 127, 135

ㅇ
액션 러닝 36~44, 239
　　　세트 354
　　　주기 38, 44
양육 3인조 24
어려운 감정, 다루기 227~230
여러 치료 기관, 고객 관련 326~327

역전이 123, 151~154, 172, 174, 198, 223, 255, 380
역할 갈등 73~94, 218~222
역할 권력 189~190, 191
역할극 380
연구 135~137
영국 상담 심리치료 협회(BACP) 104, 208
    상담 수퍼바이저의 윤리및 실천 강령 208
    수퍼비전의 기본 원칙 103~105
영적 믿음 187
오이디푸스 이론 165
오이엔Ooijen, Evan 39
오차(범위) 170
용서, 용서의 중요성 372
우울증 53, 153, 193, 327
위기 주도적 조직 343~344
위니캇Winnicott, D. W. 25, 375
위어덴버그Weerdenburg, O. van 182~185
윌모트Wilmot, J. 47, 121
윌모트와 쇼헤트트Wilmot, J. and Shohet, R. 117, 160
유도된 판타지 380
유연성 91
윤리
    APECS 윤리 강령
    BACP 윤리 강령
    도덕적 행동, 윤리 과정 수립 256
    도전 상황, 다루기 128~232
    문화 윤리 205
    상담 수퍼바이저를 위한 윤리 및 실천 강령(BACP) 209
    수퍼바이저, 법적 처방 212
    수퍼바이지, 윤리적 수용력과 성숙 206
    수퍼비전, 윤리의 역할 205
    심리학자, 윤리의 원칙 206
    윤리 위반 212~213
    윤리의 정의 204~205
    윤리의 틀 205
    윤리적 가치 206
    윤리적 결정의 모호성 256
    윤리적 결정의 이행 256
    윤리적 딜레마 209, 213~215, 254~255
    윤리적 딜레마의 훈련 254~255, 256~257
    윤리적 민감성 창출 256
    윤리적 성숙 207~208
    윤리적 원칙 98, 210~211
    윤리적 의사 결정, 윤리 점검표 256~257
    윤리적 책임, 수퍼비전의 윤리 206
    윤리적 행동 209
    윤리적 결정, 실행 256
    윤리적 딜레마, 훈련 254~255, 256~257
    윤리적 민감성, 민감성 만들기 256
융학과 '그림자면' 59~60, 62~63
은유 123~124
응답 공유 280
응답 공유, 응답 공유의 예 280~281
의사 결정, 윤리적 과정 205, 256~257
의사 결정, 윤리적 의사 결정 과정 256~257
이로운 삼각 구도 192, 332, 370
이론적 틀 118
이해 관계자들 210, 218~220
인스킵과 프로터Inskipp, F. and Proctor, B. 70, 71, 119, 189
인종 177, 179, 189, 198, 202, 271
인종 차별 192, 198
인증
    수퍼바이저 인증 261~263
인증의 숙련된 경로 261~263
일곱 눈의 수퍼비전, 프로세스 모델 139~176, 274, 283, 335
    7개의 모드와 관련된 차이 192~198
    감정의 전이 152, 154~155
    개입 기술 148~149
    개입 범주 148~149
    거리두기, 분리 150~151
    고객, 맥락에 초점 맞추기 165
    고객 묘사하기 146
    고객, 무의식의 수퍼비전에서 배우기 152~153
    고객으로부터 무의식의 의사소통 152~153
    고객의 전이, 고객 전이 돌보기 152
    고객 초점, 무엇을 어떻게 제공하는가(Mode, 1) 141, 144~147, 193
    관계 듣기 152~153
    내적 대화, 인식하기 146~147
    모델 비평 172~176
    모델의 위계적 특성 173
    방해, 무의식 수용체 및 163
    모델, 개발 관점과 같은 171~172
    브레인 스토밍 149
    비교, 수퍼바이지의 활용 156
    수퍼바이저/고객 관계 164, 166
    수퍼바이저, 맥락에 초점두기 168~169

수퍼바이저, 자신의 프로세스에 초점(Mode, 6)   143, 164~165, 197
수퍼바이지/고객 관계, 맥락에 초점두기   166
수퍼바이지, 더 넓은 세계   167
수퍼바이지에 대한 수퍼바이저의 감정   159~162
수퍼바이지의 개입, 탐색(모드, 2)   142, 148~150, 194
수퍼바이지의 전략, 탐색(모드, 2)   142, 148~150, 194
수퍼바이지, 초점(모드, 4)   141, 142, 154, 196
수퍼비전 관계, 초점(모드, 5)   141, 142, 158~162, 165~166
수퍼비전 스타일, 세 가지 유형   169
수퍼비전의 고객/수퍼비전 관계
신원 확인   155~157
역전이   152, 154~157
이론적 관점, 이용하기   147
자발적 협회   165~167
작업, 더 넓은 맥락의 초점(모드, 7)   142, 165~168, 198
작업 방식에 대한 고정된 개념   146
전문적 맥락의 수퍼바이지 개입   157
주의 집중의 균형   169~170
탐색(Mode, 3)   142, 150~154, 194
통합적 특성   173
평행 처리   159~162
프로세스 모델   141~176
프로세스 통합   169~170
협회, 수퍼바이지의 활용   157

ㅈ

자기 노출, 환경 설정   91, 118
자민족 중심주의   183
자발적 연합   156
자원   30, 54, 55
자원 조달적 기능   106
잠폴스키Jampolsky, G.   371~372
장애구역 분석   361~362
재자극   380
적극적 경청   111~113
적절한 권한   67, 96~97, 192
적절한 수퍼비전 받기의 장애물 극복   77~79
적절한 수퍼비전에 대한 실제적 장애물   77~78
적절한 수퍼비전에 대한 조직의 장애물   73~83
  장애물 극복하기   79~81
전치, 양동이 이론   323~325

절망감, 절망감에 대처하기   201
절망, 절망감에 대처하기   201
정당한 권력   190
정보적 개입   246
정신적 스트레스   51
정책, 수퍼비전의 개발   355~368
정화적 개입, 161
제도적 자율성, 위험성, 173
제한된 사고 방식, 학습의 도전, 201
조력 전문가의 권력Power in the Helping Professions (Guggenbuhl-Craig, A.)   59~60
조직 뒷편에서 보기   335, 339, 342~343
조직의 정책 및 프랙티스   357~368
조직 이해Understanding Organizations (Handy, C.)   342
조직 학습   264, 272, 381
종교적 신념   187
종교, 종교를 가로질러 작업하기 187~188
좋은 수퍼비전을 위한 초점   90~92
중독성 있는 조직   345~346
중재   127
지도 및 모델   98~131
지도 작성
  개인 자원 시스템의   54~55
  수퍼비전의 지도 및 모델   101~138, 247
지배적 감각모드   123, 124
지속적인 개발, 헌신   359, 366~367
지속적인 전문성 개발(CPD)   37
지속적인 학습, 개발   209~210
지속적 자기계발 및 전문성 개발(CPPD)   37
지시적 개입   209~210
지지, 수퍼비전 받기의 어려움   78
직면적 개입 중재   245~247
진실에 직면하다(BBC TV)   375
질적인 기능   107~109

ㅊ

차이
  7가지 수퍼비전 모드, 차이와 관련된   192~198
  권력과 차이   189~192
  문화적 차이에 대한 인식   186
  문화적 차이에 대한 인정   172~173
  성적 지향, 차이의   186
  수퍼비전의 문화적 차이에 대한 인식   173~175,

185~186
　　차이의 부인 184
차터 드 인력 개발 연구소(CIPD)
책임 91, 102, 248
　　관리자 94
　　권리와 책임 365
　　수퍼바이저 107, 248
　　수퍼바이지에 대한 책임 70
　　윤리적 책임 204~206
　　적절한 책임 70
　　책임의 청사진 248
책임, 청사진 248
처방적 개입 230, 245~246
천주교 개입
초문화 수퍼비전 177~202
　　훈련 257~259
　　개발 199~200
초문화적 능력 92, 199~200, 252, 381
초문화적 능력, 개선 186~187
초문화 효율성, 초문화로 가는 단계 182~183
촉매적 개입 111, 216, 245~247
총평 81, 99, 144, 222, 252, 365, 368
　　360도 총평 349
'충분히 좋은' 수퍼비전 24~34
취약성, 취약성의 학습 및 용인 78
치료적 3인조 24, 375
치료 공동체, 협회 280, 288, 326, 327
치료사를 위한 대화(Rioch, M.) 284, 286~287, 373~374
치료 수퍼비전 과정 251
치료적 수퍼비전 과정 251
　　초문화적 능력 91
　　무의식의 반응, 알아차림 230
　　비디오, 비디오 활용 253~255
　　초문화 수퍼비전, 훈련 257~259
　　훈련 및 개발 233~264
치유 소망, 근본적인 본질 63

ㅋ

카두신Kadushin, A. 74, 93, 105, 190, 192
카첸바흐와 스미스Katzenbach, J.R. and Smith, D.K. 299, 303
카프만Karpman, S. 191, 330
캐롤Carroll, M. 95, 114, 126, 162, 179, 185, 200, 207, 209, 213, 256, 257

캐롤과 할러웨이Carroll, M. and Holloway, E. 179, 185, 200, 257
케블린Kevlin, F. 156
케이건Kagan, N. 252~255
코칭수퍼비전 138, 215, 348
쿤Kuhn, T. 123
크리슈나무르티Krishnamurti, J. 351
클리브랜드 성학대 사건 323, 330, 332~333

ㅌ

타일러 외Tyler, F.B. et al 179
탐색 계약 인터뷰, 개요 118
탐색과 성찰 148~150
태그 수퍼비전 283~284
터크맨Tuckman, B. 285, 303
토네스만Tonnesmann, M. 375
통합 정신 개발 모델 188
퇴행적 수퍼비전 335, 339~346
투투, 대주교 데스몬드 투투 375
트라우마, 트라우마와 결합된 차이의 수퍼비전 201
팀 수퍼비전
　　360도 피드백 306
　　6 단계 팀 코칭수퍼비전 모델 315~318
　　CID CLEAR 프로세스 모델 306
　　CLEAR 계약 306~309
　　개발, 제한적 사고 방식 302
　　개발 프로세스의 범주 303
　　고성과 팀 299~305
　　　다섯 가지 핵심 분야 299~301
　　　특성 299~300
　　그룹 선택 298~299
　　그룹 수퍼비전 250~251
　　그룹 수퍼비전 간의 차이 296
　　그룹 수퍼비전 기술 가르치기 250~251
　　그룹의 역동 258~272, 309, 312~315, 318~319
　　그룹 형상화하기 309
　　동료 관계 298
　　수퍼비전을 필요로 하는 단체로서의 팀 298~299
　　전체 팀과 계약하기 307
　　체계적인 팀 코치 304~305
　　팀 개발
　　　다양성 301~304
　　　방법 306~312
　　　정의 303

팀 구축 303
팀 수퍼비전의 장점 249
팀 수퍼비전의 정의 295~297
팀 촉진 303~304
팀 코칭 304~305
팀 코칭수퍼비전의 맥락 313~315
팀 특성 296~297
팀 프로세스 컨설팅 304
핵심 학습 312
효과적인 팀 특성 299~300
활성화된 역할 세트 310

ㅍ

파인맨Fineman, S. 52, 61, 75~78, 87, 299, 343
파인스 외Pines, A.M. et al. 52
편견 감정 196, 202
평가
    수퍼바이저, 평가 72, 220, 226~227, 233, 261~262
    수퍼바이지의 평가 204
평가 및 인증 경영 관리 261~262
    경영 관리 수퍼비전 110, 116
    권력 획득 경쟁 97
평행 과정 280, 281, 314, 332
    인식 254
    일곱 눈의 수퍼비전, 프로세스 모델 159~162
평행 과정, 인식 132
페이지와 워스킷Page, S. and Wosket, V. 114, 115, 234
폭넓은 상황에 대한 민감성 91
프랙티스 개발의 심사 및 검토 357~358, 367~368
프로세스
    그룹 수퍼비전 프로세스 276
    수퍼바이지 개발의 상황 중심 과정 단계 131~132
    수퍼바이지의 개발의 과정 중심 단계 130, 131
    수퍼비전 모델 106
    참조 일곱 눈의 수퍼비전, 프로세스 모델
    프로세스 통합 169~170
프로이트Freud, S. 145, 151, 156, 158
프록터Proctor, B. 71, 91, 92, 105, 106, 185, 192, 274, 275, 332
프리드먼Friedman, T. 29, 30
프리맨Freeman, E. 245
피드백
    CORBS 243~244
    그룹 수퍼비전의 피드백 236

수퍼비전 기술 243~245
피드백 주고받기 207~209, 220~221, 224~225, 349~350

ㅎ

학생과 실습 수퍼바이저를 위한 핵심 수퍼비전 247~249
학생 책임 249
학습
    강점 탐구 357, 358, 359
    개인병리학, 학습의 추구 339~342
    거짓 치료법 수퍼비전 341
    고객으로부터의 학습 152~153
    관계맺기의 차원 45~47
    관료주의의 효율성, 학습의 노력 339~342
    문제 중심의 수퍼비전 340
    문화 패턴 전환 347~348
    분석에 의한 마비 40
    사후 분석하기 39
    수퍼비전 내 생성적 학습 353~354
    스타일 38~40
    위기 주도적 조직 343~344
    작업 효율성 102
    전체주의 40
    조직 문화 역동, 퇴보한 수퍼비전 339~346
    조직의 뒤에서 보기 342~343
    중독성 있는 조직 345~346
    지속적인 학습, 학습의 개발 358, 366~367
    자원 체계, 개인 학습의 지도 작성 54~55
    참조 번아웃, 문화, 스트레스
    퇴보한 수퍼비전과 조직 문화 339~346
    학습 경로 354
    학습 문화, 수퍼비전의 조직의 맥락 335~355
    학습 발달 문화, 학습의 창조 348~350
    학습 스타일, 명확성 및 확장 38~40
    학습의 강박적 실용주의 39
    학습의 성찰적 프랙티스 및 학습해소 36~40
    학습 주기 36~40, 100
    학습 패턴 39
    학습하는 조직 350~352
    학습해소 36~40
    한 가지에 몰두한 39
학습과 수퍼비전 353~354

학습주기 36~40, 100
한Haan, E de 92, 125, 126, 161, 207, 256, 314
할로웨이Holloway, E.L. 95
할로웨이와 캐롤Holloway, E.L. and Carroll, M. 179, 185, 200, 257
합동 92, 158
해석 331
행동 검토 41, 111
행동 논리 215
행동주의자 122
헌트Hunt, P. 169~170, 192, 375
헤론Heron, J. 111, 150, 155, 216, 245, 246, 282, 291
헤스Hess, A.K. 92, 95, 103, 122, 133, 245
현상학 382
협회, 수퍼바이지의 협회 활용
형상화하기 269~270, 333
호손Hawthorne, L. 74, 96

호킨스Hawkins, P. 28, 30, 37, 42, 45, 53, 65, 95, 103, 104, 108, 111, 120, 126, 129, 132, 137, 139, 140, 172, 173, 178, 206, 210, 213, 214, 235, 247, 278, 301, 303, 305, 306, 312, 314, 319, 336, 337, 347, 348, 355
호킨스와 맥클린Hawkins, P. and MacLean, A.
호킨스와 쇼헤트Hawkins, P. and Shohet, R. 173, 345
호킨스와 슈웽크Hawkins, P. and Schwenk, G. 172, 313
호킨스와 스미스Hawkins, P. and Smith, N. 45, 95, 97, 99, 105, 111, 126, 150, 168, 172, 173, 174, 235, 281, 302, 305, 313, 314, 317, 336, 337, 347, 374
호킨스와 체스터맨Hawkins, P. and Chesterman, D. 37, 45
환자에게서 배우기(Casement, P.) 153, 186, 226
효율성에 대한 전제 조건 87, 89~91
효율적인 수퍼바이저에게 요구되는 자질 91~95
훈련 110, 235, 236~241
희생양 324, 340
힐먼Hillman, J. 62~63, 78

발간사

호모코치쿠스 11.
수퍼비전 : 조력전문가를 위한 일곱 눈 모델

이 책은 내가 걷고자 하는 수퍼바이저의 길을 안내해 준 3권의 책 가운데 하나이다. 처음 접한 것이 2011년이었고, 그때 3판을 일본어판과 비교하며 몰입했던 기억이 새롭다. 코치 인증훈련과 자격 취득 후 뛰어든 1:1 코칭 현장에서 부딪치는 상황은 내가 배운 것과는 매우 달랐다. 처음부터 12회 기본 단위 계약을 고집하고, 대체로 24회까지 연장해 고객과 작업했던 그때, 나로서는 코칭세션 하나하나가 던져주는 문제가 만만하지 않았다. 또 멘토코칭 만으로는 내가 만나는 고객이 주는 배움을 소화하기 어려웠고 고객을 위해서라도 다른 조력 전문가들에게 수퍼비전을 받을 수밖에 없었다. 그러나 이를 코칭과 구별하여 정리하는 것은 여전히 내 몫이었다.

고객이 주는 과제와 코칭관계가 제기하는 영감靈感을 감당하며 국내 코치들 주장과 저술, 자료를 넘어 해외로 눈을 돌리자 내 시각이 너무 좁았다는 것을 알게 되었다. 더 나아기 ICF 밖의 코칭세계를 살펴보자 코칭수퍼비전의 실천적·이론적 발전이 눈부셨고 폭이 매우 넓다는 점에 놀랐다. 2014년이 되자 ICF도 코칭수퍼비전 관련 내부 논의를 모아 멘토코칭과 별도로 코칭수퍼비전에 대한 권고(ICF position regarding Coaching Supervision)를 제시했다. 나는 그 자료를 비롯하여 선구적 실천을 해 온 영국 코칭심리학회의 코칭수퍼비전 지침, 내 경험과 공부를 정리해 한국코치협회 코치대회에서 발표하고, 피터 호킨스의 '일곱 눈 모델'을 공개 시연한 바 있다(2014년). 그러나 코칭수퍼비전을 함께 탐구하고 국내 정착을 개척할 수 있는 주도 그룹 형성에는 실패했다. 관심 있는 사람들은 해외 자격증 취득을 준비하거나, 수퍼비전을 자기 활동 아이템으로 추가해 저마다 전문영역을 확대하는 데 주력했다. 코칭수퍼비전이 '코치-되기와 전문 활동'의 필수 코스로 정착되기에는 예열 시간이 필요했을 것이다. 나는 코치 역량 강화를 위한 인증프로그램(ACPK01112 Praxis & Presence 코칭수퍼비전 1 기본과정)을 마련해 비슷한 고민을 하는 코치들과 코치되기-여정을 함께 하며 수퍼비전 코칭을 해왔다. 현재도 내 코칭을 이끌고, 배움의 여정을 걷게 하는 원천은 코칭 고객과 수퍼바이지 코치들이다. 어둠 속에서 방향과 침로針路를 찾고 경험을 통해 배움을 깊게 하는 풍미風味 - 이른바 '가르침 없이 배우기' - 가 남다른 것이 바로 코칭수퍼비전이다.

이제 수퍼비전이 낯선 단계는 지났고 전문가 활동을 위한 준비 절차로 인식되고 있다. 수퍼비전이 코치 훈련 초기 단계에 국한되는 것은 아니다. 대학원이나 코칭 회사에서 훈련 중인 '수련 코치'나 변화에 대한 두려움과 양가감정으로 코칭 받기보다는 코칭교육 받기를 반복하며 실전 코칭에 소극적인 '코치되기-체류자'들에게만 코칭수퍼비전이 필요한 것이 아니다. 요철凹凸처럼 울퉁불퉁하고, 매 회기와 순간마다 코칭대화에서 보이는 독특성과 민감성을 이해하고, 실전 코칭에서 만나는 복잡한 현실을 감당하기 위해 언제든 필요한 것이 수퍼비전이다. 특히 실전에서의 코칭은 도장道場 주변에서 만나는 코칭과 결이 다르다. 삶의 우여곡절에 고군분투하며 진정한 변형transformation을 갈망하는 이들의 코칭, 자기 혼자 가기보다는 타인과 함께 같은 방향과 목표를 맞추며 영향을 주고받아야 하는 리더들과의 코칭, 조직 내 이해관계의 다양한 역동에 대처하면서도 성과와 자기 삶의 과제를 감당해야 하는 조직 내 개인의 코칭, 누구도 가보지 않은 미래를 보며 기성세대의 천편일률적인 기존 방식과 트랙을 '수용-거부-준비'해야 하는 청(소)년층의 깊은 '불안'과 접촉하게 되는 코칭 - 이는 마치 시대와 세대를 뛰어넘을 수 없는 두 시각장애인의 발걸음과 같다 - 등은 각각이 지닌 복잡성이 무진장이다. 수퍼비전은 이런 실전 코칭의 긴장에 대처하기 위한 또 다른 수준의 코칭 관계이다.

전문코치로서도 고객과 함께 걷는 여정은 목표를 합의한 길이라도 매우 어렵다. 함께 걷는 길에 마주치는 암초와 고객 안의 숨겨진 보물은 혼합되어 있어 자주 혼란을 일으킨다. 이를 구별하고 다루는 일은 중요한 과제이다. 앞을 향해 걷지 않는 사람에게 목표는 언제나 멀 뿐 다가오지 않는다. 새로운 목표, 목표 너머의 전경前景은 결코 볼 수 없다. 또 두 사람이 함께 걸어야 함께 볼 수 있다. 코치도 걷지 않으면 생생함으로 함께 할 수 없다. 그렇지만 두 사람의 걷는 보폭은 물론 속도와 각도는 매번 다르다. 함께 걸어 보지 않은 사람은 걷는 속도와 회복 속도를 동시에 맞추는 일이 얼마나 어려운지, 상대방의 운행 리듬을 방해하지 않고 걷는 것이 얼마나 중요한지 모른다. 더 조심해야 할 일은 무의식중에 빠질지 모를 둘 사이의 공모共謀 가능성이다. 이런 와중에도 코치로서는 고객마다, 여정旅程마다 매번 다를 뿐만 아니라 잘 가던 여정이라도 멈춤과 저항을 피하기 어렵다. 같은 방향을 같은 속도로 일관되게 움직이는 것은 오직 기계만이 가능한 일이다. 매번 속도가 다르고 진동 폭이 다를 수밖에 없는 인간은 특정한 부속 교체 방식의 대처는 가능하지 않다. 또 누군가에게 효과를 본 방법 일지라도 결코 똑같이 재사용할 수 없다. 심지어 이런 일을 코치 혼자 가능하다는 생각 자체가 자만이며 교만이다. 그래서 사람의 성장과 회복을 감당하는 모든 전문가는 상대와 자신을 위해 맞잡은 손 외에 다른 손으로 다른 이의 손을 잡고 있어야 한다. 서로 잡은 손을 긴 사슬처럼 연결하고 있어야 상대의 성장과 회복, 자신의 성장 필요성을 감당할 수 있다. 이것이 전문가 자세요, 정신이다. 이래서 자신이 맺고 있는 수퍼비전 관계의 질이 자신이 고객을 감당하는 수준이 된다. 수퍼비전은 이런 사슬을 강화하고 풍성하게 하는 방법론이자 실천이다.

수퍼비전은 코치만이 아니라 정신분석가, 심리치료사, 상담가, 사회복지사, 의료인, 법률가, 컨설턴트, 작가들에게 필수 사항이다. 전문가들은 자기 영역에서 스스로 서로 사슬처럼 연결된 고리가 되어, 경험에서 얻은 시혜를 교류하고 전승하는 그물망의 그물코로 함께해야 한다. 어떤 분야든 그 분야의 누구라도 사람을 지원하고 조력helping하는 전문영역의 전문가라면 스스로 이런 시스템 안에 머물며 실천=성찰하는 것이 마땅하다.

전문가들 사이의 이런 '수퍼비전 관계'의 대화가 바로 '코칭대화'라는 점에서 이를 '수퍼비전 코칭'으로 별도로 구분하자는 게 내 주장이다. 또 임상 경험에서 볼 때 리더십 역량 강화를 위한 리더십 코칭이 수퍼비전 코칭에서 도움과 영감을 크게 받을 수 있다는 생각이다. 현장에서 일하는 리더를 지원해야 하는 상위 리더는 그 리더의 성장을 지원하며 자기 성장을 도모한다는 점에서 기본 성격이 비슷하고, 수퍼비전 코칭 개입 방식에서 다양한 개입 방식을 얻을 수 있다고 판단한다. 또 각 전문분야의 수퍼비전 경험을 횡단하며 공통점과 차별점을 구별하고 상호 교류를 통해 이론적, 실천적 모색을 하는 이른바 수퍼비전 학學의 성립을 기대해 본다(이 같은 주장은 다음 연구에서 볼 수 있다. 카이또 아키라皆藤 章 편, 『심리임상실천가의 수퍼비전: 수퍼비전학의 구축』 일본평론사 2014).

피터 호킨스와 로빈 쇼헤트 두 저자는 수퍼비전을 코칭관계에 한정하지 않는다. 어떤 전문영역을 불문하고 전문가 관계에서 필수적인 수퍼비전 관계의 중요성을 강조하며 이를 위해 '수퍼비전 일곱 눈' 모델을 제시한다. 대인 조력 활동은 어느 분야이든 '고객-전문가/수퍼바이지-수퍼바이저'라는 3자 구조로 되어 있기에 전체 구조와 상호 관련된 모든 부분을 빠지지 않고 살펴보게 한다. 이 점이 코칭 분야 이외에 컨설팅, 사회복지, 법률가 양성 등에서 이 모델이 활용되는 이유이다. 이 모델의 또 다른 특징은 마치 윈도우나 OS 같은 컴퓨터 운영체계를 깔고 여러 프로그램을 가동하듯 일곱 눈 모델을 기본으로 하면서도, 특정한 부분은 다른 수퍼비전 대화 모델을 결합 세밀하게 코칭대화를 진행할 수 있다는 점이다. 수퍼바이지의 고객이 관련한 현장 활동이 있고, 수퍼바이지와 또 그를 지원하는 수퍼바이저와 관계에서 일어나는 내용을 직면한 상황과 주제에 따라 필요한 다른 수퍼비전 대화 모델을 선택하여 적용할 수 있다. 이를테면 심리치료 이론 중심 수퍼비전 대화 모델이나 기타 대화 모델이다.

수퍼비전 모델은 정신역동, 게슈탈트, 교류분석, 해결중심 등 다양한 심리치료 이론에 근거한 수퍼비전 모델이 있다. 또 수퍼바이지 성장 발달 과정에 근거한 발달모델과 수퍼바이저의 역할에 중심을 둔 사회적 역할 모델로 분류할 수 있다. 저자들의 일곱 눈 모델은 미국의 Janie M. Bernard의 영향 아래 사회적 역할 모델에 근거한 체계론적 수퍼비전 모델로 제시되었고 영국 수퍼비전 발전에 영향을 주었다. 이후 이에 대응해 미국에서 제시된 같은 성격의 모델이 SAS 모델(systems approach to supervision. E. L. Holloway)이다.

저자들은 수퍼비전 대화에서 다뤄야 할 부분을 7가지로 구분해 제시하고 각 부분에 관해 상세하게 설명하고 있지만, 이 모든 영역을 한 세션에서 다루는지에 관해서는 특별한 언급이 없다. 내 경우에는 전체를 한 세션에서 다루는 게 무리가 되어 특정 부분에 더 집중하게 되었다. 최근에는 대체로 수퍼바이지의 선택이나 내 제안으로 한 세션에 특정 부분에 집중한다. 그렇지만 수퍼비전 계약 기간을 기본 단위로 보면 전체를 상세하게 다룬다. '위에서 전체를 내려다보며 7개 영역을 살피고 천천히 돌면서 각 부분을 보며 하강하거나, 한 부분에서 시작해 돌면서 위로 올라간다고나 할까…(David B. Drake)'. 이러다 보면 때에 따라서는 매회기 '그때 거기there and then'에서 진행된 코칭 회기 각각을 '지금 여기'에서 두 마리의 새가 큰 나무를 같이 돌며 이야기 나누는 형국이 되기도 한다. 이때 이미 진행된 자기 작업을 살펴보는 수퍼바이지의 견해는 무엇보다도 주요한 제1견해이다. 수퍼바이지의 제1견해가 확고하게 다져지는 '성찰 과정'이 중요하다. 그렇지만 이를 수퍼비전 관계 안에서 살펴보는 경우는 이런 제1견해와 다른 '그러나 동시에 또 다른 수준(James S. Grotstein)'에서의 제2견해, 수퍼바이저의 견해가 제시된다. 이 견해는 조심스럽고 민감하게 흘러넘치거나 포화되어서는 결코 안 된다. 주고-받음의 과정이 필요하다. 이 때문에 두 마리 새의 비행이 수퍼비전이라는 생각이 현재 나 자신의 도달점이다.

3판으로 씨름했던 내가 전면 보강했다는 4판을 다시 번역하기에는 내 관심이 더 앞으로 나가 버렸다. 다양한 수퍼비전 모델에 대한 탐색이 필요했다. 심리치료 이론을 중심이론으로 삼아 코칭이 진행되거나 그런 지향을 하는 코치가 부족한 현실에서 사회적 역할과 체계론적 배경을 지닌 수퍼비전 모델에 관한 더 많은 연구와 경험, 시도가 필요했다. 특히 이런 작업은 유럽 차원에서 각국의 수퍼비전 경험을 공유하고 정리한 안내서가 큰 역할을 했다(Coaching and Mentoring Supervision. 『코칭수퍼비전의 이론과 모색』 근간). 반면에 심리이론에 근거한 수퍼비전 모델을 살펴보면 코치의 이론적 지향과 코치의 개입을 연결한 세밀한 검토가 가능하고 무엇보다도 수퍼바이지와의 이론적 지향과 실천의 일치성을 높일 수 있다. 나 역시 이 길을 가야만 했다. 결국 수퍼바이지 코치 입장에서는 체계론적 모델에 대한 경험과 자신의 중심이론과 일치된 수퍼비전 모델 두 가지가 모두 필요하다고 판단한다. 이제 코칭수퍼비전도 수퍼바이저마다 필요한 전문성과 함께 다양한 수퍼비전 모델에 대한 검토가 요구된다. 우리의 코칭이 인접 분야에서 이론적, 실천적으로 독립하고 전문적이며 독자적 발전을 이뤄가기 위해서는 코칭 철학과 윤리, 코칭 이론과 개입 기법은 물론 다양한 수퍼비전의 이론적-실천적 발전이 필수적이다. 해외 연구 성과를 디딤돌 삼아 우리 현장에서 임상을 축적해 가야 할 일이다.

이 역서가 세상에 나오기까지 8할은 역자 이신애 코치의 노력 덕분이다. 그렇지 않았다면 빛을 보기 힘들었다. 자기 스스로 코치-되기를 걸으며 함께 번역 작업하느라 때로는 힘들고 지루했을 것이다. 이 자리를 통해 감사를 보낸다. 그래도 문장을 하나하나 점검하며 새로운 번역문을 만들며 함께 했던 두 사람의 읽기 과정은 오히려 내게 새로운 인식을 얻게 했고, 내 경험을 원고에 쏟아부을 수 있었다. 또 마지막에 영국에서의 휴가를 모조리 투자해 원고를 점검하고 정확한 이해를 위한 도움을 빙자해 아들과 또 다른 차원의 대화를 할 수 있어서 큰 기쁨이었다. 그런데도 하나의 책으로 세상에 나오는 데는 두 중년의 노고가 더 필요했다. 난삽한 원고, 역자들의 게으름, 촉박한 약속시간, 경제적 어려움…, 열거하기 낯 뜨거운 여건을 묵묵히 기다리며 작업을 함께 해준 정익구 코치, 이상진 대표 등에 언제나 감사한 마음이 앞선다. 이들은 호모코치쿠스의 어려운 발걸음을 무더위와 싸우며 함께하고 있다. 끝으로 척박한 출판 시장에서 적자에 허덕이는 코칭 전문서 번역 출판에 뜻을 같이하며 코치 활동을 통한 수익으로 출판기금을 보내준 김현주(KPC), 박종석(KPC), 이서우(KPC) 코치에게 동지애를 전한다.

2019. 8. 12.
영국 Windermere를 추억하며
김상복

호모코치쿠스

코칭 튠업 21
: ICF 11가지 핵심역량과 MCC 역량

김상복 지음

뇌를 춤추게 하라
: 두뇌 기반 코칭 이론과 실제
Neuroscience for Coaching

에이미 브랜 지음
최병현, 이혜진 옮김

마음챙김 코칭
: 지금-여기-순간-존재-하기
Mindful Coaching

리즈 홀 지음
최병현, 이혜진, 김성익, 박진수 옮김

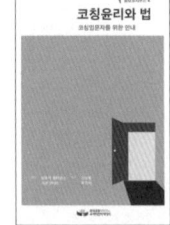
코칭 윤리와 법
: 코칭입문자를 위한 안내
Law & Ethics in Coaching

패트릭 윌리암스, 샤론 앤더슨 지음
김상복, 우진희 옮김

조직을 변화시키는 코칭 문화
How to create a coaching culture

질리안 존스, 로 고렐 지음
최병현, 이혜진 등 옮김

내러티브 상호협력 코칭
: 3세대 코칭 방법론
A Guide to Third Generation Coaching : Narrative-Collaborative Theory and Practice

라인하드 스텔터 지음
최병현, 이혜진 옮김

임원코칭의 블랙박스
Tricky Coaching

맨프레드 F. R. 케츠 드 브리스 등 편집
한숙기 옮김

마스터 코치의 10가지 중심이론
Mastery in Coaching

조나단 패스모어 편집
김선숙, 김윤하 등 옮김

코칭·컨설팅 수퍼비전의 관계적 접근
Supervision in Action

에릭 드 한 지음
김상복, 조선경, 최병현 옮김

정신역동과 임원코칭
: 현대 정신분석 코칭의 기초1
Executive Coaching : A Psychodynamic Approach

캐서린 샌들러 지음
김상복 옮김

수퍼비전: 조력 전문가를 위한 일곱 눈 모델
Supervision in the Helping Professions

피터 호킨스, 로빈 쇼헤트 지음
이신애, 김상복 옮김

코칭 프레즌스: 코칭개입에서 의식과 자각의 형성
Coaching Presence : Building Consciousness and Awareness in Coaching Interventions

마리아 일리프 우드 지음
김혜연 옮김

.... **(출간 예정)**

멘탈力
정신적 강인함에 대한 최초의 논리적 접근
Developing Mental Toughness : Coaching strategies to improve performance, resilience and wellbeing

덕 스트리챠즈직, 피터 클러프 지음
안병옥, 이민경 옮김

고용 가능성
개인에게는 원하는 일자리, 기업에게는 원하는 인재
Developing Employability and Enterprise: Coaching Strategies for Success in the Workplace

덕 스트리챠즈직, 샤롯 바스워스 지음
조현수, 최현수 옮김

강점기반 리더십 코칭
: 조직 내 긍정적 리더십 개발을 위한 가이드
Strength_based leadership Coaching in Organization An Evidence based guide to positive leadership development

덕 매키 지음
김소정, 박지홍 옮김

마인드풀 리더십 코칭
Mindful Leadership Coaching : Journeys into the interior

맨프레드 F.R. 케츠 드 브리스 지음
김상복, 최병현, 이혜진 옮김

정신역동 코칭의 이해와 활용
: 현대 정신분석 코칭의 기초2
Psychodynamic Coaching : focus & depth

울라 샤롯데 벡 지음
김상복 옮김

임원코칭: 시스템-정신역동 관점
- 현대 정신분석 코칭의 기초3
Executive coaching: System-psychodynamic persfective

하리나 버닝 편집
김상복 옮김

내러티브 코칭의 이론과 실천
Narrative Coaching : The Definitive Guide to Bringing New Stories to Lif

데이비드 드레이크 지음
김상복, 김혜연, 서정미 옮김

코칭과 정신건강 가이드
: 코칭에서 심리적 과제 다루기
A Guide to Coaching and Mental Health : The Recognition and Management of Psychological Issues

앤드류 버클리, 캐롤 버클리 지음
김상복 옮김

인지행동 기반 라이프코칭
Life Coaching : A Cognitive behavioural approach

마이클 니난, 윈디 드라이덴 지음
정익구 옮김

웰다잉 코칭
생의 마지막과 상실을 겪는 사람들을 위한 코칭 가이드
Coaching at End of Life

돈 아이젠하워, J. 발 헤이스팅 지음
정익구 옮김

정치 리더십
Leading Change
How Successful Leaders Approach Change Management

Paul Lawrence 지음
최병현 등 옮김

ADHD Coaching
- 정신건강 전문가를 위한 가이드

Prances Prevatt, Abigail Levrini 지음

코칭수퍼비전의 이론과 모색
Coaching and Mentoring Supervision : - Theory and Practice

타티아나 바카로버, 피터 잭슨, 데이빗 클러터벅 지음
김상복, 최병현 옮김

Productive Aging :
an occupational perspective

Marilyn B. Cole, Karen C. Macdonald 지음

Being Supervised
A Guide for Supervision

Marilyn B. Cole, Karen C. Macdonald 지음

(코쿱북스)

101가지 코칭의 전략과 기술
: 젊은 코치의 필수 핸드북
101 Coaching Strategies and Technique

글래디나 맥마흔, 앤 아처 지음
김민영, 한성지 옮김

리더십을 위한 코칭
Coaching for Leadership

마샬 골드 스미스, 로렌스 라이언스 등 지음
고태현 옮김

코칭의 역사
Sourcebook Coaching History

비키 브록 지음
김경화, 김상복 외 15명 옮김

코치와 카우치
Coach and Couch

멘프레드 F.R. 케츠 드 브리스 등 지음
조선경, 이희상, 김상복 옮김

코칭 A to Z 출판목록

001 누구나 할 수 있는 코칭 대화 모델   김상복
     - GROW_candy 모델 이해와 활용

002 세상의 모든 질문   김현주
     : 아하에서 이크까지, 질문적 사고와 질문 공장

003 첫 고객 · 첫 세션 어떻게 할 것인가   김상복
     (1) 윤리적 가이드라인과 전문가 기준에 의한 고객 만남
     (2) 코칭계약과 코칭 동의 수립하기

004 코칭과 진단도구: 자기 이해와 수용   고태현
     - 활용사례를 중심으로

005 해석학적 코칭: 내면 세계로의 여정   최병현

006 전문 사내코치 활동 방법과 실천   김상복

007 영화로 배우는 웰다잉: Coaching In Cinema Ⅰ   정익구

008 영화로 배우는 리더십: Coaching In Cinema Ⅱ   박종석

009 크리스챤 리더십 코칭   최병현

010 병원 조직문화와 코칭   박종석

011 코칭에서 은유와 은유 질문

012 고객체험 · 고객 분석과 코칭 기획: ICF 11가지 역량 해설10
     (10) 코칭 기획과 목표 설정

013 코칭에서 공간과 침묵: ICF 11가지 역량 해설4
     (4) 코칭 프레즌스

014 아들러 심리학과 코칭의 활용

015 코칭에서 고객의 주저와 저항 다루기

016 '갈굼과 태움' 어떻게 코칭할 것인가?

017 영화로 배우는 부모 리더십: Coaching In Cinema Ⅲ

018 정신분석적 코칭의 이해

019 행동 설계와 상호책임: ICF 11가지 역량 해설9. 11
     (9) 행동 설계 (11) 진행 관리와 상호 책임

020 감정 다루기와 감정 코칭 Ⅰ

021 12가지 코칭 개입 유형의 이해와 활용: Coaching In Cinema Ⅳ

022 질문 이외의 모든 것 · 직접적 대화: ICF 11가지 역량 해설7
     (7) 직접적 대화

023 MCC 역량과 코칭 질문: ICF 11가지 역량 해설6
     (6) 강력한 질문

024 임원 & CEO 코칭의 현실과 코치의 준비

025 미루기 코칭의 이해와 활용

026 내러티브 기반 부모 리더십 코칭

027 젠더 감수성과 코칭관계

■ 집필과정에서 필자의 의사와 출판 상황에 따라 제목이 바뀔 수 있습니다.
■ 필자명이 없는 주제는 집필 상담 가능합니다. 공동 필자 참여 가능합니다.
■ 출판 ■ 근간

 호모코치쿠스 11

수퍼비전: 조력 전문가를 위한 일곱 눈 모델

초판 1쇄 발행   2019년 8월 22일

펴낸이 | 김상복
지은이 | 피터 호킨스, 로빈 쇼헤트
옮긴이 | 이신애, 김상복
편 집 | 정익구
디자인 | 이상진
제작처 | 비전팩토리
펴낸곳 | 한국코칭수퍼비전아카데미
출판등록 | 2017년 3월 28일 제 2017-000021호
주 소 | 서울시 마포구 포은로 8길 8. 1005호
문의전화 (영업/도서 주문) 카운트북
         전화 | 070-7670-9080   팩스 | 070-4105-9080
         메일 | countbook@naver.com
         편집 | 010-3753-0135
         편집문의 | hellojisan@gmail.com 010-3753-0135
www.coachingbook.co.kr
www.facebook.com/coachingbookshop

ISBN 979-11-89736-09-5
책값은 뒤표지에 있습니다.